JN123447

なぜ朝鮮半島「核」危機は繰り返されてきたのか

崔正勲
CHOI JUNGHOON

クレイン

まえがき

二〇一八年六月一二日、史上初となる米朝首脳会談が開催された。これと寄り添うように同年四月、五月、九月と一年の間に三度もの南北首脳会談が開催され、現在朝鮮半島の平和定着へと向けた歩みが着実に積み重ねられている。年が明けた二〇一九年にもこの流れは淀むことなく二月には第二回米朝首脳会談が行われ、D・トランプ大統領と金正恩国務委員長が再び膝を交えた。この会談結果は芳しくなかったと伝えられ、現在その進捗速度に調整が見受けられるものの、そもそも時間のかかる軍備管理および軍縮の一環である非核化交渉が、七〇年を超えて敵対し続けてきた米朝間において、紆余曲折を経ながらも一歩ずつ前進していること自体、驚くべきことといえよう。

事実二〇一七年末の時点で、このような状況が訪れると事前に見通した人はどれほどいただろうか。ほんの二、三年前の二〇一六－二〇一七年ですら、朝鮮半島は核危機に揺れていた。核実験と弾道ミサイル実験を繰り返し核保有国であることを自認する朝鮮民主主義人民共和国（以下、北朝鮮）と、さらなる核開発の進展を防がんと軍事的・経済的圧力を強める覇権国アメリカ合衆国（以下、米国）との間に緊張が形成されたのである。

加えて、得体の知れないトランプ政権が発足したばかりとあって、今にも第二次朝鮮戦争が勃発しそうであるという緊迫したニュースが連日メディアを賑わせた。とりわけ朝鮮半島問題の専門家といわれている先生方でさえ、情報の渦の中で一喜一憂されていた姿が印象深い。ある時たまたまつけたテレビ番組で、テレビによく出演している方が、「二〇一七年秋までに米国は北朝鮮に先制攻撃する」と自信満々に断言していたのを見た時には、開いた口が塞がらなかった。

それらの狂騒を横目に、多くの人たちはある種の既視感を覚えたのではないだろうか。私もその中の一人である。なぜなら、米朝間に朝鮮半島核危機が訪れたのはこれが初めてではないからだ。冷戦体制崩壊後(ベルリンの壁崩壊から)三〇年の間に、少なくとも四度にわたり朝鮮半島核危機は発生してきた。第一に金日成・金正日‐B・クリントン間で生じた第一次核危機、第二に金正日‐ブッシュJr.間で形成された第二次核危機、第三に金正日・金正恩‐B・オバマ間で形成された第三次核危機、そして二〇一七年に四度目の緊張が金正恩‐D・トランプ間に生じたのである。

本書の目的は、上記のような冷戦体制崩壊以後、米朝の間で朝鮮半島核危機がなぜ繰り返されてきたのか、という問いに答えることにある。そして本書では、この自分なりの答えをスパイラル・モデルという国際関係理論を分析枠組みとして用い、事例検証をいくつも重ねることで導き出している。

博士論文を基にしているため、読者の方々において当初堅いイメージを持たれるだろう。特に前半部分にある分析枠組みとなる国際関係理論(スパイラル・モデル)についての説明の部分で、読み進められるのに少し苦労されるかもしれない。ではこれを承知しつつ、なぜ国際関係理論を通じた分析・検証をしたのだろうか？　それは、極力恣意性を排除し、客観性を確保したかったからである。

米朝間の緊張形成のみならず、国家間の緊張形成要因を検証する手法は歴史的アプローチが多くを占めてきたが、そこには国家首脳の意図や動機といった目に見えないものに対する憶測が観察されてきた。ここで問題なのは、そのような憶測には、分析する者自身の性向や嗜好などによって構成された主観が多かれ少なかれ反映される傾向が見られる点である（昨今のマスメディアを観れば顕著であろう）。本書では、国際関係理論という分析対象の一部分を照らすレンズ（方程式といってもいいかもしれない）を使用することで、そのような分析・検証上の恣意性を極力なくしたいということを意図した。もちろん完全なる主観の排除は難しいにせよ、要は、一喜一憂しない見方をもって朝鮮半島核危機を分析してみようという試みなのであるが、読者の方々においては、このような意図を踏まえられた上で、我慢強く読み進めていただければ幸いである。

もちろん国際関係理論を分析枠組みに据えることによる限界もある。例えば、理論は多面体である現実の一部分を照らしうるのであって、その全体を説明することはできない。しかしながら、理論という方程式によって浮かび上がる現実の一部分には、主観的な推測が介入する余地がより少なく、そこから導き出された一つの答えには普遍性を見出しうる。そして、普遍性を帯びるということは、自ずと、未来予測につながる可能性が生じるということでもある。

またもう一つの本書の特徴は、冷戦体制崩壊以後約三〇年にわたって発生した五つの事例（＋補論）について、検証した点にある。三〇年——世界的に機密文書が開示される目安——という月日を一貫して見つめることによって、はじめて浮かんでくる何かがある。

米ソ冷戦が終わり、それまで米ソ対立の下部構造に置かれていた北朝鮮というアクターが核開発をめぐり、はじめてソ連と中国の後ろ盾なしに米国と直接対峙する構図が現れるようになったのだが、そこからようやく三〇年が経った今、こうした長いスパンの歴史を全体の流れとして観て、その傾向が何であったのかをより正確に捉える研究が可能になったといえる。

そして、ここから浮かんでくる何かは、なぜ朝鮮半島が冷戦体制崩壊以後も米ソ冷戦の残滓にいまだ苛まれているのか、について重要な示唆を与えてくれるものでもある。

本書の大きな構成であるが、まずなぜ冷戦体制崩壊以後、米朝の間で核危機が繰り返されてきたのか、という問いに対しての仮説検証を、二〇一五年に提出し学位審査を通過した拙論（博士論文「冷戦体制崩壊以後における米朝間の緊張形成要因についての考察――スパイラル・モデルの観点から」）をベースとし、最新の研究成果を適宜加えつつ行っている。その上で、二〇一七年一一月の火星15号発射実験成功などの北朝鮮における核兵器高度化を踏まえ、最新の事例を反映した米朝間の緊張形成についての分析を、「補論」というかたちで書き加えた。

このような構成にしたのは、なぜ核危機が繰り返されてきたのかというリサーチクエスションに対する博士論文における検証結果が、現在から見返しても色あせておらず、今も学術的批判に耐え十分に学術的貢献をなしうるものと判断したからである。もう少し砕けた言い方をすれば、二〇一五年に書かれた拙論における分析は、そこからおおよそ五年を迎えようとしている現況に照らし合わせた「答え合わせ」にほぼ合格している、と自負しているがゆえに、あえてこのようなかたちをとったということである。読者の方々には読み進められつつ、この自信過剰かもしれない著者の自負の是非についても、あわせてご判断いただければ幸いである。

もちろん、まどろっこしい理論部分は飛ばして興味のある事例部分から読まれてもよいし、また手っ取り早く最新の事例（トランプ政権・金正恩政権間における緊張形成）についての知見を得たいと思われる読者におかれては、「補論」から読み進めていただければ、その知的欲求が満たされるはずである。いずれにせよ、本書が読者の方々の北朝鮮の核問題に関する知的好奇心を満たすものであるように願うばかりであると同時に、本書を手に取っていただいたことでつながったこの御縁にただただ感謝申し上げる次第である。

最後に本書は、近現代史において常に大国のパワーゲームの犠牲となり続けてきた朝鮮半島の平和定着を願い、書かれたものであるということを申し上げておきたい。

目次——なぜ朝鮮半島「核」危機は繰り返されてきたのか

まえがき 003

序章 本書の目的と意義……013

第一章 朝鮮半島核危機の形成要因についての二つの視点
——抑止モデルとスパイラル・モデル……021

第一節 抑止モデル批判……021

第一項 抑止モデルにおけるパワー・マキシマイザーについての批判的考察……021

第二項 抑止モデルにおける一方的な緊張形成についての批判的考察……046

第二節 スパイラル・モデルとは何か……053

第一項 抑止理論の歴史的経緯と基本構造……053

第二項 合理性の変質に至るメカニズム……071

第三節 時代区分と事例……100

第二章　第一次朝鮮半島核危機（一九九〇－一九九四）…… 105
第一節　第一次朝鮮半島核危機における緊張プロセス…… 105
第一項　冷戦体制崩壊直後における米朝の参照点、初期信念、事前確率…… 105
第二項　緊張の形成：北朝鮮による核開発をめぐる誤認の始まり…… 110
第三項　北朝鮮の核開発に対する脅威認識の検討…… 119
第二節　相互認識作用の検討…… 128
第三節　小括…… 133
第三章　ＫＥＤＯプロセスと一九九八－一九九九年における緊張形成（一九九四－一九九九）…… 137
第一節　リアシュアランス・プロセス下における緊張の再形成…… 138
第一項　一九九八－一九九九年における緊張形成の参照点と信念…… 138
第二項　ＫＥＤＯプロセスにおけるコミットメント問題…… 139
第三項　緊張の再形成…… 144
第四項　米国による拒否的抑止力の導入：ミサイル防衛…… 154

第二節　相互作用の検討……162
第三節　小括……169

第四章　第二次朝鮮半島核危機（二〇〇〇－二〇〇三）……173
第一節　第二次朝鮮半島核危機の形成プロセス……173
第一項　第二次朝鮮半島核危機の参照点と信念……173
第二項　緊張の再形成……176
第二節　相互作用の検討……198
第三節　小括……201

第五章　六ヵ国協議をめぐる緊張の変化（二〇〇三－二〇〇九）……205
第一節　リアシュアランス・プロセス下における緊張の再形成……206
第一項　二〇〇三－二〇〇九年における緊張形成の参照点と信念……206
第二項　六ヵ国協議におけるコミットメント問題……207

第三項　緊張レベルの再上昇……215
第四項　二〇〇三－二〇〇九年における米朝の軍備拡張――核実験とMD……221
第二節　相互作用の検討……227
第三節　小括……231
第六章　第三次朝鮮半島核危機（二〇〇九－二〇一三）……235
第一節　第三次朝鮮半島核危機の形成プロセス……236
第一項　第三次朝鮮半島核危機の参照点と信念……236
第二項　緊張の再形成……241
第二節　相互作用の検討……258
第三節　小括……261
終　章　結　論……265
第一節　事例上の含意……267

第一項　三つの傾向による含意……267
第二項　第三次朝鮮半島核危機以降の含意……275
第二節　理論上の含意……277
第一項　合理的選択の観点からの含意……277
第二項　認知心理学の観点からの含意……281
第三項　権利の衝突としての含意……283
第三節　政策上の含意……289
補　論　金正恩政権における核兵器高度化と米朝間の緊張形成への影響……299
註　370
あとがき　371
参考文献　385

［扉写真・火星15号：ＫＰＭ提供］

序章　本書の目的と意義

本書の目的は、冷戦体制後米朝間で朝鮮半島核危機がなぜ繰り返されてきたのか、という問いに答えることにある。そして、本書ではこの問いに答えるため、冷戦体制崩壊以後おもに約二五年間（一九九〇－二〇一三年）における米朝間の緊張形成要因に着目し、抑止モデルに依拠した緊張形成要因に対する説明について批判的に考察した後で、極端な非対称性を帯びる米朝間の緊張形成は期待効用アプローチを採用する抑止モデルよりも、認知心理学アプローチを採用するスパイラル・モデルによってより適切な説明が可能ではないかという問題意識を基に仮説を設定し、事例検証を試みる。

この仮説検証の分析枠組みを設定するにおいては、抑止モデルとスパイラル・モデルを比較しつつ、スパイラル・モデルの妥当性を検討していくが、ここで強調しておきたいのは期待効用アプローチである抑止モデルを用いて冷戦体制崩壊以後における米朝間の緊張形成要因を説明した分析――特に「V・チャの主張」[1]――への批判的視座である。

当研究分野の先行研究を俯瞰すると、その主流は抑止モデルに依拠し米朝間の緊張は米朝一方の拡大的行動、特には北朝鮮の現状変更をもたらさんとする拡大的行動によって生じてきたとする論説で形成されてきた。しかしながら、本研究においてはこの抑止モデルに依拠した緊張形成説に疑義を呈す。

この疑問は、冷戦体制崩壊以後における米朝間の軍事上の極端な「非対称性」に対する観察から生じている。抑止モデルでは北朝鮮は合理的に戦争につながりうる拡大的行動を選択しうるアクターであるという前提に立つものの、ソ連亡き後、唯一の超大国として君臨する米国に対し、ソ連という後ろ盾をなくし四面楚歌ともいえる状況にあった北朝鮮にとって、戦争につながりうる拡大的行動を選択することがそもそも合理的であったのだろうか。抑止モデルの土台となっている期待効用アプローチの観点からは、北朝鮮が米国との戦争に直結する可能性のある拡大的行動を合理的に選択することはありえないのではないか。なぜならば、圧倒的軍事力を誇る米国との戦争は自らの生存の終わりを示すからである。

またこの観点からは、自らの消滅と直結する米国の軍事介入を招く可能性のある行為——軍拡や威嚇——は北朝鮮において合理的に自制されなければならないが、実際の事例では米国が指すところのいわゆる挑発行為が観察され、実際に米朝間には核危機と呼ばれるほどの緊張の高まりが発生してきた。つまり、非合理的帰結——戦争——の足音がすぐそこまで迫ってきたのである。なぜ期待効用の観点からは合理的ではなく起こりえないはずの非合理的な緊張形成が米朝間に生じたのであろうか。

この矛盾に対し、抑止モデルはまず北朝鮮が「拡大的動機」[2]を有する非合理的アクターであるからという説明を試みてきたが、そもそもそのような動機の証明は困難である。また仮に北朝鮮が非合理的アクターであったとすれば、なおさら抑止論者が唱える抑止は効かないと思われる。一方で北朝鮮が合理的アクターであれば、米国の核・通常兵器による抑止力は北朝鮮が抑止されるに十分であったはずである。実際に北朝鮮は冷戦体制崩壊以後二〇一九年までの約三〇年間、領土併合などの明確な現状変更とみなしうる拡大的行動は観察されてこなかった。

また北朝鮮が弱者の先制攻撃を合理的に選択しうるという主張も存在するが、以下の点で抑止モデルの主張とは矛盾が生じると思われる。第一に北朝鮮に米国との戦争を選択するような非合理性が起きたのであれば、それは非合理的アクターである状態と同義であり抑止は機能しない。そして第二に北朝鮮が弱者の先制攻撃を合理的に選択しうるアクターであるならば、先制攻撃誘因の浮上の原因——心理的誘因——を除去すれば、北朝鮮は米国に抑止される状態に立ち戻るはずである。実際に米朝間においてはリアシュアランス・プロセス（安心の供与）の合意により、自らの生存が危ぶまれているという心理的誘因が除去されることで危機が回避されてきた。

冷戦体制崩壊以後における米朝間の極端な非対称性を踏まえると、逆になぜ米国が北朝鮮を攻撃しなかったのかについても疑問が残る。後述するように、抑止モデルでは被抑止側が抑止側の抑止力の低下を認識した時、被抑止側は拡大的動機を具現化させると主張するものの、冷戦体制崩壊以後二〇一七年以前まで北朝鮮が米国を抑止する能力を十分に有していたとは言いがたい。とりわけ、冷戦体制崩壊直後や「苦難の行軍」[3]時期には北朝鮮は弱体化の一途をたどっており、対米抑止力が存在していたのかさえ疑わしい。

米国からすれば、北朝鮮の先制攻撃によって同盟国である韓国を失う不安が存在したことは事実であるが、その圧倒的軍事力をもってすれば攻撃は不可能であったとはいえない。実際に米国は最も優先度の高い同盟国であるイスラエルに対する攻撃のリスクを背負いつつ、イラクに対する攻撃を敢行してサダム・フセイン政権を転覆させたし、米国の高官らは北朝鮮の寧辺核施設に対する先制攻撃自体については自信を示してきた。しかしながら、冷戦崩壊後の米国は北朝鮮に対する拡大的行動による状況変更、すなわち軍事攻撃や政権転覆を選択してこなかった。米朝間における極端な非対称性を勘案すると、これは北朝鮮に抑止されたというよりも、米国の自制であるのではないか。

以上のような疑問を踏まえ、筆者は冷戦体制崩壊以後における米朝間の緊張形成は、その緊張形成過程で生じている非合理的選択に対し論理的な説明を提供しうる緊張形成モデルを通じて考察する必要があるかもしれない、という問題意識を持つに至った。上記の問題意識に基づき、本書の仮説および分析枠組みの設定に際しては、まず抑止モデルにおける国家は常に拡大的動機を持つパワー・マキシマイザー(Power Maximizer)[4]であるという想定に対し理論的批判を加える。

まず第一に抑止モデルでは相手国がなぜ拡大的行動を選択するのかについて、いわゆる第一イメージおよび第二イメージ、そしてアナーキー(中央政府不在)に依拠してそれを説明するが、それに対して批判的に考察する。第一イメージおよび第二イメージなどの内的要因に対しては主にその還元主義を批判し、アナーキーに基づく拡大的動機説については弱者の先制攻撃説とバーゲニング理論について疑義を唱える。

第二に抑止モデルが想定するように国家が常にパワー・マキシマイザーであるならば国家は拡大的動機のみを有しているということになる。この主張の根拠としては主にアナーキーに起因する不確実性や、権力欲などの内的要因が挙げられるものの、国家の動機とそれに対する認識が拡大的動機のみに固定化されるのは現実と比して不自然な感が拭えない。さらにいえば、国家の動機が不明瞭であるがゆえに国家アクターの動機は拡大的動機のみならず、現状的維持を目的とする自衛的動機が混在するものという前提のもと検討されなければならないのではないだろうか。

第三に抑止モデル上のパワー・マキシマイザーは、国家は常に期待効用の最大化を目指す合理的アクターであり常に合理的選択をしうると定義されるが、はたして国家は常に正しい合理的選択をしうるものなのだろうか。リアリズムの前提に従い国民国家が一つのユニットであり擬人化しうるとするならば、国家も合理的ではない場合が存在するのではないだろうか。より端的にいえば、「国家も時に間違える」という想定がより現実的ではないか、と考える。

そして国家は常にパワー・マキシマイザーであるという前提が適切でないならば、冷戦体制崩壊以後における米朝間の緊張形成が被抑止側の拡大的行動によって一方向的に生じたという、抑止モデルの想定も適切でないという推論を導きうる。

その上、国家が常に拡大的動機を源泉として行動するならば、緊張は一方向的に生じていくものであり、その緊張の発生を抑制するための抑止政策が効果的であったとしても現状維持をもたらすのみであって、緊張緩和は生じにくいはずであろう。要するに、抑止モデルにおける抑止政策と緊張緩和の因果関係をめぐる説明が説得力に欠けると指摘しうるのである。しかしながら、実際の歴史では冷戦体制崩壊以後において米朝間に協調政策に起因する緊張緩和局面が観察される。それはなぜであろうか。

このような抑止モデルへの批判的考察に基づき、冷戦体制崩壊以後における米朝間の緊張形成要因を再検証することの意義としては、第一に抑止モデルに基づく抑止政策の効果を再考し、それに対する代案を示しうる点である。特には北朝鮮の核兵器開発のさらなる進展に歯止めをかける方策を提示しうる〔筆者註：博士論文当時のまま〕。

冷戦体制崩壊後、北朝鮮は米朝間の緊張が持続される中で、六度の核実験を実行し、また中・長距離ミサイル実験、人工衛星打ち上げに従事してきた。この過程では、北朝鮮は二〇一二年四月の憲法改正でその序文に核保有国であることを明記するに至っている。

北朝鮮が二〇一七年九月に二段階水爆実験に成功し、同年一一月には米国東部を射程にとらえうる火星15号の発射実験に成功した点を考慮すると、北朝鮮の核兵器保有の信頼性は高いと思われる。そしてこの北朝鮮による核保有が米国と相互確証破壊（Mutual Assured Destruction：以下、ＭＡＤ）、あるいはそれに準じた相互抑止関係を構築できる水準に達するならば、東アジア地域におけるパワー・バランスに与えるインパクトは小さくない。

以上を勘案すると、北朝鮮におけるさらなる核兵器高度化をもたらす措置をいかに食い止めるかが肝要であると容易に察せられるが、これまで米国とその同盟国によって採用されてきた抑止モデルに依拠した強硬政策のみでこれを止められないことは、これまでの歴史的経緯、とりわけ第二次朝鮮半島核危機以後の事例によって明白であろう（この詳細については第四章を参照のこと）。よって本書においては、抑止モデルに対置するスパイラル・モデルの観点から理論的事例研究を試みることにより、北朝鮮によるさらなる核兵器高度化の進展を止める代替策を模索していく。

また北朝鮮の核開発問題をめぐる米朝間の緊張形成要因の解消は、東アジア経済協力の深化をなす上で、非常に大きな鍵となる。これが本書の第二の意義である。北朝鮮の核開発をめぐる米朝間における緊張は東アジアにおける地域経済協力の最大の障害の一つをなしており、本書においてはその米朝間の緊張を緩和させる方策が示される。

筆者は修士論文として、東アジアにおける地域経済協力の現状と障害について著したが、その過程で北朝鮮の核開発問題をめぐる米朝間の緊張とそれに伴う朝鮮半島の不安定性が、いかに東アジア経済協力の深化を阻害しているかについて明確に認識するに至った。東アジア、特には北東アジアにおける地域経済協力の深化は沈下する世界経済再生の起爆剤に十分なりうるものであるが、北朝鮮の核開発問題をめぐる米朝間の緊張の緩和なくしてこの実現はありえないといっても過言ではない[5]。これらを踏まえると、本書が北朝鮮の核開発問題をめぐる米朝間の緊張を緩和する方策を提示することは非常に大きな意義があるといえる。

最後に本書の意義としては、朝鮮半島地域研究、国際関係理論研究、国際危機研究における学際的な学術的貢献が挙げられる。冷戦体制崩壊以後における米朝間の緊張形成に関する先行研究には歴史的アプローチが多く、本書のように理論的事例研究を採用しているものは少ない。また理論に照らし合わせれば、冷戦体制崩壊以後における緊張形成を分析した先行研究の大半が、期待効用アプローチである抑止モデルに依拠しているといっても過言ではないといえる。

こうした中、本書において北朝鮮の核開発をめぐる極端な非対称性を帯びる米朝間の緊張形成について、認知心理学アプローチに基づくスパイラル・モデルの観点から、一九九〇－二〇一三年までを体系的に事例検証することで、D・トランプ－金正恩間に生じている第四次朝鮮半島核危機とその後に形成された緊張緩和局面を分析するにおいても有益な示唆が得られるであろう[6]。

さらにいえば、合理的アクターであるはずの米朝が非合理的帰結へと向かう過程を、スパイラル・モデルという認知心理学的アプローチを踏まえつつ解明した点は普遍性を帯びている。これがまさに本書で用いた研究手法の特色でもあるのだが、つまり朝鮮半島核危機のみならず本書の研究手法を用いて他地域、例えば印パでの緊張形成事例についても分析が可能となる（もちろんその地域固有の問題についての分析も必要となってくるが）。この観点から本書は国際危機研究の精緻化にも貢献するものとなろう。

以上のような研究目的と意義を踏まえ、本書は博士論文を土台とした全八章と、今回出版するにあたって書き下ろした補論から構成される。

第一章では、冷戦体制崩壊以後における米朝間の緊張形成要因について、拡大的動機説に基づき説明した先行研究に対し批判的考察を加え仮説を設定した後、その仮説検証のための分析枠組みとなるスパイラル・モデルについて詳述する。

第二章以降は、分析枠組みであるスパイラル・モデルの観点から冷戦体制崩壊以後における米朝間の緊張形成の事例を検証していく。第二章では冷戦体制崩壊以後、米朝間に初めて生じた第一次朝鮮半島核危機、第三章では枠組み合意の履行プロセスであるＫＥＤＯプロセスが進行中であるにもかかわらず発生した一九九八－一九九九年の緊張形成、第四章では米朝共同コミュニケが合意されたのにもかかわらず形成された第二次朝鮮半島核危機、第五章では枠組み合意に代わる新しい信頼醸成プロセスである六カ国協議が進行する中での米朝間の緊張レベルの変化過程、第六章では北朝鮮の核保有の可能性が高まった状況下で発生した第三次朝鮮半島核危機について、それぞれ事例検証する。終章である第七章では本書における事例検証の成果を要約し、その結論および含意について述べる。

補論では第四次核危機を踏まえ、金正恩政権の核兵器高度化とその対外政策について分析した。ここでは、なぜトランプ政権が史上初の米朝首脳会談に踏み切ったのかという問いに答えるヒントが隠されており、学術的価値に加え、政策的含意に富むものとなっている。

第一章　朝鮮半島核危機の形成要因についての二つの視点

――抑止モデルとスパイラル・モデル

本章では、本書における仮説とその仮説検証のための分析枠組みについて明らかにする。まず冷戦体制崩壊以後における米朝間の緊張形成要因について第一イメージ（個人：意思決定者）、第二イメージ（国家：国内政治）の内的要因に基づき説明した拡大的動機説に対し批判的に考察する。次に第三イメージ（構造：国際システム）中、抑止モデルに依拠した先行研究に対し批判的考察を加えた後、仮説を設定する。そして、本書の仮説検証における分析枠組みとなるスパイラル・モデルの詳細について検討する。

第一節　抑止モデル批判

第一項　抑止モデルにおけるパワー・マキシマイザーについての批判的考察

冷戦体制崩壊以後における米朝間の緊張形成要因について分析の主流は、主に抑止モデルに基づいたものによって占められてきた。抑止モデルに基づく分析は、被抑止側が拡大的動機を有しているという認識がその土台となる。J・W・ブッシュ（以下、ブッシュJr.）元米大統領の二〇〇二年の一般教書演説、いわゆる「悪の枢軸」演説がこの抑止モデルの論理を端的に表している。

われわれの第二の目的は、テロを支援する政権が大量破壊兵器によって米国や友好・同盟国を脅かすのを阻止することである。これらの政権のいくつかは、九月一一日以後沈黙を保っている。しかし、我々は彼らの本性（true nature）を知っている。北朝鮮は自国民を飢えさせる一方で、ミサイルや大量破壊兵器で武装している政権である。

……このような国々〔筆者註：イラク・イラン・北朝鮮〕と、そのテロリスト協力者は、世界平和を脅かすために武装した、悪の枢軸である。大量破壊兵器を入手しようとするこれらの政権がもたらす危険は重大であり、また増大しつつある。

彼らが、テロリストに大量破壊兵器を供与する恐れもあり、そうなれば、その兵器はテロリストが自分たちの憎悪をはらす手段になるのである。彼らがわが国の同盟国を攻撃したり、米国を脅そうとすることもありうる。いずれの場合も、無関心の代償は破滅的なものとなる（筆者訳）[1]。

この演説においては、北朝鮮の本性は「悪」であるという前提に基づき予見される拡大的行動を抑止しなければならない旨が説かれている。換言すれば、ここで北朝鮮は米国にとって好ましくない現状変更をもたらしうる非合理的な「パワー・マキシマイザー」として捉えられているといえる。

また学術的にはブッシュJr.政権においてNSC北朝鮮問題担当官および六ヵ国協議次席代表を務めたV・チャが抑止モデルに依拠し、米朝間の緊張形成に関する分析を披瀝している。「北朝鮮の行動、例えば軍事的挑発行為における水位低下（軍事挑発レベルの低下）は、この政権とその意思の性質よりも深く、根本的な変化に一致するものや、あるいはそれを示唆するものは存在しない。したがって、関与政策は浅はかで危険であるといえる。なぜなら、それは朝鮮半島における現状変更にいまだ執着している政権を生き返らせることになるからである（筆者訳）」[2]というコメントが象徴しているように、チャは北朝鮮のならず者国家としての性質は変わらないとしながら、抑止政策を完全に排す協調政策を批判する[3]。

またチャは他の著書の中で「北朝鮮による第二次侵略（a second DPRK/North Korean invasion）」[4]という用語を使用しながら、対北朝鮮における抑止政策の必要性について以下のように述べている。

平和は抑止が機能しているがゆえに存在する。……北朝鮮が戦争から抑止されたのは、北朝鮮がその前進態勢にかかわらず韓国への攻撃的突撃が深いものとはなりえないことを知っているからである。米国が紛争初期の時点で数万の軍隊を投入することで、そのプレゼンスを迅速に強化することを知っているからである。また今日の韓国の軍事力が一九五〇年代の衰弱していた国家のそれとはかけ離れており、世界トップの軍隊へと深化したことを理解しているからである（筆者訳）[5]。

要するに、拡大的動機に起因する北朝鮮の挑発行為によって朝鮮半島における緊張が高まってきたという論理であるが、この論理に基づき米国の対北朝鮮政策においては主として抑止政策が採られてきた。逆に北朝鮮の視点からは、米朝間の緊張形成は米国が現状変更を狙うパワー・マキシマイザーであり、その敵対行為によってもたらされてきたと見られている。例えば、二〇一三年二月一二日の第三次核実験に際し、朝鮮中央通信は次のように伝えている。

「核実験は我が共和国の合法的な平和的衛星発射の権利を乱暴に侵害した米国の極悪非道（筆者註：原文は포악무도）の敵対行為に対処し、国の安全と自主権を守護するための実際的対応措置の一環として実行された（筆者訳）」[6]。

このように北朝鮮は、米国の敵対的行為こそが緊張形成要因であり、これへの対処として自らが自衛的行動を余儀なくされているという認識を持っている。

またこれまで北朝鮮の自衛の観点を前提に米朝間の緊張形成を分析したB・カミングス、D・グレッグ、L・シーガル、D・カン、キム・グンシクなどの先行研究も存在する[7]。これらの先行研究は歴史的アプローチに基づき米朝間における緊張形成過程を時系列に則し歴史的に分析しながら、米国の敵対的行動が北朝鮮の生存の不安を刺激することで、北朝鮮は対米抑止力を強化せざるをえなかったと指摘する。

しかしながら、上記のような抑止モデルに基づく米朝間の緊張形成についての分析に対し、本書は以下の二点について疑問を呈す。

①米朝は常にパワー・マキシマイザーであったのか。
②米朝の緊張は被抑止側の拡大的行動により一方向的に生じてきたのか。

まず米朝は常にパワー・マキシマイザーであり、その拡大的行動によって緊張が形成されたのか、という疑問について考察してみたい。冷戦体制崩壊以後における米朝間の緊張形成要因を抑止モデルに依拠し分析した先行研究においては、パワー・マキシマイザーであるという設定が、オフェンシブ・リアリズムのアナーキーによる不確実性の観点からだけではなく、多分に古典的リアリズムにおける内的要因が混在する形で成立している点を指摘しなければならない。

例えば、前述のV・チャにおける対北朝鮮抑止モデルは、オフェンシブ・リアリズムに依拠するだけではなく、元来北朝鮮が持つ拡大的動機――「悪」――が要因となって現状変更をもたらす拡大的行動が発生しうるという危険性を、その理論の前提としている。

しかしながら、チャが説くがごとく北朝鮮が拡大的動機を絶対的に保持しているとの実証は可能なのであろうか。この実証のためには、チャに代表される抑止論者の想定である現状変更を伴う曖昧性のない拡大的行動――領土併合などの現状変更を伴う武力行使や先制攻撃[8]――が観察されなければならないが、これを示す決定的な事象は米ソ冷戦崩壊以後よりこれまでの約三〇年もの間、米朝間において観察されていない。つまり現在までのところ侵略はもとより、いかなる現状変更も冷戦体制崩壊以後より三〇年間なされていないのであるが、この点を勘案すれば、対北朝鮮抑止論者の論理は実証に欠ける推測に過ぎないのではないか、と指摘しうる。

そもそも期待効用に基づいた抑止の論理を踏まえると、北朝鮮が米朝間の軍事力が極度の非対称性を帯びる中で、米国を向こうに回し武力による現状変更を企図するパワー・マキシマイザーになりえたのであろうか。

一極構造という名の通り、ソ連亡き後の世界は米国という唯一の超大国を中心とした世界であった。その圧倒的軍事力を誇る米国と戦争をするということはしごく非合理的であろう。つまり北朝鮮において米国との戦争に踏み切ることで得られる利益（benefit）が、戦争遂行による損失（loss）を上回らないことは明白であった。

抑止モデルではCは攻撃の費用、Rは反撃されるリスク、Bは戦争の利益、Pは抑止側が反撃に出る確率とすると（1－P）B＞P（C＋R）の時、被抑止側は攻撃を合理的に選択する。つまりP（C＋R）＞（1－P）Bであれば、被抑止側は攻撃に出ない[9]。

しかしながら、冷戦体制崩壊以後における米朝間の戦力上の極端な非対称性を勘案すると、北朝鮮の観点からはR、つまり反撃されるリスクが非常に高い。なぜなら、朝鮮国連軍の枠組みが存続し、かつ日米安保条約、米韓相互防衛条約が結ばれている中で、北朝鮮が先制攻撃を選択した場合、在韓米軍、在日米軍を中心とする米軍は北朝鮮への反撃に出る公算が極めて大きいだけでなく、米国による反撃はすなわち北朝鮮の体制崩壊をもたらす可能性が高いからである。また経済が疲弊した北朝鮮にとって全面戦争遂行のための費用を捻出することは困難でもあった。したがって、合理的に考えれば北朝鮮にとって、攻撃の利得が攻撃した場合のコストを上回ることはありえない。

さらには米国への威嚇や軍拡なども非合理的選択であるといえる。なぜなら、アナーキーであるがゆえに北朝鮮がそれらのいわゆる挑発行為によって米国が軍事介入しないという確信を得られないからである。これは、期待効用仮説における情報不完備（imcomplete information）[10]下ではアクターは危険回避傾向となるという観察にも矛盾している[11]。しかしながら、ここで興味深いのは、それにもかかわらず実際には北朝鮮は、米国の軍事介入を招来しかねないような行為に及んでいる点である。なぜ北朝鮮は自らを滅ぼしかねない非合理的選択を時にしてきたのであろうか。

(一) 第一イメージによる拡大的動機説

この疑問についてこれまではまず北朝鮮が伝統的な合理的アクターではなく、非合理的アクターであるから、米国との戦争を選択しうるという説明が多くなされてきた。そして、その北朝鮮の非合理性を説明するために北朝鮮の内的要因、すなわち体制の特異性やアイデンティティなどがその原因として注目されてきたといえる。

一方で上記のような対北朝鮮抑止モデルへの疑問は、対米抑止モデル、すなわち米国は常にパワー・マキシマイザーであるという主張への疑問にそのまま適用可能である。北朝鮮が批難するがごとく、米国の対北朝鮮政策の源泉は悪——米帝国主義——にあるのかといえば、朝鮮半島における米国の実質的な現状変更を伴う拡大的行動が一九九〇－二〇一九年において観察されていない点を勘案した場合、その主張の根拠もまた弱いといわざるをえない。

リアリズムの系譜を鑑みても、国家の動機は測定不可能であるという前提の上で理論的展開がなされてきた[12]。それを鑑みると、今回北朝鮮の核開発をめぐる米朝間の緊張形成要因を分析する上で、古典的リアリズムに基づく拡大的動機説を批判する理由を端的に示すならば、それは還元主義に陥りやすいからである。

還元主義とは全体における構成部分とその相互関係だけを踏まえて、全体を分析しうるという理論的スタンスである[13]。例えば、ある指導者が独裁的で貪欲にまみれているとしよう。この意思決定者の内的性質——拡大的動機（貪欲）——こそが、国家行動の源泉であると考えるのが還元主義的分析である。このような論理に基づき構築されたのが古典的リアリズムであった。しかしながら、確かに独裁的・非民主的政権の国家行動にはある種の傾向が見て取れるのであろうが、指導者の独裁的な心理的傾向が常に拡大的な国家行動として反映されるという確証を得ることはできない。そしてこの還元主義への批判は構造的リアリズムの派生形であるオフェンシブ・リアリズムとディフェンシブ・リアリズムにも受け継がれてきた[14]。

またこのような還元主義的分析は、構成部分の特性とその相互関係に囚われやすい傾向を持つ。構成部分の特性とそれによって作り出された行動間の相互作用の総和と、結果としてのシステムの変化がイコールであるという錯覚に陥りがちであるが、R・ジャービスが指摘したように、それは「構成部分と構成部分の相互関係だけを見て、システムを理解する」という過ちを犯しやすい[15]。例えば、民主主義という特性を持つ国家の意思決定者は戦争をしない傾向にあり、独裁国家の指導者は戦争をする傾向にあるという構成部分の特性に焦点をあてた説が存在するが、歴史的に見ればそうした傾向が常に因果関係を正しく説明できたとはいえない。米国を見れば、民主国家でも戦争を行いうることは自明であろう。

米朝関係でいうならば、二国間のそれぞれの内的要因から作られた行動とその相互関係が、秩序の不安定化、すなわち緊張の主要因であるとは実証できないのである。米朝が相手国を攻撃するという意思を保持しているからといって、常に拡大的行動を起こすかというとそうではないのである。対話を通じた関係改善による脅威の除去の意思も混在し、協調的行動もとられうる（これは二〇一八年六月の米朝首脳会談を見ても明らかであろう）。この還元主義の罠から逃れようとすると、内的要因のより深淵に入り、不変的な構成要素を探す必要があり、それは結局のところウォルツが唱える生存に求めざるをえない。

後に事例を用いて詳述するが、危機が醸成されるにつれ米朝政府が緊張形成の原因は相手国の拡大的動機にあると相互に非難する構図がくっきりと浮かび上がってくる。先述のようにブッシュJr.米大統領はかつて北朝鮮を悪の枢軸の一つに名指しし、その脅威認識を示す一方で、北朝鮮は米国を米帝と呼び、その帝国主義・覇権主義を非難したのもこの一例であろう。しかしながら、これら双方の主張もまた主観的な推測、すなわち還元主義の域を出ない。

国家の動機も人の心のごとく、善悪が混在するものであるがゆえにその中に悪を見出すことは可能であるが、それはすなわち悪が常に国家の対外行動として具現化されるということを証明するものではない。実際にはそのどちらが対外行動として具現化されるかは、その時々の国家間における相互認識作用に因ると考える。

上記の動機の不可測性にもかかわらず、これまで北朝鮮が拡大的動機を有するパワー・マキシマイザーであるという前提から米朝間の緊張形成要因を説明しようとする試みがなされてきた。例えば、まず北朝鮮の指導者が米国やその同盟国に対して非合理的な拡大的行動をとりうる理由として、南北統一という欲求が挙げられる。

北朝鮮は南北統一のためには軍事力の行使も厭わないという論理であるが、例えば『北韓全書』や『北韓大辞典』などでは、一九九六年以後の韓国への武装闘争の激化をその根拠としながら、四大軍事路線を基本とする北朝鮮の国防政策の目的は武力による南北統一にあると指摘した。しかしながら、これに対し宮本悟は四大軍事路線に起源する国防政策は統一政策の一部であるものの、その目的は武力統一ではなく、①ソ連との関係悪化と②米国の脅威に対応するためのものであると反駁している[16]。この四大軍事路線は依然として北朝鮮の国防政策の基盤を成しており、また現在も憲法に明記されていることから先軍政治の土台であると目されている以上、この議論は重要であるといえる。そして、この北朝鮮による武力統一リスクは朝鮮半島における緊張が高まり、北朝鮮が韓国に対し強硬的姿勢を示すたびに危惧されてきた。

しかしながら、実際には北朝鮮の国防政策の目的、特に先軍政治の目的を南北統一という内的要素のみを踏まえ規定することは困難なのである。先述のように、一九六二年以来現在まで四大軍事路線は継続的に掲げられており、またそれを土台とする先軍政治が初めて唱えられた一九九七年以降、先軍政治は国家行動の方針であったにもかかわらず、北朝鮮の行動様式は拡大的動機の具現化と認識されうる強硬政策一辺倒ではない。また北朝鮮は冷戦体制崩壊を機として、南北基本合意書に署名し、かつ国連への南北同時加盟に踏み切っている。これは統一戦略の明確なる転換といえる。

一方、米国の意思決定者における普遍的な内的欲求でいえば、自由と民主主義の拡大が挙げられる。しかしながら、これもまた常に米国の行動として具現化されているかというと、疑問符が付く。米国外交史を紐解けば、米国は国益の増大・確保のため、歴史のところどころでいわゆる自由と民主主義がない独裁国家、例えばソ連（現在、ロシア）、中国、イラク、イランと協力関係を築いてきた。

また後述するように、対北朝鮮政策においても自由と民主主義の伝播のため、米国が体制転換（レジーム・チェンジ）を常に主たる政策に据えてきたか、という点で、矛盾する事例が観察される。この最たる例が一九九〇年代における北朝鮮経済の顕著な疲弊に対する米国の行動である。当時北朝鮮は大量の餓死者が発生するほど経済が弱体化していたのにもかかわらず、米国は軍事攻撃やさらなる経済制裁という体制転換につながる政策ではなく、むしろ食糧援助を行った（一六五頁、図3-1参照）。この観点からは、米国の自由と民主主義の伝播という内的欲求が存在するものの、その内的欲求と米国の対外行動との相関関係が常に存在すると証明することは困難なのである。

(二) 第二イメージによる拡大的動機説

以上のような第一イメージに依拠した分析に加え、非合理的な北朝鮮の行動を北朝鮮のその特異な内的要素や国内事情、いわゆる第二イメージの側面から説明しようするアプローチがある。

A・マンソロフやS・ハリソンは北朝鮮の国家行動の決定要因として北朝鮮の国内政治を挙げ、北朝鮮内部のタカ派とハト派の争いが国家行動の変化につながると主張した[17]。またユン・ドクミンは北朝鮮の核・ミサイル実験は危機局面を醸成し内部体制整備に活用する意図があるとともに核武装を既定事実化する過程であると分析し、パク・キョンエは北朝鮮の核開発を指導者層の権力維持という内的要因の観点から説明した[18]。次に歴史的・文化的側面に着目し、北朝鮮における独自の規範がその行動の決定要因となっているという主張も存在する。例えばS・スナイダーは北朝鮮が掲げる主体性——自力更生・主体思想——という規範が北朝鮮外交の独自性を作り出しているとする[19]。

当然、北朝鮮に独特な内的要因がいかに国家行動に作用するかを分析する手法は、北朝鮮の行動分析において有効なアプローチではあるものの、以下の二つの理由からその分析にも限界があるといえる。

第一に北朝鮮の内部要因と国家の対外行動の関係性が実証性に欠け、不明瞭な点に起因する。まずは北朝鮮の行動に影響を及ぼしている構成要素、すなわち社会規範およびアイデンティティについて検討してみよう。北朝鮮の行動の源泉を構成している独自の規範は主体思想と先軍、そして自力更生、またアイデンティティはパルチザン血統である。しかし、いずれの規範も意思決定プロセスにおいて、軍事主導の自主性の尊重として影響を及ぼしていることは明白であるものの、北朝鮮の行動様式を決定的に説明できる変数であるとはいえないのではないか。

なぜならば、還元主義的であると同時に、これらの規範は一貫していても、北朝鮮の行動は局面ごとに変化しているからである。換言すると、規範の一定性を考慮するに規範の観点から北朝鮮の行動の変化——なぜ時に強硬化し、時に協調化するのか——を説明するのは難しく、本書の従属変数となる米朝間の緊張の変化の独立変数とはなりにくいと思われる。

例えば、北朝鮮は金日成時代には非核化を目指す政策が重視されたが、金正日時代においては非核化を遺訓としながらも先軍政治を掲げ、二〇〇三年以降は核保有を目指す政策を推進した。一方で、その先軍政治は金正恩時代になった今も北朝鮮を支える根本思想であると位置づけられてはいるものの、実際には国家の意思決定プロセスは軍主導から、党主導へと回帰し、また人民生活の向上が最優先課題として掲げられている。この党主導への回帰は、二〇一〇年九月二八日に一九六六年以来四四年ぶりに開かれた第三次党代表者会議において、党中央軍事委員会の権限が強化され、これに伴い党による軍の統制の基幹部署となった朝鮮人民軍総政治局の局長に第四次党代表者会議(二〇一二年四月一一日)を経て、軍歴のほとんどない崔竜海が就任したことに顕著であった[20]。

また第三次党代表者会議においては三〇年ぶりに朝鮮労働党規約が改正されたが、これにより第二二条では党総書記が党中央軍事委員会委員長を自動的に兼務する旨が明記され[21]、同第二四条では党中央軍事委員会を含む党中央委員会全員会議が一年に一度定期的に開催される旨が規定された。これは一九九四年以来形骸化していた党の指導機関が再建されたことを意味する[22]。加えて同第二七条党中央軍事委員会が軍需産業を含めた国防事業全般を指導することが明記され、かつ同第四六条では朝鮮人民軍のすべての政治活動は党の領導の下にあることを明示した。

以上のような改正は、総じて党中央軍事委員会が実質的に国防委員会と肩を並べうる権力を付与されたことを意味する。具体的には一九九八年の憲法改正から二〇〇九年の憲法改正まで、憲法第一〇九条第一項に基づき、国防委員会が「先軍革命路線を貫徹するための国家の重要な政策を立てる」[23]唯一の機関であり、国防政策を決定・命令する機関であったが[24]、二〇一〇年の党規約の改正で国防全般を見る権限を与えられた党軍事委員会は国防委員会とともに軍事事業を指導しうる立場となったのである。

このような憲法そして党規約の改正は内的要因の変化——体制の方針や構造の変化——の反映であるが、このような内的要因の変化が観察されるのにもかかわらず、緊張形成要因と目されうる北朝鮮の対外行動はそれに連動して変化しているとはいえない。例えば二〇一〇年における党規約の改正を前後して北朝鮮の体制構造が明らかに転換されるものの、その変化に米朝間の緊張形成は相関していない。

より具体的には、一九九八-二〇一〇年は金正日先軍政治体制——国防委員会を中心とした軍主導の体制——であった反面、二〇一〇年以降は金正恩後継プロセスの進展とあいまって党軍事委員会を中心とした党主導の体制への転換が観察されるのであるが、この権力構造の変化にもかかわらず二〇一〇年以降にも北朝鮮は延坪島砲撃、核実験に踏み切っており、米朝間の緊張が二〇一〇年以前と相変わらず形成されていることは、内的要因アプローチが米朝間の緊張形成の主要因であるという主張の脆弱性を示しているといえよう。

特に親中に分類可能であった党主導体制で実施された第三次核実験は、これまで多々見受けられてきた主張——核実験の目的は北朝鮮内部の求心力を高めるためである——とも矛盾する。なぜなら二〇一二年八月の張成沢訪中、黄金坪・威化島などにおける朝中経済協力の推進によって一目瞭然のように、当時の党主導体制は中華人民共和国（以下、中国）との関係を重視しており、核実験の実施は自らの体制を支える中国の機嫌を損ねることが確実であったからである[25]。

実際に中国は北朝鮮が核実験に踏み切って以後、一定期間重油供給を止めていたと伝えられ[26]、また習近平主席は二〇一四年七月北朝鮮に先んじて韓国を訪問した反面、習近平主席の訪朝が二〇一九年まで実現しなかった事実から見ても、張成沢失脚以後に加速した朝中関係の冷却化は二〇一八年まで尾を引いた〔筆者註：二〇一八年三月、金正恩国務委員長が初訪中した〕[27]。

さらに金正恩第一書記の後見人と目されていた張成沢元国防委員会副委員長兼行政部長が粛清され、夫人の金慶姫党書記も権力を失いつつある情勢が明らかとなる中で、内的要因と対外行動とのリンケージは一層不透明になっていく。内部要因アプローチに依拠すれば、中国首脳部と太いパイプを持つ改革派の頭領であった張成沢が粛清され、強硬派の権力が拡大した事実から北朝鮮の行動はより強硬的で挑発的とならなければならないはずである[28]。

しかしながら、実際には並進路線の下、核兵器開発とともに経済成長を優先目標に掲げ、その環境づくりのために米国とその同盟国との関係改善を追求してきた。この代表的な表象が張成沢粛清直後における南北関係を急速に改善するための積極的措置であり、ストックホルム合意に象徴される日朝協議、そして史上初の米朝首脳会談の開催といえる[29]。また二〇一八年一一月には並進路線の勝利を宣言し、社会主義経済建設を公式に掲げるに至った。加えて、この張成沢粛清後、ナンバー2に上ったと見られていた崔竜海の党秘書への再転身が明らかになりその没落も近いかと思われていたが、その後組織指導部長などを経て二〇一九年四月に開催された朝鮮労働党中央委員会第七期第四次大会でナンバー2の地位に再起用された。この間においても、北朝鮮の対外政策に大きなブレが観察されなかったことを踏まえると、金正恩政権指導部以外の外部者にとって、内的要因アプローチから北朝鮮の対外行動を解明することの困難さが一層示されている。

第二に意思決定プロセスが不透明であることも、北朝鮮の対外政策に対する内的要因アプローチを困難にしている。北朝鮮はいわゆる唯一体制（唯一思想体系と唯一指導体系）を掲げる独裁国家であるから、意思決定は最高指導者に全的にゆだねられているという前提に立つ分析が多く見られるが、ポスト冷戦構造出現後の北朝鮮の意思決定を見ると、この前提が必ずしも当てはまらないケースが観察される。

まずは、一九九四年の米朝枠組み合意締結前後の意思決定を巡ってである。金正日元国防委員会委員長はこの時すでに、最高司令官に推戴され、国防委員会委員長の席にあり、軍を完全に把握しているのではと見られていた。しかし第一次朝鮮半島危機をめぐる米朝交渉は、金正日元国防委員長ではなく、金日成主席が主導した可能性が高い[30]。また興味深いのは会談直後の一九九四年七月八日に金日成死去が伝えられたのだが、死去からわずか三ヵ月後の同年一〇月に米朝間で枠組み合意が締結されたことである。金正日元国防委員会委員長が後継者としての足場を長年かけて固めていたとしても、このような重大な意思決定を速やかに行ったことは驚嘆に値する。この一連のプロセスの中でどちらが、最終意思決定者であったかについては、依然議論の余地が残るのである。

次に金正日時代はどうであろうか。意思決定は金正日元国防委員会委員長に一存していたのであろうか。政権の途中までは、独裁的な意思決定プロセスはある程度機能していたと思われるが、脳卒中で倒れたとされる二〇〇八年以後も北朝鮮の意思決定は核実験という非常に重要な事案に関しても行われた。さらに後継者金正恩の登場は、北朝鮮の意思決定プロセスを一段と不明瞭なものにする。当時三〇歳に満たないと伝えられる若き指導者を支える指導グループの存在が浮上したからである。ここに至り、北朝鮮の意思決定プロセスは独裁的であるという従来の見解の根拠は非常に弱くなったといわざるをえない。

また仮に北朝鮮内部に民主主義国家においてのような権力闘争が存在するとすれば、その対立構造自体およびその対立している集団がどのような特性を帯びているのかを解明しなければならない。例えば、米国では共和党と民主党が対立し、各利権集団が国家の行動に少なからず影響を与えているが、北朝鮮の行動分析においてもこのような構図を知ることが必要となってくる。

しかし前述のように、張成沢粛清に伴ういわゆる改革派の失脚と強硬派の復権、それ以後における北朝鮮の協調政策の推進は、第一に北朝鮮の内部構造が改革派対強硬派という単純なものだけで構成されているのではないということ、第二にその内的構成要素の変化がそのまま対外政策に反映されるわけではないということを如実に示している[31]。加えて北朝鮮が内的要因に左右されにくい理由としては、社会主義を標榜し西側式の民主主義を採用していないため、選挙に対する過剰な配慮がいらないことも考慮に入れる必要があるだろう。

そしてまたこの内的要因の国家間作用を用いて、冷戦体制崩壊以後における米朝間の緊張形成を説明しても、その不十分性は免れない。例えば、構成主義の観点からは異なる価値や規範に基づく国家体制の差異——民主国家と非民主国家——が緊張を形成するという説明が可能であるものの、米朝間の緊張の変化、特に緊張の緩和局面について適切な説明を提供できないのである。

内的な構成要素が対外行動の一貫性を生み出すわけではなく、また内的要因に注目した国家作用も国家間の緊張形成を完全に説明できないという事実は、米国の安全保障政策からも説明可能である。自由と民主主義という米国の至上の価値・規範を踏まえれば、その体現を常に目指す米国と、米国の観点から見て自由と民主主義が確立されていない非民主的な独裁国家との対決は不可避であるという仮定が立てられる。

しかしながら、前述のように米国は歴史的に国益と照らし合わせ様々な非民主的な独裁国家と協力関係を築いてきた。S・フセインのイラク、パキスタン、そして中国などがその代表的な例であろう。また米朝間においても、クリントン政権時、当時のオルブライト国務長官が訪朝し、クリントン大統領訪朝が計画されるほどに接近し、その緊張が緩和された。また二〇一八年の米朝間の緊張緩和局面もこの代表的な事例に数えられる。

次に民主党と共和党という相対する要素が交互に執権する時に、その対外行動も一貫して変化が観察されるのであろうか。例えば一九七一年以降の米国の対中政策は若干の差異はあるものの、基本的には共和党・民主党ともに中国重視の方針を堅持している。そしてこの両政党の対外行動に一貫性を見出せることは、一九九〇年以後における米国の対北朝鮮政策にも当てはまり、それはいずれの政権においても現状維持的で、北朝鮮との戦争を是としないと同時に、米朝間の緊張の完全なる解消を是とするものでもなかったことからも窺い知れる。例えばブッシュ共和党政権時に米朝関係は極度に緊張するに至るが、その緊張はオバマ民主党政権誕生後、多少緩和されるものの解消には至らず、緊張の強化と緩和を繰り返している。また二〇一八年以降トランプ政権は、金正恩とトップダウン方式での交渉アプローチを、北朝鮮のさらなる核兵器の高度化を防ぐためのモラトリアム（一時猶予）を引き出すために構築・推進してきたものの、米朝間の緊張を根本的に解決するには至っていない。透明性が一定程度確保されている米国でも、その内的要因である規範や意思決定プロセスから対外行動の主要因を特定し、かつ国家間における緊張へのリンケージを明らかにする作業には困難を伴うといえよう。

以上のように規範・アイデンティティからの分析にせよ、意思決定プロセスからの分析にせよ、とりわけ北朝鮮の行動を巡る内的要因には不確定な変数がいまだ多くあり、内的要因を用いて北朝鮮の拡大的動機が常に行動の源泉にあるとは実証できないのである。これはC・キャンベル前米国務次官補が公聴会において、「北朝鮮の内情はブラックボックス。情報機関の情報も誤っていることがある」[32]と発言したところからも顕著であろう。

したがって、本書においては分析枠組みを設定するにおいては、極力内的要因を介在させず、いわゆる第三イメージ、すなわち国際システムレベルにおける国家間の相互認識作用のみに依拠するかたちで分析を進めていく点に留意されたい。

(三) アナーキーによる拡大的動機説

次に外的要因に依拠した分析について考える。まず、米朝は非合理的ではないものの、アナーキーによって合理的にパワー・マキシマイザーにならざるをえないという主張について考察してみよう。アナーキーという国際体系の中では、国家は相手国の動機が不確実であるため、とめどなく力(Power)を追求せざるをえない存在であるというオフェンシブ・リアリズムの論理は、米朝間にあてはまるのであろうか。

まずこの類型の第一には、アナーキーによる不確実性が、一方の脆弱性による戦争を助長するリスクを指摘する主張がある。ここでは米朝間の軍事力の格差は著しいものの、米国の軍事的圧力によって北朝鮮側に米国が攻め入ってくるかもしれないという不安が生まれることで、弱者の先制攻撃という選択がなされうると指摘する[33]。

例えば、チャは「要するに強硬派が平壌に関与しなければならないのは、この〔筆者註:北朝鮮〕体制が狂い、崩壊間近で、誤解されているからではなく、関与政策によって平壌が勝利不可能だとしても敵視〔筆者註:敵対行動による緊張形成〕を合理的であると計算しうる状況の固定化を回避するためである。換言すれば、北朝鮮の脅威における真の危険は北朝鮮に不利な客観的な軍事バランスにもかかわらず、北朝鮮が紛争あるいは違う形態の敵対行為が完全に論理的政策であると、すなわち交戦中であることがいまだ合理的選択であると〔筆者註:認識〕することである(筆者訳)」[34]としながら、北朝鮮が弱者の先制攻撃のような非合理的行動を合理的に選択しうる危険性を強調する。

これについての反論は事例において詳述しているが、過去の事例において北朝鮮に先制攻撃というオプションの実行、すなわち非合理的な暴発が観察されなかった点を踏まえると、この主張は実証に著しく欠ける。これは非常に重要な点で、そもそも米朝間の軍事力が極度の非対称性を帯び、①北朝鮮に武力による領土併合などの現状変更を実現するばかりか米国を抑止する能力が欠如し、かつ②米国の同盟国への先制攻撃に踏み切った場合、米国は朝鮮国連軍および日韓との各安保条約により武力介入する確率が極めて高いことを踏まえると、自らの体制が崩壊するに至る可能性が高いといえる。このような状況が事前に把握される中で、北朝鮮が米国に対し拡大的動機を具現化する余地などなかったのでないか、という問題提起がなされうる。

とりわけ第一次朝鮮半島核危機における重度の情報不完備の状況にあって、敵対関係にある米国の圧倒的軍事力の圧迫を認識する中で、北朝鮮にかかるプレッシャーは相当なものであったと推察されるが、北朝鮮が先制攻撃を選択しなかった史実は、北朝鮮が合理的アクターであり、単に生存のための合理的自制として先制攻撃を選択しなかった可能性を示唆している。

加えて、チャが主張する合理的な弱者の先制攻撃リスクには以下のような矛盾が見られる。①北朝鮮に米国との戦争を選択するような合理性の変質が起きているならば、それは非合理的アクターである状態であり抑止は機能しない。よって、このような弱者の先制攻撃（脆弱性による戦争）を抑止モデルに依拠し抑止政策を用いて回避しようという主張は論理的ではない。これは後述するプロスペクト理論においても、損失のリスクが大きいことが予想され失う不安が刺激されたアクターに対し、抑止政策は逆効果であることが示唆されている[35]。

②北朝鮮が合理的アクターであるならば、その合理性の変質によって先制攻撃誘因の浮上の原因——心理的誘因——を除去すれば、北朝鮮は米国に抑止される状態に立ち戻るはずであるが、抑止政策によって心理的に形成された先制攻撃誘因の除去は抑止行動の継続によってはなされない[36]。そして実際に抑止政策ではなく協調政策に基づく枠組み合意、米朝共同コミュニケ、六ヵ国協議などのリアシュアランス・プロセスが合意・開始された時に、心理的不安が緩和されるにつれ、緊張の緩和が観察されてきたのである。

アナーキーに起因して北朝鮮の非合理的な拡大的行動を説明する第二の類型は、北朝鮮の拡大的動機を効用最大化の側面から説明する研究である。つまり、北朝鮮は生存が目的であるもののアナーキーの不確実性によりパワー・マキシマイザーにならざるをえず、その国益の増大のために戦略的に挑発行為に及んできたという主張である。

このタイプにはまず北朝鮮は瀬戸際外交によって、米国にコミットメントを「強制（compellence）」[37]することで多くのものを得てきたとするバーゲニング理論がある[38]。

例えばチャは「……この状況〔筆者註：危機〕は平壌がたしなむのに熟練している事実上の強制的バーゲニングゲーム〔筆者註：いわゆる瀬戸際外交〕を作り出した」[39]と前置きしつつ、「平壌の観点からは、これらの挑発の目的は軍事的優位を得ることではなく、危機を作りだすことである。現状（status-quo）を乱し、現在あるいは新たな交渉において、北朝鮮により都合のよい新しい状況を生じさせる強制的バーゲニングゲームを主導することである〔筆者訳〕」と主張する。

しかし後述のように、このような生存のために危機を作り出し、より有利の状況を作り出していくというバーゲニング理論の論理は、以下の点で矛盾している。

まず、ダレスが命名した瀬戸際外交は、冷戦体制下における米ソという核保有国間のチキンゲームを前提としている。しかし対称性を帯びた核保有国であった米ソ間においては、相互核抑止状態がＭＡＤ（Mutual Assured Destruction：相互確証破壊）に達し相手国の反撃の確率が高いことを相互に、事前に、容易に見積ることが可能であったがゆえに、戦争勃発の可能性が低いことが十分予見可能であった。この反面、冷戦体制崩壊以後における米朝間の非対称性、特に北朝鮮の対米抑止力が万全ではなかった点を勘案すると、北朝鮮側が自らの体制の崩壊をもたらすであろう米国の拡大的行動を喚起しうる危機を、あえて挑発行為によって故意に醸成することが、はたして合理的選択であるのかは甚だ疑問である。

何しろ、万一米国が拡大的行動に出た場合、すなわち北朝鮮への侵攻あるいは反撃が現実化した場合、北朝鮮が払わなければならない犠牲は自らの生存と直結する。換言すれば、瀬戸際外交遂行において北朝鮮が賭けなければならないのは体制の崩壊であり、合理的選択としてはリスクがあまりにも大きい。そして国際体系がアナーキーであることを勘案すると、この不確実性が完全に拭い去られることはないのである。また理論的にも、期待効用仮説における情報不完備下の危険回避傾向と矛盾するといえる[40]。

北朝鮮が生存を優先するならば、不確実性の増す危機局面を作り出すよりも、米朝国交正常化などを通じ、自らの脅威を除去するほうが確実であるし、リスクは少ない。そして後に事例を通して見るように、実際に北朝鮮は冷戦体制崩壊以後、米国との国交正常化への意欲を数多く示してきた。

またこの極端な非対称性を鑑みると、二〇一七年以前にはたして北朝鮮に米国を強制することが可能であったのかについても疑わしい。米ソ間の瀬戸際外交は米ソ双方が相互に相手国領土を直接狙える核兵器を保有している状況を土台としたものであり、核兵器によって互いに相手国に致命的な打撃を与えうる力を有していたがゆえに、相手国を強制させる余地があった。しかしながら、米朝間の極端な非対称性を鑑みると、北朝鮮は米国の同盟国への攻撃をちらつかせ、米国の失う不安を刺激することはできるが、それも所詮米国本土への致命的なダメージではないことから、米国の妥協を一方的に引き出すことは困難だったのではないか。

実際に、北朝鮮が瀬戸際外交により得たとされる利得の増大は結果として霧散している。例えば、第一次核危機という瀬戸際外交で北朝鮮が得た利得とされるのは、軽水炉と重油の提供を軸とした消極的安全保障であるが[41]、KEDOプロセスの頓挫で結局その提供は打ち切られることとなった。また、冷戦体制崩壊直後からこれまで一貫して北朝鮮側は、米国の脅威の消滅につながる米朝国交正常化の実現を渇望してきたものの、それに至っては約三〇年経った二〇一九年現在においても何ら進展がないままである。さらにいえば瀬戸際外交を繰り返す限り、国際貿易の拡大によって享受できる経済的恩恵を得るために必要な制裁の解除がなされない点や、第二次朝鮮半島核危機以後、北朝鮮は核開発の性質を核兵器保有へと転換、これにより核をバーゲニング・チップとする外交上の柔軟性を自ら手放した点などを考慮すると、バーゲニング理論も北朝鮮がパワー・マキシマイザーであるという説を適切に裏付けているとは言いがたい。

これらを勘案すれば、緊張が形成されたことによって、北朝鮮の利得増加が一時的に観察されたにせよ、それはギブ・アンド・テイクに基づく交渉上の妥協点の産物に過ぎず、北朝鮮における根本的な利益の増大をもたらすものではなかった、ともいえよう。

加えて、北朝鮮がパワー・マキシマイザーではないかという主張には、時間稼ぎ説がある[42]。そもそも北朝鮮は核兵器保有の野望を持っており、その実現のために硬軟織り交ぜた外交戦術で時間を稼いできたという主張であるが、後の事例で見るように、①北朝鮮の核兵器開発が枠組み合意などの形成に伴う核開発モラトリアムによって大幅に遅れた点、②この期間の施設の老朽化の修復に年単位の時間を要する点、③二〇〇八年の寧辺核施設における冷却塔爆破によって新たな冷却施設が必要となった点、などを踏まえるとその論理は整合性を欠く。これは、北朝鮮の時間稼ぎが功を奏したというよりも、米国の交渉を通じた北朝鮮の核能力高度化を抑制する戦術の成功を表す事象といえよう。

以上を鑑みると、アナーキーによる不確実性によって、北朝鮮が常にパワー・マキシマイザーであるとの前提にも疑問符が付くのである。

では逆に、米国がアナーキーに起因するパワー・マキシマイザーであるがゆえに緊張が形成されてきたとの主張について見てみよう。B・カミングスやD・グレッグは基本的に北朝鮮は自衛的行動をとれるアクターであり、安全保障・経済上の安心供与がなされれば国際協調も可能であると説く。ただ北朝鮮が時に強硬的であるのは米国の対北朝鮮政策が敵対的だからであり、その政策が協調的になった時のみ北朝鮮は協調的行動へと転換すると分析するのである。つまり北朝鮮の行動は「しっぺ返し（tit-for-tat）」であり、米国の対北朝鮮政策の変化に比例する[43]。

しかしながら後述するように、この主張の問題点は、米国が北朝鮮に対し常に敵視政策を採っているのかという点である。まず米国による北朝鮮への拡大的動機の具現化――侵攻――は、一九九〇年から現在まで観察されていないとともに、クリントン民主党政権、そしてブッシュ共和党政権、オバマ民主党政権、そしてトランプ共和党政権において、北朝鮮の核開発を防ぐため党派に関係なく北朝鮮への侵略の意思はないというシグナリングが発せられてきた。また緊張形成過程をつぶさに見ると、その緊張をもたらした変数——国際原子力機関（以下、IAEA）による査察、サンプリング、金融制裁、原子力の平和利用など——は敵視的であると断定することが困難である事象の場合が多い。

何よりも、この間米国の対北朝鮮政策には「自制」が観察される。この代表的な例は先述した北朝鮮の「苦難の行軍」時における米国の行動である。なぜ北朝鮮が一九九四–一九九七年の間極めて弱体化した時に、米国は北朝鮮に侵攻しなかったのであろうか。米国の行動の源泉が常に拡大的動機に根ざしているならば、この絶好の機会を逃すことはないだろう。米国にとって拡大的動機を具現化しうる環境は一九九八–一九九九年、二〇〇二–二〇〇三年にも整うが、米国は北朝鮮への軍事介入は見送っている。

またR・ゲーツ元米国防長官が明らかにしたように、米国は二〇一一年の延坪島砲撃事件時、当時の李明博政権が北朝鮮に対する報復のために計画した爆撃案に対し、釣り合いが取れていないとしてその実行を諫めた[44]。延坪島砲撃事件は白昼、しかも地上で起こった北朝鮮から韓国への武力行使であったために、米国がその気になれば国際法上韓国が先制攻撃を受けたという錦の御旗を立て、北朝鮮に対し武力行使することが可能であったといえるが、結果として米国は北朝鮮への拡大的行動に出なかった。

これらの行動の理由を、期待効用アプローチである抑止モデルから説明することは困難であるといえる。抑止モデルでは、被抑止側が抑止側の抑止力の低下を認識した時、被抑止側は拡大的動機を具現化させるとする。つまり前述のように、被抑止側の認識が（1－P）B＞P（C＋R）である場合（二六頁参照）、被抑止側は現状変更を伴う拡大的行動を選択するのであるが、米朝間の極端な非対称性による北朝鮮の対米抑止力の欠如を踏まえると、米国が勝機に乗じた戦争を遂行することは十分可能であったといえる。実際に米国は余分の安全を担保する上で非常に重要な同盟国――イスラエル――が害される可能性があったにもかかわらず、イラクに対する戦争を選択し、圧倒的軍事力をもって迅速なる勝利を収めている。

以上を鑑みると、米国が北朝鮮に対し軍事侵攻というオプションを選択しなかったのは、北朝鮮に抑止されたというよりも米国自らが自制したという見解が妥当である。であれば、米国も常なるパワー・マキシマイザーであるとは断定できないであろう。

以上のように米朝の両ケースにおいて、米朝が常に拡大的動機を行動の源泉とするパワー・マキシマイザーであるとは断定できないとすれば、拡大的動機だけではなく、自衛的動機にも焦点をあてうる分析枠組みに則って分析することがより妥当であると考える。

第二項　抑止モデルにおける一方的な緊張形成についての批判的考察

次に米朝がパワー・マキシマイザーであるという前提への疑問がまた、冷戦体制崩壊以後、米朝間の緊張形成要因を抑止モデルに依拠し説明することへの第二の疑義へとつながっていく（二四頁参照）。つまり米朝がパワー・マキシマイザーでないのならば、抑止モデルの主張する被抑止側の拡大的行動によって緊張が一方向的に生じるという前提も成立しないのではないか。換言すれば、米朝がパワー・マキシマイザーであるならば、米朝間の緊張は常にチキン・ゲームの様相を呈しているはずであるが、緊張レベルの強化のみならず緊張緩和局面が観察されるのはなぜであろうか。

抑止モデルにおいては被抑止側の拡大的行動によって緊張が強化されていくことを前提として、それを防ぐためには抑止政策を維持しなければならないと主張し、被抑止側に誤ったシグナルを送る協調政策をドイツに対するミュンヘン会談のような宥和（ヒトラー政権の勢力拡大と第二次世界大戦を招くことになった）として非難する。しかし、この主張に基づけば緊張の強化局面とその後抑止政策の成功によって生み出される現状維持の局面の出現までは、抑止モデルで説明可能であるものの、緊張レベルの緩和局面への変化については説明が及ばない。より砕いていえば、抑止政策が攻撃を思いとどまらせることはできても、その継続は敵対関係を維持するのみであり、友好的関係を築くには至らないのである。後に詳述するような事例に基づけば、冷戦体制崩壊以後二〇一三年までの間に米朝間には緊張形成だけではなく、以下の緊張緩和局面が出現している。

(一)枠組み合意以後から一九九八－一九九九年危機まで
(二)米朝共同コミュニケ以後から第二次朝鮮半島核危機まで
(三)六ヵ国協議開始以後から第一次核実験まで
(四)二・二九合意以後から第三次朝鮮半島核危機まで

また、火星15号発射～平昌冬季五輪～第一次米朝首脳会談から現在（二〇一九年一二月）までには、これまでとは次元の異なる緊張緩和局面が観察されてきた。

これらの緊張緩和局面は、抑止モデリストが主張する抑止政策の効果によるものなのであろうか。抑止論者は協調政策を拡大的動機の具現化を助長するとし宥和と批判するが、そうであれば緊張の緩和局面は常に抑止政策によってもたらされることとなる。その想定は事例に合致しているのであろうか。チャに代表される抑止論者は緊張緩和の原因について、米国の抑止政策によって北朝鮮の拡大的動機の具現化が未然に防がれたからであると主張する。この主張はオフェンシブ・リアリストの代表格であるJ・ミアシャイマーの以下の主張と軌を一つにしている。「拡大的行動が生じなかった事例は、大きくは抑止の成功の結果であり、〔筆者註：被抑止側が持つ〕拡大的動機の消滅ではない〔筆者註：消滅を意味しない〕（筆者訳）」[45]。

この主張については、まず抑止効果の実証可能性の側面から反論しうる。かつて代表的な抑止論者であったH・キッシンジャーが、「もちろん元来、抑止力の性格からいって、果たして何が侵略を阻止してきたのか、となるとこれは証明するわけにはいかない。我が国の国防体制のおかげで、阻止されてきたのだろうか。それとも相手側に最初から攻撃する意図がなかったのだろうか」[46]と認めているように、抑止の因果関係の実証は最終的には困難である。

逆に抑止の破れが実証されるとすれば、ナチス・ドイツが行ったような明確なる現状変更行為――侵略――が観察される場合のみであろう。これはまた拡大的動機の疑いのない発露といえる。そしていざ侵略が実行された時に受け入れがたい被害と混乱がもたらされうることを踏まえると、最悪の事態（worst case scenario）に備えなければならないという抑止モデルの論理にも一理あるといえる。

しかし、二〇一七年以前までの約二八年にわたって蓄積された冷戦体制崩壊以後における米朝間の緊張形成事例を踏まえると、抑止モデルのみの観点から最悪の事態が生じる可能性ばかりに焦点をあてることに対し、その妥当性を問うことが可能となる。これに加え、冷戦体制崩壊以後、約三〇年間において米朝双方に拡大的動機の具現化が現実となっていないばかりか、その間に自衛的とみなしうる協調的行動が観察されてきた。

例えば、枠組み合意や米朝共同コミュニケなどのリアシュアランス合意においては米朝双方が拡大的動機を有さない旨を明記しており、かつ各リアシュアランス合意中に定められた履行義務の一部は成功裡に遂行された事例も見られる点を考慮すると、冷戦体制崩壊以後における米朝間の緊張が緩和された主要因は、抑止モデルに基づく抑止行動ではなく、協調政策に求められるのではないかという指摘が可能なのである。

次に前述のように抑止モデルに基づけば、米国による拡大的行動（勝機に乗じた戦争）が生じてこなかったのは北朝鮮の抑止行動にその原因が求められなければならないが、抑止政策の実行には能力と意思、そして相手国による認識がともに必要であり、北朝鮮には対米抑止能力が十分ではない点を踏まえると、抑止モデルの論理とは矛盾しているといえる。そして、北朝鮮との非対称的関係の中で生じたこの米国の自制は、国家はパワー・マキシマイザーであり覇権をとるまで拡大的動機を保持し、また覇権を制した後も覇権国としての地位を欲し続けると主張する抑止モデルの土台、すなわちオフェンシブ・リアリズムの観点からは十分に説明しえない部分がある。米国が常にパワー・マキシマイザーであるならば、自らが地域的脅威と名指しした北朝鮮の脅威は除去されるべき対象であろう。しかしながら、実際に米国の行動は冷戦体制崩壊以後約三〇年にわたって対北朝鮮において拡大的行動の具現化を自制してきた。この点を踏まえると、北朝鮮の観点から見た被抑止側である米国の拡大的行動により緊張が一方向的に生じてきたとは言いがたい。

この反面、北朝鮮による拡大的行動（脆弱性による戦争）がなされなかったのも、米国の抑止政策のみの賜物とは断定できない。ここでポイントは、北朝鮮にとって米国への拡大的行動を選択することは非合理的であるという点である。繰り返しとなるが、冷戦体制崩壊以後、唯一の超大国となった米国との敵対関係、ましてや戦争への突入は北朝鮮の生存を考えた時、非合理的以外の何物でもない。よって、北朝鮮が合理的アクターであれば、米国との戦争を合理的に選択することはない。であれば、北朝鮮が米国に対する拡大的行動を選択しうるのは非合理的アクターである場合のみといえよう。

そして、北朝鮮が非合理的アクターであるとすれば、抑止はことさら機能しない。例えば後に事例で見るように、ブッシュ・ドクトリンは北朝鮮を含む悪の枢軸は非合理的であるがゆえに抑止が効かない非伝統的アクターであるという前提の下、先制攻撃の必要性を説いたことからもこれは顕著である。したがって、北朝鮮が非合理的アクターであったにせよ、北朝鮮がこれまで拡大的行動を選択しなかったのは、米国の抑止のみによってなされたとはいえない。同時に北朝鮮の自らの生存のための合理性も影響を及ぼしているのではないか。

またここで議論となりうるのは北朝鮮が合理的アクターか否かという点であるが、金正日元国防委員会委員長と会談した安倍晋三首相、M・オルブライト元米国務長官が北朝鮮首脳部は合理的判断が可能であると証言をしている点を鑑みるに、北朝鮮が合理性を持ち合わせない非伝統的アクターであるとは断言しがたい〔筆者註：トランプ大統領も二〇一九年一二月八日のツイッターで、「敵対的行動を金正恩がとれば全てを失うが、そうなるには、彼は賢すぎ、また持ち過ぎている」とつぶやいたが、これも金正恩国務委員長の合理性を示唆している〕[47]。

そして北朝鮮が合理的アクターであるならば、軍事力において圧倒的に優位に立つ米国の抑止力を正当に評価することが可能であり、当然のことながらその拡大的行動を合理的に自制せざるをえない。前述のように米朝間における極端な軍事力の非対称性は、北朝鮮に自らの軍事的脆弱性とその脆弱性による対米戦争の帰結は自らの滅亡であると認識させるに十分であったろう。この構図はソ連が西欧を攻撃しなかったのは、米国による抑止力によってではなく、ソ連自身が自国の弱体化と対米戦争の不利を認識していたことで自制したという構図と類似している[48]。北朝鮮が拡大的動機を具現化しようとしたなら、通常兵器による先制攻撃および化学兵器などの大量破壊兵器（以下、WMD）の使用に加えて、テロ行為に及ぶことあるいはテロ行為を支援することもできたはずである。しかし、冷戦体制崩壊以後北朝鮮においてこのような行為はこれまで観察されていない。そして米国もこれを認識していることは、北朝鮮をテロ支援国家リストから一度削除した点からも顕著であろう。したがって、米国の観点から見た被抑止側である北朝鮮による拡大的行動によって一方向的に緊張が形成されてきたとも言いがたく、その現状維持的動機の影響も否定できない。

これらの点を踏まえると、拡大的動機に起因する行動が冷戦体制崩壊以後における米朝間の緊張を一方向的に形成してきたという分析、つまり対立関係にある国家間に拡大的動機のみが作用するチキン・ゲームを前提とした分析を適用する限界性が露呈していると指摘できる。この限界性を踏まえると、冷戦体制崩壊以後における緊張形成を分析するにおいては、国家がパワー・マキシマイザーではあることを前提としない国家間の相互認識作用に基づく分析が適切なのではないか。

また上記のような抑止モデルの矛盾は、その土台である期待効用アプローチの限界も示している。極端な非対称性にある米朝間における緊張形成は、とりわけ北朝鮮の観点からは非合理的な戦争であり、効用最大化という合理的選択のみに依拠した期待効用アプローチを用いては説明しがたい。この点を踏まえると、非合理的で無謀な戦争の発生する危機が生じる原因を、合理性のみに依拠せず説明しうる緊張形成モデルの導入が必要となる。

したがって本書における分析枠組みは、右記の条件を満たすものとして双方向的に緊張形成要因を分析でき、かつ合理性のみならず、意思決定における心理的誘因の作用を示しうる認知心理学的アプローチ――スパイラル・モデル――を採用することとする。

そして上記の考察にしたがい、本書においては冷戦体制崩壊以後、米朝が合理的アクターであるにもかかわらず、非合理的帰結へと向かった要因は、心理的誘因の合理性への作用を導入したスパイラル・モデルによって適切に説明できる、という問題意識を基に以下のように仮説を設定する。

仮説：冷戦体制崩壊以後における米朝間の緊張形成要因は相手国の動機に対する誤認（認識のギャップ）である。

具体的には、スパイラル・モデルの誤認プロセスにおいて相手国の動機に対する認識のギャップが拡大する過程で、敵対国を差し迫った脅威として認識し、合理性の変質が生じたため緊張が形成されたと仮定し、事例検証を行う。

この仮説検証のために本書においてはスパイラル・モデルの観点から、一九九〇－二〇一三年までの米朝間の緊張形成の事例を見ていくこととする。

第二節　スパイラル・モデルとは何か

第一項　抑止理論の歴史的経緯と基本構造

本書における上記の仮説を検証するにおいては、スパイラル・モデルの特徴を示す必要がある。これに際し本節においては、まず抑止理論の歴史的展開と基本構造を踏まえた後に、抑止モデルとスパイラル・モデルを対比する中でその差異を明確にし、最後にスパイラル・モデルが提唱する緊張形成メカニズムについて示す[49]。

まずこれら抑止理論の歴史についてであるが、抑止理論研究は一九四五年以降に盛んとなり一九八〇年代までに確立された。八木直人によると、この展開過程は三段階に区分される[50]。第一段階は核兵器の出現によるパラダイムシフトを理解する段階である。この段階においては核兵器による報復の脅威が最強の抑止手段であるという認識が確立されていく過程で、抑止概念に脚光が当たりはじめる（次頁の図1－1参照）。

第二段階は合理的選択（rational choice）との融合段階である。この段階においては、各アクターは合理的であり期待効用の最大化（expected utility maximization）を追求するという前提をもって確立されたゲーム理論が導入された。本書における期待効用アプローチ、抑止モデルはここに属する。米ソによる大規模な第二撃能力の保有は、この抑止モデルの論理に依拠しており、被抑止側が抑止側に対する拡大的行動

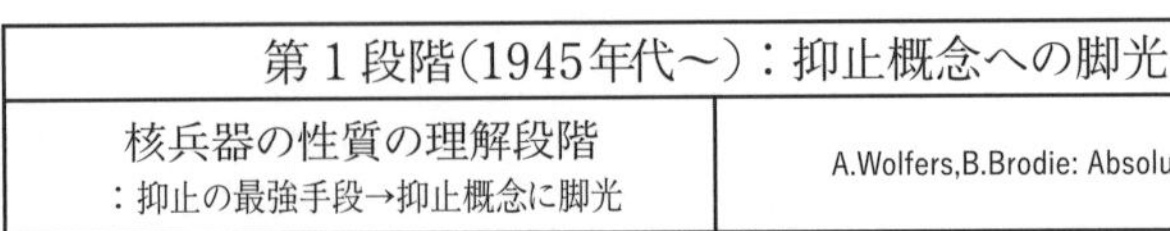

（図１－１）抑止概念の歴史的展開

［出典］八木直人（2012年12月）「抑止概念の再考――新たな脅威様相と「テーラード」抑止」，海幹校戦略研究，101–120頁を参照して作成．

を選択した場合の期待効用を確実に低下させることを目的としている。

第三段階では上記のような合理的抑止理論を土台としつつ、期待効用アプローチにおける国家は常に合理的であるという前提に疑義が呈され、心理的誘因の作用によって生じる非合理性が加味される。具体的にはリスク認識下にあるアクターの意思決定過程では、バイアスや損失回避、時間的制約などの心理的誘因により相手国の動機に対する誤認が生じ、非合理的選択をなしうると指摘する。この段階における抑止理論は、心理的誘因を導入していることから認知心理学的アプローチといえ、このアプローチを採用しR・ジャービスらが構築した抑止理論をスパイラル・モデルと呼ぶ[51]。

このような歴史的経緯を踏まえ、次に抑止理論の基本構造について見てみよう。

まずリアリズムにおいては、国家間に緊張が形成される要因は、大別して二つに集約される。第一にアナーキーに起因する不確実性（uncertainty）による国家間の「不信」、第二に相手国の動機（motive）に対する「認識」である。結論的にはこの抑止とスパイラルという二つのモデルは第一の点において共通し、第二の点において異なる。

まず第一に不確実性による国家間の不信が有力な緊張形成要因となるのは、国際体系がアナーキーという性質を帯びているがゆえに、国民国家が自助体系にならざるをえない点に起因している[52]。しかしここで重要なのは、この不確実性による国家間の不信だけが国家間の緊張の変化に作用しているのではないということである。歴史的事実を鑑みるに国家間の緊張には強化と緩和の両局面が観察されるが、アナーキーの普遍性を考慮すると不確実性だけでは緊張の程度の変化について適切に説明できない。またアナーキーが国家間の緊張形成にどのように作用するのかについては、より具体的に心理的、合理的観点から説明する余地がある。

それではこの緊張の度合いの変化には、どのような要因が作用しているのであろうか。ここで注目されるのが、第二の相手国の動機に対する「認識」である[53]。

かつてT・シェリングは国際体系はアナーキーであり、かつ各国家は常に合理的であるという前提の下、国家間における相互認識の作用を混合動機ゲームと呼び考察した。シェリングの考察はいわば合理的選択との融合であり、上述の歴史的展開でいえば第二段階にあたる。この段階においては、チキンゲームや囚人のディレンマ、スタグハントといったゲーム理論を用いながら、国家が効用最大化を合理的に選択する場合の相互認識作用の傾向を示した。

まず期待効用アプローチに依拠し、ある国家が相手国をパワー・マキシマイザーと認識するケースについて考えてみよう。アナーキー下において双方の国家が相手国は拡大的動機のみを有していると認識した場合、それはチキンゲームの様相を呈する。かつてダレスが名付けた瀬戸際外交にしばしばなぞらえられるチキンゲームでは、対立する双方の国家が相手国は敵対国を蹴落として、自分だけの利得を最大化することを常に狙うアクター（パワー・マキシマイザー）であると相互に認識している（DC＞CC＞CD＞DD）[54]。

換言すれば、一つのパイを独占しようとしているアクター同士の衝突であるともいえるが[55]、この状況下においては双方が合理的選択として協調的行動、すなわちチキンゲームでいうところの衝突を回避することで相手国が勝者、自分はチキン（臆病者）という結果をもたらす宥和政策を選択しにくいことにより、非合理的帰結——戦争——に向かって緊張が強化されていく。

逆にアナーキー下において相手国がパワー・マキシマイザーではなく、自衛的（協調的）であると認識した場合はどうであろうか。これは鹿狩りゲーム（スタグハント：CC＞DC＞DD＞CD）として例えられる状況である。この状況下においてはアナーキーに起因する不確実性により各国の失う不安を完全に払拭することは困難であるものの（DD＞CD）、必ずしも緊張の強化が前提されるものではない。

換言すれば、アナーキーに起因する不確実性によって生じた失う不安が緩和されれば（例えばCC＞DC＞CD＞DDへの利得の変化や繰り返しゲームを通じた信頼醸成）[56]、自分のパイの防衛をめぐる衝突を回避し合理的帰結——緊張の解消や双方に公平な形での共存——に達しうる。

これらチキンゲームとスタグハントの中間に位置する相互認識の作用として、囚人のディレンマがある。囚人のディレンマにおいては拡大的動機、自衛的動機のどちらの動機も認識の対象となる。このゲームにおいても自衛的動機が認識されれば合理的帰結を導きうるものの、相手国の動機を拡大的であると認識する「二つの誘因（DC＞CC、DD＞CD）」[57]が同時に存在するがゆえに、協調関係を構築するのは容易ではない。

上記の三つのゲームは相手国の選好が明確かつ不変であると設定され、かつ効用最大化を常に追求するアクター間の相互認識作用であることから、典型的な期待効用アプローチであることがわかる。しかし問題は、国家は常に完全に合理的なアクターでありえるか、という点である。国家が常に合理的選択をするということは効用を最大化する選択をいつ何時も間違えないということである。

そして効用最大化に基づく合理的選択をするには、その合理性の基準である選好が明確かつ不変でなければならない[58]。しかしながら、国家の選好や選択は現実的には非常に移ろいやすいものであろう。とりわけ、後述する意思決定におけるフレーミング効果を踏まえると、期待効用アプローチが前提とする選好の不変性は常に成立するものではないことが実証されている[59]。であれば、期待効用アプローチの前提とする国家の動機ないし動機に対する認識の固定化は、現実にそぐわないのではないか。

このような前提の下、心理的要因を導入し構築されたのが第三段階の認知心理学的アプローチである。この認知心理学的アプローチでは、A・トヴァスキーとD・カーネマンが実証した主観的偏見や見込みに基づく「限定合理性（bounded rationality）」[60]を各アクターの認識を含めた意思決定プロセスに勘案する。そして限定合理性、つまり国家は限定的に合理的であるという前提を抑止理論に導入したのが、本書の分析枠組み「スパイラル・モデル」である。

この認知心理学的アプローチに依拠すれば、各国家が持つ経験則（発見法：heuristics）に基づく偏見や主観的見込みによって形成される相手国の動機に対する認識は、情報の追加にしたがい変化する。そしてその認識がいかように変化するかによってまた、緊張レベルの変化ももたらされる[61]。

具体的にいえば、アナーキーに起因し相手国の動機が相互に不明瞭な状況において追加情報が浮上した時、相手国の動機が拡大的動機（パワー・マキシマイザー：DC＞CC）、すなわち脅威と「認識」されるか、あるいは自衛的動機（セキュリティ・シーカー：DD＞CD）、と脅威ではないと認識されるかにしたがい、アナーキーによる不確実性に起因する不信の程度が変化する[62]。これは例えば、圧倒的軍事能力を誇る米国を、脅威と認識する国家と脅威ではないと認識する国家が分かれる事実を考えると理解しやすいであろう。そして、その不信が増加し失う不安が刺激されれば緊張が強化される反面、不信による失う不安が縮小されれば緊張は緩和されうる[63]。

例えば、アナーキーという国際構造下において動機が不明瞭な状態、つまり拡大的動機（DC＞CC：自国のパイの最大化）・自衛的動機（DD＞CD：自国が現在占めているパイを自国だけが失う不安）ともに認識しうる状況（囚人のディレンマ）から、威嚇や軍拡などのシグナリングを通じて相互認識の変化がもたらされ、①双方が相手国は先制攻撃や侵略などの拡大的動機を有しているとのみ認識すればチキンゲームとなり、逆に②双方が相手国の動機が拡大的ではなく自衛的である点のみを認識すればスタグハントとなりうるのである[64]。当然のことながら、ここでは期待効用アプローチとは異なり、国家の選好は変化しうるものと捉えられている。

これらの相手国の動機に対する認識の変化をベイズの公式に基づきモデル化したのが、ベイジアン・

ゲーム（bayesian game）である[65]。鈴木基史が指摘しているように、ベイジアン・ゲームは「合理性仮定を基調としているにもかかわらず、部分的に認知心理学の要素を取り込んで国際危機研究に統合的な分析枠組みを確立しようとしている」[66]ものであり、心理的誘因を踏まえ構築された限定合理性のモデリングといえるが、そのメカニズムは以下のとおりである。

情報不完備の状況下においては、各国家は相手国の動機（私的情報[67]：private information）をその行動から推測するほかない。この過程では相手国の動機に対する「信念（beliefs）」[68]は更新されることが前提とされ[69]、「各プレイヤーはベイズ公式に従って信念を更新し、各決定節においてその時点の信念を基に起こり得る諸事態の期待値を求め、期待効用を最大化するように行動する」[70]のである。

そして危機に際しこの相手国の動機に対する認識が、紛争を起こしてでも自国の国益を最大化することを好む「強いタイプ（リスク愛好型）」、すなわちパワー・マキシマイザーか、あるいは自己の国益が最大化できなくとも紛争の発生を回避する「弱いタイプ（リスク回避型）」、すなわちセキュリティ・シーカーとなるかによって、緊張レベルが変化する[71]。

このような相手国の動機に対する認識の変化が緊張レベルに作用した事例としては、キューバ核危機がある。

そもそもソ連が米国の勢力範囲内のカリブ海域にミサイル基地を建設することで一般抑止を破たんさせたということは、ソ連政府が、危機当初、米国の決意、即ち抵抗確率pを過小評価していたとしか説明できない。その後、ソ連が米国による海上封鎖を体験することにより、p値を再評価し、譲歩することを決めたからこそ、緊急抑止は成立し危機は終結した。つまり、キューバ危機では、p値は危機を通して一定ではなく、緊急抑止が成立した際のソ連の期待効用は、二国間の駆け引きによって、一般抑止が破綻した際の期待効用から大きく変化していたようである[72]。

つまり、ソ連はキューバ核危機において元々、米国を紛争回避傾向がある現状維持タイプと見積もったが、そのソ連の認識は米国の海上封鎖により変化した。この変化について、キューバ核危機におけるソ連のキューバへのミサイル基地の展開は米国の一般抑止を破り、核戦争が勃発する可能性を高める非合理的なものであったが、このソ連およびキューバの行動について期待効用アプローチでは被抑止側（ソ連とキューバ）が、抑止側（米国）が核戦争につながりうる行為を選択する確率を低いと見積もったという説明か、あるいは非合理的アクターであったからという説明以外の論理展開が難しい。

ましてや危機の終息をもたらしたソ連の行動の変化、つまりなぜソ連がキューバから中距離核ミサイルを撤去するという選択をするに至ったのかに関して、期待効用モデルでは米国が核戦争を辞さずという決意を見せたからという説明をするが、より主要な要因とみなされている米ソ間の協調政策（トルコに配備されていた核ミサイルの同時撤去を中心とした密約）による米ソ間の相互認識および利得の変化への影響については、しごく説明しにくい。

このキューバ核危機における米ソ間の緊張緩和への転換について、現在ではペンコフスキー文書に基づくJ・F・ケネディ大統領の完璧な対ソ先制攻撃は困難であるという認識の変化が、核戦争を回避するという大前提とあいまって米ソ間交渉が始まり、その結果、相手国の動機が拡大的ではないということを確認したことにより、緊張緩和がなされたという分析が有力である。当時キューバ核危機の回避に多大に貢献したR・ケネディはその回顧録において、核危機を回避するには「他国の靴をはく」[73]、すなわち敵国の立場にたって考え行動することが大切であると指摘した。このような双方向的な認識とそれによる行動の変化は、敵国は常に拡大的動機を具現化させようとしているという前提に立つ抑止理論からは説明できないのである。

つまり期待効用アプローチは効用最大化原則に沿わない被抑止側の非合理的行動がなぜ生じ、なぜ減したのかに対し適切な説明を提供しえない場合が時に生じる。しかしながら、情報が更新されるにつれ国家アクターにおける認識も変化する認知心理学の要素を取り入れれば、キューバ核危機のような事例についてもより適切な説明が可能となる[74]。

上記のように信念の更新に伴い相互認識の作用が刻々と変化する中では、自衛的動機が相互認識されたスタグハントの状況でさえ、緊張が解消されずに維持および強化されうる。この状況をR・ジャービスはセキュリティ・ディレンマと表現し、誤認という緊張形成要因を挙げたのである。

要するに、スタグハント下における相手国の動機に対する認識が軍拡やシグナリングなどの新情報（事象）の出現によって、自衛的動機から拡大的動機へと更新される時、行動主体とその認識側の動機に対するギャップが拡大することで、国家間の相互認識作用は囚人のディレンマのそれへと変化する。この相手国の動機に対する認識の変化に伴い、拡大的動機（DC>CC）のみが強く認識されれば緊張が再形成されていく。

ジャービスはこの相手国の動機に対する認識の変化により、従来緊張維持あるいは緩和に向かうはずのスタグハントの状況から緊張がいかに形成されるかを攻撃・防御バランスと攻撃・防御区別性を用いて説明した。攻撃・防御バランスが攻撃優位、すなわち拡大的動機の具現化する確率が高いと認識され、かつ相手国の兵器体系が攻撃的か防御的かの識別が困難である場合に緊張が生じるという一つの経路を明示したのであった[75]。

以上の点を踏まえ、次に抑止モデルとスパイラル・モデルを比較してみよう。右記のような相手国の動機に対する認識が緊張形成に及ぼす相互認識作用は、二つの理論――抑止モデルとスパイラル・モデル[76]――に区分可能である。

一つは抑止モデルである。この抑止モデルにおいてはオフェンシブ・リアリズムをその理論的土台とし、期待効用アプローチを採用する。抑止モデルに依拠すれば、国際体系がアナーキーであるがゆえに国家はその不確実性に苛まれるが、その不確実性から生じる不安を払拭するために必要な量を定量化することはできないため、常に力の最大化に努めざるをえないという前提に立つ。

この脈絡において、国家はその不安を埋め合わせるため軍事力に基づくパワーを常時最大化しようと努めるアクターとして捉えられる。換言すれば、抑止モデルにおいて国家は選好が明確かつ不変、そして効用最大化のために合理的選択をするアクターであるという前提がなされており、これは期待効用アプローチそのものであるといえる。この国家は合理的なパワー・マキシマイザーであるという前提を下に、抑止モデルではシステムの不安定化は被抑止側の拡大的動機と行動によって一方向的にもたらされると主張する[77]。要するに正義か悪かの二分法に基づき、自国は常に正義、敵国は悪であり、その悪が緊張を作り出すという主張である。

国家 A（被抑止側）：シグナリングや軍拡などの行動

国家 B（抑止側）
⇒被抑止側は拡大的動機に基づいて行動していると認識
⇒国家 A の拡大的動機の具現化を抑制しなければ
⇒協調政策なら宥和という誤ったシグナル（被抑止側に誤認発生）
⇒さらなる国家 A の拡大的行動をもたらす：自らの損失が増えることを防ぐ
➡「抑止政策」が上策

抑止成功：現状維持→非合理的帰結（戦争）、回避
抑止失敗：現状変更→非合理的帰結へと

（図 1 − 2）抑止モデルの論理

［出典］筆者作成.

これは抑止モデルの論理がチキンゲームに比喩され、その代表例にはヒトラーのナチス・ドイツが引き起こした第二次世界大戦が挙げられる点から顕著であろう（図1−2参照）[78]。また抑止モデルにおける相互認識作用が、相手国の拡大的動機を前提としているということは、前述のV・チャの主張を踏まえると論を俟たない[79]。

すなわち、抑止論者からすれば被抑止側からの一方的な現状変更を試みる行動によって緊張が形成されるのを防ぐには、相手国に拡大的行動を採った場合の期待効用の低下を認識させうる抑止政策が最も適切である一方で、協調政策は被抑止側の拡大的動機の具現化を助長することで現状変更を伴う行動を引き起こす愚策——宥和——とみなす。さらにいえば抑止論者の観点からは、協調政策はチキンゲーム、囚人のディレンマゲームにおいてアクターが選好として持つと推定される拡大的動機（DC＞CC）を刺激するのみなのである。

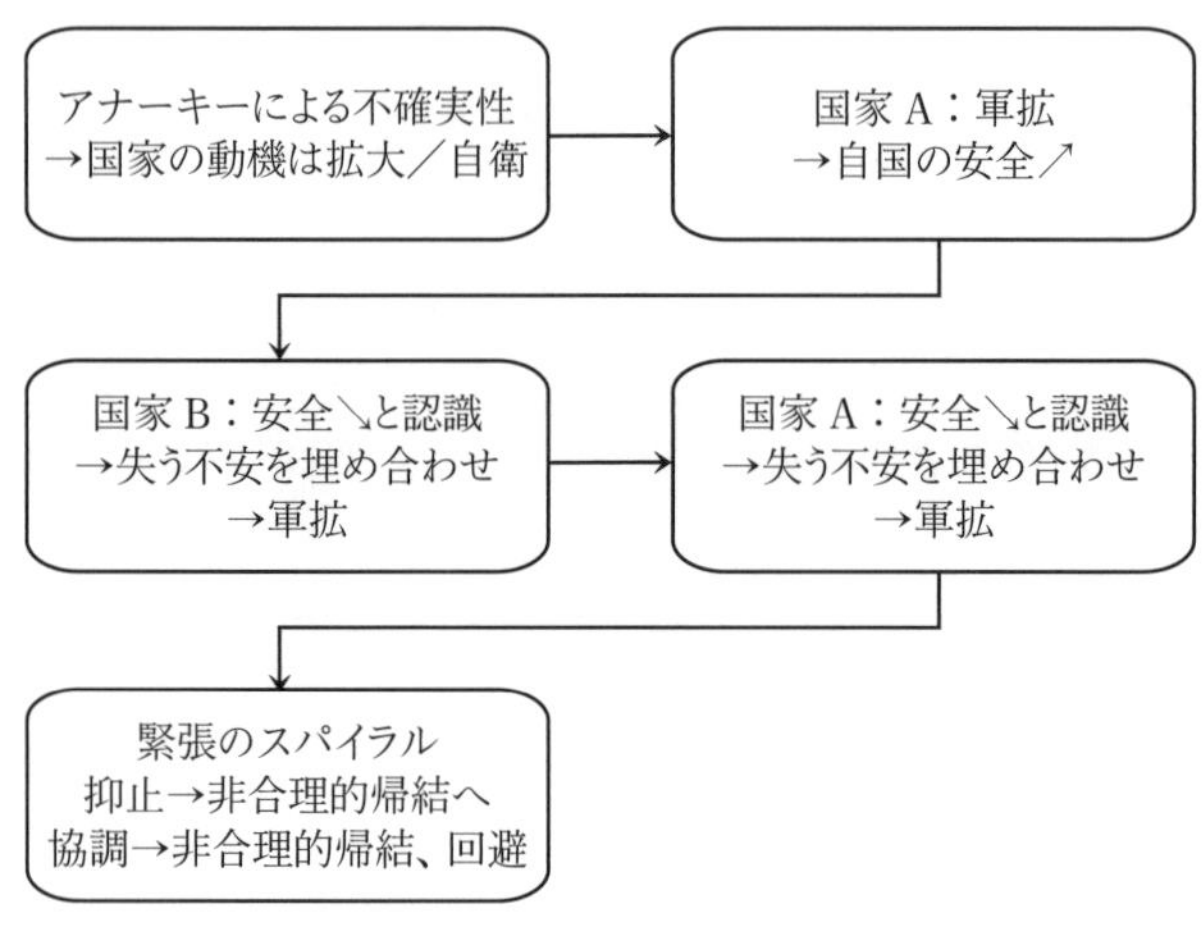

（図1－3）スパイラル・モデルの論理

［出典］筆者作成.

もう一つの理論は認知心理学の要素を取り入れ構築されたスパイラル・モデルである。

代表的なディフェンシブ・リアリストの一人であるR・ジャービスがセキュリティ・ディレンマ（安全保障のジレンマ）を「ある国家の安全を強化しようという試みが、他の国家の安全を低下させる時に起こる（状況）」[80]と定義したように、各国が自国の安全のためにとる行為が、拡大的な意図の有無にかかわらず相手国の安全を相対的に低下させることで失う不安を刺激、相手国の軍備拡張などの対抗措置をもたらす。より厳密にいえば、セキュリティ・ディレンマは行動の主体の拡大を意図しない限定的な現状変更が、その行動の認識側からは限定的ではない現状変更、すなわち拡大的動機を源泉とした行動と誤認されるがゆえに、さらにその限定的な現状変更を抑止するための自衛的行動がとられるという悪循環――緊張のスパイラル――が形成されるのである[81]。

さらには、上記のような誤認は「不確実性の下、プレイヤーが自分の意思（目的、政策、信念、恐怖など）を正確に反映するシグナルを送信しても、これらは相手プレイヤーによって無視されたり初期信念〔筆者註：本書においては相手国の動機に対する偏見〕に整合するように曲解されたりする」[82]ことでも起こりうる。要するに各アクターが持つ感情や偏見も誤認が生じるプロセスに影響を与えるのである。

このスパイラル・モデルにおいては、国家の選好は不変ではない。国家はアナーキーの中では常にパワー・マキシマイザーであるという前提には立たず、安全（security）の確保を認識すれば先制攻撃や軍拡といった拡大的行動を自制（prudence）できるアクターであると考える。ゆえにアナーキーによる不確実性によってもたらされる不信は、国家がいかに相手国の動機を認識するかによって緩和されうる。

例えば、国家Aが国家Bの動機を拡大的であると認識した場合（greedy states）、国家Aは生存のため拡大的行動を採らざるをえず緊張のスパイラルが上昇していく。この一方で、国家Aが国家Bの動機を自衛的である、あるいは拡大的ではないと認識する場合（security seeker）においては、緊張のスパイラルは生じない（図1－3参照）[83]。

スパイラル・モデルに依拠すれば、システムの不安定化は、拡大的動機に基づかない抑止側の自衛的行動が被抑止側によって脅威と誤認され安全の低下の認識をもたらすことにより危機へと発展していく。換言すると、自衛的行動であってもその行為の源泉が相手国から正確に認識されずに拡大的であると誤認されれば、その相手国の過剰な軍事的対抗措置を喚起しうるのである。したがって、抑止モデルでは抑止政策によって拡大的動機の具現化を防ぐ必要が説かれる反面、スパイラル・モデルにおいては逆に

	抑止モデル Deterrence Model	スパイラル・モデル Spiral Model
アナーキーによる国家行動	Power Maximizer ※現状変更的、自制なし	Security Seeker ※現状維持的、自制ありうる
相手国の動機に対する認識	拡大的動機	拡大的／自衛的動機
緊張の形成	チキンゲーム ※一方向的	囚人のディレンマ ／スタグハント ※双方向的
分析アプローチ	期待効用アプローチ	認知心理学アプローチ
抑止政策	緊張↘(or 現状維持)	緊張↗
協調政策	緊張↗(宥和)	緊張↘

（表1－1）抑止モデルとスパイラル・モデルの対比

［出典］筆者作成.

抑止政策は相手国の失う不安を刺激することで軍拡を伴うカウンター・バランシングを促進し、緊張形成をもたらすものとして捉えられ、協調政策こそが緊張の緩和をもたらすと主張する。このスパイラル・モデルの論理は囚人のディレンマとスタグハントの例を用い説明がなされ、代表例としては第一次世界大戦が挙げられる。

抑止モデルとスパイラル・モデルの比較において、かつてジャービスは「抑止論者は防御側の意思を攻撃側が過小評価しまいかと案じる一方、スパイラル論者は双方が相手国の敵意を過大評価しまいかと恐れている」[84]と表現したが、緊張形成要因を抑止モデルは被抑止側の期待効用に焦点をあて分析する一方、スパイラル・モデルは心理的誘因による非合理的な選択が生じうる点に注目する。この差異を土台としつつ、抑止モデルとスパイラル・モデルには以下三点において違いが見られる（表1－1参照）。

第一に抑止モデルとスパイラル・モデル間における差異は、相手国の動機に対する認識にある。前述のように、抑止モデルでは主観に基づき敵対国の動機は拡大的であると認識し、スパイラル・モデルにおいてはアナーキーという国際体系の中で動機は拡大的・自衛的ともに混在するという前提に立ち、国家は常にパワー・マキシマイザーであるとは捉えられない。換言すれば、抑止モデルにおいては国家自らの安全が保障されても、拡大的行動を通じてより多くの安全を求めるのに対し、スパイラル・モデルでは国家は自らの安全が保障されれば拡大的動機の具現化をしうる状況下においても、拡大的行動を自制しうる。

第二に抑止モデルはスパイラル・モデルとは異なり、相手国の動機に対する認識のギャップの存在を想定していない。つまり抑止モデルにおいては相手国がパワー・マキシマイザーであるとすでに選好が固定化されているがゆえに、被抑止側の実際の動機と抑止側の認識の間に差異はないという前提がある。これは抑止側の認識がアナーキーの不確実性によって生じたとしても同じである。換言すれば、抑止モデルにおいては「相手国は拡大的行動（非協調、裏切り）を選択するであろうという主観的推測」と客観的事実との間にギャップが存在するかもしれないとは考えないのである。

この反面、スパイラル・モデルにおいては国家の選好は変化しうるものであって、時に自衛的動機に基づき行動するアクターでありうるがゆえに、行動の主体の実際の動機とアナーキーの不確実性によって生じる認識側の「行動の主体は拡大的行動（非協調、裏切り）を選択するであろうという認識（信念）」との間にギャップが存在しうる。

そしてこの相手国の動機に対する認識のギャップこそが、スパイラル・モデルの緊張形成要因である誤認のはじまりをもたらす。ジャービスは以下のように述べる。「相手国が何をしようとしているかを解釈し、相手国がどのようにそれらを認識しているか判断し、そして相手国がどのように彼ら（被認識側）の行動を起こすか予想するには、国家は相手国が保持している信念とイメージを理解しなければならないが、それは多分にそれらの国家が〔筆者註：実際に〕持っているそれらとは大きく異なる。さらにこのような過程が時間をかけて継続すると、エラーは修正されるのではなく、一層ひどくなる」[85]。

また合理的選択アプローチを重視するA・キィドもスパイラル・モデルにおいて、同一事象に対して相対する国家間では相手国の動機に対する認識のギャップが生じるとしながら、この認識のギャップの拡大過程においては偏見などの心理的誘因の作用が否定されないと指摘する[86]。そうしてスパイラル・モデルにおける信念の更新に対する緊張形成の作用を四段階にまとめる。国家Aの軍拡によって①国家Bに恐怖が生じ、②国家Bにおいて国家Aの動機に対する信念が更新され、③恐怖と信念の比率が決定され、④その比率に従い信念の相違が対極化する。

以上のキィドの議論を踏まえるに、スパイラル・モデルをベイジアン・ゲームによって説明可能であるものの、その信念の更新においては合理的誘因だけでなく、恐怖といった心理的誘因が考慮される余地がある。後述するが、具体的には信念の更新において損失回避性およびフレーミング効果が介在することで選好の変化が生じ、それに伴い選択（choice）が変化しうるのである。そうして拡大的動機に基づかない行動が他国から拡大的である、すなわち脅威であると認識されることによって、相手国の動機に対する認識のギャップが発生する過程で失う不安を埋め合わせるための抑止行動がとられ、その抑止行動がまた相手国から拡大的であると認識され抑止行動を引き起こすことで、緊張のスパイラルが双方向的に生じていくのである。

さらにいえば、スパイラル・モデルではこの敵対する国家間の動機に対する認識のギャップが緊張形成要因であると捉えるがゆえに、合理性の変質による危機不安定性（crisis instability）の浮上までの段階を適切に説明可能となる。この反面、アクターの動機の固定化を前提とする抑止モデルにおいては、危機不安定性の浮上はあくまで被抑止側の拡大的動機によるものとしか説明できない。

そして第三に両理論間のこの認識上の差異は、政策の違いとして顕著に表れる。抑止モデルは危機の形成は敵対国の現状変更を目的とした拡大的動機の具現化によってもたらされることを想定しているために、現状を維持するには相手国の拡大的動機の具現化を強硬政策によって抑止しなければならないと主張する。したがって、前述のように抑止モデルでは自らの強硬的な意思を敵対国に歪めて伝えうる協調的行動は宥和として排除されるのである。この反面、スパイラル・モデルでは、協調政策の実行を通じて動機に対する認識のギャップを縮小することが緊張緩和の手段であると考える[87]。

換言すれば、抑止モデルにおいては期待効用の観点から抑止政策は緊張の維持・緩和をもたらし、協調政策は緊張を一層あおると考える一方で、スパイラル・モデルにおいては認知心理学の観点からは相手国の誤認を生む抑止政策こそが緊張を強化する要因であり、緊張の緩和を達成するには認識のギャップを解消する協調政策が遂行されなければならないと考える。

以上の抑止モデルとスパイラル・モデルの差異を踏まえ、とりわけ以下の点に注目しつつ、事例検証を試みる。第一に冷戦体制崩壊以後から二〇一三年まで、米朝が期待効用アプローチの前提に基づくパワー・マキシマイザーであったといえるのか。この見極めのために動機は計測不可能であるという点を

（図 1－4）抑止モデルとスパイラル・モデルにおける政策の効果の違い

［出典］筆者作成.

前提としつつ、事例中まず①拡大的動機に基づく行動が観察されるのか、次に②自制的行動が観察されるのか、に着目していく。

第二に冷戦体制崩壊以後における米朝間の緊張が一方向的に形成・強化されているのか、について検討する。ここでは米朝間に形成された緊張に変化、強化と緩和があるのか、緊張レベルの変化があるならば、なぜそのような観察がなされたのか、についての考察が肝要である。とりわけ緊張強化局面において、非合理的な戦争に近づく非合理的選択が米朝によって段階的になされたメカニズムを解明する必要がある。抑止モデルの観点からは期待効用アプローチに依拠しこれを説明する必要があるが、抑止モデルの性質上その説明は被抑止側の非合理的行動は「アクターの非合理性に帰結せざるをえない」[88]という論理から脱することは難しい。よって本書では、認知心理学的アプローチであるスパイラル・モデルの観点に集中することとする。

またこの検証過程では、政策の効果も検討する。抑止モデルが想定するように協調政策によって緊張形成・強化が促進され、抑止政策によって緊張の強化の阻止および緊張の緩和が観察されるのであれば、抑止モデルによって冷戦体制崩壊以後における米朝間の緊張形成要因が説明可能であると結論づけられるであろう。

逆に抑止政策によって緊張がより強化される一方、協調政策の実行と連動して緊張の緩和が観察されるのであれば、冷戦体制崩壊以後における米朝間の緊張形成要因についての説明は、スパイラル・モデルにその妥当性があると指摘しうる（図1-4参照）。またこの検証過程では、抑止政策が現状維持に成功しているかについても、注目していく。

第二項　合理性の変質に至るメカニズム

(一)　プロスペクト理論

では次にスパイラル・モデルにおける緊張形成のメカニズムについて、より具体的に説明する。合理的アクターであるはずの国家間でなぜ非合理的帰結へ向かう緊張が形成されるのか。R・ジャービスやN・ルボウ、J・スティンなどのスパイラル・モデリストは、この答えを認知心理学の観点から導き出す。この理論的支柱となるのは、認知上の偏見（biases-Ex. availability：利用可能性、representativeness：代表性、anchoring and adjustment：係留と調整など）という心理的誘因がリスク下における合理的意思決定に及ぼす影響を実証、確立したA・トヴァスキーとD・カーネマンの「プロスペクト理論」[89]である。

プロスペクト理論は価値関数と確率加重関数を用いて、心理的誘因を踏まえた意思決定のメカニズムを説明する。

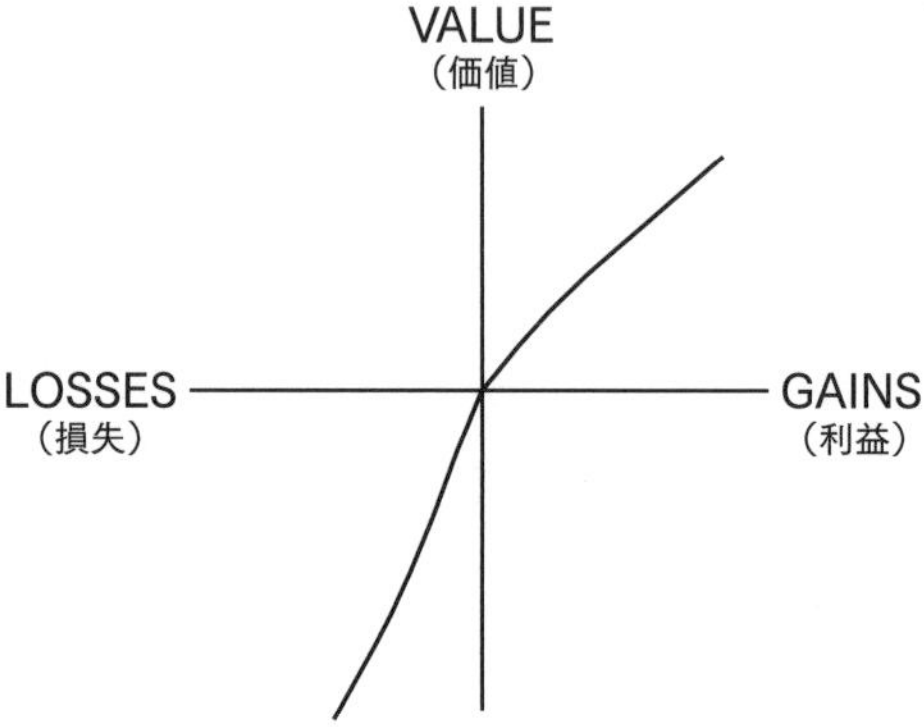

VALUE
（価値）
LOSSES
（損失）
GAINS
（利益）

（図1－5）プロスペクト理論の価値関数
（A Hypothetical Value Function）

［出典］D.Kahema and A.Tversky（1979）, “Prospect Theory: An Analysis of Decision under Risk”, *Ecoometrica*, 47（2）, p. 280.

まず価値関数であるが、参照点依存性、感応度逓減性、損失回避性から構成され、それぞれの事象が生じた時の主観的価値を示す（図1－5参照）。またここでは意思決定において参照点より損失であると価値判断する場合、意思決定において合理性の歪みが生じるということが実証される。

次に確率加重関数はそれぞれの事象が生じるであろうという主観的確率を表す（図1－6参照）。この特徴はまずアクターが見積もる主観的確率が、期待効用アプローチが前提するところの客観的確率とは一致しない点にある。次に、人はある事象が起こる確率を主観に基づき小さく見積もる際、過大評価する傾向がある一方、確率が大きいと見込む時に過小評価しがちであることである。そうして低確率と認識した場合には利得に関するリスク追求と損失に関するリスク回避性が顕れ、中～高確率と見積もった事象については利得に対しリスク回避と損失に対するリスク追求性が観察される[90]。

これら二つの関数が計算されることで意思決定がなされる。具体的には、編集段階においては意思決定に関連のある事象が認識される。これを踏まえ、評価段階においては価値関数によって価値判断がなされ、確率加重関数を用い主観的見込みを反映した確率が算定され、その合計が意思決定を決める基準となる[91]。当然、この意思決定プロセスは期待効用アプローチの意思決定基準とは異なり、常に客観的合理性に沿うものではなく、時に客観的には非合理的な決定がなされうる。

このプロスペクト理論によって得られるのが、「フレーミング効果」[92]である。

フレーミング効果とは問題が表現される「枠＝フレーム」がいかに主観に基づき設定されるかによって、意思決定が変化する現象である。より端的にいえば、同じものでもその捉え方次第で異なるように見え、結果として選択が変わるのである。例えば、同じ現状を認識するにおいても、現状維持がなされる見込みが強いというフレームと現状変更がなされる見込みが強いというフレームでは意思決定の結果が異なる。

このフレーミング効果が持つ抑止理論への重要な示唆は二点ある。第一点はフレーミング効果による選好の変化可能性である。これは抑止モ

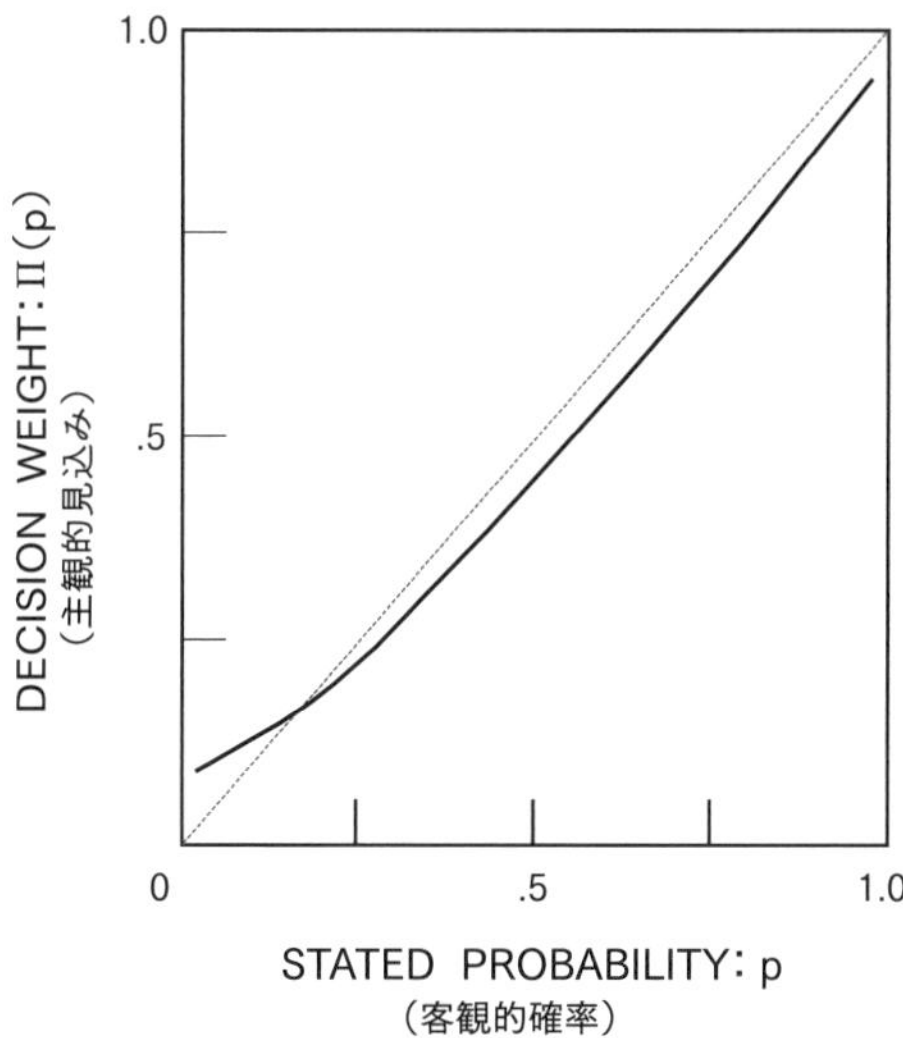

（図１－6）プロスペクト理論の確率加重関数
（A Hypothetical Weighting Function）

［出典］D.Kahneman and A. versky (1979), “Prospect Theory: An Analysis of Decision under Risk”, Ecoometrica, 47(2), p. 284.

デルのような期待効用アプローチの前提である選好の不変性と対照的であり、その矛盾を浮かび上がらせる。換言すれば、フレーミング効果に依拠すると、抑止モデルにおける国家は常にパワー・マキシマイザーであるという前提は成立しない。

第二はリスク認識下における意思決定においては、国家はリスク受容型となるという点である[93]。価値関数（七二頁の図1-5）における左下の象限-リスク認識下においては、国家は損失回避に囚われる傾向にあり、この損失を埋め合わせるためにはリスクを伴う行動も厭わない[94]。つまりは差し迫った脅威というリスク認識下において、国家は損失回避のためにはより非合理的選択をする傾向があるといえる。この傾向によって、合理性の変質が生じ元来非合理的であるはずの先制攻撃オプションに、合理性が帯びる可能性が生じるのである。

そしてこの傾向は確実性効果によってより顕著となっていく。換言すれば、アクターが確実な利得を見込んだ時にはリスク回避性がより強く働き、逆に確実な損失が見込まれた場合においては、アクターはよりリスク受容的となる[95]。

(二) 合理的誘因と心理的誘因の関係性

このように認知心理学的アプローチに依拠したスパイラル・モデルでは、プロスペクト理論などに基づき現状を失う恐怖、すなわち心理的誘因に起因する合理性の変質が国家を非合理的選択へと誘うと説く。ただし、ここで留意していただきたいのは心理的誘因が意思決定に大きく作用するにせよ、国家が持つ合理性が消滅するとは考えにくい点である[96]。

個人レベルにおいては心理的誘因によって意思決定のエラーを招きうる可能性が高いものの、安全保障上の知識とノウハウを持つ政治家、官僚などの政策立案者らが複数携わる意思決定においては、合理性の作用がまったく消滅するということは想定しがたい。よって本書においては心理的誘因に加え、合理的誘因も依然作用するという前提に立つ。以下、意思決定に作用する合理的誘因と心理的誘因の関係性について考察していく[97]。

合理主義者（rationalist）であるJ・フィアロンは自身のアプローチがネオ・リアリストのそれと重複していると明らかにしながら、なぜ動機に対する不確実性が生じるのかを不可分性（indivisibilities）、情報不完備（incomplete Information）、コミットメント問題（commitment problems）といった合理性の側面から説き、ディフェンシブ・リアリストであるC・グレーザーやA・キィドも合理性の観点から最悪の場合に備えた準備の連鎖としてのスパイラル・モデルの解明を試みているように、ネオ・リアリズムの前提——国家は合理的アクターである——がまったく作用しないことはないであろう[98]。とりわけ、冷戦体制崩壊以後の約三〇年間において、米朝双方に現状変更を伴う拡大的行動が観察されていない点を踏まえると、米朝双方に依然合理的誘因が影響してきた可能性は高い。

であれば、リスク状況下のフレーミング効果、すなわち編集段階における参照点の再設定によって相手国の動機に対する認識が変化する場合も、各国家が持つ合理性が即時失われるのではなく変質するのであり、政策選択において合理性は依然作用するのではないか。さらにいえば、プロスペクト理論で説くところの評価段階において主観的見込みが作用するにせよ、その主観的見込み効用（prospective utility）[99]を合理的に最大化しようとすることには変わりはないと考えられるのである。

実際に、プロスペクト理論を国家間における危機形成研究に応用したJ・レヴィが「……フレーミング効果と両立しうるより弱い形での合理的選択を理論家たちは構築してきた」[100]と指摘したように、認知心理学的アプローチは国家の合理性を完全に排除するものではないのである。また合理的選択アプローチの観点からスパイラル・モデルを説明したA・キィドも信念の更新が行われる局面において、同一事象に対する認識のギャップが国家間で生じうると指摘しながら、この認識のギャップの拡大過程に対する偏見などの心理的誘因による作用を否定しない。これらを踏まえると、ベイジアン・ゲームにおける信念の更新は、国家の選好が変化するという点でフレーミング効果と軌を一つにする。換言すれば、フレーミング効果はリスク認識下における信念の更新のメカニズムを心理的観点から示すものであるがゆえに、ベイジアン・ゲームの論理への補強にはなっても矛盾とはならないといえる。

二つの合理性：個人的合理性と道徳的合理性

この心理的誘因と合理的誘因の関係性についてはもう少し考察を深めたい。

古くは孫子、今はJ・フィアロンらが唱えるように、戦争は非合理的である。なぜならば、戦争するに至れば戦争の当事国は自らの物質的消耗・疲弊を免れず、また戦争を遂行すれば多くの不確定要素が表面化する恐れがあるからである。本書で扱う緊張形成プロセスとはその非合理的帰結に向かう国家間における相互作用の過程であるといえるが、ここで重要なのは、「戦争は非合理的であるのに、なぜ合理的であるはずの国家関係は非合理的帰結に向かうのか？」という問いである。いわば、従来合理的であるはずの国家が、非合理的選択に至る過程でいかに合理的誘因と心理的誘因が係わりあうか、についての一層の考察が必要なのであるが、これに答えるためにまず合理性について整理してみよう。

合理性と一口でいっても、期待効用アプローチの前提である個別効用の最大化だけを指すのではない。A・センのリベラル・パラドックスをめぐる議論を踏まえると、合理性は個人効用の最大化を追求する合理性と社会的厚生の最大化を追求する合理性によって構成される。

A・センは個人効用の最大化を目指す合理性と社会的厚生の最大化を目指す合理性の関係性を「パレート派リベラルの不可能性（the impossibility of a paretian liberal）」を証明する過程で表す[101]。センはこの証明において、まず社会的決定関数（social decision function）の条件として、アローの不可能性定理における条件Ｕ（定義域の非限定性）[102]および条件Ｐ（パレート原理）[103]を引き継ぎながら、新たに条件Ｌ（自由主義）を設定した[104]。

条件Ｌ：各アクター（i）が一つの選択肢のペア（x、y）に関してその選好に従い決定する決定力を持つ時、社会的にはその決定が何にせよ受け入れられなければならない。

しかし、センは条件Ｌに独裁的要素が介入しうるとして、より自由主義を反映するためさらに条件を弱める[105]。それが最小自由主義（条件Ｌ*：minimum liberalism or minimum libertarianism）である。

条件Ｌ*：二人のアクター（j、k）がそれぞれ異なる選択肢の二つのペア（x、y）および（w、z）を持つ場合、その選好にしたがってなされた決定は、それぞれ社会的に最適な決定として採用されなければならない。

この条件LおよびL*下において、センは以下のような定理を得る。

定理1：条件U、P、Lを同時に満たす社会的決定関数は存在しない。

定理2：条件U、P、L*を同時に満たす社会的決定関数は存在しない。

つまり、自由主義では個人の選好が権利として社会的に反映されなければならないものの、その場合社会的決定が得られず循環（cycle）が起こってしまうのである。

センはこの循環に至るプロセスを「チャタレイ夫人の恋人のたとえ」を用いて説明した[106]。

ここに『チャタレイ夫人の恋人』一冊を前にして、二人の人物、A氏とB氏がいる。各人はその本をA氏が読む(a)、B氏が読む(b)、どちらも読まない(c)という選択肢が選択可能である。この状況の中で、「まじめなA氏」の選好はc＞a＞bである。つまり、A氏にとってはこの卑猥な本は誰にも読まれないのが最も好ましく、これが叶わず誰かが読むぐらいであるなら自分が読んだほうがましであると考えている。この一方で「好色なB氏」の選好はa＞b＞cである。換言すれば、この本は万人に読まれるべきであり、かつ自分よりもまじめなA氏こそこの本の影響を受けるべきであると考えている。

しかし、センが証明したように最小自由主義（条件L*）に基づきこの両氏の各選好が社会的決定として反映されようとすると循環が生じる。A氏の選好からすれば、この本は恐ろしい本であるがゆえに社会的に読まれるべきではない。換言すれば、A氏が読むよりも誰も読まないことが社会的に優先されるわけである（c＞a）。反面、B氏の視点からはこの本は素晴らしいものであり、社会的に受け入れられるべきものであると考えている。よって、誰も読まないという選択肢よりもB氏が読むことが優先されなければならない（b＞c）。しかしながら、双方の選択肢をよく見ると、条件PによりB氏が読むという選択肢がA氏が読むという選択肢に対しパレート劣位であることがわかる（a＞b）。よって、c＞a＞b＞c……という循環が生じ、社会的決定が得られない。

ここでいう最小自由主義に基づきA氏およびB氏の社会的決定として反映されなければならない選好は「権利」としてさしつかえないと思われる。換言すれば、A氏はチャタレイ夫人の恋人の本を「読まない権利」を持ち社会に対し訴えている。この反面、B氏はその本を「読む権利」を社会に対し要求しているのである。しかし社会レベルにおいては、この権利の優劣はつけがたく社会的に最適な答えを得られないままいつまでも議論が平行線をたどるのである。

そしてセンの指摘のごとく、このリベラル・パラドックスは囚人のディレンマゲームと同様の選好順序（preference ordering）によって構成されている[107]。つまりはA氏の選好順序（c＞a＞b）、B氏の選好順序（a＞b＞c）ともにDC（社会的に自らの権利のみが反映され、相手の権利は反映されない）＞DD（双方の権利が社会的に反映されない）＞CD（社会的に相手の権利のみが反映され、自らの権利は反映されない）＞CC（双方の権利が社会的に反映される）という囚人のディレンマ型（以下、PD型）であることがわかる。

であれば、A氏、B氏ともに個人の期待効用の最大化のみを追求し合理的選択をしたとすれば、社会的にはDD（A氏は読む、B氏は読まない）に帰結する。しかし、これはA氏の読まない権利、B氏の読む権利の双方を満たさないものである。要するに個人効用の最大化だけを追求した合理的選択が社会的な非合理的帰結を生んだのである。

センの思考はここで止まらなかった。引き続き、リベラル・パラドックスと囚人のディレンマの差異を道徳性の観点から以下のように説明する。

> 私は実際、謹厳なるB〔筆者註：本稿ではA〕がそれを読む方を選好する。それは彼のためになるはずだ。しかし彼はそれを欲していない。そして私は彼が欲していないのなら彼は読むべきではないと思う程度には、十分寛大（リベラル）である。したがって、彼の選好を所与とすれば、彼が読むべきだということを私は選好すべきではない。かくして私は、自分の諸選好をランクづけねばならないが、彼が読むことを望むという選好は、彼の見解を考慮に入れたときに私がもつであろう選好よりも、道徳的には低い順位にくる〔108〕。

つまりは、アクターが社会的厚生の向上という道徳的観点から選好順序を変えることで社会的な非合理的帰結は回避しうるのである。この例でいえば、好色なB氏がその選好をa＞b＞cから、謹厳なA氏の権利を尊重しb＞c＞a、すなわち誰も読むべきではないという選好から自分は読んでA氏は読まないという順序に変化させることで、囚人のディレンマを回避しうる。

センはこの他人の権利を尊重する選好を「保証ゲーム（assurance game）：以下ＡＧ型」と「他人を考慮する選好（other-regarding-preference）：以下ＯＲ型」〔109〕と呼び、ＰＤ型アクターがＡＧ型であるかのように振る舞うことができるなら、相手が裏切らないという保証（reassurance）がある場合に社会的に最適な決定に達しうるとし、さらにOR型の選好を持つかのように振る舞えるならば、保証がなくとも囚人のディレンマは回避されると主張するのである[110]。

具体的には道徳的観点からPD型アクターが、AG型の選好を持つかのように振る舞うということは「DC＞CC」という自分の権利のみが社会的に反映され、相手の権利を消失されることを願うという選好をあらためるということである。いわば自分の効用だけが最大化されればよいという選好の取り下げが要求される。

この保証ゲームでは、「DD＞CD」という自分だけが損する不安を除去し社会的に最適な決定を導くために、保証が必要となるのであるが、OR型として振る舞うにはここからさらに「DD＞CD」および「DC＞CD」の改善が必要となる。つまり、自分の権利が確保される範囲でまずは相手の権利を優先的に尊重することができるならば、リアシュアランス・プロセスがなくとも社会的に最適な決定――ウィンウィン（win–win）――に達することができることが数理的に証明されているのである。

以上のようなリベラル・パラドックスの議論が示すところは、国家は個人効用の最大化を追求する合理性のみならず、社会的に最適な決定を得るための道徳的合理性を持ちあわせうるということである。換言すれば、合理性の面からも国家は常に自国の国益の最大化のみを追求する存在ではないと指摘しうるのである。他国の国益を踏まえ、社会的に最適となる均衡点を見出すことが囚人のディレンマを脱し、結果的に自己の国益を最大化するということを国家は知りうるし、その道徳的観点からの合理的選択をしうる。平時においては、国家は完璧な客観的合理性（perfect rationaliry）を持ちえないとしても、それに近い合理性に基づき選択をしうるのである。

これを実際の史実において如実に表しているのは、キューバ核危機である。当時米側の意思決定者であったケネディ大統領は一九六三年六月アメリカン大学で行った演説で、「なかんずく、我が死活的利益を守る一方で、核保有国は、相手国側に屈辱的な敗北か核戦争かのどちらか一方を選ばせるような対決を、避けなければならない」[111]と言明したが、危機の間中、ソ連の立場にたって核戦争につながる誤認が米ソ間で起きないように腐心した。そして危機が終わった後でさえ、ソ連を刺激するような言動を自らを含めて一切行わなかった。それと同時に共に核戦争勃発の危機を回避したフルシチョフを尊敬した。なぜか？　それはフルシチョフが「なにが自国の利益で、なにが人類の利益かを、適切に判断した」[112]からであった。ここでいう自国の利益が上記でいうところの個人的合理性にあたり、他方、人類の利益が道徳的合理性にあたる。

次に、これらのリベラル・パラドックスを中心とした議論から、合理的誘因と心理的誘因の関係性について考察してみよう。

まずリベラル・パラドックスが定理であるという点を踏まえるとその普遍性から、異なる権利を主張するアクター間の衝突を個人レベルの対立だけでなく、国家レベルのものに適用することは可能であろう。これは国際関係学におけるリアリズムの前提の一つ——国家を一つのユニットとみなしうる——としても妥当な想定であると考える。また、A氏とB氏が双方の権利を主張する社会にそれを仲裁しうる裁判所のような機関が設定されていない点を踏まえると、リアリズムにおけるアナーキーという前提も満たされる。

次に、『チャタレイ夫人の恋人』という本をめぐるA氏とB氏が社会に主張する権利は国家レベルにおいてどのように解釈可能であろうか。条件U、条件L、L*を踏まえると各アクターの権利は、国家レベルでは国家主権と置き換えることが可能であろう。

そして利害の対立するアクターが自らの選好を社会的に反映させる権利を有する時、社会的には循環という非合理的帰結に至るというのは、国家関係において例えば、外交交渉上の行き詰まりの状態と置き換えられる。

冷戦体制崩壊以後、一九九〇年代における米朝交渉の事例でいえば、北朝鮮の核開発をめぐって主張が対立している状況とでもいおうか。この状況において、まず米国は北朝鮮の核開発は自らの同盟国である韓国と日本への潜在的脅威であるばかりでなく、不拡散の観点からもこれは容認できないものとして考え、この選好を社会的決定としなければならないと主張する。そして、米国はこの権利の一方的行使の具現化としてIAEA特別査察を要求するに至った。

この反面、米ソ冷戦崩壊当初、北朝鮮からすれば原子力の平和利用はNPT（核兵器不拡散条約）第四条に則ったものであり、このすべての国家にすべからく容認されるべき権利を行使したまでであると認識していた。このそれぞれの権利を満たす国際システムレベルでの均衡点が見つからないまま、米朝交渉は次第に行き詰まっていった。北朝鮮が二〇〇六年以降核兵器開発を顕在化させてからは、北朝鮮は自らの生存と自主を守るための自衛権の行使として核兵器を保有する権利を主張する一方で、すでに合法的に認められている核保有国である米国もまた、その覇権国としての国益（とりわけ北東アジアにおける権益）の維持を主眼として北朝鮮の核兵器開発を阻止する必要性を説くという対立が生じている。このような外交交渉の行き詰まりは、まさにリベラル・パラドックスが説く典型的な循環の模様であるといえよう。

ただし、ここで問題は互いの権利を主張する中で行き着いた米朝関係における社会的厚生の最大化に比しての非合理が、循環にとどまらなかったという点である。事例を見ると、米朝間には外交上の対立を越えて核危機と呼ばれるまでに緊張が高まっているのである。いわばリベラル・パラドックスにおける想定、二つのアクターにおける他のアクターの権利を顧みない自由主義の権利の一方的行使が社会的決定において循環にとどまらず、危機を通じて紛争さえ引き起こさんとしたのである。紛争が起これば、米朝双方が物理的損失を被ることは避けられないことから、社会的には最悪の非合理的結末となる。

まず、この米朝関係における循環から危機に至る過程では、分析レベルの差異が重要である。前述のように国際体系はアナーキーであり、国家は一つのユニットとして機能しつつ、軍事力を有する。この軍事力が相手国の国益ひいては生存権を脅かす脅威と認識される可能性がある点が、国際システムにおけるリベラル・パラドックスゲームと個人レベルのそれとの一線を画していく。

前述のようにアナーキー下においては、国家間には常に不信の火種が燻っている。ここに新情報が追加され、相手国は拡大的動機に基づくのではないかという認識が作用すると、この不信の火種が大きくなっていく。

上記の米朝関係でいえば、北朝鮮の核開発という、拡大的動機に基づく現状変更と断定できない事象について米朝間に認識のギャップが生じることで、相手国に対する不信が生まれ、その不信は相手国の行動に対する信念が更新されるにつれ増幅されていくのである。この状況をJ・ハーツはニューヨークのギャング集団になぞらえながら、セキュリティ・ディレンマと名付けた[113]。

これを踏まえ重要な問いは、このいわば生きるか、死ぬかというギャングの抗争の中で繰り広げられる弱肉強食の世界にあって、センが提唱した道徳を踏まえた社会的効用の最大化をなす真の合理性が機能するか、である。このような弱肉強食の世界にあって、相手国が自らの不可分の利益を侵害しうるのではないかという不安が生じた状況－セキュリティ・ディレンマ下にあっては、道徳性に基づく合理性が機能しづらいのは確かであろう。しかし、国家間が常に戦争状態にではなく、時に社会的に最適な決定に行き着くこと、すなわち敵対関係が協力関係に転換される事例も観察されることから、道徳的な合理性の存在が完全に否定されるわけではない。

心理的誘因の合理性への作用

では次に、何が社会的厚生の最大化も含めた合理性を持つアクターである米朝を、多分に核戦争へエスカレートする可能性を秘めた危機というしごく非合理的な帰結に向かわせたのであろうか。ここでは、合理的アクターであるはずの米朝に、戦争が勃発するリスクがある非合理的選択をさせた要因について適切な説明が必要となる。

これに対する答えが、前述のプロスペクト理論に基づく心理的誘因に求められる。

例えば、第一次世界大戦拡大の原因となったのはドイツによるシュリーフェン・プラン（対フランス侵攻作戦計画）の実行を目的としたフランスへの先制攻撃であったが、そのドイツ軍の先制攻撃を引き起こしたのは、ロシア軍のドイツ侵攻を目的としない動員に対し、仏露との二正面戦線を持つドイツが自らへのロシアによる先制攻撃、つまり拡大的動機の具現化への危機感を強めたことが挙げられる[114]。そのロシアによる先制攻撃によって損失を被る不安は、時間の経過に連れ増大していき、最終的にドイツによる先制攻撃――シュリーフェン・プラン――が実行されるに至るのだが、この場合の危機不安定性の増大には、時間的制約（time pressure）によって失う恐怖が促進されたことが心理的誘因として大きく作用している。換言すれば、相手国による先制攻撃の可能性が高まるにつれ差し迫った脅威が認識される中では、国家は相手国の行動の動機は拡大的であるという認識を強め、自国の損失の回避・最小化のために戦略を立てざるをえない。

この過程で重要なのは、国家はリスク認識下での意思決定（損失のフレーム）において、リスク受容傾向であり、参照点に対する認識の変化（例：現状変更）によって選好の変化をもたらす合理性の変質が起こりうる点である[115]。戦争という非合理的帰結を不可避的にもたらす先制攻撃の実行は、従来であれば国家において非合理的であると認識されるが、いざ攻撃・防御バランスにおける攻撃優位の状況を認識、つまりは敵国の非合理的な先制攻撃による現状変更が差し迫っている――差し迫った脅威――と認識されフレーミング効果が生じた時〔筆者註：利得のフレーム→損失のフレーム〕、国家は敵国の先制攻撃による損失を回避あるいは最小限に限定しようとしてより高いリスク――先制攻撃（preemption）――を選択することに合理性を見出し始めるのである[116]。

期待効用における意思決定は効用×確率（unitility×probability）であるが、プロスペクト理論においては予想される結果の価値（outcome's value）×主観的見込み（decision weight）によって意思決定がなされる。つまりプロスペクト理論においては「小さな蓋然性でしか起こらない出来事の起こる確率を過大に見積もる傾向や、大きな損失を生む事柄の重要さを過大に評価する傾向」[117]に着目している。この観点からは、失う不安が生じた時に国家は損失回避のためリスク選好型になる傾向があるといえる。参照点を基準とした損失を国家は重視しがちであり（インスタント賦存効果：instant endowment effect）、その損失回避あるいは損失回復のために、高いリスクを受容してでも、失う不安を埋め合わせる行動を選択するのである。

ここにさらに差し迫った脅威であるという認識が強まり、時間的制約による心理的重圧が加われば合理性の変質が顕著に表れる。D・カーネマンが指摘するように「直観的判断のエラーを回避する能力〔筆者註：System II。以下、システムII〕[118]は時間的制約による重圧によって損なわれる」[119]のである。つまり時間的重圧がかかる状況下においては、ベイズルールが説くところの事前確率（prior probability）の無視あるいは過小評価がなされる傾向が観察される[120]。

理性を司るシステムIIが機能する間は戦争の引き金となる先制攻撃は非合理的選択でしかないものの、タイム・プレッシャーによってシステムIIが機能不全を起こした場合、国家は相手国の先制攻撃が逼迫しているという、より直近の情報にひきずられ、それによる損失回避を重視するあまり本来非合理的であったはずの先制攻撃オプションに合理性が見出されていくと考えられる。

これはA・キィドの指摘とも整合する。キィドは新たに生じた事象に対する認知上の損失を被る恐怖と信念の比率の変化にしたがって信念のエスカレーションが生じると指摘したが、この前提に立てばシステムIに属する認知上の恐怖が占める比率が高くなるにつれ、システムIIに属する合理性は弱くなっていく[121]。例えば、単なる核開発の発見という事象が相手国により将来においての潜在的リスクと認識された場合、その失う不安を刺激するにせよ、そのシステムIIの機能を完全に麻痺させるほどではないだろう。依然合理性は働くとしたほうが現実的である。

しかしながら、危機が進行する過程で新情報が追加されるにつれ、合理性は段階的に麻痺していく。例えば、核開発が進み相手国の核保有が秒読みとなった段階では、非合理的な結末としての紛争を甘受するという選択肢が生じてくる。さらに危機が進み、核ミサイルの移動など軍事シフトの変化によって相手国の先制攻撃が逼迫しているという認識を持つに至った場合、時間的重圧という心理的誘因が信念の更新においてより作用しやすくなる。この場合、損失の恐怖は核開発などの軍拡によるシグナリングのみの場合と比べてより多く作用し、システムIIの麻痺あるいは弱体化による合理性の変質を引き起こすことで、先制攻撃誘因が生じうるといえる。

例えば、合理性の変質が生じ、核戦争――核ミサイルによる先制攻撃と報復――という非合理的選択がなされかけたのが、キューバ核危機であった。危機から約三〇年後の一九九二年一月、一九六二年当時の米国防長官だったR・マクナマラはハバナでの国際会議において、F・カストロ議長に三つの質問を投げかけた。

①「(キューバでの)核弾頭の存在を知っていたのか?」

②「フルシチョフに核の使用を進言する用意があったのか?」

③「使用したらどうなっていたか?」

これに対するカストロ議長の答えは、それぞれ、

①「知っていた」

②「用意があっただけでなく、実際に使用するよう(フルシチョフに)進言した」

③「キューバは滅亡しただろう」、であった。

この問答が表すのは、キューバ核危機が醸成され緊張が高まる中、米国の核報復によって自国の滅亡を予期しながらも、キューバは米国に対し核先制攻撃をしようと考えていたという史実である[122]。換言すれば、キューバにとってそもそも合理的選択とは自国の生存、安全保障のはずであったものの、危機の渦中にあって合理性の変質が生じ、キューバ（少なくとも最高意思決定者であったカストロ）は、自国の滅亡という非合理的結末をもたらすであろう核ミサイルによる先制攻撃に合理性を見出したのであった。

以上のことを踏まえると、心理的誘因の定量化は困難であるものの、合理性の変質が生じる閾値は設定可能と考えられる。つまり、アクターが相手国の先制攻撃が中～高確率である、すなわち差し迫った脅威であると認識し（確実性効果）、失う恐怖が増幅する場合、「時間的制約による重圧」が生じることは明白であることから、相手国の先制攻撃リスクを認識した時点を合理性の変質が生じる閾値とみなすことが可能であろう。

またこの相手国の先制攻撃リスクを認識することによるシステムIIの弱体化の過程において、国家が損失回避に囚われリスク追求型となるということは、個人効用の最大化を追求する合理性のいびつな肥大化とも解釈できる。自らの損失を回避したいあるいは損失を埋め合わせたいという心理には、センが指摘した相手国の権利や選好を顧みる道徳的合理性が作用する余地が著しく縮小するのではないだろうか。逆にいうならば、個人効用最大化の追求が極端に強くなり、センが唱える社会的厚生の最大化（核戦争も含めた紛争発生の回避）を追求する道徳的合理性の作用が極端に弱くなると思われる[123]。この個人効用最大化の合理性と社会的合理性の乖離が心理的作用がもたらす合理性の変質の特徴であるといえよう。

この観点からは、ベイジアン・ゲームにおける事前確率は、個人効用のみならず社会的厚生の最大化を踏まえ囚人のディレンマを逃れ、真に自己の効用を最大化する合理的選択をしうる、より客観的な合理性（Perfect Rationality）に近い合理性によって算出されると指摘できる。しかしながら、リスク認識下において信念が更新されるにつれ主観的偏見によって構成される心理的誘因の作用が強まることで、事前確率に反映されていた客観的な合理性が薄れていく。結果的に、相手国の先制攻撃リスクから自国のみ損失を回避したいという、心理的作用に喚起された歪んだ個人効用最大化のため非合理的選択がなされることで、危機が醸成されるのである。

㈢ 米朝間の緊張形成における合理性の変質の検討

以上のように、心理的誘因によって国家が持つ合理性に変質が生じ、非合理的帰結へ向かう国家間の緊張が形成されるのであるが、冷戦体制崩壊以後における米朝間の緊張形成の事例も、上記のように失う恐怖が刺激されることで生じた合理性の変質が観察される。具体的には、相手国の先制攻撃が逼迫しているという心理的圧迫に苛まれることで、米朝間に危機不安定性が浮上、いわゆる北朝鮮による弱者の先制攻撃や、米国による強者の予防的先制攻撃という非合理的行動が選択される可能性が検討されるに至っている。

とりわけ米朝間の極度の非対称性を鑑みると、米国の攻撃が切迫していると認識した場合において、北朝鮮側に時間的重圧などの心理的誘因が作用してこなかったという前提のもと分析するのは現実的ではない。換言すれば、北朝鮮側の参照点といえる現状は生存と直結しており、危機下におけるフレーミング効果は生存のフレームから死亡のフレームへの変化そのものとなることもあり、フレーミング効果の作用が出やすく、よりリスク受容型となりやすかったと思われる。要するに座して死を待つよりも、先に打って出るという心理状態が作られやすい。

逆にいえば、心理的誘因の作用を排除し合理性のみに依拠しては、米朝間の軍事力上の圧倒的格差によって自らの敗北が明白であるのにもかかわらず、米国の武力行使を招く可能性の高い行動を選択した北朝鮮の非合理的意思決定を説明することは到底不可能である。したがって、本書においては国家アクターは合理的であるという前提に立ちつつも、緊張のスパイラルの形成過程においては心理的誘因が作用し、合理性の変質が起こるというスタンスを採ることとする。

また前述のように、北朝鮮による弱者の先制攻撃に限っていえば、北朝鮮による合理性の変質は米国からしばしば北朝鮮は拡大的動機を有する「非合理的アクター」であるからと、いわゆる第一イメージに依拠して説明されてきた。例えば、第一次核危機当時クリントン政権においては、冷戦体制崩壊直後の極度の情報不完備と冷戦時代のイメージにひきずられることで、北朝鮮は非合理的行動をとりうるアクター――「ならず者国家」――として認識された一方で、第二次核危機下のブッシュ政権においては、北朝鮮を「悪の枢軸」に位置づけながら、そのブッシュ・ドクトリンでは北朝鮮を何をしでかすかわからない非合理的アクターであるという主観的理由から、北朝鮮に対しては予防的先制攻撃が必要であるとの論理が構築されるに至った。

しかしながら、後に事例を通して見るように、北朝鮮による非合理的行動、すなわち弱者の先制攻撃が冷戦体制崩壊以後四半世紀を越えて観察されてこなかったことを踏まえると、北朝鮮が非伝統的アクターであったのかについて再考する余地がある。換言すれば、北朝鮮において基本的には合理的に政策決定がなされてきたのではないかという推論が成立するのであり、そうであれば、唯一の超大国である米国との戦争を北朝鮮が選択しなかったのは合理的選択としての自制であった可能性が十分にあり、そしてまた北朝鮮の軍拡も、失う不安を埋め合わせるための合理的選択として捉えることが可能であろう。

加えて、別の緊張形成要因として性悪説やアナーキーに依拠するにせよ、北朝鮮を合理性の変質が生じた非合理的アクターであると捉えるならば、そもそも抑止は機能しない点には留意しなければならない。プロスペクト理論の価値関数を表した先述の図1−5（七二頁参照）における左下の象限、すなわち失う不安が刺激されそのフレームが生存から死亡に変化する場合、国家は高いリスクを厭わないアクターとなる傾向が示されているが、国家間の緊張において高いリスクを甘受するということはつまり、戦争という非合理的帰結を受け入れる非合理的アクターと化していく過程にあることを意味する。このような非合理的ながら高いリスクを選択するという意思決定をしたアクターに対して、抑止はしごく効きにくいといえる[124]。

実際ブッシュ・ドクトリンではこの点を踏まえ、先制攻撃の必要性に言及したのであったが、第二次朝鮮半島核危機の事例で明らかなように、ブッシュ・ドクトリンにおける先制攻撃論は北朝鮮の抑止という政策的目的とは逆の作用をもたらした。結果として、北朝鮮の融和姿勢を引き出すよりも、さらなる北朝鮮による威嚇および軍拡などの拡大的行動を喚起したのである。より端的にいえば、ブッシュ政権による先制攻撃による体制崩壊の不安が、北朝鮮において合理性の変質をもたらし、唯一の超大国米国との戦争の可能性を高めるという非合理的選択（威嚇・挑発・軍拡）を促したのであった。しかしながら、このような合理性の変質が起こりながらも、北朝鮮は最終的な意思決定においてその合理性を留めた。すなわち、自ら米国との戦争の口火を切る非合理的選択――北朝鮮版のパールハーバー――には踏み切らないという自制を発揮したのである。

このように心理的誘因によって北朝鮮にいかなる合理性の変質が起き、その上で新たな合理的選択がなされたのかについての説明が可能であればこそ、極端な非対称性を帯びた米朝間の緊張形成を適切に説明しうると考えるが、期待効用アプローチである抑止モデルを用いてはこれはなしがたい。

逆に元来、心理的誘因の中に損失を回避したいという心理に起因する合理性の変質が見られるものの、心理的誘因のみでは、①相手国の先制攻撃が逼迫しているという認識における時間的制約による重圧がかかる前の状態、②時間的制約が緩和あるいは解消されている状態、つまり合意や条約の締結を通じ⑴相手国が合理的アクターであり、⑵拡大的動機の具現化の意思がないことが相互確認され、戦争が逼迫していないという認識を関連諸国が共有する場合でも、緊張が維持・形成されるケースについて適切な説明を提供しがたい。

しかし、このような緊張形成および緩和プロセスは合理性の変質が生じた前後の状態、つまり国家における合理性が正常に機能している状態を軸として説明可能となる。まず合理主義者は上記のような心理的誘因に起因する失う不安の増大に伴う緊張形成を、関係各国の私的情報が共有されていない状態―情報不完備によって生じると説明する。相手国の自衛的動機が認識されている場合、つまり戦争が逼迫したものと認識されていない場合においても、情報不完備によってアナーキーという国際体系の中で相手国の拡大的動機に対する疑念が浮上した時、国家はその相手国の拡大的動機の具現化によって自国の国益の損失を最小化するために協調政策ではなく、強硬政策を合理的に選択するか、あるいは協調政策と強硬政策を並行する傾向がある。換言すれば、失う不安を極力解消するための合理的選択としての強硬政策の応酬がなされることで、危機不安定性が生じるまで高まる緊張レベルの上昇は説明可能となる。

そしてまた合理的誘因は、安心供与が国家間で合意され心理的誘因が作用していない状態において緊張の維持・形成に作用する。関連国のコミットメントによって私的情報の開示を通じて関係各国において拡大的動機の具現化の意思がないことが相互確認されると、国家関係は緊張の解消のために敵対的関係の改善をリアシュアランスの提供によってなす必要がある。いわばセンが主張するところのAGゲーム――相互に同意したリアシュアランス――を設定・履行するプロセスの完遂により、社会的厚生の最大化を目指す過程といえる。

しかしながら、国家間においてリアシュアランス・プロセスは容易には完遂されない傾向が観察される。なぜならば、相手国がリアシュアランスを完遂するか否かもまた不確実性を帯びるからである。こうして両国が相互の自衛的動機を確認しているにもかかわらず緊張は解消されず、リアシュアランス・プロセスが停滞する過程でリアシュアランスの不履行あるいは遅延に対して情報不完備が再浮上し、信念の更新によって相手国の動機に対する認識が拡大的動機へと変化すれば、緊張レベルは再び高まざるをえない。これに加え、相手国の動機を疑わせる問題の事象が領土などの不可分性を帯びていれば、国家は強硬政策を合理的選択として認識する傾向にある。

以上のように条約や合意によって、①相手国が合理的アクターであり、②拡大的動機の具現化を目的としていないことを相互に確認することで、プロスペクト理論が主張する失う恐怖に起因する非合理的

①新たな情報
Ex. 拡大的動機に基づかない現状変更

②信念の更新
→誤認のはじまり

③脅威認識
→現状を失う不安↗
＝ System Ⅰの増大＆
System Ⅱの弱体化

さらに時間的重圧による
損失（死亡）の見込みが
高まると……

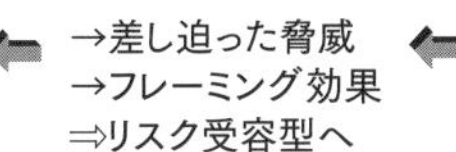

④心理的重圧↗
→差し迫った脅威
→フレーミング効果
⇒リスク受容型へ

損失回避（確実性効果）
＋ System Ⅱ麻痺
→合理性の変質
→先制攻撃誘因↗

危　機！
※危機不安定性↗

協調政策：合理性への回帰
⇒緊張緩和
→ System Ⅱの回復
※コミットメント問題

（図１－７）スパイラル・モデルによる合理性の変質と緊張レベル変化

［出典］筆者作成.

な先制攻撃リスクが最小化されれば、心理的誘因は弱くなる一方で、合理的誘因はそのまま作用しうるのである

ちなみに合理性の変質と抑止モデルが優先する抑止政策との関係性でいえば、抑止政策は相手国に対し拡大的動機の具現化に踏み切った時の期待効用を低下させることによって、相手国による現状変更を思いとどまらせようとするが、この抑止政策が機能するのはアクターに前述の合理性の変質が生じる前、すなわち損失回避のためにリスク選好型に変化するまでである。換言すれば、合理性の変質が生じた後、抑止政策は相手国から先制攻撃の準備であるという誤認を招くだけであり、相手国の失う不安を一層刺激することとなる。その結果、相手国はその失う不安を埋め合わせるために軍拡や威嚇等の強硬的シグナリングなどの自衛的措置を、実際には紛争の勃発に近づく非合理的選択であるのにもかかわらず、いびつな個人合理性に基づく合理的選択として採るこ

ととなり、緊張のスパイラルが形成されていくのである。

より端的にいえば、抑止モデルは合理性の変質が生じ、危機不安定性の浮上に至る段階に対し、適切な説明を提供できないといえよう。よって、ただ被抑止側が非合理的行動の源泉である拡大的動機を有しているからという主張を繰り返さざるをえない。

抑止論者の中にはチャのように、合理性の変質に基づき弱者の先制攻撃を抑止するために抑止が必要であるという主張も存在するが、その論理は破綻しているといわざるをえない。くどいようであるが合理性の変質が起こるということは、非合理行動に向かう非合理的アクターとなることであるから、抑止はそもそも機能しないのである。ただ、ここで注意が必要なのは、合理性の変質が生じる前段階までは抑止が機能するという点である。換言すれば、合理性の変質が生じない枠の中では抑止政策の実行が有効であるといえる。

ただし、どの範囲において抑止政策が敵国の合理性の変質をもたらさないかという見極めが難しい。例えば、チャはこの論理の整合性の欠如を察していたと思われ、「強硬関与」という概念を打ち出す。しかしながら強硬関与も、北朝鮮からは米国の拡大的行動であるとしか認識されず、北朝鮮側の認識における抑止行動（核兵器開発への転換を含む）とそれを越える先制攻撃オプションを喚起するばかりであった[125]。それに対し米国もまた核武装した北朝鮮の出現を防ごうと非合理的な先制攻撃を検討してきた。同様の米朝間の相互認識作用は共和党政権のみならず、民主党政権、例えばオバマ政権においても見られる。

まとめると、認知心理学的アプローチでは、合理性の変質が生じ危機不安定性が浮上する過程を適切に説明できる。相手国の動機が現状変更を目指す拡大的動機である、すなわち脅威として認識すれば、その被認識側は軍拡などの抑止行動を合理的に選択する。さらに相手国の動機が拡大的であるという認識が強まる過程で、抑止側が攻撃優位の状況の現出、すなわち被抑止側の先制攻撃が迫っているとして差し迫った脅威が認識されれば、抑止側にフレーミング効果に起因する合理性の変質が発生し、最終的には元来非合理的であったはずの先制攻撃オプションに合理性が帯びるのである。

以上を踏まえ、本書においては心理的・合理的誘因双方の作用を踏まえつつ、合理性の変質に焦点をあてながら、米朝間の緊張形成プロセスについて分析を試みる。

最後に、事例検証に移る前に本書において採用するスパイラル・モデルについて二点捕捉しておきたい。心理的誘因のみだけではなく、合理的誘因が依然作用するというスタンスとともに、この二点が本書において採用するスパイラル・モデルとジャービスが提唱したオリジナルとの若干の違いとなる。

第一に冷戦体制崩壊以後における米朝間の軍事力の非対称性を鑑みるに、各国家が追求する安全には純粋な生存だけではなく「余分の安全（margin of safety）」[126]が含まれるということである。そもそも大国は小・中規模の国家に比して多様な国際的利害を有しており、自国の生存のみならず、同盟関係における優位、世界経済における経済的利益や市場へのアクセス、また資源の確保に関連して失う不安が生じる要因となりうる[127]。

これは一極構造下において覇権国米国に「失う不安（DD〔自他ともに拡大〕＞CD〔自国は自制、相手国は拡大〕）」がいかに生じるかという過程を理解する上で必要である。そもそも冷戦体制崩壊以後、二〇一七年までにおける米朝間の軍事力の極度の非対称性を考慮すると、北朝鮮にかつてのソ連が米国に与えた恐怖、すなわち確実に米国本土が消滅するという恐怖――チキンゲーム――にはなりにくい。一極構造において米国が北朝鮮に脅威を感じるのは、「現状」-一極構造という自らが圧倒的に優位なパイを失う不安でしかない。

歴史的経緯を経て蓄積された安全保障に係わる資産、例えば同盟国であったり、その領土内で自由に運用しうる基地を失いたくない、またはこれ以上核保有国を増やしたくない、ましてや自国に敵対する国家による核保有は避けたいという心理的作用は自然に生じるものである。これは後に述べるプロスペクト理論でいうところの「授かり効果」にも合致するだけでなく、J・ロックの私有財産を持つ権利を憲法の中心に置く米国であれば、この心理はなおさら強く働くであろうと考える[128]。

加えてプロスペクト理論に基づけば、国家は利得のフレームよりも、損失のフレームが認識された場合にリスク受容型となりやすく、それを踏まえれば生存の脅威にさらされていないアクター（例：米国）でさえ敵対国の現状変更によって現在自らが占めているパイを失う不安に苛まれ、それが動機となって強硬策を講じうる[129]。換言すれば、余分の安全概念の導入により、米朝という極端な非対称性を帯びている国家間関係における米国の現状維持的行動をより明晰に解明できるのである。

実際にW・ペリー元国防長官の証言などを鑑みると、当時米国が怖れていたのは北朝鮮の米国への拡大的行動ではなく、第一に同盟国を失う不安であり、第二に核兵器の拡散を通じて一極構造の優位性を失う不安であった。また米国にとって北朝鮮による核兵器保有を防ぐというのは、自国の安全のみならず核兵器不拡散条約（以下、NPT）体制という一種の公共財を守ることでもあった。前述のように冷戦体制崩壊以後、長らく北朝鮮自体が米国本土への直接的脅威ではありえない状況であった点を踏まえると、余分の安全の導入が米国の失う不安を説明する上で有益であると考える。

また米国が一極構造における覇権国である点を踏まえつつ、プロスペクト理論が説く保有効果および現状維持バイアスの作用が米国に作用したと仮定すれば、米国は余分の安全が獲得され自らが覇権国である現状をできるだけ維持しようとするバイアスが働く[130]。この観点からは、期待効用アプローチに照らしての米ソ冷戦崩壊以後約三〇年間にわたる米国の矛盾、すなわちなぜ米国は対北朝鮮に対して圧倒的優位にもかかわらず武力介入を自制してきたのか、についての説明が可能となる。

上記を踏まえると、米国における現状維持とは余分の安全が確保された一極構造の維持であるといえよう。これに対し、北朝鮮の現状維持とはすなわち体制の生存維持である。この米朝双方の現状を参照点（reference point）として、価値が失われると認識された時に失われる不安が刺激される。通常、参照点の設定には恣意性が伴いがちであり困難が生じるが、冷戦体制崩壊以後における米朝間の非対称性を勘案するに上記のような参照点の設定は妥当であると考える。

第二に意思と動機の差異である。ジャービスは相手国の意思（intentions）をいかに認識するかに焦点をあてたが、本書においては動機に対する認識に焦点をあてている。またこれは抑止理論における意思との混同を防ぐためである。脅威となるのは敵対国が武力を行使する能力と意思を持った時であり、抑止はそれに加え、その能力と意思を持った脅威を認識するという結果が必要である。そして敵対している国家間においては、相手国を抑止するため必要であれば、常に武力を行使しうるという意思をシグナリングする。

この点を踏まえると、現状変更を望まないアクターであっても、敵対国に対する有事の際、武力を必ず行使するという意思は一定といえ、それに対する認識は拡大的であるとなろう。またグレーザーが指摘したように、現状変更への試みには拡大的動機に根付くものと、拡大的動機に源泉がないものとに分類が可能である[131]。例えば拡大的動機を源泉とした現状変更には領土編入を目的とした侵略があるが、これは自衛的動機を源泉とし、かつ相手国への拡大的行動を伴わない現状変更、例えば軍拡とは一線を画す。侵略と軍拡は双方現状変更を意図しているが、その動機の面では歴然とした解釈の差異が生じる。これを踏まえ、本書では意思と動機を分別することとする。

以上のような抑止モデルとスパイラル・モデルの差異とスパイラル・モデルにおける合理性の変質を踏まえ、次章以降事例を通じて本書の仮説——冷戦体制崩壊以後における米朝間の緊張形成は誤認によってもたらされた——の妥当性について検証していくこととする。ただし、本書で事例検証を試みるにあたっては、米朝政府の公式文書（声明、協定、首脳演説等）を各政府の相手国の動機に対する認識として捉えていくことに留意されたい。

第三節　時代区分と事例

前述のように本書においてはスパイラル・モデルを分析枠組みとし、冷戦体制崩壊後における米朝間の緊張形成要因を分析していくが、その検証には事例研究を用いることとする。なお、本書における緊張の定義は、冷戦体制崩壊以後、北朝鮮による核開発疑惑をめぐり米朝間で相手の動機に対する認識のギャップが生じ、軍事衝突の可能性が高まった状況とする。そして、北朝鮮の核開発をめぐり、①米朝双方が緊張の形成を認識し、②米朝双方あるいは一方が相手国を拡大的動機を有する脅威であると認識することに加え、③緊張形成の前後を含む一時点において、リアシュアランス・プロセスによる緊張の緩和が観察されることにより、米朝間における緊張の高まりを識別している。換言すれば、自衛的動機を双方が認識している時点が緊張形成前の「現状」として設定されているといえる。

以上に加え、⑴米朝間にリアシュアランス・プロセスが欠如した、あるいは機能しない状態において、⑵米朝双方あるいは一方が相手国を差し迫った脅威として認識し、⑶危機不安定性が生じるまで緊張レベルが高まった状況に至っては、緊張と区別して危機と呼ぶこととする。

また、本書では検証のための事例を冷戦体制崩壊以後から現在まで五つ選定している。ここで冷戦体制崩壊以後に時期を区切るのは、それ以前は冷戦構造を基とした国家間作用の基本形として米ソに従属するかたちで南北があったからである。冷戦体制下においてもプエブロ号事件（一九六八年に米海軍の情報収集艦プエブロ号が北朝鮮に拿捕された事件。その過程で乗員一名が死亡した）などにより米朝間の緊張が高まる事例が存在するにせよ、それは一時的に生じたものであり、また米ソ冷戦下における思想対立の枠を出るものではなかった。

この一方で、純粋に米朝間の国家作用の結果、緊張が直接的、継続的に維持・形成されることとなったのは、ソ連崩壊以後「北朝鮮の核開発」が米国によって問題視されてからである。これは冷戦体制崩壊以後になって、北朝鮮高官による初訪米など直接的な米朝間の交渉が開始している点からも明白であろう。なお事例選定においては恣意性を極力排除するため、W・ペリーとV・チャの緊張形成の時代区分を参考にしながら当該期間におけるすべての緊張について検証していく[132]。

最後に二〇一三年までを本書の基となった博士論文において分析対象としたのは、北朝鮮による核兵器高度化が、金正恩政権が公式的に船出した二〇一二年を境とし加速するからである。換言すれば、二〇一三年までは北朝鮮による核兵器開発が進行しているものの米国本土への攻撃能力には乏しく、米国との相互確証破壊（MAD）に代表される相互抑止が構築されていた可能性は皆無であった。いわば、冷戦体制崩壊以後から二〇一三年までの米朝間の緊張形成を対象とすることにより、軍事的に極端な非対称的な国家間における危機研究に焦点を絞る狙いがある。金正恩政権における米朝間の緊張形成については本書の補論において取り扱うこととする。

事例一　第一次朝鮮半島核危機（一九九〇－一九九四）
事例二　KEDOプロセスと一九九八－一九九九年における緊張形成（一九九四－一九九九）
事例三　第二次朝鮮半島核危機（二〇〇〇－二〇〇三）
事例四　六ヵ国協議をめぐる緊張の変化（二〇〇三－二〇〇九）
事例五　第三次朝鮮半島核危機（二〇〇九－二〇一三）

事例一においては冷戦体制崩壊後より、クリントン政権期の一九九四年に締結された米朝枠組み合意までを範囲としながら、なぜ第一次朝鮮半島核危機が生じたのかについて検証し、事例二では米朝枠組み合意の履行プロセスである朝鮮半島エネルギー開発機構が設立された一九九五年から、米朝双方の安心供与政策履行の合意により一時緩和された緊張が一九九八年から一九九九年にかけて再び強化されるまでを検証する。また一九九四年は金日成主席の逝去があり、金日成時代の終わりと金正日時代の始まりを分ける変わり目でもあった。

次に第三の事例として、大統領選挙を通じて民主党政権が共和党政権に交代することが決まった二〇〇〇年より、ブッシュ共和党政権がＡＢＣ（Anything But Clinton：クリントン以外何でも）という方針の下、対北朝鮮政策を見直したことを契機として生じた第二次朝鮮半島核危機における緊張形成要因を分析したのち、事例四ではその緊張を緩和するために二〇〇三年に構築された六ヵ国協議がどのように停滞し、米朝間の緊張が維持され、かつ徐々に再強化されていったのかについて、六ヵ国協議が実質的に破綻し、第二次核実験が実施された二〇〇九年までを見ていく。最後に二〇〇九年の六ヵ国協議破綻とそれ以後生じた事象――天安艦沈没事件、延坪島砲撃事件、第三次核実験等――が、いかに米朝間の危機の再形成をもたらしたのかについて検証したい。

ちなみに二〇〇九年という時期区分を設定したのは、二〇〇九年を境に米朝ともに指導体制の変化が観察されるからでもある。二〇〇八年までは金正日前国防委員会委員長による指導体制が原因であったものの、翌年からは金正恩第一書記（現国務委員長）の後継プロセスが開始されており、これ以降に生じた延坪島砲撃事件、第三次核実験などは純粋な金正日体制による政策であるとはいえない。一方、米国においても二〇〇九年一月よりＢ・オバマが大統領に就任した。

また本書においては、この二〇〇九－二〇一三年における一連の緊張形成を第三次朝鮮半島核危機に位置づける点に留意されたい。この定義の根拠としては、第一、二次朝鮮半島核危機と同様に、第一に米朝がともに緊張の高まりを認識していること[133]、第二に危機不安定性の浮上が明らかに観察されること、第三に北朝鮮の核保有をめぐって生じた危機であること、最後にオバマ政権において、北朝鮮に対する予防攻撃が検討された危機であることが挙げられる。

以上の時代区分にしたがって理論的事例研究を進め、冷戦体制崩壊以後から二〇一三年までの緊張形成を抑止モデルに拠らず再検証しつつ、個別の緊張形成プロセスの要因だけではなく、約三〇年間にわたり繰り返されてきた米朝間の緊張形成の傾向を認知心理学的アプローチに依拠して見出していくこととする。

(これに加え本書では、二〇一二年に正式に発足した金正恩政権における核兵器高度化を踏まえた事例について、補論としてあらたに記した。)

第二章　第一次朝鮮半島核危機（一九九〇－一九九四）

本章以降、冷戦体制崩壊以後における米朝間の緊張形成要因は、スパイラル・モデルの観点から説明可能である、との仮説を事例検証する。まず本章においては、米ソ冷戦崩壊後初めて米朝間に発生した第一次朝鮮半島核危機（以下、第一次核危機）についての検証を試みる。ソ連崩壊直後、平和の機運が高まり世界的に軍縮に向かう傾向が現れた中で、いかにして米朝間に核危機が生じることとなったのであろうか。

第一節　第一次朝鮮半島核危機における緊張プロセス

第一項　冷戦体制崩壊直後における米朝の参照点、初期信念、事前確率

まず第一次核危機を考察する上で重要なのは、米ソ冷戦崩壊という国際環境の変化である。冷戦体制崩壊後唯一の超大国米国を中心とする一極構造が現出していく過程で、両国の安全保障上の認識に変化が見られる。ソ連の崩壊は朝鮮半島における既存の緊張の緩和あるいは解消の大きな機会をもたらし、世界中で平和の配当を求める声が高まる中で、米国を含むすべての国家が軍事力削減の方向へと傾斜し

たといっても過言ではない。

米国では一九八九年一二月、上院予算委員会に招請されたR・マクナマラ元米国防長官とL・コーブ元国防次官補が「軍事支出を五年間で半減しても安全である」と発言し、かつ一九九〇年四月に発表された東アジア戦略構想I（East Asia Strategic Initiative I：以下、EASI－I）において、北朝鮮とロシアという冷戦型脅威が残存していると指摘しながらも、東アジアに前方展開する米軍を三段階に分けて削減するという案とともに、恒常的な基地なしでも緊急展開能力を維持しうるという実質的な基地削減案が提示された点に、軍事力が削減されていくという傾向がすでに表れていた[1]。

これに加え、同年三月、S・ナン上院議員は上院の予算案策定過程で低強度紛争（Low-intensified Conflict：LIC）に重点を置いた新安保戦略を策定中であった国防総省に対して、その策定のためには「予算策定の根拠となる国家的安全保障に対する全般的脅威の基本的評価は過去のもので、上院の予算案承認のために国防総省は将来の安全保障上のリスクについて、より現実的な評価をして脅威の空白を埋めねばならない」として、ソ連に代わる仮想敵が不在のまま冷戦期並みの軍事予算を計上する動きに警告を発した[2]。逆にいえば、米国上院は国防総省が策定している新安全保障戦略において、現実的に新たな敵が不在ならば不在なりの予算を、あるいは新たな敵が見つかればその規模によって予算を計上したものに関しては承認するというスタンスであったことがわかる。

これに対応するために米国防総省が打ち出したのが、第三世界への脅威を仮想敵と想定した「地域的防衛戦略」であった。この地域的防衛戦略は同年八月二日のアスペン演説にて正式に発表されるものの、この同日にイラクによるクウェート侵攻が行われて以降、その脅威が本格的に認識、検討され始め、一九九三年一月に正式な文書として発表されることとなるが、ここでは五つの脅威地域を列挙しているのみに留まり、北朝鮮を含むいわゆるならず者国家は依然脅威として名指しされていない[3]。この間、米国は国防計画草案（Draft of the Defense Planning Guidance）を一九九一年から一九九二年にかけて策定、米朝間では北朝鮮の核問題をめぐる摩擦が生じるものの、正式には北朝鮮を仮想敵国とする安保戦略の策定が完全に表面化するに至っていなかった[4]。

これらの動きと並行して米朝間においても、緊張緩和が進展する。一九九一年九月のブッシュ大統領による在韓米軍基地を含む全世界の米軍基地からの戦術核撤去演説を受け、北朝鮮は南北国連同時加盟、「和解と不可侵、交流と協力のための南北合意書（南北基本合意書）」、「朝鮮半島の非核化に関する共同宣言（南北非核化宣言）」など緊張緩和措置を矢継ぎ早にとったのである。このようにポスト冷戦期における軍縮傾向と米朝および南北関係における関係改善措置を見ると、米ソ冷戦崩壊直後には米朝ともに緊張緩和局面にあるという認識に立っていたと指摘可能である。

換言すれば、米朝双方の初期信念には朝鮮戦争以来冷戦を通じて形成・維持された朝鮮戦争バイアスがかかっており、相手国の拡大的動機が認識されやすい条件下にあったにせよ、上述のような協調政策を通じて冷戦体制崩壊直後には米朝間に相手国の拡大的動機は認識されていなかった。また、上記の協調的合意措置は米朝が有している合理性には個人効用の最大化の追求だけではなく、社会的に最適な決定を得るための合理性がすでに考慮されている点が非常に重要であろう。

本書においては、この冷戦体制崩壊直後に形成された緊張緩和局面を、以後発生することとなる米朝間の緊張形成以前の状況として位置づける。そしてこの状況がまた第一次核危機の米朝の参照点（reference point)[5]を形成しているといえる。つまり、米国の参照点は自らが覇権国である一極構造が維持されている状況である一方で、北朝鮮の参照点は生存が維持されている状況である。そして認知心理学的観点からは、この参照点を基点として米朝双方は利得と損失を認識し、現状を維持しようとする心理的誘因が作用していく。

次に、この参照点における米朝双方の事前確率について考察してみよう。まず北朝鮮側からすれば、期待効用の観点からは自らの生存の終わりをもたらす米国との戦争につながるいかなる拡大的行動も合理的選択とは認識されえない。すなわち、期待効用に基づけば北朝鮮側からは（1－P）B＞P（C＋R）、つまり米国との戦争による利得がその損失を上回ることはなかった。さらに当時の米朝間には私的情報の開示が不十分であり、その信頼性も検証を経ておらず、かつ米国にも朝鮮戦争バイアスが働いていたことを踏まえると、北朝鮮は自らの行動に対し米国がどのような反応を見せるかについてのデータの蓄積に乏しいがゆえにそれを予想しがたく、米国の同盟国防衛の意思を誤認する余地もほぼなかったため、迂闊に現状変更に挑戦することはできなかった。

この反面、米国はその圧倒的な軍事的優位がゆえに自らの生存に影響を及ぼさない北朝鮮への武力行使を選択しうる立場にあった。しかし米国の参照点は余分の安全が確保されている状況――一極構造――であり、その優位な現状の維持を目指すとなると不確実性――北朝鮮の攻撃による在韓米軍の死傷者および韓国領土内の被害、そして第二次朝鮮戦争勃発時の「中国ファクター」[6]――がつきまとう北朝鮮への武力行使は非合理性を帯びることになる。

逆に北朝鮮が消滅した場合も、米国にとって余分の安全が失われる可能性があった。ソ連なきあと定めた北朝鮮というあらたな仮想敵を失うことにより、日米および韓米同盟の弱体化の可能性が想定され、同盟を資産とみなす同盟管理の観点からは、北朝鮮の現体制の消滅と直結する戦争という現状変更的選択もまた合理的とはいえなかった。

本書においては以上のように、冷戦体制崩壊以後における米朝双方の参照点、初期信念、事前確率を設定する。ただ後述のように、この冷戦体制崩壊という事象の出現によって、米朝間に直接的な相互認識作用がほとんどないにもかかわらず、相手国の動機に対する認識のギャップが形成される要因である、失う不安がすでに米朝双方に生じている点には留意が必要であろう。いわば米ソ冷戦崩壊というパラダイムシフトが、米朝間で実際の強硬的なシグナリングの応酬はないにもかかわらず、緊張形成の火種がくすぶっている状態をもたらしたのであった。

例えば、冷戦体制崩壊直後、北朝鮮が緊張緩和を急いだ背景には、ソ連の崩壊とそれを前後して締結された中ソと大韓民国（以下、韓国）間の国交正常化によって、米国との極端な非対称性を認識せざるをえなかった点がある[7]。この北朝鮮が駆られた不安は湾岸戦争における米国率いる連合国軍の圧倒的な勝利によって一層高まった。米国を筆頭とする連合国軍が圧倒的な軍事的優位をもってサダム・フセインのイラクへ攻撃を加え勝利した事実は、間接的にではあるにせよ北朝鮮にその安全の低下を認識させるに十分であったといえよう。これは湾岸戦争後に行われたチームスピリットに対し、北朝鮮が過敏に反応したことからも顕著であった[8]。

ただし米国は湾岸戦争遂行時、フセイン政権転覆を選択しなかったことから一概に現状変更を目的とした行動であったとはいえない点には注意が必要である。つまり北朝鮮の認識において、その安全の低下をもたらしたにせよ、湾岸戦争当時、米国の動機が拡大的であったのかについては容易に断定できず、また仮に湾岸戦争が米国の拡大的動機に起因するものであったとしても、それが北朝鮮への拡大的動機の具現化の証拠にはなりえない。

また、冷戦体制崩壊が米国の認識に与えた作用を考察すると、冷戦の終わりは、抑止関係においての根本的変化をもたらしたということが可能である。冷戦下において米国は核の脅威を主導的に行使して、通常戦力で優位に立っていたソ連を抑止する立場であったが、ソ連崩壊後は理論上、米国が対抗国、特に核兵器で武装している可能性のある敵対国から核の脅威をもって抑止されうる立場となった[9]。この意味合いにおいて、米国はポスト冷戦という国際環境の出現によって、セキュリティ・パラドックスに陥っていたという認識を持ちうる素地がここに生じたともいえる[10]。そして、この脅威認識は前出の地域的防衛戦略として具現化され、イラクや北朝鮮といった地域的脅威への警戒へとつながっていくこととなった。

第二項　緊張の形成：北朝鮮による核開発をめぐる誤認の始まり

では、このような冷戦体制崩壊を機とした朝鮮半島の緊張緩和局面が、なぜ第一次核危機と呼ばれるほどの緊張形成局面へと転換されたのであろうか。

この理由の一つには、冷戦体制崩壊直後における米朝間に生じた極端な情報不完備が挙げられる。冷戦体制崩壊直後において、米朝は相互に相手国の動機に対する情報が欠乏し、双方の相手国の動機に対する認識（信念：beliefs）が形成される上で、冷戦体制下における敵対国の偏見が大きく作用したのである。

これは対話の欠如に起因するもので、一九九二年の金容淳元朝鮮労働党党秘書の訪米が北朝鮮高官による初訪米であったように、ソ連亡き後、北朝鮮の核開発問題が提起されて初めて直接交渉の必要性が生じ接触する機会が増加し始めた。これを考慮すると、米朝間における信頼関係はほぼ一からの構築が必要とされたのである。当然首脳間同士のホットラインは存在せず、また戦略的見地から私的情報の速やかなる開示が困難な場合もあり、双方が相手国の動機を見極めるのに――合理的判断が可能か否かでさえ――手探りの段階であったといえる。

この重度の情報不完備下において、北朝鮮はまず冷戦時代の挑発的姿勢からは一転してクロス外交を積極的に推進するなど協調的シグナリングを送る。とりわけロシアと中国が韓国と国交正常化を締結した後、北朝鮮は米国との関係改善に乗り出す。この象徴の一つは一九九一年五‐六月における朝鮮戦争米兵遺骨返還問題の進展であった。この米朝交渉の結果、一一柱の米兵遺骨が返還されるに至った[11]。

また当時の北朝鮮の対米関係改善の意思は、自らが求める米朝国交正常化の道筋が立っていないのにもかかわらず、一九九二年一月七日に朝鮮外務省がＩＡＥＡ査察の受け入れを発表、同月二二日には金容淳元秘書の訪米に際し冷戦終焉後初の米朝会談を行い、同月三〇日は米国の求めるＩＡＥＡ保障措置協定への調印に踏み切ったことからも顕著である[12]。またそのＩＡＥＡの特別査察をめぐる交渉において、北朝鮮は西側が軽水炉を提供するなら、核再処理計画を全面的に放棄するという注目すべき提案をしている[13]。

北朝鮮はさらに米国の同盟国とのクロス外交も積極的に推進した。北朝鮮の従来からの主張であった韓国に存在する戦術核の撤去を、ブッシュ米大統領と盧泰愚韓国大統領の朝鮮半島の非核化を担保する声明、そしてその言動を裏付ける米軍基地査察の実施によって確認すると、北朝鮮は南北国連同時加盟に踏み切る。北朝鮮はそれまで自国と韓国の国連加盟は南朝鮮を国家として認めることと同義であり、南北分断を固定化することとなると主張し頑なに拒んできた点を勘案すると、南北国連同時加盟は一転してこれを翻す画期的な措置であった。これに続き、南北はまた南北基本合意書、南北非核化宣言を立て続けに取り交わした[14]。

また北朝鮮は日本との関係改善にも積極的であった。一九九〇年九月に金丸信元自民党幹事長・田辺誠元社会党委員長を代表とする金丸訪朝団を受け入れ、朝鮮労働党と「南北朝鮮分断後四五年間についての補償」に合意するに至る。そして、前述のように、米国も上記の動きに呼応するかのように朝鮮半島の非核化に賛同する姿勢を見せ、実際に韓国に配備していた戦術核を撤去する。

これらの歴史的事象は北朝鮮にとって、当時ロシアと中国という後ろ盾を失い、かつ敵対している米国中心の一極構造の出現という国際環境を踏まえ、韓国との共存への道を模索することで冷戦体制崩壊後の四面楚歌の状況を抜け出し、生存を確保しようとするため、自らは安全追求者（a security seeker）であるとの必死のシグナリング――私的情報の開示――であったといえよう。

しかし、この必死のシグナリングは米国に届かなかった。そうして冷戦体制崩壊直後における米朝による信頼醸成措置が相互不信の解消をもたらすまでに至らない中、一九九二年に米国ＣＩＡがＩＡＥＡに核開発疑惑を提起することとなる[15]。以後この核開発をめぐり米朝がせめぎあうことで、相互不信が増幅されていく。いわば、北朝鮮の核開発という現状変更が冷戦体制崩壊以後における米朝間の緊張形成の「始点」をなしている。

この始点の発生に際し、その核開発は、まず米国側に信念の更新が行われた。北朝鮮の核開発の動機は拡大的とは断定できないものの、米国は自らの損失につながる拡大的動機に基づく行動であるとの認識を強め、その損失を未然に防ぐためにＩＡＥＡ特別査察を推進する。米国からすれば、自らの同盟国を脅かすだけでなく核拡散や核ドミノをもたらしうる北朝鮮の核開発は、一極構造という参照点を基点として損失をもたらしうる潜在的脅威であると認識されたのである。分析枠組みで述べたように、損失回避性が作用すれば国家はその埋め合わせのために行動する。そして、米国は当時この損失回避のためには北朝鮮がＩＡＥＡ特別査察を通じたさらなる私的情報の開示に応じる必要があると判断したのである。いわば、北朝鮮が核開発を行っていないという証拠を自らの目で見ることを欲した。

この一方で、北朝鮮側からすれば原子力の平和利用の権利はＮＰＴ第四条に定められているように、ＩＡＥＡによる保障措置を受け入れればいかなる国家に対しても平等に付与されるべきものであるにもかかわらず、ＩＡＥＡ特別査察を米国が史上初めて適用しようとしたことは、米国の動機に対する疑念を一層強めるのに十分であった。

このため北朝鮮側は、核疑惑の解消のため米国側が出した条件であるＩＡＥＡ特別査察の受け入れは、あらゆる軍事施設へのアクセスを許可せざるをえない状況につながりうると懸念を表明、米国の要求は武装解除を求めるものと同義であると非難しながら、ＩＡＥＡ特別査察を拒否するに至る[16]。具体的には、一九九三年二月七日朝鮮外務省代弁人が、特別査察は自主権の侵害であり自衛的措置をとらざるをえない旨を発表、同月二一日には原子力工業部もＩＡＥＡを非難したのに続き、同月二五日のＩＡＥ

A理事会にて特別査察決議が採択されるやいなや、北朝鮮のIAEA代表は自国の自主権と最高権益の守護のために自衛的措置をとると言明した[17]。これらの過程を経て、同年三月一二日には北朝鮮はついにNPTから脱退することを宣言するに至る。

以上の過程から米朝間の相手国の動機に対する認識のギャップが容易に見て取れるのであるが、ここで興味深いのはIAEA特別査察をめぐる状況がある種の不可分性を帯びている点である。米国からはIAEA特別査察を通じて北朝鮮の私的情報が開示されることは、核疑惑を解消する上で必要な措置であったが、その要求を実現すれば北朝鮮が自らの安全保障の低下を認識することは避けられない。逆に北朝鮮がIAEA特別査察を受け入れなければ、米国の余分の安全を失う不安が完全に解消されることもない。つまりIAEA特別査察が提起される限り、どちらか一方の利得が失われる状態、あるいは双方が同時に国益上の損失を免れる選択は存在しない状態にあったといえよう[18]。

そしてまた、国家主権の不可分性が北朝鮮の強硬的姿勢を激化させた。実際に北朝鮮はNPT第一〇条第一項に依拠し、「国の最高利益を守護するため」と主張してNPT脱退声明を宣布するに至るのだが、米国がIAEA特別査察による北朝鮮の核疑惑問題の解決に固執する限り、米朝間の対立がゼロ・サムゲームに帰結することは不可避であった。

これらIAEA特別査察、NPT脱退声明といった軍事力を伴わないシグナリングに加え、第一次核危機においては国連決議を伴う制裁がまた米朝間の認識のギャップに作用した。国連決議八二五の文中に明らかなように、米国を筆頭とする国際社会は、北朝鮮がNPT脱退の意思を示したことは世界の平和と安定に悪影響を及ぼすと認識し、これを防ぐために「さらなる安保理の行動（further Security Council action)」、すなわち制裁も検討しなければならないとした。この一方で、北朝鮮は国連決議八二五に伴う制裁の可能性について以下のように認識している。「米国は我々が軍事基地に対する特別査察を拒否すれば特別査察不履行という烙印をつけ、我々の問題を国連安全保障理事会に持ち込み我々に対する集団的な制裁を加えようとしている」[19]。

つまり北朝鮮からすれば、制裁も米国によるＩＡＥＡ特別査察と軌を一つにするもの、すなわち自らを侵略するための拡大的行動の一環と認識されたのである。このようなシグナリングの交換をめぐって拡大した米朝間の相手国の動機に対する認識のギャップは、これ以降米朝双方が損失回避のため実際的に軍事力を用いた抑止行動をとるにつれ、より一層拡大していった。

北朝鮮がＩＡＥＡ特別査察を断固として拒否する中、まず米国は軍事力の動員を伴う抑止行動として米韓合同軍事演習の再開に踏み切る[20]。この米韓合同軍事演習自体に関しての米国の動機は明らかに拡大的であるとは断定できず、米国もそのようにシグナリングするのであるが、問題はこれが北朝鮮の観点からは拡大的と認識されている点である。オーバードーファーによると、米国は軍事演習を「毎年恒例の演習」と認識している反面、北朝鮮の最高指導者である金日成主席はチームスピリットを「侵略のための仕上げの演習」と非難したと伝えられる[21]。

これより緊張形成が進展していくのに際し、北朝鮮が侵害されていると認識している権利は国家主権だけでなく、生存が含まれていく。つまり、米国の先制攻撃により自分だけが損失を被る恐怖（ＤＤ（自他ともに拡大）>ＣＤ（自国は自制、相手国は拡大））を埋め合わせるため、その最悪の事態に備え実質的な戦争の準備をしていくこととなる。

チームスピリットが再開された一九九三年三月九日の前日、準戦時状態に入ることを命じた「朝鮮人民軍最高司令官命令」を見ると、チームスピリットを「侵略的」[22]と断じ、「戦争が起こりうる一触即発の厳重なる情勢が醸成されている」という認識を示している。これに続いて三月一二日になされた北朝鮮による以下のNPT脱退声明においても、チームスピリットの再開は核戦争演習という敵対行為であるという認識が重ねて示された。

米国と南朝鮮当局はわが共和国に対する核戦争演習であるチームスピリット合同軍事演習をついに再開し、これと時を同じくして米国が操縦しているIAEA書記局の一部階層と一部加盟国らは、去る二月二五日IAEA管理理事会会議において核活動と何ら関係ない我々の軍事対象に対する特別査察を強要する決議を採択した。……これはわが共和国の自主権に対する侵害であり、内政に対する干渉であり、わが社会主義を圧殺しようとする敵対行為である[23]。

この脅威認識が国連決議八二五への採択への反発を経て、北朝鮮側の軍事力を伴う抑止行動、すなわち同年五月二九日の準中距離弾道ミサイル（Medium-range Ballistic Missile：MRBM）であるノドン・ミサイルの発射実験を喚起することとなる[24]。これにより、北朝鮮は朝鮮戦争よりこれまで米国の後方基地としての役割を成してきた日本への攻撃能力を史上初めて示した。要するに米国との紛争では日本にある大都市か米軍基地は必ずターゲットとなるというシグナリングである。

さらに、この緊張のスパイラルは、①一九九四年三月の北朝鮮高官によるいわゆる「ソウルを火の海にする」[25] 発言に加え、②同月、北朝鮮軍高官が米朝接触の際、米国による戦争の意思が明らかになった場合、湾岸戦争のように米国の動員の時間を待たず先制攻撃を科すことも辞さないと言及し[26]、また③五月、核兵器能力の進展に不可欠な核燃料棒の取り出しがなされることでさらに高まっていった[27]。

ここで重要なのは、この一連の北朝鮮の措置をもたらした信念の更新に際し合理性の変質が観察される点である。米韓合同軍事演習以降の米国の行動に対し、北朝鮮は米国の先制攻撃が近いとの認識を持つことで時間的制約による心理的重圧がかかっていたと考えられる。このように先制攻撃の恐怖が強まれば、先制攻撃による損失回避あるいは損失限定に合理性が帯びてくる。

元来、先制攻撃という選択は北朝鮮にとって自らの消滅をもたらす米国との戦争を招く非合理的選択であったが、その非合理的選択に合理性が生じ始めているのである。とりわけ、前述の北高官による先制攻撃発言とノドン発射実験は、北朝鮮側の先制攻撃誘因の発生を如実に表しているといえよう。またこのような戦争の準備を兼ねる強硬的シグナリングは、北朝鮮の立場からは戦争遂行の決意を示すことにより、対米抑止力を少しでも高めようとする意図があったものの、北の暴発を最も危惧している米国の立場からは北朝鮮の動機が一層不明瞭にならざるをえない。

一方で、上記のように北朝鮮に生じた先制攻撃誘因を認識した米国においても合理性の変質が発生する。元来、米国における一極構造の維持を考慮した場合の事前確率は、北朝鮮への武力行使は不確実性が多く非合理的であったが、北朝鮮に先制攻撃誘因が発生したのに際し、米国の信念は北朝鮮による拡大的動機に基づく現状変更が切迫しているとの認識に変化し、それに伴い北朝鮮の先制攻撃による損失を回避するための寧辺核施設などへの先制攻撃を合理的選択として具体的に検討し始めたのである。

まず、一九九三年七月に行われた訪韓に際し訪れた非武装地帯（dimilitazaed zone：ＤＭＺ）で当時のクリントン米大統領は、北朝鮮が核兵器を開発・使用した場合、「我々は迅速かつ圧倒的に反撃する」[28]と直接言及しつつ、同年一〇月には冷戦体制崩壊以後初めて策定された核ドクトリン「核態勢見直し１９９４」を発表、米国の太平洋にある同盟国――韓国と日本――への侵略には拡大抑止を提供する旨を明確にした[29]。これには通常兵器のみならず核兵器による攻撃も含まれる。

さらに一九九四年、朝鮮半島有事における軍事作戦計画であるＯｐｌａｎ５０２７を改定、寧辺などへのピンポイント爆撃による先制攻撃のための軍事シフトを敷くまでに至る[30]。実際に米国は一九九四年三月、韓国へのパトリオット・ミサイルの配備に合意し、また航空防衛砲兵旅団（air defense artillery brigade）を韓国に速やかに送っている[31]。

当時国防長官であったＷ・ペリーと国防次官補を務めたＡ・カーターは後に、一九九四年の初めの半年は寧辺に位置する核施設に対する先制攻撃（prevention）とそれに伴う戦争遂行のための数十万規模の米軍動員計画の策定と準備に追われた旨を明らかにしているが、この点を踏まえると、米国にも事前確率の弱体化による合理性の変質が生じていたといえよう[32]。

以上の緊張形成プロセスにおける北朝鮮による準中距離弾道ミサイル能力および戦争遂行の決意（Resolve）の誇示と、米国による北朝鮮の先制攻撃に対する反撃の意思と軍事演習および先制攻撃のためのピンポイント爆撃が可能な軍事シフトへの転換は、明らかに米朝間の攻撃・防御バランスにおける攻撃優位および先制攻撃誘因の浮上を示していた。こうした危機不安定性が米朝で共有されることで、第一次核危機における緊張は最高潮に達することとなった。

実際に当時のW・ペリー国防長官は「本当に戦争に至る危険をはらんでいた」と証言し、また当時在韓米軍に身を置いていたH・エステス空軍中将は誰も公言はしなかったが「心の中では誰もが戦争に突入すると考えていた」と述べている[33]。これらの証言は当時危機不安定性が明らかに発生していたことを裏付けるものである。

しかしながら、この米朝間に生じた危機不安定性は非合理的帰結に至らなかった。米朝間の武力紛争を直接的に回避させたのは、それまでクリントン政権が堅持していた抑止政策ではなく、一九九四年六月のカーター訪朝から同年一〇月の枠組み合意締結に至るまでの協調政策であった。枠組み合意形成および締結過程により、米朝双方は相手国の動機が拡大的ではない旨を相互確認することで、各信念形成に作用していた心理的誘因、とりわけ時間的重圧から解放され、合理性の変質が緩和されたのである。

第三項　北朝鮮の核開発に対する脅威認識の検討

次に北朝鮮の核開発自体の脅威の程度について考察する。当時、北朝鮮の核能力は対米抑止力として機能しうるものであったのだろうか。ここでは特に北朝鮮の核開発における核兵器能力レベルに焦点をあてていく。

これまで見てきたように第一次核危機の根源は、北朝鮮の核開発に対する米朝間の認識がまったく異なる点にあるといっても過言ではない。一九九二年CIAがIAEAに寧辺の核関連施設の衛星写真を提供したことで、北朝鮮による核開発疑惑が国際的に提起され、米朝間の緊張が高まっていくのであるが、これに関して米朝間で認識の差異が見られる。

例えば、当時のクリントン米大統領は一九九三年七月、韓国議会で行われた演説の中で「この問題となっている核プログラム（its troubling nuclear program）は、この〔筆者註：北朝鮮の〕意思についての疑問を生じさせる（筆者訳）」[34]と明言している。このクリントン米大統領の発言は、米国の北朝鮮の核開発問題に対する疑念――核開発は拡大的動機の具現化ではないか――を如実に表しているといえよう。

より詳細に見ると、第一次核危機に際し、当時のクリントン大統領は一九九三年七月「新太平洋コミュニティ概念」を発表する中で、北朝鮮の二つの脅威について強調した[35]。一つは大量破壊兵器の拡散であり、もう一つが核兵器開発である。この北朝鮮の核開発問題における二つの脅威については、枠組み合意が米朝間で締結を見る直前の一九九四年一〇月一八日のクリントン演説の中でも繰り返されている[36]。

また当時のW・ペリー国防長官およびA・カーター国防次官補も、北朝鮮の脅威として第一に核兵器保有の可能性、第二に北朝鮮の核保有が北東アジアに核ドミノを引き起こす可能性、第三に核拡散の可能性、そして最後にテロリストへの拡散の可能性、を挙げている[37]。

このように当時米国からすれば、北朝鮮の核兵器能力の保有につながりうる核開発は自らの同盟国への潜在的脅威であり、また核拡散リスクをはらむNPT体制への挑戦であると認識された。換言すれば、北朝鮮の核開発は米国からは直接的な軍事的脅威というよりも、間接的に自らが束ねる秩序の変更をもたらしうる可能性を持った国家による拡大的動機の具現化と映ったのである。それがゆえに、その拡大的動機の具現化を予防するための措置――北朝鮮のＩＡＥＡ加盟と特別査察――が米国にとっては必要不可欠とみなされたのである。

この一方で北朝鮮の論理からすれば、当時核兵器開発を試みたことはなく、あくまで核開発は原子力の平和利用の原則に則った合法的なものであり、当然核兵器能力を保有しているという米国の懸念は米帝国主義による捏造、すなわちその拡大的動機の具現化と認識された。ゆえに、北朝鮮側からは米国のIAEA特別査察を受け入れる所以はないという論理にならざるをえない。

次に、クリントン元米大統領を含めた高官が指摘しているように、米朝間の認識のギャップによって決定的なものになった北朝鮮の核開発は、二つの側面――潜在的核兵器能力と核拡散――から脅威認識されたが、当時北朝鮮の核兵器能力はいかほどだったのかについて検証してみよう。

核兵器能力とは核爆弾製造とそれを運搬する手段からなるが、以下の二点により当時北朝鮮が核兵器能力を保有していた可能性は低いと思われる。第一にCIAは一九九三年一二月の国家情報評価（National Intelligence Estimates：以下、NIE）において、北朝鮮が一九八九年に約一一〇日間にわたって核燃料棒八〇〇〇本のうち半分を交換することで核爆弾一～二発を作れるプルトニウムを抽出することに成功したと主張した。またW・ペリーとA・カーターはIAEA監視員の退去後二、三ヶ月以内に原爆に換算して六発分のプルトニウムが抽出されうると予想していたという証言を残している[38]。

これに対し北朝鮮当局は運転停止期間はその半分の約六〇日であり、核燃料棒の交換は損傷した分のみであったと反駁しているが[39]、仮にこの主張を受け入れるのであれば、北朝鮮が核爆弾一発分のプルトニウムすら確保していなかった可能性もある。実際にD・オルブライト科学国際安全保障研究所所長は、一九八九－一九九二年期間は〇～二発相当、S・ヘッカー、スタンフォード大学教授（当時）は一九九四年までに〇～一発相当の兵器級プルトニウムを保有可能であったと推定、兵器級プルトニウムの保有がなされていなかった可能性についても含みを持たせている[40]。また一九九二年当時、寧辺の再処理施設に該当する施設が完成せず作動しうるのは一系統のみであった点と、その不十分な再処理能力を踏まえると、北朝鮮が米国を抑止しうるのに必要な核爆弾製造能力を質・量的ともに有していたとは言いがたい[41]。

第二にクリントン政権が想定したように、仮にソ連が提供した小型実験炉と北朝鮮国産の五メガワット（五〇〇〇キロワット）原子炉から北朝鮮が核兵器一～六発分に必要なプルトニウムを抽出していたとしても、以下の点から米国本土を脅かす核兵器能力を保有していたとはいえない。その理由としては、まず一つ目のポイントとして、それまで北朝鮮は核実験に成功していない。核実験に成功しないまま核保有国となった国家は現在まで存在しない。また核実験を実施していないということから、北朝鮮は当時、巡航ミサイル・弾道ミサイルに核弾頭を搭載可能にするのに必要な小型化と弾頭の再突入のための技術を獲得していなかった可能性が極めて高い。二つ目のポイントとしては、万一、九二年時点で北朝鮮が小型化に成功していたとしても、米国本土を脅かす大陸間弾道ミサイル（intercontinental ballistic missile：以下、ＩＣＢＭ）実験を実施していないことからＩＣＢＭ保有の可能性は低かった。その他米国本土に核爆弾を運搬する手段としては、ロケットによる衛星軌道爆撃という手段もあるが、北朝鮮がそのために必要な衛星打ち上げ実験に成功したのは一九九八年のことである。

この二つを踏まえると、北朝鮮の核開発は米国にとって直接的脅威とはなりえず、よってその核開発自体は米朝間の極端な非対称性を改善するものではなかった。それがゆえに、前出のクリントン演説が指摘するように、当時米国は北朝鮮の核兵器開発のリスクではなく、核拡散のリスクを優先的に強調したと考えられる。しかしながら、核兵器開発に成功していない北朝鮮によるWMD拡散の脅威も、米国本土を即時に危機に陥れる顕在化された脅威ではなかった。あくまで将来にわたって脅威となると想定された潜在的なものだったのである。逆にいえば、まだその能力は米国を真に脅かすものではなかった。ゆえに、ならず者国家ドクトリンの理論的基礎を構築したA・レイク元大統領補佐官でさえ「〔筆者註：北朝鮮は〕現時点では超大国としての実力を欠き、周囲の民主主義秩序に対する深刻な脅威とはなり得ていない」[42]と認めざるをえなかったといえよう。

この反面、米国の圧倒的な核兵器能力を含む物理的能力は北朝鮮を抑止するだけでなく、敵国に通常および核兵器を使用し、先制攻撃を加えうるに十分なものであった。そしてこれは先の湾岸戦争を米国が主導的に遂行し、勝利に導いた事実によって立証される。この米国との物理的格差がイラクと同様に存在し、かつ核開発問題をめぐり米国と対立する状況に置かれていた北朝鮮が、自らの安全の低下を認識したのはしごく自然であったといえる。

抑止モデルでは抑止側の抑止力の弱体化を被抑止側が認識することによって、その拡大的動機が具現化される可能性が高まると主張するが、上記のように北朝鮮が核兵器能力の保有に成功しておらず、米国との軍事力における極端な非対称性が改善されていないことを鑑みると、北朝鮮が米国の抑止力の弱体化を認識する余地はなかったと指摘しうる。

これらを踏まえると、当時存在が物理的に確認された米国にとっての北朝鮮の脅威とは、V・チャが主張するように通常兵器を用いた米国の同盟国への弱者の先制攻撃に限られていたといえる[43]。とりわけ一九九三年五月、北朝鮮がノドン発射実験に成功したことで、米国の資産であるその同盟国への暴発的先制攻撃のリスクが煽られることとなった。換言すれば、当時北朝鮮に対米抑止力があるとすれば、通常兵器による米国の同盟国への先制攻撃に制限されていたのである。そして、北朝鮮による同盟国への先制攻撃が米国の最優先抑止目標であったことは、NPR（Nuclear Posture Review：核態勢見直し）1994の策定によって公式化されている。具体的には、NPR1994においては同盟国への「侵略（aggression）」に対しては拡大抑止力の行使も厭わない旨が言明されたのであった。

しかしながら、侵略といっても米国は北朝鮮との全面戦争（all-out war）を念頭には置いていない。ソ連崩壊後の北朝鮮の通常戦力を俯瞰すると、当時の韓国軍と比較して相対的に兵力は多いもののソ連からの重油支援が激減したため（一九八九年：約五三万トン→一九九二年：三万トン）、当時北朝鮮軍においては全面戦争能力ばかりか占領能力もほぼ皆無であった[44]。これに関しては、一九九四年に韓国に亡命した姜成山元首相の元婿である姜明道の証言――当時北朝鮮に対米戦争遂行能力は皆無であり、北朝鮮の上層部内部は崩壊の序曲となるであろう寧辺への先制爆撃への恐怖に慄き、動揺していた――もある[45]。

またこの北朝鮮の全面戦争遂行能力の欠如に対する認識は、米国とも共有されていた。第一次核危機時、在韓米軍総司令官であったG・ラックは北朝鮮が長期戦を遂行することは、食料、燃料の欠乏のため不可能であったと証言している[46]。

上記を勘案すると、北朝鮮の脅威は脆弱性による先制攻撃に限定されるといえるのであるが、この北朝鮮の脆弱性による先制攻撃論の可能性については議論の余地がある。

まず合理性の観点から疑問符がつく。第一に軍事力上の米国との極端な非対称性と、第二に朝鮮国連軍および日米、韓米同盟における各安保条約の存在により、米国の同盟国への先制攻撃は米国の軍事介入を招き自らの体制の崩壊をもたらす可能性が高いことは明白であった。また湾岸戦争で明らかになったように、先制攻撃に踏み切れば米国の介入に合法性、すなわち国連決議に基づいた集団的自衛権の発動という錦の御旗を与えてしまう。これらを鑑みると、米国の対北朝鮮抑止力は一般抑止、緊急抑止ともに万全であるがゆえに、北朝鮮側からは先制攻撃オプションは明らかに防御コストが攻撃コストを上回るものであり、期待効用の観点からは合理的選択とはいえない。

実際に当時のクリントン米大統領は北朝鮮が先制攻撃に踏み切った場合、軍事的に報復する旨を明言していた。「……核開発を試みることは、彼らにとって無益である。なぜなら、もし彼らが核を使用すれば、それは彼らの国の終わりであるからだ（筆者訳）」[47]。

また前述のように当時北朝鮮には核兵器・通常兵器のいずれにおいても、韓国への先制攻撃によって必然的に起こるであろう韓米両軍の反撃を抑止しうるだけの抑止力を保持していなかった点を考慮すれば、米国による反撃は確実なものであり、そしてその反撃は北朝鮮に壊滅的な打撃を与えることは自明の理であったがゆえに、期待効用アプローチの観点からは、北朝鮮はリスク回避的にならなければならない。以上を踏まえ、米ソ冷戦崩壊以後よりこれまでを通じて、北朝鮮が枠組み合意に応じ先制攻撃に踏み切らなかった事実は、この先制攻撃の非合理性を認識していたがゆえの自制であったとも解釈可能なのである。

ここでまた議論となりうるのは北朝鮮が合理的アクターか否かという点であるが、金正日元国防委員会委員長と会談したM・オルブライト元米国務長官や直接の交渉経験がある安倍晋三日本国首相が、北朝鮮首脳部は合理的判断が可能であると証言をしている点を鑑みるに、北朝鮮が合理性を持ち合わせない非伝統的アクターであるとは断言しがたい[48]。そして北朝鮮が合理的アクターである限り、戦争と自らの破滅という非合理的帰結を引き起こす先制攻撃という選択をすることは考えにくかったのである。

前述のように北朝鮮はNPT脱退宣言、ノドン発射実験など強硬な姿勢を示す以前に、自らの生存を確保すべく対米関係改善の意思をはっきりと示し、それだけでなく実際に米国とその同盟国とのクロス外交を積極的に推進した。この北朝鮮の緊張緩和措置への積極性がその生存確保に起因することを考慮すると、チャが指摘している北朝鮮による先制攻撃の可能性もまた拡大的動機に起因するのではなく、生存を目的とする現状維持的動機に起因する可能性があるということはチャも認めざるをえないところであろう。

ちなみに北朝鮮の挑発は合理的選択であるという観点からはバーゲニング理論を展開しうるものの、第一に情報不完備下においては米国が自らの消滅を意味する武力行使を選択する閾値に確信を持つことができず、よって期待効用仮説に基づけば北朝鮮は危険回避傾向となるはずである点、第二に北朝鮮にはたして覇権国米国を強制する余地があったのか疑問である点、最後に結果として北朝鮮は挑発行為から何も得られていない点を鑑みるに、北朝鮮による意図的な瀬戸際外交説も説得力に欠く。

そもそも米国が懸念した「最悪の場合（worst case scenario）」――北朝鮮による先制攻撃論（脆弱性による戦争）――は実証に欠く。

北朝鮮は強硬的なレトリックで激しく米国を攻撃するものの、一九九〇年代を通じて米国が懸念するような現状変更が伴う米国の同盟国に対する先制攻撃に踏み切っていない。これは非常に重要な事実である。なぜならば米朝関係が悪化するのに比例して北朝鮮による強硬的なレトリックが増加するにせよ、実際に先制攻撃が観察されていないということは、チャに代表される抑止モデリストの主張には実証が欠如しており、推測の域を出ていないと指摘しうるからである。さらにいえば、H・キッシンジャーが述べたように、武力行使が起こっていない段階において拡大的動機の具現化を証明することは不可能であろう[49]。

また心理的誘因によって合理性の変質が起こり、弱者の先制攻撃が実行される可能性があるという前提に立ったとしても、チャのような抑止モデルに基づく議論には矛盾がある。当時唯一の超大国米国と対峙するばかりか米国から先制攻撃を受けるリスク、そしてその先制攻撃による滅亡の危機を明確に認識する位置にあった北朝鮮の心理的重圧は、第一次世界大戦時敵国であった仏露とほぼ対称的な戦力を有していたドイツの比ではなかったと思われる。このような心理的重圧の中でも、ドイツとは異なり北朝鮮に合理性の変質が起こらず弱者の先制攻撃を選択しなかったのはなぜかについて、チャの議論では説明できない。

心理的誘因のみに依拠し、弱者の先制攻撃が起こるのであれば、当時北朝鮮において合理性の変質による非合理的行動がすでに暴発していてもおかしくなかったであろうし、そもそも合理性の変質が完全に生じているアクターには抑止モデルで主張するところの抑止は効果が期待できなかったのである。

これらの点にもかかわらず、チャは北朝鮮の行動は拡大的動機に依拠していると断定している点には議論の飛躍を感じざるをえないが、前述のように第一次核危機当時は極端な情報不完備の状況にあり、それを踏まえると第一次核危機に限っていえば、米国が北朝鮮の先制攻撃リスクを拡大的動機の具現化とみなし、抑止政策を採用したことも致し方なかった部分があるといえよう。

しかしながら、この北朝鮮による脆弱性による先制攻撃リスクに依拠した抑止モデルの主張は、以後事例が重ねられ米朝双方の私的情報が交換・蓄積される過程でますます実証に欠けた推測に基づく論理であることが明らかになっていく。特には緊張の緩和過程において、米朝相互に自衛的動機を確認しリアシュアランス・プロセスが履行されていく中で説得力が失われるのであるが、これについての説明は次章以降に譲ることとする。

第二節　相互認識作用の検討

この第一次核危機における緊張形成プロセスの特徴は、主に極端な情報不完備の状況に起因し、心理的誘因がその相互認識に大きな影響を及ぼしている点である。具体的には相手国への理解も十分ではなくその動機の特定に苦しむ中で、米朝の初期信念は朝鮮戦争および冷戦下における偏見によって少なくない部分が占められていたものの、冷戦体制崩壊以後の米朝間の緊張緩和措置によって、基本的には相手国を拡大的動機のみを持つ差し迫った脅威として認識するまでには至っていなかった。

しかしながら、この信念が北朝鮮の核開発という事象を境に、相手国の動機は拡大的であるという認識に変化していく。具体的には、自国の現状を維持し損失を防ごうという心理的誘因、すなわち失う恐怖が強まる過程で、米朝双方が相手国を差し迫った脅威と認識したことで、事前確率の弱化に伴う合理性の変質が生じた結果、緊張のスパイラルが形成されたといえる。例えば、前述の朝鮮人民軍高官による米国の戦争の意思が明らかになった場合、動員を待たずに先制攻撃に踏み切ることも辞さないという言及は、時間が経つにつれ情勢が悪化していくという心理的重圧によって生じた非合理的反応の典型例であった。

またこの米朝ともに合理性の変質が生じ危機が醸成され戦争勃発の可能性が高まるにつれ、米朝がリスク受容型になっている点はプロスペクト理論の想定（中～高確率の時、利得に関してはリスク回避、損失に関してはリスク追求）と合致する。この反面、この観察は北朝鮮側の期待効用における合理的選択（リスク回避）に矛盾する[50]。

米国にとっても、北朝鮮が合理的アクターか否かも定かでなく、かつ信頼醸成枠組みも確立されていなかった当時の状況の中では、北朝鮮の弱者の先制攻撃によって自らの資産である同盟国――日本と韓国――を失う不安に駆られることにより、先制攻撃誘因が高まらざるをえなかった。

またこの緊張形成プロセスにおいては、第一次核危機が米ソ冷戦崩壊後米朝間で初めて形成された危機であったこともあり、相手国の動機がより一層不透明とならざるをえなかった点を勘案すべきであろう。この情報不完備が、米国からは重油確保量がきわめて制限された状況に置かれた北朝鮮の暴発――アジア太平洋戦争や第三次中東戦争のような――を危惧せざるをえず、北朝鮮からはソ連の拡大抑止力を失う中で圧倒的軍事力を持つ米国からの侵攻の可能性が著しく高まったと認識せざるをえない、という相互認識作用を促進させた。

以上を考慮すると、極端な情報不完備の状況にあった第一次核危機において米朝双方は相手国の動機を拡大的（DC〔自国は拡大、相手国は自制〕>CC〔自他ともに自制〕）であると認識したのはいくぶん仕方がなかった面があるが、その拡大的動機の現実化を抑止する行動がまた相手国に誤認された結果、その緊張のスパイラルはチキンゲームの様相を呈したのであった。

しかしながら、米朝双方の行動が拡大的動機のみを源泉としているという認識は、米朝枠組み合意がなされ相互に拡大的動機の具現化をする意思がないことが確認されることによって緩和される。以後八年にわたって、枠組み合意に基づくリアシュアランス・プロセスが維持されるが、このような協調政策による緊張緩和局面の出現は抑止モデルの観点からは説明しがたい。

ただ米朝間の非対称性を鑑みるに、この緊張レベルの変化は合理性の観点からの分析も加味されなければならない。とりわけ参照点が自らの生存にかかわる核心的利益に対する脅威ではなく、余分の安全が確保された状態にある米国には心理的誘因による影響が比較的軽微であったといえる。まず信頼醸成プロセスの欠如に設定されている相手の動機が定まらない環境の中で、各アクターが自国の国益を損なわないことのみを優先すると、合理的選択としては協調よりも強硬とならざるをえないことは、囚人のディレンマの例からも明らかであろう。加えて、当時北朝鮮に米国本土を攻撃する手段が存在しなかった可能性が高く、また万一そのような攻撃手段を北朝鮮が保有していたとしても、米国は予防攻撃によってそれを阻止できる可能性が高かった点を勘案すると、当時米国に対する心理的圧力は合理性の変質を起こすほどのものではなかったのである。

また合理性の観点から、米国、とりわけ国防総省などの一部勢力にとってはソ連に代わる仮想敵として北朝鮮の脅威が存在することによって得られる利得もあった。特にソ連の消滅によって当時米国は、第一に東アジアにおける前方展開戦力の段階的削減、第二に同盟管理の不安という問題に直面したが、北朝鮮という新たな仮想敵が浮上することでその懸案が解消される公算が強かったといえる。

より詳細に観ると、ポスト冷戦構造下において、米国に選択肢は二つあった。まず、核防衛に基づいた選択肢である。この選択肢においては、核抑止が破れることを想定し安保戦略を策定する。この要がミサイル防衛（missile defense：以下、MD）である。もう一つの選択肢は核抑止に基づいたものである。この選択は核兵器の存在意義は抑止のためにあるという前提に立っている。よって、ここから生まれる戦略は核報復を柱とする。これを実現する手段としては、相互確証破壊（MAD）に代表される相互核抑止と核先制不使用（no first use：以下、NFU）がある。結論からいうと冷戦終焉直後、一極構造の出現過程において、実際に米国政府によってとられた選択は前者であった。すなわち、米国は敵対国からの核ミサイルによる先制使用を想定し、軍事施設へのピンポイント爆撃による予防的措置を中心とする損害限定戦略を策定したのである[51]。

損害限定戦略といっても、ソ連に代わる仮想敵国を容易に探すことができないほど圧倒的な軍事力を誇った米国の生存を危うくする国家は、当時存在しなかった。ただ米国が懸念したのは、ならず者国家による、①WMDの拡散、②そして同盟国に対する先制攻撃により、自らの力を削がれることによる損害であった。しかし、北東アジアにおける先制攻撃誘因の高まりは米国の選択次第で緩和が可能であったし、また拡散の問題も主に経済が困窮状態にあること、そして安保上の不安によって生じた問題であって、ならず者国家に制裁の解除や経済的な支援も含めたリアシュアランスを確約すれば解消しうる案件であったといえよう。

しかしここで問題は、米国にとってしごく有利な状況、すなわち一極構造という現状の維持を米国が目指した場合ディレンマが生じるという点である。ペリーとカーターが明言しているように、北朝鮮が核保有国となることによって日韓などへの核ドミノが生じ米国の国益に損失が出る可能性があった[52]、と同時に北朝鮮の消滅ないしは国交正常化によって北朝鮮との敵対関係が解消されたとしても、「余分の安全」が失われ得た。すなわち共通の脅威を失うことで同盟の結束力が弱まり、米国の国益を損ねる事態が増長される可能性も存在したのである。

この北朝鮮の核開発問題が起こらず北朝鮮という敵が浮上しなければ、日本と韓国は米国との関係においてより自立的な位置を占めることが可能であったかもしれない。前述のように米国では当時平和の配当の具現化を目指し、ＥＡＳＩ－Ｉにおいて東北アジア地域における前線兵力の段階的削減も含む軍事費の削減が盛り込まれた。

韓国では北方政策の一環として、盧泰愚政権が北東アジア平和協議会議の結成を発表し南北間の平和体制の樹立を公的に目指すことで、南北双方の武力行使を抑止するという目的を主としていた韓米同盟の見直しが始まった結果、一九九一年一〇月に平時の作戦統帥権の韓国への返還の合意を含む韓米間における一連の韓米同盟の変革のための措置がとられた[53]。同年一二月には南北基本合意書が南北間で採択されている。

同時期日本でも、同盟の変質を予感させる動きが存在した。前述の一九九〇年九月の金丸訪朝団の後、日米経済摩擦が表面化する中、一九九二年五月の結党から急速に台頭してきた日本新党党首・細川護熙を首相とする政権が一九九三年八月樹立される。その細川政権下において「日本の安全保障と防衛力のあり方」が作成されるのだが、米国はその内容に対して日本が多国間安全保障を日米による二国間同盟より優先しているという危惧を持ち、それが東アジア戦略報告（East Asia Strategic Report：以下、ＥＡＳＲ－

I）作成に大きな影響を与えたのである[54]。これら日本と韓国による米国離れの徴候、そしてフィリピンの米軍基地の返還を踏まえると、冷戦体制崩壊直後の世界的な緊張緩和傾向がそのまま継続していれば、東アジアにおける米国の影響力は急速に衰えかねなかったといえる。

この反面、北朝鮮という脅威が浮上すれば、米国に軍事的に依存している同盟国は、米国との同盟を重視せざるをえなくなる。加えて、北朝鮮が日韓に届く核ミサイルを持っているかもしれないという疑念が残る限り、日韓両国にとって米国の拡大抑止力は必要となる。上記を踏まえると、北の脅威の消滅をもたらしうる、自らの武力介入および国交正常化などによる敵対関係の解消は、米国として合理的選択に映らなかったともいえる。

このように余分の安全を守りたいという米国の欲求を考慮に入れつつ、米国の合理的選択を踏まえれば、米朝間の極端な非対称性から米国が北朝鮮に対する拡大的動機の具現化、すなわち予防攻撃や体制転換をなせる状態にあったにもかかわらず、結果として拡大的行動を選択しなかった要因に対する合理的な説明が可能となる。

第三節　小括

以上のように冷戦体制崩壊後、北朝鮮の核開発に対し、米国側が拡大的動機であると認識する誤認が発生、米朝の認識のギャップが拡大する中で、米朝双方に合理性の変質が生じ危機不安定性が浮上したことによって、第一次核危機が発生したといえる。

米国からすればいまだ敵対関係にある北朝鮮による核開発は、拡大的動機に根ざしているのではないかという疑念を持たざるをえない反面、北朝鮮からすれば自国の核開発は拡大的動機の具現化などではなく、当然与えられてしかるべき原子力の平和利用の権利の行使に過ぎない。そして米国が提起した北朝鮮の核開発疑惑の解消のためのＩＡＥＡ特別査察は、北朝鮮からすれば自らの国家主権を侵すための米帝の覇権主義に基づく行動であると認識されるものの、米国からすれば北朝鮮によるＩＡＥＡ特別査察の拒否は北朝鮮への疑念を強めるに十分な理由になっていたのであった。

以後、韓米合同軍事演習や北朝鮮によるＮＰＴ脱退宣言といった強硬的な事象が追加的に浮上するにつれ、米朝間の相手国の動機に対するギャップが拡大していった。この認識のギャップにより生じた失う不安を埋めあわせようとする抑止行動が米朝間で連鎖的に形成され、時間的重圧が徐々にのしかかる状況の中、とりわけ北朝鮮によるノドン発射と先制攻撃発言、そして米国のピンポイント爆撃用の軍事シフトという非合理的選択がとられることで、第一次核危機は最高潮に達したといえる。

このように第一次核危機の形成過程においては、一概に拡大的であると断定することが難しい事象が緊張形成に作用しており、この点を踏まえると、米朝双方あるいは一方における現状変更を目的とする行動によって危機が醸成されたとするよりも、現状維持を目的とする行動の衝突によって緊張のスパイラルが高まっていったと考える。

またこの緊張のスパイラルを考察する上で重要なポイントは、米国が圧倒的優位な状況においても拡大的動機に踏み切らない反面、北朝鮮も弱者の先制攻撃に踏み切っていない点である。そもそも米朝間の軍事力が極度の非対称性を帯び、北朝鮮に武力による領土併合などの現状変更をする能力が欠如し、かつ先制攻撃によって自らの体制が崩壊するに至る可能性が高い状況の中で、北朝鮮に拡大的動機を具現化する余地はなく、先制攻撃を合理的に選択しなかった可能性が提起される。唯一の超大国米国による侵攻が現実化する恐れに直面していた北朝鮮の心理的重圧は、当時安心供与による緊張緩和の枠組みがまだ一度も成立していないことを踏まえると、冷戦体制崩壊以後から現在までで最高の水準にあったといっていいが、結果的に北朝鮮の暴発も起こらなかった。さらに、このような非合理的先制攻撃が検討される前段階で、四面楚歌の北朝鮮は相対する米国との関係改善を最優先に据え、まずはIAEA保障措置協定調印に応ずるなど、協調的に行動した。この点を鑑みると、当初北朝鮮は自国に拡大の余地などなく、生存のための最も合理的な選択――米国との和解――が何かを知っていたし、実際にその道に進もうと行動したことには留意が必要であろう。

逆にこの米朝間の非対称性と北朝鮮の対米抑止力の欠如は、米国が純粋な貪欲国家（a pure greedy state）[55]ならば拡大的動機の具現化の絶好の機会であったといえるが、米国は北朝鮮に対する武力行使に踏み切っていない。当時の①米朝間の非対称性と②北朝鮮の直接的な対米抑止力の欠如を踏まえると、米国が拡大的動機のみを持つ純粋な貪欲国家であれば、北朝鮮への軍事侵攻をなすことは可能な状況にあったが、結果的に米国は拡大的行動に出ていないのである。米国がここで拡大的行動に出なかった原因を北朝鮮の対米抑止力にのみ求めることは、当時の北朝鮮の核兵器能力および戦争遂行能力の欠如から困難である。

これらを勘案すると、期待効用アプローチである抑止モデルの説明は、第一次核危機における緊張形成要因を示すのにそぐわない。それよりも北朝鮮は朝鮮戦争および冷戦体制を経て形成された米帝国主義というイメージを依然持ちつつ、クロス外交に積極的ではない米国は体制転覆を伴う侵略を目論んでいるのではないかという疑念を強め、米国が自衛的抑止行動をとるにあたってはその拡大的動機に基づく行動であると誤認する反面、米国も依然反共というレンズを通して、北朝鮮は最後の社会主義独裁国家であるというレッテルをひきずりながら、北朝鮮の協調的・強硬的シグナリングそして自衛的抑止行動を、自らの資産である同盟国を失う脅威として誤認したことによって、緊張のスパイラルが生じたと考えられる。

結局、第一次核危機においては一九九四年一〇月二一日、米朝枠組み合意が発表され、安心供与のための協調政策がとられたことで非合理的帰結が回避された。この抑止政策ではなく協調政策によって緊張が緩和されたという事実は、スパイラル・モデルにおける協調政策の効果と合致する点も強調しておきたい。しかし、枠組み合意に伴う米朝間の緊張緩和局面も、その緊張が完全に除去されるまでには至らなかった。それはなぜであろうか?

第三章　ＫＥＤＯプロセスと一九九八－一九九九年における緊張形成（一九九四－一九九九）

本章では一九九八－一九九九年にかけて生じた緊張の再形成について考察する。

ここでのポイントは、枠組み合意後初の緊張形成であるという点である。枠組み合意によって米朝双方は相手国の動機が拡大的動機のみによって構成されていないということを、冷戦崩壊後初めて公式文書を通じて確認しており、これ以後の危機形成は純粋に拡大的動機のみを想定する相互作用、すなわちチキンゲームによるものではありえない。

また、この枠組み合意形成以後、その履行のために朝鮮半島エネルギー開発機構（The Korean peninsula Energy Development Organization：以下、ＫＥＤＯ）が発足、ＫＥＤＯ供給協定に則り枠組み合意で定められた信頼醸成措置を米朝双方が履行することによって協力関係を確立する段階に入っていく[1]。いわば、この枠組み合意の履行のためのリアシュアランス・プロセスが進行し、米朝間に形成されていた緊張形成局面が緊張緩和局面へと転換されたのである。さらにいえば、米朝が個別の効用を一方的に最大化しようとすることによって生ずるディレンマを越えて、社会的に最適といえる状況を作り出していく段階に入ったといえるが、それにもかかわらず一九九八－一九九九年において米朝間に緊張の再形成が観察されたのはなぜであろうか。

第一節　リアシュアランス・プロセス下における緊張の再形成

第一項　一九九八－一九九九年における緊張形成の参照点と信念

緊張の再形成について考察する上で、まずは緊張形成に際しての参照点、信念を確認してみよう。一九九四年時点における米朝の参照点は、明らかに一〇月二〇日のクリントン米大統領の書簡による枠組み合意締結以後に現れた緊張緩和局面に基づいている。この緊張緩和局面において米国は、①状況は攻撃優位ではなく、②一極構造を維持する上で必要な措置であると認識していた北朝鮮の核開発モラトリアム、すなわち寧辺核施設の稼働の停止がＩＡＥＡによる監視・査察を可能とする枠組み合意によって達成されたと考えていた反面、北朝鮮は枠組み合意によって自らの生存に必要であった⑴米国による拡大的行動の可能性が少ない点が確認され、⑵ＫＥＤＯプロセスに従い米国から提供される軽水炉二基および重油などの消極的安全保障確保につながる協調政策が履行されていくであろうと認識していた。以後この参照点を基点として、米朝双方は利得と損失のフレームを認識することとなる。

次に一九九八－一九九九年危機が発生する前の米朝における信念であるが、枠組み合意の締結によって米朝とも相手国の動機は拡大的ではない旨が確認されたことから、米朝の信念中、依然拡大的動機を有しているかもしれないという疑念は残存しているものの、基本的には相手国の自衛性を認識していたといえる。

ちなみに緊張形成前における米朝双方の事前確率であるが、米朝間の軍事力の極端な非対称性に変化がないため、第一次核危機時から顕著な変化はない。変化があるとみなすとしても、それは非対称性の縮小ではなくむしろ拡大であるから、合理的選択としては戦争という現状変更を選択しないということから大幅な変更はないといえる。これは一九九九年時点でW・ペリーが「われわれの研究の第一の結論は、朝鮮半島における軍事力の相対関係が九四年危機当時にもまして、連合国軍側〔筆者註：米国とその同盟国〕に極めて有利になっていることだった。北朝鮮側もこのことを理解していると思う」[2]と指摘している事実からも察せられる。この状況を考慮すると、生存が最優先事項である北朝鮮からすれば、期待効用アプローチの観点からは自らの消滅に帰結しうる拡大的行動は合理的にはなりえず、この一方で余分の安全を追求している米国は依然北朝鮮に対する武力行使を合理的と認識しうる立場にあった。

第二項　KEDOプロセスにおけるコミットメント問題

一九九八－一九九九年における米朝間の緊張形成を考察するにおいてはまず、米朝間における初の直接的信頼醸成プロセスであるKEDOを中心に分析する。なぜなら枠組み合意の履行が一九九五年一二月に締結されたKEDO供給協定に沿って進行中であり、そのKEDOプロセスの履行の程度によって双方の信念が変更されうるからである。いわばKEDOプロセスの履行程度が米朝双方にとって相手国の動機を計る一種のバロメーターをなしていた。

しかし結論からいうと、このKEDOプロセスによって米朝間における相手国の動機に対する認識のギャップの解消には至らず、緊張が維持されることとなった。KEDOプロセスが履行されるに至らなかったのは、双方の不信、とりわけ米国側の不信に端を発している。つまり、米国が北朝鮮はＫＥＤＯ供給協定において定められた履行義務を履行していないという認識を強めることで、ＫＥＤＯプロセスは次第に停滞していき、ついに二〇〇三年一一月二一日ＫＥＤＯ理事会によってＫＥＤＯプロセスの中核である軽水炉の提供を一年間凍結する旨が決定される。この決定が下された前日の二〇日には、Ａ・エレリ米国務省副報道官によって「我々のポジションは軽水炉の未来はないというものであり、それは我々が（明日のＫＥＤＯ理事会で）見たいことである（筆者訳）」[3]という公式コメントが出された。

要するに、ＫＥＤＯの解体の契機となった北朝鮮による履行義務不履行――核開発の続行――は北朝鮮の拡大的動機の表面化であり、それによって米国とその同盟国は軽水炉の提供を中心とする枠組み合意の履行を断念せざるをえなかったというのが米国の認識であった。この米国の認識のとおりＫＥＤＯプロセスにおいて北朝鮮の拡大的動機は一方的に具現化されていたのであろうか。

この検証を進める上で鍵となるのは、まずＫＥＤＯ供給協定である。特に第三附属書が重要であると考える。なぜならＫＥＤＯ供給協定第三条第一項に明記されているように、この第三付属書には枠組み合意に基づき、いつの時点で北朝鮮がＫＥＤＯ供給協定に定められている措置をとらなければならないかが明記されているからである[4]。日本外務省は、供給協定第三附属書に明記されていた北朝鮮が履行しなければならない関連措置として、

①ＮＰＴの締約国の地位にとどまり、枠組み合意に定められたＩＡＥＡ保障措置協定の履行

②黒鉛炉および関連施設の凍結とその継続のためのＩＡＥＡ監視措置に対する全面協力

③新たな黒鉛炉および関連施設の建設を行わない

という三点を挙げ、「KEDOが軽水炉プロジェクトの終了を決定したのは、北朝鮮がKEDOと北朝鮮との間で結ばれた供給協定に定められた措置を履行しなかったため」と指摘する[5]。しかし枠組み合意破綻の前年である二〇〇二年に第二次核危機が起こり、枠組み合意に基づく軽水炉プロジェクトが破綻するまで北朝鮮は②と③に関して遵守していたことを鑑みると、争点となりうるのは①にあるIAEA保障措置協定の履行の部分である。具体的には、二〇〇二年一〇月米国は北朝鮮が高ウラン濃縮計画(high enriched uranium program:以下、HEUP)を保有していると指摘し、IAEA保障措置協定違反であると批判、これを受け北朝鮮は翌年一月NPT脱退を宣言することとなった。

以上により①の履行がなされなかったという論理であるが、これは北朝鮮だけにその責任があるとはいえない。なぜなら枠組み合意のロードマップであるKEDO供給協定を見ると、IAEA保障措置協定の履行を含めたリアシュアランスの提供は同時行動方式ではなく、実質的には米国側が先に行動することが義務づけられているからである。

先のKEDOに関する日本外務省のウェブサイトでは、第三附属書について三点を挙げるにとどめているものの、第三附属書はそこで終わりではない。あと五項目が存在し、計八項目から成る。この残りの五項目と供給協定第三条第三項に関する附属書である第四付属書が非常に興味深い。なぜならこの附属書には枠組み合意に基づき、いつの時点で北朝鮮がKEDO供給協定に定められている措置をとらなければならないかが明記されているからである。特に重要なのは以下の五点であった。

①まず第三附属書中、第四項においては、米国は原子力供給国グループ（Nuclear Suppliers Group：NSG）の規制品目に記されている部品からなるいわゆる核心部品を米国企業が提供する場合、北朝鮮と原子力の平和利用のための二者協定を締結することになっているが、この二者協定の締結時期は軽水炉事業の相当部分が完了した後とされている。

②同第七項において北朝鮮は軽水炉の相当部分の建設が終了した後、しかし核心部品の搬入が終わる前にＩＡＥＡが必要であると判断するすべての措置を履行すると定めている。

③同第八項では、軽水炉第一号機の完成後から第二号機の完成までの間に、北朝鮮は凍結した黒鉛炉とその関連施設の解体をしなければならないと定められている。

④同第九項において軽水炉第一号機への核心部品の搬入の開始後に、五メガワット実験炉から抽出された使用済み燃料棒の北朝鮮からの搬出が始まり、その搬出作業は軽水炉一号機が完成するまでに完了しなければならないとしている。

⑤第四附属書第五項では、軽水炉第一号機建設へのタービンとモーターなどの非核部品の引渡し作業が実質的な建設作業の始まりと定められている。

上記五点は枠組み合意の履行段階において、米国がまず先に「軽水炉の相当部分」[6]の建設に着手する義務を負っていたことを指し示している。具体的には米国がリアシュアランス提供として軽水炉第一号機建設に先に着手し、相当部分の完成あるいは完成までの間に、北朝鮮がＩＡＥＡ保障措置協定の履行や黒鉛減速炉の解体など信頼醸成のための非核化措置を講じていくという取り決めがなされていた。米国は軽水炉の重要な原子力部品の引渡しは、北朝鮮側がＩＡＥＡ保障措置協定を完全に履行した後になされると度々主張しているが、その北朝鮮側が課されたＩＡＥＡ保障協定の遵守と履行という責務については、ＫＥＤＯ供給協定中「軽水炉第一号機の相当部分が完成した後」という条件がついていたのである[7]。

では、米国側による軽水炉第一号機の相当部分の建設は履行されたのであろうか。

ＫＥＤＯは一九九七年八月に軽水炉建設用地において準備工事の着工式が挙行されるものの、実際に工事に着手したのは二〇〇二年八月軽水炉建屋基礎建設のためのコンクリート注入からであった。しかし、コンクリート注入作業を含む基礎工事は第三付属書において定められている軽水炉事業の相当部分の完了にあたらない。なぜなら第四付属書で明記されているように、軽水炉第一号機の相当部分の完成とはタービンとモーターなどの非核部品の引渡し作業を含むものであるからである。

以上のように軽水炉一号機の相当部分の建設が完了していない段階において、枠組み合意における北朝鮮側の責務であるＩＡＥＡ保障措置協定の履行は発生していないとみなすことができる。とすれば、米国とその同盟国が主張するように北朝鮮の拡大的動機によってＫＥＤＯ供給協定が履行されなかったという論理は成立しないことになる。実際に、枠組み合意で定められたＩＡＥＡ業務に係わる北朝鮮側の履行義務は、黒鉛炉、核燃料加工工場、放射化学研究所、および建設中の黒鉛減速炉（二基）に対するＩＡＥＡ査察官による監視であったが、それは二〇〇二年一二月にＩＡＥＡ査察官が国外追放されるまで履行されていた[8]。

この一方で、北朝鮮側は米国が上記の履行義務を完遂しなかったと認識し、かつそれこそが拡大的動機を保持する証左であるとの認識を強めた[9]。例えば、米国による軽水炉建設と重油の供与が大幅に遅れる中、一九九八年五月当時の朱昌駿駐中国朝鮮大使は凍結している黒鉛減速炉の再開の可能性を示唆し、同年六月には金桂官外務次官がS・ロス米国務次官補に送った書簡の中で、重油供与がさらに遅れる場合、一ヵ月の猶予の後核開発の凍結を解除すると警告した。当時、①軽水炉問題以外の枠組み合意に基づく信頼醸成措置――重油の提供や経済制裁の相互解除――が一定程度前進していた点、また②一九九五年四月二八日時点で朝鮮外務省が新平和保障体系を発表し、北朝鮮側が在韓米軍の無期駐留を認めるという考えを示していた点を踏まえると、軽水炉問題がKEDOプロセスを通じた米朝間のさらなる信頼醸成の決定的な障害となったといえよう。

以上のようにとりわけ軽水炉問題が暗礁に乗り上げたことで、枠組み合意が結ばれたのにもかかわらず、米朝間における相手国の動機に対する認識の隔たりは縮小されないまま、緊張が維持されていくこととなった。

第三項　緊張の再形成

次に、上記のKEDOプロセスにおけるコミットメント問題による外交上の行き詰まり（循環）の状況が、いかに緊張の再形成へとつながっていったかについて見てみよう。

まず米朝間の戦力上の非対称性に大きな変化を与えうる北朝鮮の核開発についていうと、大きな進展は見られない。この間北朝鮮は核実験に着手していないのに加え、枠組み合意のもと寧辺におけるプルトニウム製造プロセスを凍結しており、その核兵器能力が質量ともに劇的に向上することはなかった。

当時北朝鮮の核兵器能力向上として指摘されうるのは、「HEUP」[10]である。この問題は二〇〇一年より発足したブッシュ政権によって後に公式に問題提起されるのであるが、ブッシュ政権の国務省スポークスマンによると、二〇〇二年一〇月一七日の時点で「北朝鮮は数年にわたりウラン濃縮に取り組んできた。そしてその唯一の目的は核兵器開発である（筆者訳）」[11]とし、その年数については「二年以上」と指摘した。これが事実であれば、北朝鮮のHEUPは最も遅くとも二〇〇〇年一〇月から開始されていたことになるが、この時期はオルブライト訪朝の時期にあたることもあり、米朝枠組み合意の履行義務違反の証拠とみなすことが可能である。換言すれば、この時期に北朝鮮がHEUPに着手していたという点が明らかになれば、北朝鮮がパワー・マキシマイザーであることの証拠とみなすことができる。

しかしながら、次章でも触れるが、北朝鮮のHEUPに関しての決定的な証拠は米側から提示されておらず、当時その存在は確定的ではなかった。

まずウラン濃縮プログラム（enriched uranium program：以下、EUP）保有自体は原子力の平和利用を定めたNPT第四条に則り、透明性が確保されるならば国際法上禁止されていない。ここでは北朝鮮の場合はEUPを「秘密裏」に開発していたがゆえに、NPT条約に違反しているという主張の展開が可能であるが、これに対しても議論の余地がある。北朝鮮のEUPがNPT条約に違反するがゆえに枠組み合意にも抵触するという論理を展開するのであれば、北朝鮮が枠組み合意後よりNPTを脱退する以前までにEUPを稼動していたという証拠の提示がなされる必要があり、その証拠の提示が完了した場合にIAEA査察による透明性の確保の必要性が生じるのである[12]。

第一次核危機時には、米国は北朝鮮の核開発疑惑を提起しながらその証拠を提示した。米国情報機関がＩＡＥＡ理事会に疑惑となっていた寧辺の核施設を捉えた偵察衛星による写真を異例に公開し[13]、またＩＡＥＡも査察を通じて、北朝鮮の核開発に対する疑念を強める論拠――プルトニウム・サンプルの検査結果――を保持していた。しかしながら米国の北朝鮮のＨＥＵＰ疑惑は、二〇〇二年一〇月訪朝したＪ・ケリー元米国務次官補の証言と、ウラン濃縮の他にも転用可能なアルミニウム管などの北朝鮮による輸入などの状況証拠に依拠しているに過ぎず、これをもって北朝鮮がＥＵＰを秘密裏に保有していたとは断言できない。

これに加え、仮にその状況証拠に数えられている北朝鮮が輸入した遠心分離機に転用可能な機材がすべてウラン濃縮に充てられ、それが成功裏に稼働していたとしても、一九九〇年代に北朝鮮の核兵器能力が質量ともに対米抑止に十分なレベルに達していたとは考えにくい[14]。また、依然北朝鮮が米国本土に到達可能なＩＣＢＭなどの運搬手段の開発に成功していなかったことを踏まえると、米朝間の戦力上の非対称性に顕著な変化はなく、米国の失う不安を刺激しうるのは依然、短・準中距離の巡航・弾道ミサイル、ロケット砲などの通常兵器による同盟国への攻撃であったことが察せられる。実際に一九九八－一九九九年危機に際し提出されたペリー報告作成を統括したＷ・ペリーは一九九九年時点で、「第二の結論は米朝核合意の発効以来、北朝鮮で核分裂物質の生産は行われていないということだった」[15]と述べている。

このようにＫＥＤＯプロセスが進まず米朝間の軍事上の非対称性にも変化がなかったにもかかわらず、米朝間でくすぶっていた緊張の再燃をもたらしたのは、四つの拡大的動機に基づくとは断定できない曖味性を有した事象——①米韓合同軍事演習、②金倉里地下核施設、③テポドン／白頭山1号発射、④作戦計画5027の改定——をめぐる米朝間の相手国の動機に対する認識のギャップの拡大であった。

一九九八年六月、米国防総省傘下の国防情報局（Defense Intelligence Agency：DIA）は金倉里地下核施設疑惑を米同盟諸国や議会の関連委員会に提起し始める。同年七月には疑惑の金倉里の地下核施設について公式の情報調査報告書が作成され、翌月の一七日にはニューヨーク・タイムズ紙によってこの報告書の存在が明るみに出ることとなった[16]。このスクープが同年七月中旬に発表された「米国に対する弾道ミサイル脅威評価委員会による報告」（ラムズフェルド報告書）[17]、同年八月三一日の北朝鮮から発射された飛翔体（テポドン／白頭山1号）とあいまって北朝鮮の脅威が一層かきたてられ、米国側に信念の更新が行われた結果、米国は北朝鮮に対する脅威認識を強めていった。

とりわけ、八月に発射されたテポドン／白頭山1号ロケットによる人工衛星光明星1号打ち上げに米国は敏感に反応した。なぜならば、これは米朝間の軍事バランスに直接的に影響を与える事案であったからである。W・ペリーは一九九九年の時点で「……核兵器、特に核弾頭の弾道ミサイルの導入によって攪乱されない限り、我々（筆者註：米国）の抑止は強力である」と指摘しているが、いわゆるテポドン／白頭山1号は核弾頭の運搬手段、それを中・長距離弾道ミサイルとして転用されうるがゆえに[18]、米国の対北朝鮮抑止力を動揺させうるものであった。換言すれば、北朝鮮による飛翔体発射実験は米国に有利な現状を変更しかねない不安定要素と認識されたのである。以後、米国は北朝鮮の弾道ミサイル獲得による現状の損失を回避するために行動していくこととなる。

このために米国が出帆させたのが、ペリー・プロセスであった。一九九六年から継続してきた米朝ミサイル協議のかたわら、一九九八年一一月二三日、クリントン大統領はW・ペリー元国防長官を北朝鮮問題特使（政策調整官）に任命した。この調査報告書として作成されたペリー報告では、北朝鮮によるミサイル技術の向上に対処するための方策として二つの道を提示、それらを包括的かつ統合的に推進していくことを提言した。第一の道は、先の枠組み合意を補強するかたちで、「ミサイル関連技術輸出規制（Missile Technology Control Regime：以下、MTCR）の枠を超えるミサイルの実験、開発、配備の完全かつ検証し得る中止と、それらのミサイルならびに関連部品と技術の輸出販売の、完全な中止」[19]を模索する道である。ここではとりわけ、これ以上の長距離ミサイル発射実験を中止するモラトリアムの確約が強調された。この第一の道は後に米朝共同コミュニケとして成就することとなる。

第二の道は第一の道が頓挫した時の代替策である。ペリー報告によると「第二の道では、交渉によって除去することが出来なかった脅威を、封じ込める行動が要求される」[20]のであるが、この部分は非公開であり推測の域を出ないものの、武力行使および制裁から構成される強硬政策であったことが察せられる。そして、この武力行使案には先制攻撃が含まれていたと考えるが、これを示す状況証拠としては、まず第一にペリー報告作成において主導的な役割を務めたW・ペリーとA・カーターが二〇〇六年の北朝鮮による飛翔体発射の際、テポドンのような北朝鮮の弾道ミサイル実験に関しては先制攻撃を検討すべきであるとの主張を展開した点、第二にペリーが一九九九年当時先制攻撃を助長する弾道ミサイル防衛（ballistic missile defense：BMD）の導入に賛成している点が挙げられる[21]。

上記のようなペリー報告を踏まえると、一九九八年八月の北朝鮮による飛翔体発射実験によって米国に合理性の変質が生じ、それに起因する先制攻撃誘因が浮上したとも見られるものの、第二の道に先んじて第一の道――枠組み合意を土台とした米朝対話の促進――が位置づけられていることから、依然米国には合理性が正常に機能している点が示されている。換言すれば、まだ北朝鮮による先制攻撃リスクを認識することに起因する合理性の変質を起こすほどの時間的重圧が米国にはほとんどかかっておらず、ペリー報告に基づく米国の以後の行動は最悪のケースに備えるための合理的選択であった側面が強い。

しかしながら米国とは対照的に、北朝鮮側においてはすでに心理的重圧がかかっていたと思われる兆候が観察される。KEDOプロセスが停滞する中、米国に対し軍事力で圧倒的に劣る北朝鮮側に米国への不信が生じていたのに加え、一九九八年七月、常々北朝鮮からは脅威として映る米韓合同軍事演習が実行されたことで北朝鮮側の失う不安が刺激され、米国は依然自らへの侵略を目論んでいるのではないかという疑念が増幅されたのである。前述の飛翔体発射実験もこの脈絡から、損失回避のためにとられた措置であったと捉えることが可能である[22]。

このように再び緊張が形成されていく中で、その度合いを決定的に高めたのは米朝間に起こった二つの事象であった。まず一九九八年一一月に米メディアにリークされ明らかとなった米国における作戦計画（Oplan）５０２７（以下、５０２７－９８）の改定である[23]。この改定によって従来の作戦計画５０２７に先制攻撃オプションが導入された事実が明らかになったのであるが、この５０２７－９８における米国の先制攻撃の可能性を認識することで、北朝鮮に合理性の変質が観察されることとなった。それを端的に表したのは、同年一二月、北朝鮮が朝鮮人民軍総参謀部代弁人声明を通じ戦争遂行の意思を示しただけでなく、米国とその同盟国への先制攻撃に言及した点であった。

この声明中、北朝鮮は訪韓中のクリントン発言を批判、人工衛星打ち上げを弾道ミサイルと糾弾し、金倉里地下核施設をでっちあげ、その査察が実現しなければ枠組み合意を破棄し断固とした措置を取るとした米国の行動を宣戦布告とみなすという認識を明確に示した。とりわけ５０２７－９８の報道に対しては、以下のように強く非難しつつ先制攻撃に言及する。

とりわけ看過できないのは、最近米軍部において〈北朝鮮に侵入することを予見させる新しい戦争計画を完成させている〉という報道とともに去る朝鮮戦争で惨敗したことを〈復讐〉するといういわゆる第二の朝鮮侵略計画である〈５０２７作戦計画〉の内容が、第三国の出版物にまですべからく公開されている。……我々には我ら流の作戦計画がある。〈外科手術式〉打撃なり、〈先制攻撃〉なりということは、決して米国だけの選択権ではなく、その打撃方式も決して米国の独占物ではない。……火と火が行き交う戦場では〈５０２７作戦計画〉の実行を主導する米帝侵略軍だけでなく、弾除けとして前に出ようとする南朝鮮傀儡らと後方で基地を提供し手伝いをする日本をはじめとする烏合の衆すべてが、我々の打撃目標となるということを肝に銘じなければならない[24]。

以上から、北朝鮮において先制攻撃誘因が生じていることが容易に察せられるが、本来北朝鮮にとって軍事的に圧倒的格差がある米国との戦争可能性が高まる行動は、非合理的選択であるはずであった。しかしながら、５０２７－９８の存在を認識することで先制攻撃が合理的選択肢として検討されるに至ったのである。

また、これと並行して同九八年一一月には金倉里地下核施設疑惑について交渉するため、C・カートマン米朝鮮半島担当特使が訪朝したものの、その米国の懸念を解消するため提起されていた査察をめぐって米朝間の対立が深まったことで緊張の形成に拍車がかかった[25]。この査察を提起した米国からすれば、枠組み合意を結んでいるのにもかかわらずそれを隠れ蓑に北朝鮮が核兵器能力を秘密裏に開発しているならば、それは北朝鮮の拡大的動機の具現化であり、現状打破的な意思を保有していると断じ、それを抑止する行動をとるに十分な要件を満たすものであったろう。

しかしながら、この米国の認識には議論の余地が存在する。まず金倉里地下核施設疑惑は事実ではなかった。米代表団が一九九九年五月一八日から二五日まで現地調査を実施、翌月二五日に米国務省が金倉里には一切の核関連施設が存在しなかったことを発表したことで、金倉里地下核施設に対する疑惑が明らかな誤りであったことが判明したのである[26]。

次に北朝鮮から発射された飛翔体も、北朝鮮の拡大的動機の具現化の確固たる証拠であるとは証明されていない。いわゆる「テポドン／白頭山1号」[27]発射について米国とその同盟国側からは弾道ミサイル実験であるという指摘がある一方で、北朝鮮は公式的には人工衛星（光明星1号）の打ち上げ実験であったと主張しているが、その真偽のほどは未だ定まっていないのである。

これは弾道ミサイルとロケットが技術的にはほぼ同一のものとみなしうる点に起因する。米国や日本からすれば、ロケットの技術が弾道ミサイルに転用可能であることを考慮すると核兵器能力における運搬能力の向上に相違なく、潜在的脅威であり北朝鮮の行動は拡大的であると認識されうる一方で、北朝鮮の人工衛星の打ち上げ実験であるという主張も、第一にいかなる国家も宇宙の平和利用の権利を有していること、第二に同ロケット（白頭山1号）の改良版である銀河3号が二〇一二年一二月光明星3号の

システム	ランチャー	予想射程距離	信頼度
Toksa	100 基以下	75 マイル（120km）	中～高
SCUD-B		185 マイル（300km）	中～高
SCUD-C		310 マイル（500km）	中～高
SCUD-ER		435－625 マイル（700－1000km）	中～高
No Dong	50 基以下	800 マイル（1300km）	中～高
IRBM（Musudang）		2000＋マイル（3400km以上）	低
TD-2	不明	3400＋マイル（5500km以上）	低
Hwasong-13（移動式 ICBM）	最低 6 基		低

（表 3－1）2014 年時点での北朝鮮の弾道ミサイル能力に対する米国の認識

［出典］米国防総省（2014 年 3 月）「朝鮮民主主義人民共和国と関連する軍事・安保開発」を参照して作成.

打ち上げとその太陽同期軌道への投入に成功していること、最後にこれまではまだ弾頭と再突入に関する実験を実施していないことを踏まえると、飛翔体実験は北朝鮮の宇宙開発の権利に基づく平和的宇宙開発の一環であるという主張にも一定の説得力が認められる。ましてやまだ北朝鮮は核実験を一度も行っておらず、その先端部に小型化された核弾頭が積まれる可能性は低かった。

　またヘッカー教授や米国防総省国防長官室が指摘しているように、ロケット技術は弾道ミサイルに転用可能であるにせよ、再突入技術などのより高度な技術開発が必要となる弾道ミサイル開発は容易ではなく、とりわけ北朝鮮のＩＲＢＭ（中距離弾道ミサイル）、ＩＣＢＭ（大陸間弾道ミサイル）開発では、発射実験が欠如している点を考慮すると、その武器化にはさらなる時間を要する可能性が非常に高かった[28]。

このように、当時北朝鮮によって発射された飛翔体が核弾頭を搭載可能な中・長距離弾道ミサイルとなるにはまだクリアしなければならないハードルが多数残されているとはいえ、この飛翔体発射実験において実質的には北朝鮮側に抑止力の強化を図る側面がなかったとはいえず、実際に米国とその同盟国が核兵器能力の保有へとつながりうると認識している点には注意が必要であろう。この点もまたロケット技術とミサイル技術の類似性に起因する問題であり、飛翔体が脅威と認識されるか否かはその国家間関係の性質に依存する。例えば、日本が打ち上げた固体燃料で推進力を得るイプシロン・ロケットも敵対関係にある周辺諸国からは弾道ミサイルと捉えられうるのである。この議論を踏まえても、当時の北朝鮮の飛翔体についての米朝双方の主張を完全に崩すことは難しいといえよう。

このように金倉里地下核施設疑惑から始まり、軍事演習、テポドン／白頭山1号発射、そして作戦計画5027の改定に至る拡大的動機であるとは断定できない現状変更によって、米朝間の認識のギャップが拡大し、北朝鮮側に部分的な合理性の変質が生じたことで、一九九八－一九九九年危機が醸成されることとなった。

しかし、この米朝間における緊張緩和をもたらしたのも、結局は安心供与のための協調政策であった点は注目される。一九九九年五月に開始されたペリー・プロセスを経て同年九月一七日ベルリン会談での合意を受けて、米国は対北朝鮮制裁の一部緩和を発表、そしてほぼ同時期に朝鮮外務省代弁人は米国の要請によって米朝会談の進行中においてはミサイルモラトリアムに応じる旨を公表した[29]。

さらにペリー報告において設定された第一の道は、二〇〇〇年一〇月に「米朝共同コミュニケ」として結実することとなった。米朝共同コミュニケでは、まず双方は他方に対し敵対的な意図を持たないこと、次に両国関係は相互の国家主権の尊重と内政不干渉の原則に基づくべきであることを確認し、信頼醸成措置として平和条約やミサイル・モラトリアムなど双方が履行すべき保証が明記されており、協調政策以外の何物でもないと考えられる。そして、この協調政策による緊張の緩和は、協調政策を宥和として批判する抑止モデルの論理とは合致しないのである。

第四項　米国による拒否的抑止力の導入：ミサイル防衛

また一九九八－一九九九年危機形成プロセスの特徴は、前述のテポドン／白頭山1号ロケットの発射により米国内で北朝鮮に対する脅威認識が高まることで、米朝協議が進展する反面、弾道ミサイル防衛（ballistic missile defense：ＢＭＤとＭＤの呼称については歴史的変遷を踏まえると厳密には若干の差異があるものの、本章では基本構造がほぼ同様であることから、同じものとして捉える。以下、ＭＤとする）という拒否的抑止力を導入する動きが加速した点である。冷戦体制期においても拒否的抑止（deterrence by denial）についての議論が存在していたものの実用化されないままであったが、冷戦体制崩壊以後この導入が検討され始め、一九九八年の北朝鮮による飛翔体発射実験によってこれに拍車がかかったのである。

いわば米朝間の抑止関係に新たな変数が浮上したのであったが、この米国の東アジアへのＭＤ導入において、北朝鮮による飛翔体発射を契機として生じた一九九八－一九九九年の危機が大きな転換点をなしたことは、テポドン／白頭山1号発射後、ある共和党議員が「これでよかった。……ＮＭＤ〔筆者注：national missile defense、国家ミサイル防衛〕はいただいた」[30]と述べたことからも窺い知れる。

	FY93	FY94	FY95	FY96	FY97	FY98	FY99	FY00
予算請求	5.4	3.8	3.2	2.9	2.8	2.6	3.6	3.3
下院認可	4.3	2.7	2.8	3.5	3.5	3.8	3.7	3.7
上院認可	4.3	2.8	2.8	3.4	3.7	3.6	3.5	3.7
下院配分	4.3	2.8	2.8	3.5	3.5	3.7	3.4	3.6
上院配分	3.8	2.8	2.8	3.4	3.7	3.6	3.4	3.9
予算認可	3.8	2.8	2.8	3.5	3.7	3.7	3.5	3.7
予算配分	3.8	2.8	2.8	3.4	3.7	3.8	3.5	3.6

（表３－２）米国ミサイル防衛関連予算資料〔単位：10億ドル〕

［出典］米ミサイル防衛庁資料から作成.

歴史的に見ると、ＭＤはレーガン政権において推進された戦略防衛構想（Strategic Defense Initiative：以下、ＳＤＩ）に端を発する。冷戦終焉後にはブッシュ（父）政権がＳＤＩを修正、ＧＰＡＬＳ（Global Protection Against Limited Strikes、地球規模の防衛構想）として推進した。

クリントン政権下においては一九九四年五月国防総省は「核不拡散と不拡散防止活動とプログラム報告」を発表、地域的脅威に対応するため先制攻撃を可能とする拒否的抑止力の構築を目指し、戦略防衛構想局（Strategic Defense Initiative Organization：ＳＤＩＯ）が弾道ミサイル防衛局（Ballistic Missile Defense Organization：ＢＭＤＯ）に改編されることとなり[31]、これと並行して地域的脅威の一つとして北朝鮮が、一九九三年九月ボトムアップレビュー（Bottom-Up Review：ＢＵＲ）と大統領指令一三号（Presidential Decision Derective 13：ＰＤＤ13）の中で数えられることとなった[32]。

しかし表３－２を参照すると、クリントン政権下においてＭＤ関連予算は削減傾向にあることがわかる。一九九四年からテポドン／白頭山１号の発射があった一九九八年まで、クリントン元大統領が要求したＭＤ関連予算は年々削減傾向にあり、過去最高であった一九九三年予算（五四億ドル）と一九九八年（二六億ドル）を比較すると約五二％（二八億ドル）の削減となっている。

このように第一期クリントン政権は当時議会の過半数を占めていた共和党が二〇〇三年を期限とするMD開発を強力に推進していたこともあり、MD自体について拒否はしないものの[33]、MD計画を本土防衛のための国家ミサイル防衛（national missile defense：以下、NMD）と地域防衛を兼ねる戦域ミサイル防衛（theater missile defense：以下、TMD）に分離し、TMDに力点を置いて推進することでMD関連予算を極力抑制する傾向があった[34]。クリントン政権がTMDを優先したのは、①ABM条約（Anti-Ballistic Missile Treaty：弾道弾迎撃ミサイル制限条約）の破棄を必要としなかった点[35]、②CIAが作成した国家情報評価1995（以下、NIE－95）が米国本土を脅かしうる脅威の存在に懐疑的であった点、③中国とロシアなどの反対、④NMDと比較し開発が比較的容易、⑤クリントン政権の経済優先志向、等が挙げられる。

しかしながら、一九九八年の北朝鮮による飛翔体発射によってNIE－95の脅威評価に疑問符がつき始め、クリントン政権は共和党、国防総省に譲歩をせざるをえなくなっていく。一九九九年二月には当時のG・テネットCIA長官が米上院軍事委員会において、テポドン2が改良されれば米本土も射程に入りうると証言し、これを受けてクリントン政権はNMD計画に対してより多くの予算を配分せざるをえなくなると同時に、前回拒否権を行使したNMD法案が上下院を通過することとなった。

前頁の表3－2を見ると、テポドン／白頭山1号発射以後初めてとなった一九九九年度予算請求において、クリントン元大統領はMD関連予算を前年比約三八％増加させている。加えて、一九九九年一月にはＭＤに関する以後五年分の予算配分に六六億ドルの追加予算を計上、一二月にも二二億ドルを追加計上した[36]。結局、クリントン政権は二〇〇〇年九月にＮＭＤ配備を次期政権に委ねると発表したものの、クリントン政権期におけるＭＤ開発・配備上の進展が、次期ブッシュ政権におけるＭＤ政策推進の有益な土台となっていく。

またここで重要なのは、このＭＤ推進問題は米国内にとどまるものではなく、冷戦後のグローバル化に対応するための米国安保・同盟戦略の再編と密接に関係していたことである。あらたな地域的脅威である北朝鮮を抑止するという目的の下、東アジアにそれに対応するのに適したＭＤを構築・配備するためには、同盟国、特に日本の協力が必要不可欠であった[37]。つまり「……ＴＭＤはガイドラインと同じように、計画立案、装備調達、協議、運用などを二国間で行うことによって、作戦レベルおよび支援のレベルで両国の行動を統合する効果を持つ」[38]のであり、このＭＤ推進による同盟関係の強化によって、米国の同盟戦略上の懸念を緩和する効果が期待できたといえる。実際に日本の米国ＭＤ計画への協力もまた、一九九八年の金倉里地下核施設疑惑・テポドン／白頭山１号発射騒動が契機となって拍車がかかっていった。

日本はまず北朝鮮の飛翔体試射によって、同日予定していたＫＥＤＯ推進のための分担金一〇億ドルの拠出を確約する署名を見送ると同時に、人道的食糧支援、そして日朝国交正常化交渉を取りやめる。そして一九九三年のノドン発射を契機として発足させたものの、あまり前進が見られていなかったＭＤ開発のための日米共同研究への参加を決定する[39]。具体的には一九九八年九月、日米安全保障協議委員会（２プラス２）において日米が合同でＭＤに関する技術研究を行っていくことを発表し、翌日には海上配備型上層システム（Navy Theater Wide Defense：以下、ＮＴＷＤ）に関する合同研究を始めることで合意、同年一二月には四基の情報収集衛星を二〇〇二年度までに導入することを閣議決定した。

さらに一九九九年四月には米国防総省は東アジアＴＭＤ構想に関する報告書を発表、日本のＴＭＤ協力に対し四つの選択肢が示され、これを受けて日本は海上発射型迎撃ミサイルを装備可能なイージス艦の導入を決定することとなった[40]。また一九九九年には朝鮮半島有事に対処するために制定された新ガイドラインに基づいて周辺事態法を含む新ガイドライン関連法案が可決され、日本がＭＤ開発・配備に参入する法的基盤が整備されるに至った[41]。この一連の日米間におけるＭＤ推進に関する動きでは、朝鮮半島有事がその大義名分として一貫して掲げられた。

ただし、ＭＤ導入は米国とその同盟関係を深化させるものの、実際の運用段階ではＭＤのシステム上、米国の早期警戒衛星などの装備に頼らざるをえないことは特筆すべきであろう。つまり、ＭＤ自体は北朝鮮のミサイルなどの潜在的脅威を低減しうる手段を日本と韓国に提供するが、それは自主的な国防体制の構築とはなりえず、米国との同盟関係が維持されて初めて機能するものなのである[42]。

またここで注目すべきは、これら一連の措置を通じて、米国が日本の自主国防を促す核保有の動きを予防することにも成功したことである。元来、北朝鮮の核の脅威が現実化すればするほど核ドミノが生じる可能性が大きいが、日本においては米国からＭＤという相互核抑止に代わる代替策が早期に示されたことで、核保有による懲罰的抑止あるいは相互確証破壊の構築によって北朝鮮の核の脅威に対処するという議論が非効率的なものとしてみなされるようになった[43]。

一方でこのＭＤは米国の対中戦略においても非常に重要な位置を占めていた。共和党を中心としたＭ

D推進派は中国の核ミサイルの老朽化などに起因する誤射に対応するためにも、MDが必要であると指摘する中で[44]、前述のようにクリントン政権はMD導入が中国との抑止関係に大きな変化をもたらすがゆえに、①中国からの激しい反発が予想されるNMDではなくTMDのみを推進する、②台湾が求めるパトリオット・ミサイル（PAC3）とイージス艦の供与を見送るなどの配慮を示すことで、できる限り中国との摩擦を避けようとした[45]。

しかし、一方の中国は米国によるMD配備に対しては一貫して懸念を示している。なぜならば、第一にMDは中国の核ミサイルに依拠した最小限抑止戦略における効果の低下をもたらす恐れがあったからである。ちなみに、米国がNMDではなくTMDのみを導入したとしてもNTWDが追加的に諸条件を満たせば、中国の戦略ミサイルも迎撃可能であるかもしれなかった点を踏まえると、中国側の疑念が晴れることはなかった[46]。

また第二にTMDは中国にとって核心的利益である台湾との統一問題に不利益をもたらす可能性があり[47]、最後に軍拡競争を招来する可能性が高く、中国の経済戦略の遂行を妨げることが明白であった[48]。これらを鑑みると、当時米国が自らの国益のみを考慮して強引にMDを推進すれば、米中間の軋轢が拡大するのは不可避であったといえる[49]。

いかに中国を刺激しないかたちで、対中抑止態勢の整備を進めるか。結果として、米国はこのディレンマの最適解として、北朝鮮の脅威に備えるためにMDが必要であるという論理を利用した。ある米国の北朝鮮専門家は、「中国を狙った米国のMD開発配備の悩ましさを北朝鮮がテポドン発射で解決してくれ、ラッキーだった。……北朝鮮のミサイル能力は軍事的価値はないが、政治的、心理的価値は大き

視点	抑止側	非抑止側	理性的な「ならず者国家」	非理性的な「ならず者国家」
〈抑止の論理〉	日米同盟	ならず者国家	相互補完性の論理	矛盾した論理 損害限定の論理
〈逆抑止の論理〉	ならず者国家	日米同盟	介入の論理	

（表３－３）抑止の論理と逆抑止の論理(1)

［出典］佐藤史郎（2009）「ミサイル防衛の論理――抑止／逆抑止、理性／非理性」，アフラシア研究 No.8，13 頁.

いといえる」と指摘している[50]。

北朝鮮の脅威に対処するためのＭＤ推進が、対中抑止戦略の一環であることを示す例としては、一九九九年八月一日に米国は北朝鮮による新たなミサイル／人工衛星発射実験の兆候を理由にミサイル追跡艦二隻を日本海に派遣、また三沢基地にミサイル観測機ＲＣ１３５を配備し、さらに空母コンステレーションを投入したものの、その翌日の二日に行われたのは北朝鮮のミサイル実験ではなく、中国による新型大陸間弾道ミサイル発射実験であったことが挙げられる。

以上のような経緯を経て、北朝鮮の弾道ミサイルによる脅威に対処するためＭＤが日本に導入されたのであったが、理論的にはこのＭＤの導入によって、北朝鮮の弾道ミサイルによる損害を限定しうることを示すことで、北朝鮮の弾道ミサイルを使用した攻撃を抑止することが可能となる。換言すれば、北朝鮮の弾道ミサイルによる損失回避のための抑止力の強化といえる。

しかしながら、このＭＤの問題点は、北朝鮮からすると米国とその同盟国の軍事介入リスクが増加すると認識されることである。これは米ソ冷戦期においてＭＡＤによる核均衡を保つためにＭＤ配備を禁止するＡＢＭ条約が締結された史実から見て、すでに定説となっていたといって

	冷戦期	冷戦後
被抑止側(懸念国)	対称的主体	非対称的主体
抑止の種類と採用	懲罰的抑止…採用 拒否的抑止…不採用	懲罰的抑止…採用 拒否的抑止…採用
抑止の効果	減価効果	補足効果
抑止の目的	先制攻撃の防止	先制攻撃の実行 介入の実行
紛争解決の状態	実力不行使の現状維持	武力行使の現状変更
意味合い	相対的安全保障の確立	絶対的安全保障の確立

（表３－４）抑止の論理と逆抑止の論理(2)

［出典］佐藤史郎（2009）「ミサイル防衛の論理——抑止／逆抑止、理性／非理性」，アフラシア研究 No. 8, 14 頁.

よい。なぜ米ソはかつてＭＤ配備を禁止するＡＢＭ条約を結んでいたのか。その主要因の一つは、ミサイル防衛の配備によって、逆に先制攻撃誘因が高まるがゆえであった[51]。

具体的には、このＭＤと先制攻撃誘因の関係性は以下のようになる。⑴「米国が地域紛争への介入を抑止される可能性」とは「ならず者国家」が米国本土ないし同盟国に到達可能なミサイルを保有する場合であるが、⑵ＭＤはこのようなミサイルの脅威や被害を払拭すると期待できるため、⑶米国とその同盟国は、介入に伴う軍事的ならびに政治的コストを気にせずに、軍事介入することができる」[52]とＭＤによる被抑止側からは認識される（表３－３参照）。要するにＭＤは、米国とその同盟国が北朝鮮に先制攻撃をした場合に予想される北朝鮮による報復攻撃による損害を限定しうるがゆえに、米国とその同盟国に先制攻撃誘因が働くと北朝鮮側からは認識されるのである[53]。

事実、北朝鮮は日本へのＭＤの導入に対し、ＭＤは先制攻撃を助長しうるものであり、また米国の同盟国である日本の自衛隊の膨張政策を促進するものと批判してきた[54]。

そして、ＭＤ導入による軍事介入リスクの増加は、特に相手国に対し先制攻撃に始まる武力行使による現状変更の可能性を危惧させるものとなるのであるが、この点を鑑みるにＭＤという拒否的抑止力の導入は、危機不安定性の浮上を促進する状況をもたらす可能性を高めるといわざるをえない（前頁の表3－4参照）[55]。

第二節　相互作用の検討

まず一九九八－一九九九年危機が生じ、その過程で北朝鮮側に合理性の変質が観察されるにせよ、枠組み合意において双方の失う不安を緩和するための措置、すなわちリアシュアランスの提供が約束されており、相手国の行動が拡大的動機のみに起因しないということを相互に認識した状態にあった点を鑑みると、この危機は第一次核危機と比して米朝間の情報不完備が改善されており、心理的圧力の作用は弱かったと考える。

合理性の観点でいうと、枠組み合意を結ぶことによって米朝は社会的厚生の最大化を目指し、自らの動機が拡大的ではないという私的情報を相手国に伝え相互に確認したといえる。これは動機についての情報の不完備が部分的に改善されたことを意味するが、その実行段階においてはＪ・フィアロンが指摘するようにコミットメントの信頼性が問題となった[56]。枠組み合意が結ばれたものの米朝には相手国が履行しない不安が常にあり、これを解消するためには米朝双方において相手国の行動の結果の確認を通じ、相手国のコミットメントの信頼性が高いと認識されなければならない。

しかし米国からすれば北朝鮮は枠組み合意に合意したものの、依然先軍政治を標榜する独裁国家であり、KEDOプロセスを隠れ蓑に秘密裏の核開発を進めているのではないかという疑念が残っていた。前出の金倉里地下核施設疑惑やHEUP疑惑はこの疑念の表面化の一例であるといえよう。これらの疑念の完全な解消のためには、北朝鮮があらゆる核開発に従事していないという確信を得られるまでIAEA特別査察を行うか、北朝鮮の政権を転覆させるかしかない。

一方で、北朝鮮側からしても米国のコミットメントの信頼性が高いとはいえなかった。この理由には二点ある。第一にこの疑念は前述のように米国が枠組み合意に同意した動機は早期崩壊論にあるのではないかという点に起因している。早期崩壊論や遅延戦術が当時のクリントン政権の意図するところではなかったにせよ、北朝鮮がそのように認識し米国のコミットメントの信頼性の低下を感じたことが肝要である[57]。そして、実際に議会の反対によって米国のKEDOプロセスにおける履行義務の遅延が現実化されるにつれ、こうした北朝鮮の認識は強まっていった。

第二に米国の東アジア戦略と照らし合わせその合理的選択を考察すると、そのコミットメントの信頼性が低下する。当時米国の観点からはKEDOプロセスを履行することで得られる利得が、KEDOプロセスを履行せず現状維持することで得られる利得を明らかに上回っていたとは言いがたいからである。

第一次核危機の項で言及したように、枠組み合意において定められた履行の完遂は北朝鮮の脅威の消滅を意味するがゆえに、共通の脅威を失うことで同盟の結束にほころびが生じて、米国の余分の安全を失う不安を増幅する恐れがあった。逆に北朝鮮の脅威が維持されることによって、米国が得られるメリットが存在した。前述のように、テポドン／白頭山1号の発射実験によって北朝鮮に対する脅威認識が高まることで、米国は東アジアへのMD導入を促進させることが可能となった。そして、このMDの導入は同盟管理と対中抑止に貢献し、米国益に資するものであった。

しかしながら、上記の北朝鮮側の米国に対する脅威認識も以下の点を踏まえると腑に落ちない点がある。なぜ、米国は極めて弱体化した北朝鮮に対する軍事介入オプションを採らなかったのであろうか。当時米朝間における軍事力の極端な非対称性を鑑みるに、米国はより直接的方法でその拡大的動機を具現化することが可能であった。換言すれば、北朝鮮の対米抑止力の欠如、つまり①核能力が確立されておらず、かつ米国本土に直接到達可能かつ核弾頭装着可能なミサイルは存在しなかったこと、また②安保条約に基づく在日・在韓米軍（国連軍）という前方展開戦力の存在を鑑みると、米国は北朝鮮への拡大的動機の具現化、すなわち先制攻撃も含めた軍事介入をしやすい環境にあったといえる。

さらにこの危機不安定性は北朝鮮の弱体化によってさらに高まっていた。

一九九四年七月金日成主席の逝去によって内部的に動揺が生じたことに加え、同年には旧東側諸国に対して債務履行が停止され、また米国企業へのトウモロコシ・小麦の支払い代金八〇〇〇万ドル分も滞り、輸出が停止されている[58]。一九九五年に洪水が生じると、北朝鮮の経済状況は公式的・対外的に「苦難の行軍」[59]を打ち出すまでに逼迫することとなり、この経済状況の悪化に比例して、国際社会から北朝鮮への食糧援助が大幅に増加していった（表3－1参照）[60]。

この弱体化と比例してこの時期にはいわゆるロイヤルファミリーあるいはそれに近い人物の亡命が相

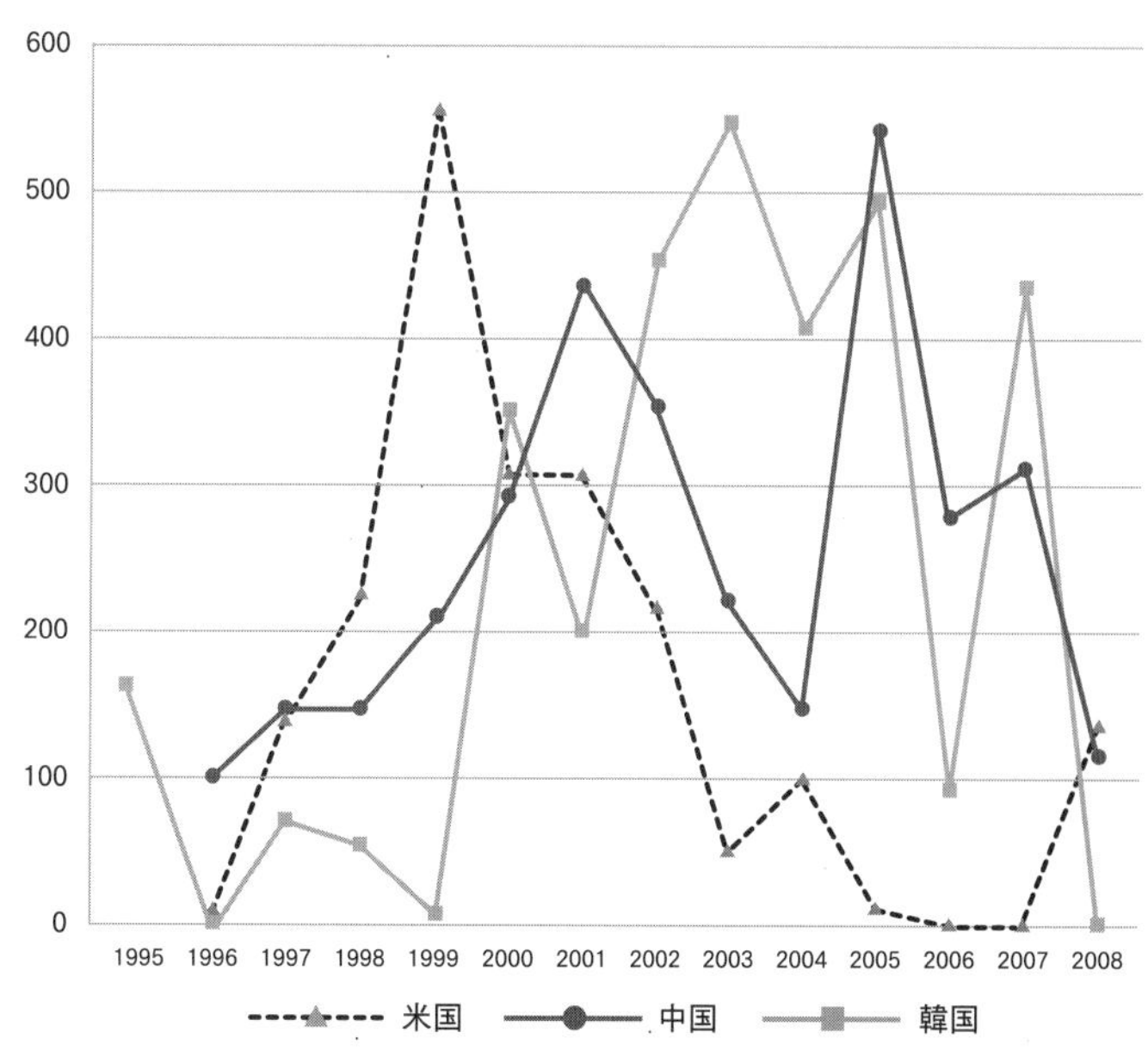

（図3－1）米国・中国・韓国による対北朝鮮食糧援助の変遷

［出典］杉原ひろみ（2011年5月）「米国の対北朝鮮食糧援助」，国際開発研究フォーラム40，221頁．

次ぎ、反逆罪で粛清されるケースが増加、さらにクーデター未遂も発生しており、北朝鮮内部の動揺の存在は明白であった[61]。

抑止モデルでは被抑止側が抑止側の抑止力の低下を認識する時、危機不安定性が増加すると主張するが、北朝鮮が抑止側、米国が被抑止側とすると、被抑止側である米国側が北朝鮮の抑止力の低下を認識するに十分であり、先制攻撃も含めた武力行使をしやすい環境が整っていたといえる。実際に米国情報機関は一九九〇年初期には北朝鮮の早期崩壊を予想しており、さらにクリントン政権において安全保障担当大統領補佐官であったA・レイクは「北朝鮮経済は悪化の一途にあり、一～二年以内に北朝鮮の政権はもちろん、体制も崩壊すると信じていた」と述べている[62]。また二〇〇五年六月一三日付けワシントンポスト紙におけるクリントン政権元高官の証言からも、クリントン政権の中核グループの一部において、北朝鮮の弱体化が認識されていたことが裏付けられる[63]。米国の同盟国、韓国にいたっては、当時の金泳三韓国元大統領が早期崩壊の可能性を公言していた[64]。

しかしながら、当時米国は北朝鮮との戦力格差と北朝鮮の極度の弱体化を認識しながらも、直接的な拡大的動機の具現化すなわち軍事介入というオプションを選択しなかった。同盟国である韓国の当時金泳三政権では一九九六年九月の北朝鮮による潜水艦座礁事件に際して、北朝鮮への報復攻撃を計画したが、米国は一〇月韓米安保協議会（Security Consultative Meeting：SCM）と一一月の韓米首脳会談の席でこの軍事計画を止めている[65]。金泳三政権によるこの報復攻撃は、上記の早期崩壊論に基づき北朝鮮の戦力に戦争遂行能力はないという分析の上で策定されたものであったが、なぜ米国はこれに便乗し軍事介入オプションを選択しなかったのであろうか。

米国が軍事介入を採用しなかった主要な理由については、まず米国の武力行使に際し予想される北朝鮮の反撃によって米国の余分の安全が失われる可能性があったことが挙げられる。一九九四年当時米国防長官を務めのちに北朝鮮に特使として派遣されたW・ペリーはその報告書の中で、米国とその同盟国は第二次朝鮮戦争に迅速かつ確実に勝利するであろうとしながら、北朝鮮の攻撃が日韓に駐屯する米軍と同盟国に人的・物的に甚大な被害をもたらしかねないがゆえに軍事介入は適切ではないと結論付けている[66]。のちにB・クリントン大統領はこのペリー報告を受け、米朝間の緊張緩和のため九月一七日対北朝鮮経済制裁の一部を解除することを発表することとなる[67]。

たしかに①北朝鮮の対韓兵力の優位性と長距離ロケット砲およびスカッド・ミサイル、弾道ミサイルの存在、②北朝鮮から韓国最大の人口密集地である首都ソウルまでの近接性、③駐韓米軍の存在、④原発の存在を考慮すると、北朝鮮の先制攻撃により同盟国における米国の被害が甚大なものになりかねない可能性があったことは否めない。しかしながら、この議論は第一に先述の姜明道による当時の北朝鮮には対米戦争遂行能力は皆無であり、北朝鮮の上層部内部は崩壊の序曲となるであろう寧辺への先制爆撃への恐怖に慄き、動揺していたという証言[68]、第二に北朝鮮が先制攻撃あるいは反撃を無条件に成功させることのみを想定していたことに留意しなければならない。さらに前述のように当時の北朝鮮の重油保有量は全面戦争を遂行するのに十分な量ではとうていなかった[69]。

第一の姜明道の証言に基づけば、韓国への先制攻撃オプションを北朝鮮が選択する可能性は少なかった。韓国への先制攻撃に踏み切れば、北朝鮮の目的である「生存（survival）」は達成されえない。換言すれば、体制の崩壊が不可避的である非合理的選択をすすんでするであろうかという疑問が生じる。

次に第二の点については、米国がピンポイント爆撃などの先制攻撃によって北朝鮮の反撃手段をできる限り壊滅させることができれば、それに比例して被害は少なくなっていく。実際に湾岸戦争時、米国とイスラエルを筆頭とする同盟国は①イラクが大量破壊兵器を保有している可能性、②イラクからの米同盟国であるクウェート、イスラエルまでの近接性（イラク西部飛行場からテルアビブまで爆撃機で三〇分、スカッド・ミサイルで一〇分以下）、③駐留米軍および原発が攻撃されるリスクを認識していたが、軍事介入に踏み切った。

重要なのは、この結果である。米国のパトリオット・ミサイル（PAC－2）部隊が投入されたもののミサイル防衛システムが十分に機能していなかったのにもかかわらず、イラクのスカッド・ミサイル攻撃（移動可能なものも含む：計一八回）によるイスラエルにおける死者は一四名にとどまったのである[70]。要するに、北東アジアと中東における米国同盟国間の経済規模の差異はあるものの、当時のイラクと北朝鮮の置かれた戦略環境の類似性を考慮すれば、米国の軍事介入は全くの不可能であったわけではない。

前述のごとく、米国は当時北朝鮮への先制攻撃を念頭に置いた作戦計画5027の改定を完了させており、またA・カーター元国防次官補はすでに第一次核危機の時に、寧辺核施設への先制攻撃を放射能の流出などの被害を最小限に止めながら成功させることに自信を持っていたと証言している[71]。つまり、米国は当時拡大的動機の具現化が可能であったにもかかわらず、その現状変更を伴うオプションを選択しなかった可能性が提起されるのである。当時米国にとっては、自らの余分の安全の維持が最優先であり、北朝鮮が脆弱性による戦争を仕掛けてこない限りは、余分の安全が確保されている状況を崩しうるすべてのオプションは合理的に自制すべきものと考えられたのである。このような一極構造下において、北朝鮮に対し圧倒的優位にあった米国の北朝鮮への武力行使の自制は、元来国家は拡大的動機を持ち、環境が整えば拡大的行動に不可避的に出るという抑止モデルの前提と矛盾するのである。

さらに米国は武力行使を合理的に自制しただけでなく、金日成主席死去の直後には枠組み合意を結び、それにあきたらず「苦難の行軍」にあえぐ北朝鮮に対し、一九九六年初めて食糧支援を許可している[72]。これらを踏まえると、米国の拡大的動機による緊張形成説もまた説得力が落ちるといわざるをえない（一六五頁、図3－1参照）[73]。

第三節　小括

以上のように一九九八－一九九九年における緊張形成の第一段階では、まず米朝が相手国に拡大的動機のないことを相互確認し保証することを約した枠組み合意の履行中、米朝双方にコミットメント問題——すなわち相手国が約束を履行するかわからないという不信——が生じ、相手国の動機に対する疑念が米朝双方に残ることで緊張の維持がもたらされた。

第二段階においては、KEDOプロセスの停滞によって米朝双方に生じた、失う不安を埋め合わせるための合理的選択に基づく行動——金倉里地下核施設疑惑、韓米合同軍事演習、テポドン／白頭山1号発射、作戦計画5027改定——が、相手国の動機に対する認識のギャップを再び拡大させる中、北朝鮮側に米国は差し迫った脅威となりうるという認識が生じることで、危機不安定性が増加する結果となった。ただ枠組み合意によって、互いの動機が拡大的なものではないということを確認していることから、この緊張形成プロセスにおける情報不完備による不確実性の作用は弱かったといえる。

この一方で、リアシュアランス・プロセスにおけるコミットメント問題を通じて、緊張形成過程における合理的選択としての強硬姿勢が観察されることを踏まえると、合理的誘因がより多く作用していると考える。しかしながら、この米国の現状維持を目的とした対北朝鮮政策が北朝鮮からは拡大的とされ北朝鮮の現状維持のための抑止行動を招き、その北朝鮮の行動に対しまた米国が抑止的行動で応えることで緊張が形成されていった。この緊張形成のスパイラルは作戦計画5027に先制攻撃オプションが導入された事実が米メディアによって明らかになったことにより、北朝鮮側に部分的な合理性の変質が発生し、先制攻撃誘因が生じたことで高まることとなった。

そしてこの現状維持のための抑止政策に対する誤認による緊張形成は、スパイラル・モデルの観点から最も適切に説明可能である。また一九九四－一九九九年における緊張形成プロセスにおいて米朝間の戦力が極端に非対称であり、かつ北朝鮮が極度に弱体化した状況においても米国が北朝鮮に対し軍事介入を自制した点を踏まえると、米国の動機が拡大的であったとは断定できない。これに加え、テポドン／白頭山1号発射以後、北朝鮮の脅威の現状維持を目的としたペリー・プロセスによる協調政策の実行がなされるにつれ、米朝間の緊張が緩和されていった事実もこの見解を支持している。

この一九九八－一九九九年危機の形成プロセスにおいて興味深いのは、緊張形成時、米朝間で心理的重圧の程度に差が観察される点である。北朝鮮においては米国による先制攻撃の可能性という強い心理的重圧から、先制攻撃に合理性が帯びる「合理性の変質」が生じている反面、米国においては心理的重圧が弱い。このような心理的重圧の程度のギャップは、米朝間の軍事力のギャップに起因すると推察される。つまり、米国は圧倒的な軍事力を有していることにより、北朝鮮に対する脅威がその生存にまで及ばないのに対し、覇権国米国と対峙し、かつ悪化する経済事情を抱える北朝鮮からすれば、コミットメント問題や金倉里地下核施設疑惑、米韓合同軍事演習、5027－98のリークなどに敏感に反応せざるをえなかった。また枠組み合意によって北朝鮮の暴発および核開発進展の可能性が低下していたことによっても、米国にはいっそう時間的重圧がかかりにくかった。したがって、米国と比して北朝鮮には切迫した脅威を認識することで発生する心理的誘因が作用しやすかったといえよう。

この米朝間における損失への敏感さの差異が、一九九八‐一九九九年における緊張形成が核危機と定義されない理由ともいえる。つまり、第一次核危機においては、その深刻な情報不完備に起因して米朝双方が戦争勃発の可能性が高いとみなし先制攻撃誘因が生じたが、一九九八‐一九九九年危機では北朝鮮側にのみ先制攻撃誘因が発生しているがゆえに、その緊張レベルの深刻度は第一次核危機と比して一段低いと指摘しうる。

最後にこの事例における含意は、テポドン／白頭山1号発射以降、米朝協議が急速な進展を見せた点にある。それまでは官僚レベルのミサイル協議が膠着状態にあったものの、その後のテポドン／光明星1号発射によって米本土への脅威となりうる可能性が発生してからは、元国防長官であるペリーが直接北朝鮮政策を統括し、これ以上北朝鮮における弾道ミサイル技術開発を進ませないために必要な措置、すなわちミサイル・モラトリアムを目標とした高官レベルでの協議に積極的に応じるようになった。その結果、米国は経済制裁緩和とのバーターとして北朝鮮からミサイル・モラトリアムへの同意を得る。要するに米国は北朝鮮の核開発——とりわけミサイルの長射程化——がこれ以上進むのを優先的に防いだのである。それと同時に米国は、万一、北朝鮮が弾道ミサイルを自国およびその同盟国に向かって発射した場合に備え、ＭＤの導入・配備を急いだ。ここからは、米国がいかに米本土への脅威に敏感であり、いかに万全を期さんとしているかが容易に察せられる。そして、この傾向は現在も変わらないといえる。

第四章　第二次朝鮮半島核危機（二〇〇〇－二〇〇三）

本章においては、第二次朝鮮半島核危機（以下、第二次核危機）についてスパイラル・モデルの観点から検証する。一九九八－一九九九年に米朝間に生じた緊張はペリープロセスの成功を経て緩和されるだけでなく、米朝関係は共同コミュニケを公表するまでに改善されたのであったが、二〇〇〇年米大統領選挙において与党である民主党政権が敗北、ブッシュ共和党政権が誕生したことを契機として、米朝間の緊張緩和傾向は再び緊張形成へと転じる。そして二〇〇二年一〇月のケリー訪朝によって枠組み合意が破綻へと向かうのと並行して、核危機が再燃することとなる。結果として、この第二次核危機が分岐点となり、冷戦体制崩壊以後における米朝間の緊張形成は質的に変化していく。

第一節　第二次朝鮮半島核危機の形成プロセス

第一項　第二次朝鮮半島核危機の参照点と信念

一九九八－一九九九年に形成された米朝間の緊張の強化は、一九九九年五月に開始されたペリー・プロセスの成功もあいまって再び緩和傾向に入った。この緩和傾向は二〇〇〇年一〇月の趙明禄国防委員会第一委員長による訪米、その答礼訪問としてのM・オルブライト国務長官の訪朝によって、最高潮に達することとなった。趙明禄国防委員会第一副委員長の訪米直後に発表された「米朝共同コミュニケ」[1]を確認するように、金正日国防委員長は訪朝したオルブライト国務長官との会談の席上、射程五〇〇km以上の弾道ミサイルについての生産と配備を中止することに合意する旨を告げる[2]。

弾道ミサイルの射程距離を五〇〇km以下に制限するという北朝鮮の提案は、テポドンと目される長距離弾道ミサイルはもちろん、中距離弾道ミサイル、準中距離弾道ミサイルの脅威も消滅することを意味した。加えて北朝鮮の北端からは韓国全域を射程距離に収めることが不可能となる。この代償への補償として、北朝鮮は年三~四回米国あるいは第三国による人工衛星の代理打ち上げを保証するよう要請した。また北朝鮮は米国によるミサイル輸出中止要請についても、適切な補償と韓国によるMTCR(ミサイル関連技術輸出規制)遵守があれば可能であるとした上で、さらにクリントン大統領の訪朝を招請した[3]。

この米朝共同コミュニケの履行がなされるであろうという観測の下、米朝双方の信念の形成は現状が肯定的に維持されるであろうという認識に基づいていたと想定することが妥当であろう。米朝共同コミュニケを中心とした緊張緩和の成功によって、米国からすれば一極構造が北朝鮮の拡大的行動によって崩されることをうまく防いだと認識していたであろうし、北朝鮮は米国が自らを侵略するおそれが著しく低下しただけでなく、国交正常化を通じて米国という脅威自体すらも解消しうる見込みが出てきたという認識を持っていたであろう。

これらの信念に基づくと、第二次核危機が発生するにあたっての米朝が有していた参照点は各々一極構造の維持と生存の維持であり、この参照点を基準として第二次核危機における意思決定がなされたという設定が可能である。

しかしながら、二〇〇〇年米大統領選挙を経てブッシュ共和党政権が誕生したことで、米朝間の相手国の動機に対する認識に再び齟齬が生じていく。ただし、第二次核危機の過程で米朝双方のフレームが変化していくにあたっては、その前提として二〇〇〇年初頭における安全保障上のパラダイムシフトの影響に言及する必要があるだろう。

とりわけ、二〇〇一年九月一一日、米本土で起きた同時多発テロ――第二次世界大戦後初の米国本土への攻撃――によって米国の一極構造がこのまま維持されるであろうという信念に動揺が見られることになる。その結果、ブッシュ政権はテロとの戦いを宣言、その報復措置としてアフガニスタンに侵攻し、さらに二〇〇三年にはイラクによる大量破壊兵器の保有を口実に、国連決議を得ないままイラク侵攻へと踏み切った。

そして、この米国の行動が北朝鮮の生存が担保されているという信念にも影響を及ぼしていく。9・11以前まで米国は国際法を遵守し合法性を保持することで、一極構造が進行・確立する中でも自らの覇権が他国から脅威と認識されないように努めてきた。しかしながら9・11同時多発テロ以来、テロリストとテロ国家の脅威に対する自衛措置としての先制攻撃を是とする環境が創り出され、実際にイラク戦争が国際社会における「合法性」を担保する国連決議を得ることなしに遂行されるにあたり、米国の新帝国主義の台頭という認識を北朝鮮に与えることとなった[4]。こうした国際環境における顕著な変化が観察される中で、第二次核危機が醸成されていく。

第二項　緊張の再形成

(一)　米国における政権交代

第二次核危機の形成においては、まず米側の政権交代に伴う対北朝鮮政策の強硬化とそれによる外交交渉上の対立の発生が観察される。

オルブライト訪朝の二週間後に行われた米国大統領選において共和党のG・ブッシュ（子）がクリントン政権の副大統領であったA・ゴアを破り当選を果たしたが、執権後ブッシュJr.共和党政権はクリントン政権の北朝鮮政策を全面的に見直していった。これは、一九九〇年代における私的情報の交換とコミットメントを通じ積み上げてきた北朝鮮の動機に対する信頼性を再検討することを意味しえた。そしてその北朝鮮政策の見通しの結果、第一次ブッシュ政権においては抑止モデルに分類可能な強硬政策が採られることとなり、北朝鮮はこの強硬政策を米国が拡大的動機を具現化させようとしているというシグナルであると受け止め、その生存の不安を刺激されることとなった。

具体的には第一期ブッシュ政権において、いわゆる「ネオコン（The Neo-Conservative Group）」[5]を中心とする強硬派が政権中枢に座り、対北朝鮮政策においてもその舵をとることとなった。二〇〇一年六月には強硬派主導による対北朝鮮政策の見直しが完了し、ブッシュ大統領がリアシュアランスを提供するための三つの条件――①枠組み合意履行の改善、②ミサイル開発計画に関する検証可能な輸出規制、③通常兵力の脅威削減――を提示しつつ、米国からリアシュアランスを得るためにはまず北朝鮮が先に行動しなければならないと公言する[6]。

これと並行して、ブッシュ政権は北朝鮮の核開発疑惑を再提起していった。二〇〇一年四月一七日には当時のJ・マクローリンCIA副長官が北朝鮮による一〜二発程度の核保有の可能性に言及したのを皮切りに、同年五月にはIAEA代表団が訪朝、枠組み合意で履行されていた寧辺核施設の凍結措置に加え、他の核関連施設への追加査察を受け入れることを要求したのであるが、これらは明確にクリントン政権第二期における対北朝鮮政策とは一線を画すものであった[7]。このブッシュ政権における対北朝鮮政策レビュー（見直し）は後にV・チャによってCVID（完全かつ検証可能かつ後戻りできない核を含めたWMDの放棄：Complete, Verifiable, Irreversible Dismantlement）を原則とし、この原則に北朝鮮が応じなければ体制転換も辞さない「強硬関与（Hawk Engagement）」として理論化されることとなる[8]。

このような第一期ブッシュ政権における対北朝鮮政策の強硬化に対し、米朝共同コミュニケ以後軟化していた北朝鮮は二〇〇一年六月一八日、外務省代弁人談話を発表、武装解除を前提条件とした敵対的な提案であるとして到底受け入れられないという立場を表明した[9]。以降、米朝間には米国は北朝鮮にCVIDを求め、北朝鮮はそれを拡大的だとして退けるという循環が継続的に生じていくこととなったのだが、このように米朝対立が深まる中、前述の9・11同時多発テロが起こり、テロリズムとその支援国と目される国家に対する批判が国際的に高まっていく。

この時勢を駆って行われた一般教書演説（二〇〇二年一月二九日）において、当時のブッシュ米大統領はイラク・イランとともに北朝鮮を「悪の枢軸（Axis of Evil）」[10]と名指しし、地域防衛の脅威であることを宣言、これらの脅威に対しては先制攻撃も辞さないことを明言した。この悪の枢軸発言に至り、クリントン民主党政権と金正日政権が築き上げた枠組み合意および米朝共同コミュニケで確認された、米朝双方は現状変更を目指す拡大的動機を有していないという相互認識とそれに基づく信頼醸成の枠組みは実質的に崩壊したといってよい。

また同年三月に米メディアにリークされたところによると、ブッシュ政権は二〇〇二年はじめに核態勢見直し（Nuclear Posture Review2002：NPR2002）に着手、核兵器を使用しうるターゲットの一つとして北朝鮮を含むと同時に、非核兵器による抑止力の強化を打ち出した[11]。この非核兵器による抑止が打ち出されたことは、敵対関係にある米朝間においては、危機不安定性を高めるものとならざるをえなかったであろう。核兵器は道徳的観点からその使用の敷居が高く防衛的とならざるをえない反面、非核兵器であればその使用の敷居は相対的に低くなるからである。

この予防的先制攻撃（Preventive Attack）を掲げた米国の脅迫型コミットメントの信頼性は、前述のイラク戦争の遂行によって飛躍的に高まった。またこれらと反比例して、米朝共同コミュニケの米側の履行義務である食糧支援は激減していく（一六五頁、図３－１を参照）。

こうした米国による対北朝鮮政策の転換に対し北朝鮮は反発を強める一方で、日本や韓国などの米国の同盟国との関係改善を進める。韓国とは二〇〇〇年六月に史上初となる南北首脳会談を開催、それによって採択した南北共同宣言に基づき協調的な関係を維持し、日本とは二〇〇二年九月に小泉首相の訪朝が実現、日朝平壌宣言を採択するに至った。しかしながら、同年一〇月、Ｊ・ケリー米国務次官補が訪朝したことで北朝鮮をめぐる状況は一変することとなる。

㈡ ウラン濃縮疑惑と枠組み合意の破綻

訪朝から帰国したＪ・ケリー米国務次官補は姜錫柱第一外務次官がＨＥＵ（高濃縮ウラン）開発を認める発言をしたと報告、一〇月一六日米国務省が報道発表を通じ、北朝鮮の核兵器用の濃縮ウランプログラム（Enriched Uranium Program：以下、ＥＵＰ）が確認されたと公式に発表したことで、朝鮮半島をめぐる緊張は再び強化されることとなった[12]。ケリー訪朝によって北朝鮮のＨＥＵ開発疑惑が浮上したことにより第一期ブッシュ政権において主導権を握っていたネオコンと国防総省等の強硬派は、枠組み合意に対しての批判を強め、同年一一月ＫＥＤＯによる重油提供を停止し軽水炉建設の見直しに着手するとともに、先制攻撃を実行しうるという軍事思想――ブッシュ・ドクトリン――を北朝鮮に適用する可能性に言及するに至った[13]。

このＨＥＵ疑惑に対し、北朝鮮からの当初の情報には錯綜があったものの姜錫柱発言については完全否定するのだが、二〇〇二年一一月一四日には、前日の米国の要請を受けてＫＥＤＯ執行委員会が開催され、その場で北朝鮮のＨＥＵを含む核開発の追求は枠組み合意履行義務、ＮＰＴ、ＩＡＥＡセーフガード措置、南北非核化宣言違反であるとの非難が出され、枠組み合意に基づく重油供給の中断を発表したのに際し、即時に朝鮮外務省が非難声明を発表する[14]。この重油供給中断に伴いＫＥＤＯプロセスの実効性への信頼が薄れる中で、北朝鮮は一二月一二日寧辺核施設の凍結の解除を発表[15]、同月二二日にはその実行のための具体的措置としてＩＡＥＡの監視カメラ撤去を公表し[16]、同月二八日にはＩＡＥＡ査察官を追放、枠組み合意で定められた核施設の凍結解除作業が完了した旨を宣言した。

そしてついには、北朝鮮は二〇〇三年一月、朝鮮外務省代弁人談話を通じＮＰＴからの脱退を宣言するに至る[17]。枠組み合意の破綻であった。

以後、北朝鮮は同年二月に朝鮮戦争休戦協定の義務履行放棄宣言や地対艦ミサイル発射実験を行い、つづく三月にはミグ29戦闘機など四機が米国のＲＣ－１３５電子偵察機に接近、同機の強制着陸を試みるなど米国側からは挑発行為としかみなされない抑止行動をとっていく[18]。

上記の緊張スパイラルの形成過程においては、北朝鮮側に覇権国米国との戦争へと向かうという合理性の変質が段階的に生じていることが観察される。前述のように、米国は自らに優位な構造――一極構造――を揺るがしかねない核拡散の脅威について非常に敏感であり、先の第一次核危機時には同盟国に核ドミノを引き起こしかねない北朝鮮の核保有を防ぐため、寧辺の核施設に対する先制攻撃をも具体的に検討していた。加えて、９・１１以後米国はテロ支援国家の動向に非常に敏感となっており、その行動如何によっては先制攻撃も辞さない旨を宣言していた点も、北朝鮮の合理性の変質を助長した。米国のテロ支援国家リストに載っていた北朝鮮からすれば当然の行動ともいえる。

ＨＥＵ疑惑が米国によって提起されて以後北朝鮮が見せた一連の挑発的とみなしうる抑止行動は、上記の核拡散とテロに対する米国側の懸念を煽り先制攻撃誘因を高めた点を勘案すると、元来非合理的な選択肢であったものの、この過程においては結果としてその非合理的選択が採られたのであった。

上記のように第二次核危機の直接的始点は、二〇〇二年一〇月に訪朝したＪ・ケリー米国務次官補の報告によって北朝鮮によるＨＥＵＰという核兵器開発と密接に関連した変数が浮上し、それが国務省報道発表によって公表されたことに求めることができる。要するに、米国側はケリー証言や国務省報道発表を通じて、北朝鮮によるＨＥＵＰはその拡大的動機の表面化に他ならず、それによって第二次核危機が発生したという論理を公式的に示したのであった[19]。

しかしながら、ケリー報告に関しては米国と北朝鮮の間で食い違いが存在する。

二〇〇四年七月一五日に行われたJ・ケリー米国務次官補による米上院外交委員会での証言によると、「私は、彼らがウラン濃縮計画（a uranium enrichment program）を持っているという我々の評価〔筆者註：米情報機関による評価がベース〕をもって北朝鮮と対決（confront）するために、二〇〇二年一〇月に平壌への代表団を率いた。〔筆者註：その席で〕朝鮮の第一副外相の姜錫柱は、米国の敵視政策が北朝鮮にそのような計画〔筆者註：ウラン濃縮計画〕以外に選択肢がないようにさせたのだと我々に述べた。私が北朝鮮はそのような計画を数年にわたって推進してきているという我々の評価を指摘すると、彼〔筆者註：姜錫柱〕に反応はなかった（筆者訳）」[20]。

このケリー訪朝直後に、ケリーが率いた代表団からソウルで訪朝結果報告を受けた当時の林東源韓国安全保障担当大統領特別補佐役によると、米国からのブリーフィングは、まず一〇月三日午後、金桂官外務次官にHEUPを問い詰めると、金次官は激怒し、米国の捏造であるとHEUPの存在を否定したが、翌日四日午後に開かれた最後の会合において姜錫柱第一外務次官がHEUPを認めた、というものであったという[21]。

しかしその二ヵ月後、D・グレッグ元駐韓大使とともに訪朝したD・オーバードーファーによれば、金桂官外務次官の説明では姜錫柱第一外務次官は米国の脅威に直面して、国家の安全を守るため「核兵器を保有する権利を有する」と述べたのみであるとした[22]。また北朝鮮当局者らはブッシュ政権以前からHEUに関しては肯定も否定もしない方針であるが、枠組み合意に関してはいまだ無効ではないと考えているとも述べたとされる。

この検証のためにはケリー訪朝時の会談録が公開される必要があるが、日本や韓国の要請にもかかわらず米政府はこれに応じなかった。しかし会議内容（transcript）を読んだ米政府高官が「最初にそれを読んだとき、姜錫柱はまったく異なる二つのことを述べている。これはどちらにも受け取れると思ったが、主として、北朝鮮は濃縮ウランを開発する権利があるという方が強かったとの印象を受けた。だから後に米政府が、北朝鮮は認めたと発表したときは結論を急ぎすぎたという感じがした」[23]と述べているように、姜のHEU発言は曖昧さが残るものであったことが窺い知れる。

加えて、ケリー訪朝団の一員が指摘するように姜発言に曖昧さが残った一因は、姜錫柱発言の後ケリーが早々に席を立ったことにもあった。姜発言によって訪朝を終わらせずに再度交渉の席を持ち、その真意を確かめる作業を経ていればその確度は格段に高まったであろう。しかし、ケリー自身が「チェイニーのオフィスやロバート・ジョセフによって、一挙手一投足のすべてを事前に決められ、それを忠実に実行しているかどうか監視されていた」[24]と述べているように、当時ケリーの交渉権限は限られており、事前に定められていた日程および行動規範を逸脱する裁量はなかったという事実を鑑みるに、姜発言の曖昧さは残るべくして残ったともいえよう。

また枠組み合意の破綻の契機となったウラン濃縮問題自体についても議論の余地がある。一〇月一六日の米国務省による報道発表には、なぜ北朝鮮によるHEU開発は枠組み合意などの国際的取決めに違反しているかについての根拠が示されているが、これについて検証してみよう。

その米国務省報道発表によると、北朝鮮の秘密のHEU計画は四つの国際的な取決め——①枠組み合意、②ＮＰＴ、③ＩＡＥＡ保障措置協定、④朝鮮半島の非核化に関する南北共同宣言（以下、南北非核化宣言）――に違反していると指摘した。ここで重要なポイントは上記の四つが枠組み合意を基軸として相互に関連していることである。この接点は三つある。

第一の接点①枠組み合意と③ＩＡＥＡ保障措置協定が関連するのは、⑴九二年四月に北朝鮮がＩＡＥＡ保障措置協定に調印しており、⑵枠組み合意中、５メガワット黒鉛減速炉とその関連施設を凍結し、またＩＡＥＡに申告していない施設における核開発の有無を確認するためのＩＡＥＡ査察の受入れを北朝鮮に義務づけているからである。

次にこの③ＩＡＥＡ保障措置協定を介して、第二の接点①枠組み合意と②ＮＰＴが形成される。北朝鮮は一九八五年にＮＰＴに署名して以来、ＮＰＴを遵守する立場にあった。そしてＮＰＴはＮＰＴ加盟国中、非核保有国に関しては原子力の平和利用のみを認めており、それを確認するためにＩＡＥＡ保障措置協定を履行することが義務づけられている。したがって、ＩＡＥＡ保障措置協定に違反するということはＮＰＴに違反していると解釈できたのである。

最後に第三の接点として①枠組み合意と④南北非核化宣言が成立するのは、南北ともにウラン濃縮施設の保有を禁止した南北非核化宣言の促進を枠組み合意第三条で定めていることによる。

しかしながら、この三つの接点から分析するとそれぞれ議論の余地があることがわかる。第一の①枠組み合意と③ＩＡＥＡ保障措置協定については、枠組み合意第四条第三項の詳細を記したＫＥＤＯ供給協定第三附属書第七項において、ＩＡＥＡが必要とするすべての措置を北朝鮮がいつ受け入れる義務があるかについて、「軽水炉の相当部分の建設が終了した後、しかし核心部品の搬入が終わる前」と明記していた。この「軽水炉の相当部分の建設」は第二次核危機が生じた二〇〇二年一〇月には完了しておらず、北朝鮮にＩＡＥＡ保証措置の受け入れを履行する義務は発生していないとの解釈が可能であることを考慮すると、枠組み合意崩壊の原因を北朝鮮に一方的に押しつけることはできない[25]。

また枠組み合意第四条において、軽水炉供給に関する供与契約締結後、北朝鮮・ＩＡＥＡ間の保障措置協定のもとで、凍結の対象とならない施設に関して特定査察および通常査察が再開されると明記されており、枠組み合意が維持されていれば、枠組み合意において凍結の対象となっていない施設、すなわちＥＵＰ関連施設に対して、ＩＡＥＡ保障措置を適用する余地もあった。しかし、当時のブッシュ政権は六月の対北朝鮮政策レビューで設定した強硬関与に基づいた原則的な立場を堅持したことで、交渉の道が閉ざされていく。

具体的には第一次核危機時と同様に、ＩＡＥＡ理事会は二〇〇三年一月決議採択を通じて、核開発の即時放棄と凍結解除した核施設の再凍結、そしてＩＡＥＡが必要とする措置に対する協力を求めたのであるが、これに先立ってブッシュ政権は北朝鮮がこれらの要求に応えたとしても報償は与えないと宣言し、あくまで原則的に核放棄などの措置にも見返りは与えないとした[26]。これは第一次核危機、金倉里地下核施設疑惑時に適用されたギブ・アンド・テイク方式の交渉を実質的に拒否したに等しい。

第二の接点①枠組み合意と②ＮＰＴについては、まずＥＵＰ保有自体は原子力の平和利用を定めたＮＰＴ第四条に則り、透明性が確保されるならば国際法上禁止されていない。現に日本では研究ではなく、実際に軽水炉に使用するための濃縮ウランを製造している商業用ウラン濃縮施設である六ヶ所ウラン濃縮工場の運転が認められている。これを踏まえると、当時仮に北朝鮮がウラン濃縮施設を保有していたとしても一概に脅威であるとは断定できない。北朝鮮は当時HEUの保有に関しては否定しており、また二〇一〇年S・ヘッカーが寧辺の核関連施設を視察した折、約二〇〇〇台規模の遠心分離器を持つ濃縮ウラン施設を公開した際にも、北朝鮮当局者は「建設中の小規模・実験用軽水炉のための低濃縮ウラン（Low Enriched Uranium：以下、LEU）を製造している」と説明している[27]。ここで重要なのはHEUとLEUとを区分する閾値であるが、二〇％という値が一応設定されているものの、LEUを遠心分離し続ければHEUとなるのであって、その判別も容易ではない。現に商業用ウラン濃縮を認められている日本は、LEU製造を名目としたEUPの稼動を通じてHEUを保有するに至っている[28]。

しかし、ここで北朝鮮の場合はEUPを「秘密裏」に開発していたがゆえに、NPTに違反しているという指摘があるだろう。秘密裏かどうかはIAEAによる査察・監視に委ねられる必要があるが、これに対しても反論が可能である。北朝鮮のEUPがNPTに違反するがゆえに枠組み合意にも抵触するという論理を展開するのであれば、北朝鮮が枠組み合意後よりNPTを脱退する以前（一九九四年一〇月〜二〇〇三年一月）までにEUPを稼動していたという一定の証拠の提示がなければならない。その証拠の提示があってこそ、IAEA査察による透明性の確保の必要性が生じるのである[29]。

第三章で述べたように、第一次核危機時には、米国は北朝鮮の核開発疑惑を提起しながら、その証拠を提示した。米国情報機関がIAEA理事会に疑惑となっていた寧辺の核施設を捉えた偵察衛星による写真を異例的に公開し、IAEAによる特別査察に対する国際社会の支持を一定程度取り付けたことで、特別査察の必要性が確保されたといえた[30]。またIAEA自体、査察を通じて、北朝鮮の核開発に対する疑念を強める論拠——プルトニウム・サンプルの検査結果——を提示した。しかしながら、第二次核危機ではこの北朝鮮の核開発の秘匿性を決定的な物的証拠をもって暴くというプロセスが欠如している。

それでは、いつから北朝鮮のＥＵＰは稼動していたのであろうか。これについては諸説ある。遡れば、クリントン政権はＨＥＵＰ（高濃縮ウランプログラム）についての情報をすでに入手していたとされる。一九九九年米エネルギー省は、北朝鮮はパキスタンの協力を得てＥＵＰの実験段階に入りつつあるとし、クリントン元大統領自らも、北朝鮮がＨＥＵを保有していないことは確信できないと指摘していた[31]。また共和党サイドにおいては九三年三月ギルマン報告書を作成し、その中で北朝鮮のＥＵＰの可能性に言及、クリントン政権の対北朝鮮政策を批判している[32]。

実際に、ＥＵＰ関連部材の輸入に関しては九八年から九九年にかけて北朝鮮がパキスタンから遠心分離器二〇個ほどを入手した事実をクリントン政権が摑んでいたということは、米政府高官の証言[33]、後にパキスタン高官による証言――二〇〇四年七月パキスタンのブット元首相の証言[34]、ムシャラフ・パキスタン元大統領の自叙伝、カーン博士の証言――によりある程度裏付けられることとなり、その信憑性が高まった。

ブッシュ政権においては国家情報評価（以下、ＮＩＥ）２００２の中でまず北朝鮮がＨＥＵの研究・開発に本格的に乗り出したのは一九九九年以降であり、次に生産段階への移行に関しては二〇〇〇年末までに決定がなされ、遠心分離器施設を二〇〇一年より建設中であることが明記されている[35]。また、一九九九年からＡ・Ｑ・カーン博士による北朝鮮への遠心分離器についての支援が開始されたというムシャラフ・元パキスタン大統領の証言も存在した。時期的には北朝鮮側に枠組み合意の履行の遅延に対する米国への疑念が強まり、また二〇〇〇年の米大統領選における共和党勝利／民主党敗北という結果によって枠組み合意の履行がより一層不透明になった頃である[36]。

このNIE2002においてはまた、北朝鮮がこのまま順調に遠心分離器施設を建設したと仮定するならば、二〇〇四年末から二〇〇五年にかけて核兵器を製造するのに十分なHEUを入手できるであろうと評価した[37]。しかしながら、当時米国情報機関から北朝鮮のHEU開発についてブリーフィングを受けた林東源韓国元統一相によると、米当局が証拠として挙げたアルミニウム管などの資材はミサイルなどの他用途にも使用可能なものであり、北朝鮮のEUPの稼動を決定づけるものではなかった[38]。実際に北朝鮮は二〇〇七年の六ヵ国協議における米朝交渉の中で、アルミニウム管はミサイル部品として使用されたと説明し、そのサンプルを米国に提供している[39]。

またS・ヘッカーとD・オルブライトはEUPにはアルミニウム管以外にも高耐久マルエージング鋼(High-strength maraging steel)、輪形磁石(Ring Magnet)などが必要であり、これらの部品の輸入に対する説明がNIE2002ではなされていないという[40]。この主張を擁護するものとしては九七年から北朝鮮はEUP研究に取り組んでいるものの、一部部品が不足していて二〇〇二年時点においてもウラン濃縮施設は依然稼動していない、という情報も存在した[41]。要するに、いつから北朝鮮のEUPが稼動したのかについては二〇〇二年時点で確定的な証拠に基づく情報はなかったのである。

ちなみに、北朝鮮がEUPの実験開始を公式的に認めたのは二〇〇九年六月朝鮮外務省声明が最初である[42]。同年九月には北朝鮮国連代表部は「濃縮ウラン実験が成功裏に完了段階に入った」と述べ、翌二〇一〇年にS・ヘッカー米スタンフォード大学教授により北朝鮮におけるEUPの存在が初めて確認されるのだが、これ以前に北朝鮮においてEUPが稼動していたという決定的な物的証拠は、現在までのところ提示されていない。

最後に、第三の接点①枠組み合意と④南北非核化宣言違反について考察してみよう。

当時のブッシュ政権は枠組み合意第三条に依拠し、EUPの保有は一九九二年の南北非核化宣言に反するため、北朝鮮によるEUPが枠組み合意破綻の直接的原因であると主張するが、以下の点で反論の余地がある。

第一に枠組み合意中、南北非核化宣言の位置づけはあくまで副次的である。枠組み合意の主眼は枠組み合意第一条に明記されているとおり、九四年時点で北朝鮮が稼動していたプルトニウム型核関連施設を凍結させることを通じて、さらなるプルトニウムの生産を防ごうという点にあることは合意文上明らかであった。また枠組み合意の履行のために作られたKEDO供給協定では、北朝鮮側の履行義務が寧辺の5メガワット規模の黒鉛減速炉の凍結・解体と定められているものの、HEUのみならずLEUも含めたEUPは含まれていないことからも、枠組み合意の主な目的はプルトニウム型核開発であり、EUPではないことが察せられる。この脈絡で、クリントン元米大統領自身もEUPは枠組み合意違反ではない可能性があると述べていた[43]。

次に枠組み合意第三条第二項では、南北非核化宣言の履行に向けた取り組みを一貫して行うとあるが、これに先んじて同条第一項においては米国による核兵器の脅威とその使用がないよう米国は北朝鮮に「公式の保証」を与えるとある。米国は公式の保証、すなわち核の先制不使用を担保する公式的な声明や不可侵条約、平和条約締結、そして国交正常化など米朝関係を決定的に改善するリアシュアランスを二〇〇二年時点で北朝鮮に与えていないことから、仮にケリーが指摘した時点でEUPが稼働していたとしても北朝鮮を一方的に非難することは難しい。

最後に南北非核化宣言においては「南北は核再処理施設とウラン濃縮施設を保有しない」と定めており、北朝鮮のEUPが南北非核化宣言に違反すると主張するならば、ここでも北朝鮮がすでにウラン濃縮施設を保有していたという証拠を示す必要があった。そのためには北朝鮮のEUPが稼動しているウラン濃縮施設の位置を特定し、かつその施設の中でウラン濃縮が行われているという決定的な証拠がなくてはならなかった。前述のように、米国は第一次核危機時にはこの要件を満たすため、異例的に衛星写真をIAEAに提出、疑惑となる核施設の位置を示している。

しかしながら、米当局によって北朝鮮が二〇〇二年以前にアルミニウム管など遠心分離器に転用可能である資材を輸入したなどの状況証拠は確認されているものの、一九九四年一〇月より二〇〇二年以前までに北朝鮮がウラン濃縮施設を保有したことを証明する上で必要なウラン濃縮施設の位置の特定は、米情報当局によってなされていない[44]。位置が特定できていないということはまた、当時米情報当局は実際に遠心分離器が稼動しているという物的証拠を入手していなかったことを意味した。北朝鮮によるある種の自白によってウラン濃縮施設の保有が確認されるのもまた、前述のように二〇一〇年を待たなければならない。

以上のように、米国が主張するごとく北朝鮮が①枠組み合意、②NPT、③IAEA保障措置協定、④南北非核化宣言に違反しているとするならば、第一にいつからEUPが稼動したか、第二にどこに遠心分離器が稼動しているウラン濃縮施設が存在したか、という問いに答えられる決定的証拠の提示がなければならなかったものの、それらに対する検証が十分になされないまま、当時のJ・ケリー米国務次官補の証言と北朝鮮によるＥＵＰ関連機材の輸入の事実のみに依拠し、米国は北朝鮮のＨＥＵＰ、あるいは核兵器用のＥＵＰの存在が確定的であると論じ、枠組み合意破棄への流れを作ったといっても過言ではない[45]。

ただし仮に米国が主張するように、北朝鮮のＥＵＰが枠組み合意形成以後かつ枠組み合意が破棄される以前に開始されていたとしても、北朝鮮のＨＥＵをめぐる動きは枠組み合意履行段階における米国への不信感から生じたものであったと指摘する余地も存在する。

例えば、実質的に米国のリアシュアランスの履行のために作られたＫＥＤＯによる軽水炉建設と重油の供与が大幅に遅れる中、北朝鮮は一九九八年五月、当時の朱昌駿駐中国朝鮮大使は凍結している黒鉛減速炉の再開の可能性を示唆し、同年六月には金桂官外務次官がロス米国務次官補に送った書簡の中で、重油供与がさらに遅れる場合、一ヵ月の猶予の後核開発の凍結を解除すると警告していた。枠組み合意当時、米朝は軽水炉一基の建設におおよそ五年かかると算定し、二〇〇三年という期限を設定したが、五年が経過しようとしているのにもかかわらず、軽水炉一号機の基礎すら出来上がっていない状態であったことは、北朝鮮を明らかに苛立たせ、その不安を刺激するものであったといえよう[46]。

また米当局とパキスタン高官の証言によると、北朝鮮がパキスタンから入手したとされる遠心分離器は約二〇個であるとされる。この数量はＨＥＵを大量生産するには少ないことを踏まえると、もしＮＩＥ２００２の指摘が事実であったとしても、当時北朝鮮のＥＵＰ開発は生産段階にはない実験段階に過ぎず、二〇〇三年という枠組み合意の履行期限内に核兵器一発分のＨＥＵ（約六〇kg）は生産されえなかった可能性が高かった[47]。またＨＥＵＰに成功したとしても弾道ミサイルに搭載するために必要な小型化はプルトニウムよりもハードルが高く、弾道ミサイルによる米国本土への核打撃能力を開発し対米抑止力を強化するためにはさらなる時間を要することとなる。

そして北朝鮮のこの時期におけるEUP研究が事実だとすれば、その性質は原子力の平和利用とともにあくまで枠組み合意で定められた米国によるリアシュアランスの提供が遅れていることに対して、米国の拡大的動機についての疑念を強め、ワースト・ケース・シナリオに備える保険的なものであって、枠組み合意の破綻を狙ったものではなかった可能性が高い。

また北朝鮮は威嚇や抑止行動だけではなく、米国に対し関係改善を望むという協調的シグナリングを送っていた。そもそも①冷戦体制崩壊直後から、北朝鮮の対米交渉における最大の目標は自らの生存を確保するための米国との関係の正常化であったこと[48]、②二〇〇〇年に米朝高官の相互訪問を推進し、韓国との南北首脳会談を受け入れ、二〇〇二年には日本と日朝平壌宣言を採択したこと、③ケリー訪朝後、金正日国防委員長がD・オーバードーファーに託したブッシュ大統領への親書の中で、米国が不可侵を約束するなら、核問題解決が可能であると表明したこと[49]、を踏まえると、米国が枠組み合意において定められた軽水炉・重油供与といったリアシュアランスの提供を履行することによって、北朝鮮の生存の不安を緩和してさえいれば、北朝鮮は米国との関係正常化のために苦心して作り上げた枠組み合意から離脱せず、自らの義務を履行していた可能性が高かったとすらいえる。

また金正日元国防委員長の親書の内容を鑑みるに、金倉里地下核施設疑惑の時のように、米国が交渉の余地を残しながら粘り強く査察ための交渉をしていれば、北朝鮮は査察に応じたかもしれなかった。しかし、ブッシュ政権は枠組み合意におけるリアシュアランスの提供が遅延していたことに対し、それを補完する措置を提示するのではなく、より強硬的な姿勢、すなわち「強硬関与」を示し、北朝鮮に対し一切の報償を与えない立場を表明していった。ABC（Anything But Clinton：クリントン以外なら何でも）マインドに基づき対北朝鮮政策を見直し、二〇〇二年の一般演説教書では北朝鮮を「悪の枢軸」と名指しし、かつ北朝鮮によるEUPの否定にもかかわらず、それに反駁する十分な証拠を提示しないままケリー訪朝以後二ヵ月も経たないうちに重油提供の停止を決定したのである。また前述のようにIAEA理事会による決議が採択された際も、ブッシュ政権は北朝鮮がこれらの要求に応えたとしても見返りは与えないと言明したことによって、交渉の余地がなくなったといっても過言ではないであろう[50]。

これら米国の強硬的な措置は、米国自身にとってはその意図が拡大的動機に根ざしていなかったにせよ、メッセージの受け手側である北朝鮮からすれば、ブッシュ政権は自らを侵略するためにHEU問題をでっちあげたという認識にしかならず、生存への不安を煽られる結果となった。より具体的には、ブッシュ政権の強硬関与アプローチによって、北朝鮮が現状維持による防御コストの増加、すなわち現状維持による防御的戦略を保持しても残存の可能性が低下したことを認識したことにより、攻撃優位の状況が浮上し危機不安定性が高まったといえる[51]。

この生存への不安の緩和のために北朝鮮はNPT脱退以後、自衛的措置であるという自己認識のもと段階的に核兵器開発へと舵を切っていった。まず二〇〇三年四月一八日、北朝鮮外務省代弁人は使用済み核燃料八〇〇〇本の再処理過程に入ったことを公表、つづく同月二三〜二四日に行われた米朝中三ヵ国協議の晩餐会の場では李根外務省副局長が当時のJ・ケリー米六ヵ国協議代表に対し、北朝鮮はすでに核保有をし、核実験と核拡散の可能性もある旨をほのめかす[52]。以後米朝直接接触を経て、同年八月に第一回六ヵ国協議が開催されるものの、北朝鮮が提案した一括妥結方式と同時行動順序が米側によって拒否されるや、北朝鮮は六ヵ国協議の有効性への疑問と危機の増大をさらに認識することとなった。

こうして同年八月三〇日、朝鮮外務省代弁人は「……自主権を固守するため、自衛的措置として核抑止力を引き続き強化していく以外に選択の余地がないということをさらに確信させている」[53]と言明、そしてこの「朝米間の核問題に関連した朝鮮民主主義人民共和国外務省がとった対外的措置」[54]は同年九月三日の最高人民会議第一一期第一次会議にて満場一致で承認された。この中で、北朝鮮は米国の核先制攻撃を防ぎ、地域の平和と安定を守るための自衛手段として核抑止力を維持・強化する道しかないと言明する。

さらに翌月四日には、この措置の具体的内容を明らかにした。六月末までに原子力の平和利用の一環として八〇〇〇本の使用済み核燃料棒の再処理は完了したが、米国の敵視政策によって作られた情勢に対処するため、そうして生産されたプルトニウムの用途を核抑止力強化のための軍事利用へと変更したと公表したのである。一年後の二〇〇四年九月、この北朝鮮外務省がとった対外的措置は、崔守憲元外務省副相が国連総会基調演説において米国の攻撃を抑制するために、八〇〇〇本の使用済み核燃料棒を再処理し武器化したと公言することで、その進展が確認されることとなった。

総じて見ると、ブッシュ政権ではＡＢＣ（Anything But Clinton）と揶揄されるほどに対北朝鮮政策を全面的に見直した結果、北朝鮮の拡大的動機に対する疑念の矛先がネオコン主導のもとＥＵＰ問題に向かったといえる。前出のようにこのＥＵＰ問題に対する疑念はクリントン政権時にすでに認識されており実際に金倉里地下核施設疑惑も提起されはしたものの、クリントン政権は枠組み合意と米朝共同コミュニケ等の協調政策を通じて現状を維持しようという立場を堅持した。この一方で、ブッシュ政権においては同じEUP問題を一八〇度異なる角度から見ることで強硬政策へと転換していった。このブッシュ政権における強硬政策の採用に伴い北朝鮮側において米国に対する不信が強まり、ケリー訪朝を契機として米朝間の動機に対するギャップが拡大、危機が再来することとなったといえよう。

ただし、ブッシュ・ドクトリンが拡大的動機のみによって形成されていたと断定できないのも事実である。当時のブッシュ米大統領は二〇〇二年二月二〇日に行われた訪韓に際しての演説や、二〇〇二年一〇月二二日のNATO事務総長との会談の席で、北朝鮮に侵略する意思はないと明言していた[55]。そして実際に二〇〇二年に枠組み合意が破綻した前後、ブッシュ政権では北朝鮮へのリアシュアランス提供に向けた動きが観察される。かつてラムズフェルド元国防長官が役員を務めていたABBグループ（北朝鮮への軽水炉提供の事業者）[56]がブッシュ政権誕生後の二〇〇一年一月に再訪朝し、具体的に合意書の履行について話し合い、同年六月には平壌代表部を設立、枠組み合意破綻後の二〇〇三年五月一九日には二〇〇〇年の合意を確認する了解書を取り交わした。これらの事実は、当時ブッシュ政権の対北朝鮮政策が拡大的動機のみに基づき策定されていたという主張に疑問を投げかけるものであった。

(三) MDの推進

しかしながら、米朝間の相手国の動機に対する認識のギャップはさらなる軍拡のシグナリングによって、その拡大に拍車がかかっていく。一九九八－一九九九年の危機を契機として加速したMDの導入が、ブッシュ政権の誕生とあいまってさらに促進されたのであった。実際に第二次核危機に並行して、ネオコン主導の下、米国のＭＤ開発・配備のための政策が強力に推進された。

冷戦体制崩壊後ソ連に代わる仮想敵国を地域的脅威に定め、その一つに北朝鮮が含まれたが、米国はこれらの地域的脅威に対してレーガン政権の戦略防衛構想（ＳＤＩ）に起源があるＭＤによる拒否的抑止力の構築を推進し、特に共和党・国防総省はＭＤに強い関心を示してきた[57]。前述のごとくこの米国によるＭＤ推進の転換点となったのが、一九九八年である。一九九八年にラムズフェルド報告が北朝鮮が米国本土に到達しうる弾道ミサイルを二〜三年以内に配備する可能性があり、それに対処するためにＭＤが必要であると主張したのであるが、その信憑性が同年八月の北朝鮮による弾道ミサイル／人工衛星発射によって急激に高まることでＭＤの開発・配備に拍車がかかっていったのである。

このラムズフェルドがブッシュ政権時に国防長官を担ったのであるが、二〇〇一年一月にも宇宙委員会における報告書で「宇宙空間においてのパールハーバー（Space Pearl Harbor）」[58]が起きる可能性を指摘し、ブッシュ政権の国防長官に就任した後の同年五月にはそれらに対処するために「国家安全保障のための宇宙管理と組織的イニシアティブ」[59]を打ち出している。宇宙空間における安全保障を管理・防衛する上で、必要となるのがＭＤであった。同五月、ブッシュ大統領は米国防大学における演説で、いわゆるならず者国家からのＷＭＤ（大量破壊兵器）および弾道ミサイルの脅威に対処するためにＭＤの構築が不可欠であるとし、クリントン政権時代に区別されていたＴＭＤ（戦略ミサイル防衛）とＮＭＤ（国家ミサイル防衛）を統合することを宣言した。

またブッシュ政権における強硬関与政策の理論構築を担ったチャは、強硬関与が最大の効用を得るためにはＭＤの推進が必要であるがゆえに、強硬関与とＭＤは両立可能であると指摘した[60]。また興味

	FY00	FY01	FY02	FY03	FY04	FY05	FY06	FY07	FY08	FY09
予算請求	3.3	4.5	8.3	6.7	7.7	9.2	7.8	9.3	8.9	9.3
下院認可	3.7	5.2	7.9	6.9	7.8	8.9	7.9	9.1	8.3	8.6
上院認可	3.7	4.7	5.8	5.9	8.2	9.0	7.8	9.4	8.6	8.9
下院配分	3.6	4.6	7.9	7.4	7.5	8.7	7.6	8.9	8.6	8.4
上院配分	3.9	4.8	6.3	6.2	8.2	9.2	7.9	9.4	8.7	9.0
予算認可	3.7	4.8	8.4	6.6	7.7	8.9	7.8	9.3	8.5	8.9
予算配分	3.6	4.8	7.8	7.4	7.7	9.0	7.8	9.4	8.7	9.0

（表４－１）米国ミサイル防衛関連予算資料〔単位：10億ドル〕

［出典］米ミサイル防衛庁資料から作成.

深いのは、同論文で北朝鮮のミサイル・モラトリアムと経済制裁解除とのバーターに否定的見解を示し、ＭＤと強硬関与をつなぐことこそが北朝鮮によるミサイル・モラトリアム撤回を防ぐものだと主張していることである。つまりチャの強硬関与の論理は、ギブ・アンド・テイクに則った協調的手段によって北朝鮮の譲歩を引き出すのではなく、制裁や予防攻撃をするぞという威嚇などの強硬的手段によって北朝鮮の譲歩を引き出すことを目的としているのであり、その懲罰的手段と強硬関与をつなぐツールがＭＤなのであった。

これらのブッシュ政権のＭＤに関する構想は着々と実行に移された。同年一二月にはＭＤ構築の妨げとなるＡＢＭ条約（一九七二年に米ソ間で締結された弾道弾迎撃ミサイル制限条約）からの脱退を関係諸国に通告し、９・１１同時多発テロ後、世論において非伝統的脅威（国家によらない、非合理的で予測困難な脅威）に対する認識が高まる中で、既存の弾道ミサイル防衛局（ＢＭＤＯ）がミサイル防衛庁（Missile Defense Agency：ＭＤＡ）に改編され、日本と韓国に対してもＭＤ開発・配備へのさらなる協力を要請した。このようにＭＤ開発・配備のための法的・行政的整備が進むとともに、ＭＤへの予算も急激に増加していく。表４－１を見ると、クリントン政権末期の二〇〇〇予算年度以降ＭＤ関連予算は増加傾向にあり、ブッシュ政権における二〇〇七年には九四億ドルの予算が配分されている。これは二〇〇〇年と比較して約一六一％の増加にあたる。

このようにブッシュ政権においては第二次核危機と並行して、ブッシュ・ドクトリン遂行の中核としてＭＤ開発・配備が積極的に推進されたのであるが、北朝鮮の脅威がこの促進剤の役割をなしたといえる。要するにＭＤ推進派、特にネオコンからすれば、ＭＤの仮想敵である北朝鮮の脅威が消滅する可能性のある枠組み合意・米朝共同コミュニケが前進することは、米国益に反することであったとすらいえよう。

ただしここで重要なのは、このＭＤを通じての防衛には米国本土だけでなく、在外米軍基地などの米国が保持する余分の安全が含まれるということであった。

Ｍ・グリーンが指摘するように、ＭＤには第一に同盟国との相互運用性・防衛協力の強化を促し、第二に米国の拡大抑止を補強し、同盟国が独自の核武装をする必要をなくす効果がある[61]。つまり米国が冷戦終焉以後、同盟維持・強化を通じて余分の安全を継続的に確保していく上でも、ＭＤは必要不可欠なツールなのであった。

また前章で述べたように抑止理論の観点では、ＭＤの導入は先制攻撃の可能性の増加をもたらす。つまりはその損害限定効果がゆえに、先制攻撃を助長するものと認識され、相手国の対抗措置としての軍拡を喚起することで、攻撃優位局面が出現する可能性を高めるのである。とりわけ第二次核危機においては、ブッシュ大統領がブッシュ・ドクトリンを発表、先制攻撃を辞さない旨を宣言し、かつＡＢＭ条約からの脱退を宣言したことにより[62]、その先制攻撃のターゲットである悪の枢軸の一つに名指しされた北朝鮮の観点からは、米国の先制攻撃誘因の増加を認識せざるをえなかった。

事実、北朝鮮は二〇〇〇年七月の時点で朝露首脳会談に伴い出された朝露共同宣言の第六項で、ABM条約の意義を強調し、MD配備を非難した[63]。これが結局、北朝鮮からいえば自衛的であり、米国からは拡大的であるとみなしうる北朝鮮の核兵器開発の前進をもたらす要因の一つをなしたといえる。

ただここで留意すべき点は、MDはその損害限定効果により先制攻撃を促進する効果があるがゆえに、北朝鮮に危機不安定性の増加を認識させるに至ったにせよ、米国の拡大的動機の具現化であるとは証明しがたいという点である。なぜならば論理的には拒否的抑止力の構築がMDの主眼であり、「〔筆者註：北朝鮮などの〕脅威を予防し、防衛を強固にする役割を果たす」[64]という米国の主張を崩すことは容易ではないからである。この反面、北朝鮮のMDに対する認識はそうではない。MDは北朝鮮に、①自らのカウンター・バランシングを余儀なくするものであり、また②米国による強硬政策のコミットメントの信頼性の向上をもたらすとの認識を持つに至らせる[65]。ここでも認識のギャップの拡大が如実に表れるのであった。

第二節　相互作用の検討

以上のように、二〇〇〇年代初期には米朝関係を取り巻く国際環境の大幅な変化と米国における政権交代に伴う対北朝鮮政策の転換がなされた結果、北朝鮮の生存への不安が心理的にも合理的にも増幅されることとなった。

特に9・11を経た米国において北朝鮮に対する先制攻撃誘因が生じたことが、第二次核危機形成に大きく作用したといえる。これに加え、米国の政権交代後における対北朝鮮政策見直しにより枠組み合意の信頼度が米朝双方において低下した。こうして北朝鮮の観点から米国の動機が不透明となる中、同じ「悪の枢軸」と名指しされたイラクに対する侵攻が遂行され、実際にフセイン政権が打倒、転覆されるのを目の当たりにすることで主に心理的側面から北朝鮮の不安は一層かきたてられざるをえなかった。とりわけ、米朝双方の自衛的動機を相互確認・担保していた枠組み合意の破綻とブッシュ・ドクトリンというシグナリングは、心理的誘因による合理性の変質を強める結果をもたらした。

この代表的な表象が、これまで合理的に順守してきた枠組み合意の破綻につながる寧辺の核施設の凍結解除およびNPT脱退という、北朝鮮側のコストをかけたシグナリング（costly signals）であった。これにより、米国の観点からもこれまで断定が難しかった平和利用と核兵器開発の間の境界線が北朝鮮の核開発問題では明確になっていく。つまり、これらのシグナリングによって米国としては北朝鮮の核開発の目的は平和利用ではなく、核兵器開発であるという認識を強めざるをえなかったのである。

北朝鮮が冷戦体制崩壊以後二〇〇三年一月までNPTに加盟し、自国の核開発を原子力の平和利用であると強調してきたのは、米国が上記のような認識を合理的に持つことはないだろうと判断したからであったと推察されるが、核施設の凍結解除とNPT脱退によって、米国が北朝鮮の核開発は拡大的動機に因っているという認識を持つ公算は高かったであろう。とはいえ、第二次核危機の中にあって失う不安に駆られた北朝鮮の観点からすれば、核兵器保有の道が自らの生存を唯一担保する合理的なものとして映っていったといえよう。

米国側としては、これらの強硬的行動は自らの余分の安全を守るという動機に端を発しているにせよ、ブッシュ政権においてクリントン政権の協調政策から抑止理論に基づく強硬政策への転換が、北朝鮮にブッシュ政権は自らの生存を侵そうとしているという誤認をもたらし、かつ枠組み合意の破綻が現実化するにつれ、双方の動機に対する認識の差が拡大したことで、緊張が一気に高まっていったのである。

先の二つの危機と比較すると、ブッシュ政権の対北朝鮮政策の全面的見直しにより情報不完備が再浮上したことにより、北朝鮮側に心理的不安が生じ緊張形成が促進された点は第一次核危機と類似している。しかしながら、北朝鮮側からは先制攻撃も辞さないといった従来のシグナリングが見られず危機不安定性の完全な出現までには至っていないのに加え、リアシュアランス・プロセスが緊張形成の途中まで機能していた点を踏まえると、その心理的重圧は第一次核危機ほどではなかったことが察せられる。

この点については、ブッシュ・ドクトリンやイラク戦争の遂行によって米国の先制攻撃の可能性が高まったため、北朝鮮は先の事例で見られたようなさらに米国の侵攻を助長するかもしれない先制攻撃に関する政府声明を出せなかったという指摘も可能である。しかしながら、そうであれば北朝鮮が枠組み合意の破綻後、公に核兵器開発を進める意思を表明したことはそれとは矛盾してしまう。なぜなら、ブッシュ・ドクトリンは、まさに北朝鮮などのならず者国家による核兵器を含むＷＭＤ開発およびテロリストへの拡散リスクに対して米国は先制攻撃をも辞さないとする軍事ドクトリンであり、イラク戦争ではＷＭＤ装備を口実としてその先制攻撃ドクトリンが現実化した点を踏まえると、北朝鮮の核兵器開発の公的な推進もまた米国の上記安全保障上の懸念を強め、米国による予防攻撃を招く可能性を高めることになるからである。この矛盾が北朝鮮の生存のための合理的選択による故意的な「ずれ」によって生じたものなのかについては、追加の検証が必要である。

また米国においては、同盟管理などの側面からブッシュ政権にとって対北朝鮮強硬路線は協調路線よりも合理的選択であると映った可能性が高い点を勘案すると、合理的誘因の作用も弱いものではなかったといえる。

北朝鮮の弱者の先制攻撃により日韓という同盟国がダメージを受けることは、米国の余分の安全を低下させるというペリー・プロセスで米国が見せた合理性に加え、とりわけ、強硬的抑止行動によって北朝鮮の脅威が明確化されれば、米国は余分の安全の確保に役立つMD開発・配備を推進することが可能となる。その反面、北朝鮮の脅威が消滅すればMDを推進する大義が失われてしまう。MD推進をクリントン民主党政権時より一貫して唱えてきた共和党政権にとっては、MD推進の大義を失うような事態に陥ることは非合理的帰結であったと考える。

第三節　小括

第二次核危機において特徴的なのは、一極構造の中で圧倒的優位を占めていた米国で起こった安全保障上のパラダイムシフトとこれに伴う安全保障政策の転換が、米朝間の相手国の動機に対する誤認に多大な影響をもたらすことで、緊張レベルが高まった点である。つまり一極構造の中心である米国の危機感に根ざした変化が世界に波及する中で、米朝間の緊張レベルの変化にも影響を及ぼしたといえる。

このような国際関係のパラダイムシフトを土台として、米国においてクリントン政権期の北朝鮮政策の全面的見直し、ブッシュ・ドクトリンの形成、そして北朝鮮を悪の枢軸の一つに含めるというシグナリングが行われ、かつ北朝鮮によるHEUP疑惑が浮上したことで、米朝間に誤認が生じ緊張のスパイラルが生じることとなった。

これらのブッシュ政権の強硬関与政策に基づく抑止的行動は、北朝鮮からは誤認され拡大的動機の具現化としかみなされなかった。その結果とられることとなった北朝鮮側の安全の低下という損失を埋め合わせる行動、すなわちNPT脱退、核燃料棒の取り出し等がまた米国の誤認を深めることで緊張のスパイラルが心理的・合理的両誘因から急激に形成されていった。ただし、このブッシュ政権における強硬関与政策もまた先制攻撃が実際にはなされず、かつこれと並行して協調的シグナリングが発せられていた点を踏まえると、拡大的動機の具現化に基づくものとは証明できない。この点が抑止モデルを第二次核危機に適用する際の限界ともいえる。

この第二次核危機は結果として米朝間の緊張形成の転換点となった。北朝鮮の核開発の性質が完全に変質したからである。一九九〇年代を鑑みると、クリントン政権において米朝間で一九九三－一九九四年、一九九八－一九九九年と二度の緊張の強化が枠組み合意、米朝共同コミュニケといった信頼醸成のための各パッケージによって緩和される過程を経た。またこの信頼醸成の結実として、二〇〇〇年における米朝のオルブライト・趙明禄という双方の最高決定機関代表間の相互訪問を含めた接近が行われるに至った。

ここで重要な含意は二点ある。まず、米朝間で相互に拡大的動機がないことを証明する信頼醸成措置をとる意思があったこと、およびそれを担保する具体的な言動が確認されていた点である。とりわけ、北朝鮮の最高指導者である金正日元国防委員会委員長自らが弾道ミサイルの射程を五〇〇km以下に制限するという発言を米国務長官に伝えたことは、米国による北朝鮮の拡大的動機の有無が物理的方法によって確認されうることを意味した。換言すれば、当時北朝鮮の飛翔体に対する攻撃・防御区別性を確保する上で実現可能な方法が示されていたのである。またこれはいわゆるテポドン騒動以降これまで、米国が一貫して持ち続けている懸念――北朝鮮の弾道ミサイルによる米本土への攻撃――を払拭する措置でもあった。

しかしながら、ブッシュ政権がABC方針に則りクリントン政権時の北朝鮮政策を見直したことで、このクリントン政権期に確立されようとしていた枠組み合意、すなわち米朝間における拡大的動機の有無の相互検証を物理的に可能とする合意された枠組みが放棄されることとなった。加えて、ブッシュ政権における抑止モデルに依拠した強硬関与政策の実行とイラク戦争の結果を目にした北朝鮮が、自らの生存の危機を認識した結果、一九九〇年代において実質的に対米交渉用ツールとしての役割を帯びていた北朝鮮の核開発の性質は、その安全の低下をキャッチアップするための自衛的抑止力の確保へと変化することになる。

換言すれば、第二次核危機以前の北朝鮮は、核兵器開発が①同盟国への脅威だけでなく、②NPT体制への脅威と米国からみなされ、その軍事介入――外科手術的先制攻撃（イスラエル方式）――をもたらす可能性を高めるがゆえに、核兵器開発に乗り出しながらもそれを公的に認めることに慎重であったが、第二次核危機に際しブッシュ・ドクトリンにより、北朝鮮が時間的制約による心理的重圧を感じ生存の不安に駆られたことで、核兵器保有というレッドラインを越えていくこととなったといえる。

このように北朝鮮が従来非合理的選択であった核兵器保有を選択したことで、二〇〇〇年までは達成可能であった北朝鮮の拡大的動機を数値化しうる五〇〇㎞以下のミサイル・モラトリアムという信頼醸成の手段はもはや使用不可能となった。逆説的にいうと、クリントン政権時の二〇〇〇年の信頼醸成の枠組み――ミサイル・モラトリアムと国交正常化のバーター――が実行されていたならば、北朝鮮の核兵器保有と現在見られるような核兵器高度化は回避されていた可能性が高かったのである。

またNPT脱退に至り、北朝鮮は枠組み合意から完全に離脱したといえるが、北朝鮮を枠組み合意にとどまらせることができたならば、前述のように枠組み合意第四条に則り、交渉次第でEUPもしくはHEUに関して「IAEAにおけるウラン濃縮施設を対象とする保障措置」を北朝鮮に適用することも可能であったと考える。要するに、これまでは核開発をある種の外交上のレバレッジとしてきた北朝鮮とは、その核能力を大幅に制限する取引を結ぶ余地があったのである。

しかし、この第二次核危機を経て北朝鮮はルビコン川――核兵器保有――を渡っていく。

第五章　六ヵ国協議をめぐる緊張の変化（二〇〇三－二〇〇九）

前章で見たようにブッシュ政権出帆後、米朝間に第二次核危機が形成された。その結果、一九九四年より約八年間北朝鮮のさらなるプルトニウム製造を防ぎ、北朝鮮の核能力進展を抑制することに成功した米朝枠組み合意は破綻を迎えることとなった[1]。そしてこの新たな核危機勃発に際し、朝鮮半島での動乱を回避したい中国のイニシアティブにより、二〇〇三年四月の米中朝三ヵ国協議を経て同年八月、米朝を含む六ヵ国協議が始動、非合理的な帰結——戦争——は回避される[2]。

しかしながら、六ヵ国協議は一時的に米朝間における緊張緩和をもたらしたものの、その緊張の完全なる解消には達することができなかった。これは六ヵ国協議というリアシュアランス・プロセスが進行中であったにもかかわらず、二〇〇六年北朝鮮が核実験——核の平和利用と軍事利用の分水嶺——に踏み切ったことに如実に表れているといえよう。二〇〇九年には第二次核実験が実施されるなど、六ヵ国協議によって緩和された緊張レベルが再度高まりを見せる。そして、これらの緊張維持および再上昇が後に二〇一三年二月をピークとする第三次核危機の土台をなすのであるが、本章においては、この第二次核危機の残滓であり、第三次核危機へとつながる二〇〇三－二〇〇九年の緊張レベルの維持および再上昇について検討する。

第一節　リアシュアランス・プロセス下における緊張の再形成

第一項　二〇〇三-二〇〇九年における緊張形成の参照点と信念

まず二〇〇三-二〇〇九年における緊張レベルの再上昇における参照点と、その過程における米朝それぞれの信念について考察する。参照点は六ヵ国協議によって第二次核危機をめぐる緊張レベルが緩和された状況に設定可能であろう。前章で述べたように、第二次核危機が形成される過程では米朝間に先制攻撃誘因が生じやすい状況、すなわち危機不安定性が発生したが、六ヵ国協議の出帆によってその緊張レベルが緩和されていた。

この緊張緩和局面において、米朝双方は相手国の拡大的動機が具現化される可能性が高いという信念は、その可能性が低いという信念へと変化していったといえる。これは六ヵ国協議がもたらした緊張緩和の頂点である第四回六ヵ国協議で採択された共同声明（以下、9・19共同声明）に顕著である。

9・19共同声明は二〇〇五年七月から九月の間に二度にわたる協議を経て発表され、その中で朝鮮半島非核化へのロードマップが米朝によって合意された。

具体的には、検証可能な非核化（The Verifiable Denuclearization）が六ヵ国協議のゴールであることが明記され、その目標達成のために第一条において北朝鮮は「すべての核兵器及び既存の核計画を放棄すること並びに、NPT及びIAEA保障措置に早期に復帰することを約束」[3]する一方で、米国は「朝鮮半島において核兵器を有しないこと、及び、朝鮮民主主義人民共和国に対して核兵器又は通常兵器による攻撃又は侵略を行う意図を有しないことを確認」[4]した。

また第一条においては北朝鮮の原子力の平和利用の権利について言及し、枠組み合意において履行されなかった軽水炉の提供が再び議論されることが確認された。第二条においては六ヵ国が国連憲章および国際規範を遵守する旨を確認しながら、「相互の主権を尊重すること、平和的に共存すること、及び二国間関係に関するそれぞれの政策に従って国交を正常化するための措置をとることを約束」[5]するという言及がなされ、続く第三条においては北朝鮮の核兵器開発と既存の核計画の廃棄に対する具体的なリアシュアランスとしてエネルギーが提供される旨が合意された。

以上のように、9・19共同声明発表の時点においては、第二次核危機として再浮上した米朝間の緊張が緩和されていることが容易に察せられる。特に第一条において、北朝鮮がさらなる核兵器開発を放棄する意思を明確に示すことで米国の懸念を一定程度解消する反面、米国も北朝鮮に対する核兵器あるいは通常兵器を用いた先制攻撃を行う意思がない点を成文化したことは、枠組み合意の破綻の過程で再度もたらされた情報不完備の発生とそれに伴う心理的重圧の改善に貢献したといえよう。

第二項　六ヵ国協議におけるコミットメント問題

ここで重要なのは、この9・19共同声明における取り決めが「約束対約束（Commitment for Commitment／공약 대 공약）、行動対行動の原則」[6]に則り実現するか否かであった。歴史を鑑みるに、米朝間においては緊張緩和のための取り決め——枠組み合意や米朝共同コミュニケ——がなされるものの、取り決められたリアシュアランスが完遂され米朝間に真の信頼関係が構築されるまでに達することができない傾

向が如実に見てとれる。要するにいかにコミットメント問題を克服し、歴史を繰り返さないかがその鍵であった。

しかしながら、この9・19共同声明が発表された当初から米朝間におけるコミットメントの信頼性は動揺する。この理由は軽水炉とバンコ・デルタ・アジア（Banco Delta Asia：以下、BDA）という二つの事象の浮上にあった。

まず声明発表後、軽水炉をいつ提供するかに関する記述＝「適当な時期（at an appropriate time／적절한 시기에）」[7]をめぐって米朝間において認識のギャップが噴出した。9・19共同声明が採択された後の閉幕声明の中でC・ヒル六ヵ国協議代表は、「声明に『適切な時期』とあるのは、DPRK（朝鮮民主主義人民共和国）がすべての核兵器と核計画を検証可能な形で廃棄し、NPTに再加盟、国際原子力機関の査察を受け入れてからである」[8]と指摘する一方、北朝鮮は翌日公表した外務省代弁人声明の中で、「我々はこの度の共同声明において言明されたように米国が我々に信頼醸成の基礎となる軽水炉を提供すれば、即時NPTに復帰し、IAEAとの担保協定を締結し履行する」[9]とし、米国が北朝鮮の原子力の平和利用を認める証左として軽水炉が必要であると主張しつつ、「信頼醸成の物理的担保である軽水炉提供なくして、われわれがすでに保有している核抑止力を放棄する問題について夢にも思うなというのが……我々の正々堂々たる一貫した立場である」[10]と締めくくる。このように北朝鮮に軽水炉を提供する「適切な時期」をめぐる米朝間の隔たりは小さくなかった。

次に、この9・19共同声明の履行における米朝間のコミットメントの信頼性の決定的な低下は、BDA問題に端を発する米国の金融制裁によってもたらされた。二〇〇五年九月一五日、米財務省はBD

Aをマネーロンダリングの主要懸念先金融機関に指定する。これによって米国愛国者法第三一一条が史上初めてBDAに適用されることとなり、米国の金融機関とのすべての取引が禁止されることとなった。この米国愛国者法は9・11同時多発テロ以後、米国が「テロとの戦い」の遂行を決意する中で二〇〇一年一〇月二六日に制定された議会制定法であるが、これに先立ち同年九月二四日ブッシュ大統領は、

この声明発表をローズ・ガーデンで行う理由は、この戦争がこれまでとは異質な戦争となることを米国民に理解してもらう一つの手段となるからである。この戦争には時間がかかる。この戦争には多くの戦場がある。この戦争に勝つには、米国はさまざまな分野で影響力を行使する必要がある。そうした分野の一つが、金融である。例えば、われわれは、テロ組織が簡単に資金を調達できる銀行があることを知っている。われわれはそうした銀行に対応する。そして、個別に対応できない場合には、友好国に対応を依頼する[11]。

としながら、「テロ組織への資金供与に使われている金融手段をすべて排除することができるかについて懸念を持つ人もいるだろう。しかし、われわれはそうした対象のすべてを追及する。そして勝利する。われわれは必ず勝利する。テロリストたちは、自由を屈服させることはできないということを認識することになる。彼らは、大きな過ちを犯したこと、米国に対する評価を誤ったことを認識することになる」[12]と対テロ金融戦争の号砲を鳴らす演説を締めくくった。

このように対テロ金融戦争遂行を主眼として愛国者法が制定されたのであるが、その核の一つが第三

一一条であった。米国愛国者法第三一一条は、財務長官に外国銀行を「資金洗浄の主要懸念先（primary money-laundering concern）」に指定する権限を与えている。つまり財務長官が国務長官および司法長官と協議の上、外国銀行を「資金洗浄の主要懸念先」に指定した場合、その外国銀行に対して米国金融当局は以下の五つの特別措置を講じることができるのである[13]。

①特定の銀行取引の記録保持・報告命令
②米国の民間銀行の特定口座の外国人受益者の特定命令
③主要懸念先に指定された外国銀行が米国の民間銀行に開設した決済口座を利用する外国銀行の顧客の特定命令
④主要懸念先に指定された外国銀行が米国の民間銀行に開設したコルレス口座（筆者註：送金用の中継口座）を利用する外国人顧客の特定命令
⑤主要懸念先に指定された外国銀行の決済口座及びコルレス口座の開設または維持の制限または禁止

以上五つのうち最重要項目は⑤である。米国愛国者法第三一一条が適用された場合、全米の銀行におけるコルレス口座の開設・維持ができなくなり米ドル送金業務ができなくなるということは、第三一一条が適用される外国銀行は実質的にドル決済網から締め出されることを意味する。米財務省によるＢＤＡへの第三一一条の適用は、ＢＤＡからの資金が北朝鮮の核・ＷＭＤ開発も含めた不法行為と関係しているのではないかという疑心に起因しているが、これによって実際に二〇〇五年九月二八日マカオ政府がBDAを管理下に置くことを決定、BDA内の北朝鮮関連口座（約二四〇〇万ドル）が凍結されることとなった[14]。

このBDA問題の発生によって、米朝間の相手国の動機に対する認識のギャップが再び急激に拡大し米朝双方が態度を硬化させていった。結果的に9・19共同声明の履行を通じた信頼醸成プロセスは、二〇〇七年六月二五日にBDAに凍結されていた資金がロシア極東商業銀行より北朝鮮に送金され、北朝鮮外務省代弁人がBDA問題凍結資金問題の解決を認める声明を公表するまでの間、約二年にわたり停滞するに至る[15]。

具体的には、BDA問題における米朝間の認識のギャップは以下のように表面化した。第五回六ヵ国協議中、米国は愛国者法第三一一条のBDAへの適用について、「米国の金融セクターを保護することが目的であり、不法金融取引を追及することがねらいではない。米国は北朝鮮だけを標的にしてそれを適用しているのではない、中東の金融機関についても適用している。これはテロとの戦いの一環であり、『防衛措置』である。米国はBDAを単に資金洗浄銀行に『指定』しただけである。つまり、米国の金融機関に同行との取引停止を求めただけである。北朝鮮の口座を凍結したのはマカオの金融当局であって、米国の金融当局ではない」[16]と主張しており、あくまでBDAに対する金融制裁は拡大的動機に基づいた対北朝鮮措置ではないという認識であることを披露した。

この一方で、北朝鮮は「米国は共同声明の後にBDAの手入れを行った」[17]と述べ、金融制裁で凍結された二四〇〇万ドルの返還を求めながら、それが実現しなければ今後六ヵ国協議に参加できない旨を明言する。

二〇〇七年一月の米朝ベルリン合意を経て開催された第五回六ヵ国協議(第三セッション)において、「共同声明の実施のための初期段階の措置(以下、2・13合意)」[18]が合意されるものの、次に行われた第六回六ヵ国協議においてもまだこのBDA問題をめぐる米朝間の認識のギャップがくすぶっていた事実は、BDA問題をめぐる米朝間の不信の根深さを表しているといえよう。

なぜこのBDA問題がこれほどまでに米朝間の相手国の動機に対するギャップを拡大させ、相互不信を深めるに至ったのであろうか。それは当時米朝両国にとってBDA問題が不可分性を帯びていたからである。

前述のように、米国において愛国法三一一条が制定された根底には9・11同時多発テロを契機として増大した安全への不安があり、その不安こそが自衛のためにテロと全面的に戦わなければならない、という米国の不退転の決意につながった。ましてや第一にBDA凍結資金がテロ支援国家である北朝鮮による核・WMDの開発・拡散につながる可能性が指摘されたこと、第二にBDAに対する金融制裁が愛国法三一一条の初適用ケースであり、この解除がテロリストやテロ支援国家に対し誤ったメッセージを送る可能性があったことを踏まえると、テロとの戦いに邁進中であった米国にとってその撤回は容易な措置ではなかったといえる。

この反面、金桂官外務次官がBDA問題浮上後初めて開催された第五回六ヵ国協議(第一セッション)において「金融は血液のようなものだ。それを止められると心臓が止まる」[19]と述べたように、北朝鮮にとってBDA問題はただの金融問題ではなく生存と直結しうる問題であると認識されていた。北朝鮮からすれば、米国愛国者法第三一一条に基づくＢＤＡ問題は、米財務長官が指定さえすれば北朝鮮が関連するすべての海外資金に凍結措置が波及するおそれがあり、これが実現すれば生存の危機に直面せざるをえない。ここに北朝鮮においてもＢＤＡ問題が譲歩不可能な問題となった原因があったといえよう。

そして、以上のような軽水炉とＢＤＡ問題の浮上が北朝鮮の抑止政策の必要性を認識させることで、米朝間の動機に対する認識のギャップはさらに拡大していった。具体的には、ブッシュ・ドクトリンによる危機不安定性の増加をすでに認識していた北朝鮮が、上記の軽水炉提供時期に対する対立とＢＤＡ問題の浮上を通じ、９・１９共同声明履行における米国のコミットメントの信頼性のさらなる低下を認識したことにより、新たな対抗措置をとることで米朝間の不信が一層増幅されたのである。

そもそも枠組み合意の破綻とイラク戦争勃発の可能性の高まりによって、生存の不安に苛まれた北朝鮮は、二〇〇三年一月のＮＰＴ脱退宣言を前後して核開発の目的の転換――原子力の平和利用から核の軍事利用による自衛的抑止力の確保へと――も視野に入れていくことを決断、枠組み合意にしたがって凍結していた寧辺の核施設における核開発を再開していた[20]。同年二月二七日には寧辺の黒鉛減速炉の運転再開が米国当局によって確認され、四月下旬には北朝鮮当局が切迫した電力問題を解決するためとして運転再開を認める[21]。

またこの自衛的抑止力への転換の決定後、北朝鮮がウラン濃縮計画（ＥＵＰ）を本格化させたと思われる兆候が表れ始めた。北朝鮮が研究実験規模のウラン濃縮を始めているかもしれないと推定しうる状況証拠はクリントン政権時代においてすでに指摘されていたものの、ブッシュ政権による強硬政策が採られて以来、北朝鮮がウラン濃縮の生産段階への移行を目指していることを表すより具体的な状況証拠が示されたのである。

例えば、二〇〇三年四月、北朝鮮はドイツ企業から二一四本（二二トン相当）の強化アルミニウム管の輸入を試みたことが明るみにでた。最終的にこの試みはフランス、ドイツ、エジプト公安当局によって阻まれたが、この強化アルミニウム管はそれまで輸入された多用途に使用されうる強化アルミニウム管とは異なり、同年一一月ウレンコ社の代表によって、ウレンコ社製の遠心分離器の仕様であるということが証言されている[22]。この北朝鮮がＥＵＰの生産段階に乗り出したという信憑性は、また二〇〇四年のパキスタンのＡ・Ｑ・カーン博士の証言によって高まった[23]。

六ヵ国協議が開始された後も、北朝鮮による失う不安を埋め合わせるための核能力増強は継続されていく。この第一回六ヵ国協議が開催された約一ヵ月後に、北朝鮮は寧辺核施設に存在する約八〇〇〇本の使用済み核燃料棒の再処理を完了したと発表、二〇〇四年一月には訪朝したＳ・ヘッカー米スタンフォード大学教授に対し寧辺において生産されたとされるプルトニウムを公開し、二〇〇五年二月一〇日には北朝鮮外務省が六ヵ国協議への参加の無期限中断とともに自衛のための核兵器の保有を宣言するまでに事態は進展した。このさらなる北朝鮮の核開発に歯止めをかけるべく、北朝鮮以外の五ヵ国が協調し歩み寄った結晶が先の９・１９共同声明であったといえる。

こうして見ると、六ヵ国協議はこの北朝鮮による核開発再開とその進捗に連動していたといってよい。換言すれば、北朝鮮の核能力のさらなる進展を防ぐという目的が北朝鮮以外の五ヵ国によって基本的に共有されていたのであった。

第三項　緊張レベルの再上昇

9・19共同声明が採択されたことでこの目的は達成されていくかに見えたが、先述のように軽水炉を巡る対立とBDA問題によって北朝鮮が米国のコミットメントの信頼性の低下を認識したことで、その生存の不安から核開発がさらに進められることとなった。BDA問題の解決が見られず9・19合意の履行が滞る中、北朝鮮は六ヵ国協議米代表であるヒル国務次官補を招請、これが拒否されると態度を決定的に硬化させミサイル発射実験の準備態勢を整えていく[24]。

そしてついに二〇〇六年七月五日、北朝鮮は七発の弾道・巡航ミサイルを日本海に向け発射[25]、つづく同年一〇月三日には朝鮮中央通信を通じて核実験を予告、同月九日に予告通り第一次核実験に踏み切った[26]。この核兵器能力の向上に直結する措置は、北朝鮮の核開発の変質――核の平和利用の論理との決別――を顕著に表している。つまり北朝鮮による核開発は電力確保および交渉のためのカード(Bargaining Chip)から、生存を担保するための実質的軍事力獲得へと、その性質が変貌を遂げていく過程が可視化する段階に入ったといえる。また北朝鮮の核兵器能力が確実に向上したことで米国に余分の安全の低下だけでなく、北朝鮮のリアシュアランス提供におけるコミットメントの信頼性の著しい低下を認識させるに至った。

まず米国の観点からは、北朝鮮は米朝共同コミュニケ、日朝平壌宣言に定められていたミサイル・モラトリアムを破ったと認識され、そのコミットメントの信頼性が損なわれた[27]。次に核実験は米国に対し、北朝鮮は核放棄を通じた非核化の実行の意思を有していないのではないかという疑念の増加をもたらした[28]。

ただし当時、北朝鮮の核兵器開発が拡大的動機であると実証できないのは、北朝鮮による軍事侵攻のような直接的な拡大的行動が観察されていないだけでなく、自衛的であるというシグナリングも同時に発せられているからである。これは二〇〇五年六月の金正日国防委員長の発言が象徴的であった[29]。二〇〇五年六月一七日訪朝した鄭東泳韓国統一部長官との会談の席で、米朝国交正常化がなされれば中・長距離ミサイルを放棄することが可能であると言明していたのである。また、核実験とミサイル実験自体は、米国などで拡大的ではないとの認識の下、定期的に実施されてきた事象でもあった。

しかしながら、北朝鮮が核・ミサイル実験に踏み切ったことによるコミットメント問題の深刻化が、軽水炉とBDA問題とあいまって後の米朝間の動機に対する相互認識に暗い影を落としていく。この北朝鮮の核兵器能力の向上に対し、米国を筆頭とした国際社会は二つの対策を講ずる。第一は国連安全保障理事会決議の採択である。国連決議1695と1718が全会一致で採択され、特に国連決議1718においては国連憲章第七章第四一条に基づき、経済制裁を北朝鮮に科すことが定められたことで、北朝鮮によるさらなる核開発の進展を防ごうとした。第二に非核化をすでにゴールとして定め明記している9・19共同声明の履行プロセスを進めることで、北朝鮮に核放棄を促した。

こうして米国は二〇〇七年一月のベルリン合意においてBDA問題の解決を約束、同年二月に行われた第五回六ヵ国協議（第三セクション）において「9・19共同声明実施のための初期措置（以下、2・13合意）」[30]を取り付けるに至る。同年三月、金桂官外務省事務次官の訪米を経て、同月一九日米朝はBDAにある北朝鮮関連口座の凍結解除に合意、BDA問題解決の道筋が立ったことで、北朝鮮は2・13

合意に定められた初期段階措置に従い寧辺にある黒鉛炉を停止・封印、一〇月三日には「9・19共同声明実施のための第二段階の措置（以下、10・3合意）」[31]が発表され、履行プロセスは第二段階に入ることとなった[32]。

これを受け北朝鮮は二〇〇八年五－六月に寧辺核施設のプルトニウムの内訳を含めた運転記録、核計画を米国に提供するとともに六月二六日には中国に申請書を提出した[33]。この同日、米国が北朝鮮のテロ支援国家指定解除プロセスの開始と対敵国通商法からの解除を表明したことで[34]、北朝鮮は無能力化の一環として5メガワット実験炉の冷却塔の爆破、IAEA監視措置の受け入れにも応じる[35]。

しかしながら、上記のように信頼醸成プロセスが軌道に乗ったのもつかの間、翌月七月に行われた第六回六ヵ国協議第二次首席代表会合において、米朝は無能力化検証のための検証システムの構築に合意した旨が報道発表されたのであるが、その非核化の検証のための具体的措置をめぐって米朝間の認識のギャップは再び拡大していくこととなった。

米国は北朝鮮が国際基準に基づく検証措置、すなわちIAEAに申告している核施設とともに申告外の核施設に対する査察も要求したのに対し、北朝鮮外務省はこれを「特別査察」であるとしてその受け入れを拒否、核施設無力化作業を即時中断することを宣言する[36]。

この北朝鮮の反発を受け、米国はテロ支援国家指定解除を先送りすることで米朝は再び対立を強めていくかに思われた。しかし、このデッドロックを打開するためC・ヒル米六ヵ国協議代表が一〇月一～三日訪朝、申告外の核施設に対する査察について米朝は一定の合意に達し、同月一一日米国務省がテロ支援国家指定から北朝鮮を解除するに至ったが、後にこのヒル訪朝における米朝合意の見解をめぐって、米朝は再び対立することとなる[37]。

具体的にはテロ支援国家指定が解除された同日、米国務省はその検証における合意についてのファクト・シートをプレスリリースし、ヒル訪朝などで米朝が検証方法について合意かつ、成文化した点に言及しながら以下の点を指摘した[38]。

- ●専門家は申告された施設および双方の合意に基づけば申告外の施設へのアクセスが許可されることに合意した。
- ●試料採取と鑑識（Sampling and Forensic Activities）を含む科学捜査（Scientific Procedures）の使用に合意した。
- ●これら検証の取り決め（Verification Protocol）を含むすべての方法はプルトニウム型プログラムとあらゆるウラン濃縮、そして拡散活動に適用される。加えて六ヵ国協議ですでに合意されている六ヵ国協議文書の遵守を監視するための監視メカニズムは、拡散とウラン濃縮に適用されることに合意した。

これに対し、北朝鮮外務省は約一月後の一一月一二日に発表した談話の中で、10・3合意履行の遅滞が北朝鮮にあるかのような批判に言及しながら、ヒル訪朝に際し成文化された検証に関する米朝合意について以下のように反論する[39]。

●米朝は検証問題に関連して北朝鮮の特殊状況について見解の一致を見た。北朝鮮はNPTとIAEAより脱退し、NPTの枠の外で核実験を実施〔筆者註：原文では진행〕し、核兵器保有国であることを宣布した国家であり、六ヵ国協議は現在9・19共同声明履行の第二段階にある。これが無能力段階における核申告書に対する検証の方法と範囲を規制する特殊状況である。

●これにより核申告書の正確性を担保するために10・3合意の完全な履行を前提としてとられる検証措置が文言で合意された。その内容を見ると検証対象は二〇〇七年2・13合意と10・3合意に従い究極的に廃棄するようになる寧辺核施設であり、検証方法は現場訪問、文件確認、技術者らとのインタビューに限定されており、検証時期は10・3合意に従って経済補償が完全無欠になされた以後とするという骨子である。

●交戦状態にある米朝関係の現在の信頼レベルを考慮せずにいわゆる国際的基準の適用に固執しながら、米朝間で苦慮して作り上げた書面合意の外に一文字でもさらに要求するならば、それはすなわち家宅捜査を試みる主権侵害行為となり、主権侵害は不可避的に戦争をもたらすであろう。

上記の米国務省ファクト・シートと北朝鮮外務省代弁人談話を比較すると10・3合意における無能力化検証に関する合意中、①申告外の施設への査察が含まれるか、②サンプリングが含まれるか、③プルトニウム製造プロセスに限定されるか否かに見解の相違が存在することがわかる。米国からすれば、七月の第二次首席代表会合で採択された報道発表文において、その検証措置には核施設の訪問、文書の検討、科学者との面談、「六ヵ国が全会一致したその他の措置」が含まれるとあり、「すべての核兵器とそれまでの核開発計画の廃棄」が９・１９共同声明においてすでに合意されていることを踏まえると、無能力化の検証作業には上記の三点が含まれうる。また国際的基準に照らし合わしても上記の措置は必要不可欠であると主張した。

これに対し北朝鮮からすれば、①自らの特殊状況を踏まえるとＩＡＥＡによる査察を受ける義務はない点、②当時は９・１９共同声明履行のための第二段階にあたり、この第二段階における米朝双方の履行義務を定めた10・３合意文中における検証対象は寧辺核施設に限られており、これ以外の施設に対する言及がなく、また七月の首席代表会合において定められた検証方法にサンプリングという文言は含まれておらず、さらにはサンプリング以外の検証措置を受け入れる時期は経済補償の実行前であるとも記されていない点により、米国国務省のファクト・シートの指摘は特別査察を試みるための事実の歪曲であると認識された。

この検証に関する米朝間の認識のずれは、第一次核危機のそれと類似する。当時と同様、米国は自らの北朝鮮の核開発への不安を打ち消すために特別査察を実質的に要求し、これを北朝鮮が譲歩不可能な領域である主権への侵害と認識することによって、米朝双方が相手国の動機に対する不信を増加させる結果となった。

加えて、サンプリングに関しては、一九九二年に北朝鮮当局がＩＡＥＡに提供した試料が核開発疑惑を増幅させた直接的原因の一つであり、実際に一九九四年のＩＡＥＡとの協議ではさらなるサンプリングを拒否している[40]。この北朝鮮の第一次核危機のトラウマを踏まえると、サンプリングも容易に受容できる問題ではなかった。換言すれば、米朝双方が自国の失う不安の解消を最優先目標に据えたことによって、検証のための個々の問題（特に特別査察とサンプリング）は米朝双方にとって不可分の問題と認識せざるをえなくなり、交渉の硬直化がもたらされたといえよう。この無能力化の検証をめぐる米朝の見解の差異は縮小されないまま、一二月の第三次首席代表会合を最後に六ヵ国協議は膠着状態に陥り、現在までその再開はなされていない。

六ヵ国協議が中断される間、二〇〇八年末の米大統領選を経てオバマ政権が出帆するが、この検証をめぐる米朝間における対立は解消されず相手国の動機に対する認識のギャップは維持された。この結果、二〇〇九年に入り北朝鮮は米国に対する不信を埋め合わせるための手段として、核開発を一段と進行させていくこととなる。四月五日には核の運搬手段の高度化につながりうるミサイル／ロケット（テポドン2／銀河2号、人工衛星は光明星2号）発射実験と同月二五日の核燃料再処理再開を経て、五月二五日には第二次核実験――核爆発能力の向上――の実施に踏み切った。これらの核兵器能力の向上につながる行動に対しオバマ米大統領は即日非難し[41]、また六月一二日国際社会はこれを非難する国連安保理決議1874号を採択するが、北朝鮮はこれに反発、プルトニウムの全量兵器化とともにウラン濃縮作業の着手を公式に宣言しカウンター・バランシングの強度を一段と高めることとなった[42]。この第二次核実験の成功後、北朝鮮は六ヵ国協議の有効性に疑義を呈し、新たな枠組みを模索していくこととなったが、この過程の詳細については次章に譲る。

第四項　二〇〇三－二〇〇九年における米朝の軍備拡張――核実験とMD

このように二〇〇三－二〇〇九年における六ヵ国協議をめぐる米朝間の認識のギャップの変化が、北朝鮮の核兵器能力における顕著な変化をもたらした。前述のごとく、第二次核危機を境に北朝鮮の核開発の重点が生存を確保するための対米交渉カードから実質的核兵器能力の開発へと移り、その産物の一つが北朝鮮による核実験であることは論を俟たない。そして、この北朝鮮における核実験という物理的変化が米朝間の緊張をさらに高めていった。

北朝鮮は元来一九九〇年代において核実験を行いうるプルトニウムを保有しえたが、それにもかかわらず北朝鮮当局は原子力の平和利用が目的であると重ねて表明していた。

また、二〇〇三年NPT脱退宣言に至っても核開発の目的は平和利用に限定されると強調している点から、北朝鮮当局は国際社会が自らが核兵器を開発しているという認識を持つことに対して非常に慎重であったことが窺い知れる。その理由としては、第一に原子力の平和利用が目的であると公言してきた点、第二に核兵器の保有につながる核実験は、米国から直接的脅威として認識されレッドラインを越えたと受け取られかねず、米朝関係の決定的な悪化および米国の予防攻撃をもたらす怖れがあった点、そして最後に中国とロシアとの関係も悪化する可能性があった点が挙げられる[43]。換言すれば、核開発が原子力の平和利用である限りその合法性は担保しうるものの、核実験によってその核開発が核兵器開発を目指すものであると明確になると、その合法性が揺らぐだけでなくNPT体制自体への挑戦と認識される可能性が高かったのである。

しかしながら、第二次核危機の形成と六ヵ国協議の停滞による緊張の維持により、北朝鮮当局は失う不安を埋め合わせる措置として、米国を抑止しうるまで核兵器能力を高める必要性を認識することとなった。そしてその核兵器能力の向上のためには、核実験は不可避な工程であるといえる（第一次・第二次

	第１次核実験（2006年）	第２次核実験（2009年）
日時(1*)	10月9日　10時35分頃	5月25日　9時55分頃
場所(1*)	北緯41.2°東経129.2° 深さ不明 豊渓里核実験場 （咸鏡北道吉州郡）	北緯41.2°東経129.2° 深さ0km 豊渓里核実験場 （同）
地震波規模 マグニチュード(1*)	4.9（4.1(2*)）	5.3（4.52(2*)）
推定爆発規模(3*)	一部失敗（a partial failure）	TNT火薬換算で約2キロトン （roughly two kilotons TNTequivalent）
使用原料	プルトニウム	プルトニウム
北朝鮮の発表内容	「完全かつ成功裡に実施された」 （朝鮮中央通信10月9日）	「爆発力と操縦技術において新たな高い段階で安全に実施された」 （朝鮮中央通信5月25日）
国連安保理決議	決議1718（10月14日）	決議1874（6月12日）
安保理決議への 北朝鮮の反応	「(決議は)我が国への宣戦布告だと考えるしかない」「今後、米国の動向を注視し、それに応じた措置を講じていく」 （外務省声明10月17日）	「いまや核放棄など絶対にありえないものになった」「ウラン濃縮作業に着手する」「決議に従って米国等が封鎖を試みる場合、戦争行為とみなして軍事的に対応する」 （外務省声明6月13日）

（表5－1）北朝鮮による第1次，第2次核実験

（1*）気象庁発表，（2*）包括的核実験禁止条約機関（CTBTO），（3*）米国家情報長官室（ODNI）

［出典］寺林祐介（2013年4月）「北朝鮮の核実験と国連安保理決議2094——挑発行動を続ける北朝鮮への追加制裁」，『立法と調査』No.339，63頁.

核実験の詳細については表5-1参照)。この核爆弾能力と運搬技術の向上はまた、米朝間の軍事力における非対称性が徐々に対称へと向かう過程に入ったことを示唆していた。もし北朝鮮による核兵器が米国本土に確実に到達することが明らかになった場合、このインパクトは米国の安全のみならず、米国の同盟管理に代表される余分の安全にも及ぶ。

ただし、この二度にわたる核実験は北朝鮮による核兵器保有の進展を見せたとはいえるが、その完成を意味するものではなかった。S・ヘッカーや米国防総省が指摘するように、核兵器化するにはさらなる実験による小型化技術が必要不可欠であったものの、北朝鮮の二度の核実験ではそれはなしえていない可能性が極めて高かった[44]。また北朝鮮は二〇〇六-二〇〇九年にかけて弾道ミサイル実験およびロケット発射実験を行っているもののIRBM、ICBMの発射実験を欠くため、その弾道ミサイル技術はいまだ戦略兵器としての確度は低く、さらに実験の欠如から北朝鮮が再突入技術をまだ完全に取得していないことは明らかであった。つまり、北朝鮮の核兵器開発は二度の核実験によって着実に前進し対米抑止力確保に近づいているものの、まだこの二〇〇九年時点においては完全な核兵器保有には至っていなかったといえる。

また北朝鮮による核実験は枠組み合意プロセス破綻と9・19合意プロセス停滞によって、北朝鮮が米国の拡大的動機の具現化に対する疑念を増加させ、その安全の低下を埋め合わせるためにとられた措置である性格が強い反面、ミサイル/ロケット発射という事象をめぐる構図は先の一九九八-一九九九年危機と同様、北朝鮮が宇宙開発の権利という自主権と絡む不可分の問題であると認識していることで、米朝間の相手国の動機に対する認識の差が一段と開くこととなった。

二〇〇九年四月五日における北朝鮮のミサイル／ロケット発射後、同年四月一三日に採択された国連安保理議長声明では北朝鮮による飛翔体発射を「北朝鮮に対し、いかなる核実験および弾道ミサイルの発射もこれ以上実施しないことを要求する」[45]と定めた国連決議1718違反であると断じ非難するのに対し、その翌日北朝鮮は外務省声明を発表、「歴史的に国連安全保障理事会が衛星発射を問題視したことはない」と議長声明に猛反発しながら、①自主権に基づく宇宙開発の権利を引き続き行使していく点、②自主権への侵害は9・19合意の精神に反しているがゆえに六ヵ国協議はもはや必要ない点、③平和的衛星発射まで迎撃するとするこのような状況では自衛的核抑止力を強化せざるえない点を再度明確にした[46]。以上のように、北朝鮮の観点からは宇宙開発の権利はすべての国家に平等に付されるべき権利であり、ここにバーゲニング（交渉）の余地はないのである。

一方で、この間米国側の軍拡を伴うシグナリングとしては米国によるMDの導入の本格化が挙げられる。ネオコンが主導した第一期ブッシュ政権においては、ブッシュ大統領が二〇〇一年五月MDの構築が不可欠であると宣言し、同年一二月にはABM条約からの脱退を関係諸国に通告、MDシステム初期防衛能力（Initial Defense Capability：IDC）の配備・運用を決定した。

これと連動して、MDの東アジアへの導入が二〇〇三年以降加速していった。例えば、日本政府は二〇〇三年一二月、弾道ミサイル防衛（BMD）システムの導入を閣議決定、翌年一二月に決定された「平成一七年度以降に係る防衛計画の大綱」においてはBMDにも使用し得る主要装備、基幹部隊にイージス艦四隻およびパトリオット部隊が含まれ、以後BMD関連予算が成立した。二〇〇五年七月には自衛隊法の改正によりBMD運用要領を示す第八二条の二が追加され、同年一二月SM－3の日米共同技術研究が日米共同開発に移行されることが閣議決定、二〇〇六年五月には「再編実施のための日米のロードマップ」においてBMDにおける日米の緊密な連携が確認されることとなった[47]。とりわけ、ロードマップではMDシステムの中枢を担う「新しい米軍のXバンドレーダーシステム〔筆者註：AN／TPY2〕の最適配置場所に航空自衛隊の車力駐屯地が決まった」と明記、一年後の二〇〇六年六月に導入されるに至る。

この一ヵ月後に生じた二〇〇六年七月の北朝鮮による弾道ミサイルおよびスカッドミサイル発射実験に際しては、米国はイージス艦二隻を日本海に展開させ、地上発射型迎撃ミサイルシステムを稼働させる一方、日本は配備していたBMD関連の情報収集態勢を実験的に稼働させ、弾道ミサイルの弾道の捕捉に成功した。八月には米イージス艦シャイローが横須賀米軍基地に配備され、日本政府はBMDシステムの導入を前倒しすることを決定、BMDシステムの実戦配備が着実に前進していった。二〇〇八年五月にはBMDシステムの情報収集の核である衛星開発・保有を可能とする宇宙基本法が可決、成立し、また二〇〇九年の北朝鮮によるミサイル／ロケット発射実験に際しては、限定的ながらBMDシステムの実戦配備・運用が可能となった[48]。

それに加え、二〇〇三－二〇〇九年にかけては、日米間における軍事情報の共有に際しての秘密保持のための取り決めがなされた。二〇〇五年に行われた日米安全保障協議委員会（2プラス2）の共同発表において、秘密情報を保護するために必要な追加的措置をとることを確認し、結果として二〇〇七年八月に日米軍事情報包括保護協定（General Security of Military Information Agreement：以下、GSOMIA）が締結されることとなったのである。二〇〇九年には日韓GSOMIAの締結に向けた動きが始まるのであるが、この米国とその同盟国間の軍事技術に関する機密情報保護の主な対象の一つがまさにMDなのであった。

この北朝鮮の脅威への対処を大義とするMDの本格的導入は、同盟管理という側面から米国の余分の安全の強化に寄与するものであり、ゆくゆくは対中抑止に活用しうるという利点も存在した。またMDの同盟国への導入は米軍需産業の振興という側面からも有益であったといえる。このMDの例が示すように、米国には北朝鮮の脅威の維持によって生じる利得も明らかに存在するといえよう。そして、ここに米国において、北朝鮮の脅威が消滅しうる協調政策の完遂が容易ではない理由が垣間見えるのである[49]。

第二節　相互作用の検討

二〇〇三－二〇〇九年における米朝間の緊張維持および再上昇の特徴としては、米朝ともに先制攻撃誘因の発生が観察されていない点である。第二次核危機が紛争に発展することを防ぐために六ヵ国協議が発足、その集大成の一つとして9・19合意が合意されるものの間もなく頓挫することで、北朝鮮の核兵器開発が進み、その進展につれ緊張レベルがじりじりと上昇していった。

しかしながら、二〇〇三－二〇〇九年には先の三つの緊張形成の事例で見られたような、米朝双方あるいは一方に差し迫った脅威に対する先制攻撃誘因の発生を示すようなシグナリングおよび軍事シフトが観察されていない。当該期間における緊張形成が危機不安定性の発生に及ばなかった要因としては、第一に、六ヵ国協議というリアシュアランス・プロセスが米朝を含む六ヵ国によって推進されていたという点を指摘しうる。９・１９合意履行プロセスでは初期措置および第二段階措置を経て、二〇〇八年六月二七日には寧辺の原子炉の冷却塔が爆破され、核分裂物質の生産が自主的に制限されることで、北朝鮮の核開発における動機が拡大的ではない、すなわち第二次核危機以来北朝鮮が公式化した核兵器開発を止める意思がある旨が確認されていた。つまり９・１９合意を通じ、米朝双方は拡大的動機を有していないことを相互に確認していたがゆえに、心理的圧迫による合理性の変質が生じにくかったと推察される。

また米朝に先制攻撃誘因が生じなかった第二の要因としては、核兵器使用の閾値が高いという性質に加え、北朝鮮による核実験が米国の失う不安を刺激したにせよ、その原子力の兵器化を行う上で不可欠の工程――核実験――を経たことにより北朝鮮の核爆弾能力が高まったことが確認され、米国において北朝鮮による核を含む大量破壊兵器に対する不確実性が増した点を指摘しうる。すなわち、核実験が行われ北朝鮮が一定の核技術を保有していることが証明されたことで、まだ核兵器化に完全には成功していない可能性が高いにせよ、米国の観点からは先制攻撃を選択し紛争に発展した場合、劣化ウラン弾などの汚い爆弾（Darty Bomb）のみならず、原始的な核爆弾（分裂反応を用いた原子爆弾）――ヒロシマ型やナガサキ型――が韓国や日本へ使用される可能性がにわかながら生じることとなった。

当時北朝鮮がロケット発射実験に際し衛星の軌道投入に成功していなかった点を踏まえると、米朝間の抑止関係は相互核抑止が成立するレベルには遠かったといえるものの、それでも弱いながらにいわゆる核抑止力――もしかすると核兵器によって攻撃される事態になるかもしれないという相互認識――が米朝間で作用し始めることで、防御優位の状況が生み出されつつあった可能性を指摘しうる。防御優位の状況が米朝間に生ずれば、先制攻撃誘因の発生が抑制され心理的圧迫が緩和される。加えて、核拡散の観点からも北朝鮮への先制攻撃は合理的であるといえなかった。米国が先制攻撃と同時に北朝鮮が持つであろう核格納庫に存在する核物質を即座に確保することは容易ではなく、危機に乗じて核物質が国外に流出する可能性も否定できないのである。

ではこの反面、六ヵ国協議を通じて米朝が安心供与政策を完遂できなかったのはなぜであろうか。前述のように、これはコミットメントの信頼性の問題から説明可能である。米朝は、9・19合意によって相手国の自衛性を認識しつつも、万一、相手国の拡大的動機が明らかとなった時、「失う恐怖」、すなわち自国の効用のみが損失を被る事態（ワーストケース・シナリオ）を危惧することで、合理的選択として9・19合意に基づくリアシュアランスの完遂を選択できなかった。このようなコミットメント問題による安心供与プロセスの停滞が、米朝双方から相手国の動機に対する疑念を呼ぶこととなり、その疑念を払拭するための現状維持的動機に基づく自衛的行動あるいは自衛的抑止行動が、相手国からは拡大的行動と映ることで、米朝間の緊張レベルが徐々にではあるが再び高まっていったといえよう。加えて上述のような合理的選択がなされる際、米国側においては先の事例に引き続き、同盟管理によって自らが得る効用が計算されたと察せられる。MD推進の観点からは、米国にとって北朝鮮の脅威が消滅する9・19合意の完遂は、合理的とはいえないデメリットが存在するのであり、この観点からも米国は協調政策へと転換しにくかったといえる[50]。

このように合理的誘因が主に作用した緊張形成の構図は、枠組み合意形成後に生じた一九九八－一九九九年の緊張形成のそれと類似しているが、前回との違いは先制攻撃誘因の発生を除けば、北朝鮮の観点から見るとその生存の不安を埋め合わせる自衛的行動として核実験が実施された点である。米国によるブッシュ・ドクトリンの実行を危惧した北朝鮮は通常兵器による先制攻撃をちらつかせる威嚇ではなく、実質的に米国を抑止しうる核兵器能力保有の道へと転換、この実現のための不可避かつ不可逆的なステップとして核実験が存在していたといえるが、二〇〇六年北朝鮮はこの核実験という「ルビコン川を渡った」のであった[51]。

これまで北朝鮮が行ってきた軍拡は、コストをかけたシグナリングであったとしても核の平和利用とみなしうる余地を残していたがゆえに、交渉する余地もまた多くあったといえるが、この核実験という事象は同様にコストをかけたシグナリングではあるが、以後平和利用という論理を張ることを自ら放棄するものであった。いわば米国との軍事的対立を前提とした背水の陣を敷いたに等しい。

こうして、核実験は北朝鮮からは自衛的行動であると認識しているにせよ、同盟管理と核不拡散を目的とする米国の観点からは、それまで曖昧だった北朝鮮の核開発における平和利用と軍事利用の境界線が明確となり拡大的動機を孕んだ行動――軍事利用――であると認識せざるをえなくなった。これまでの緊張形成過程における米朝間の相互作用は、北朝鮮の核爆弾保有の可能性を念頭に置いたものであったが、核実験によって北朝鮮の核兵器保有が現実化して以後、米朝間の相互作用においては実質的に核の災禍によってダメージを被るリスクが認識されていくこととなり、米朝間の相手国の動機に対する認識のギャップは開いていく一方となった。

第三節　小括

以上のように、枠組み合意の破綻に起因し米朝間において形成された緊張は、六ヵ国協議が始動、9・19共同声明が採択されることで情報不完備とそれに伴う心理的重圧の発生が完全にではないにせよ解消したのにもかかわらず、その緊張は緩和されないまま維持された。この主要因としては第一に相互不信の根深さにより、米朝双方が相手国のコミットメントの信頼性を低く見積もったこと、第二に六ヵ国協議中も米朝双方に不可分な問題が浮上したことによって、相手国の動機に対する認識のギャップが縮小されなかった点が挙げられる。

具体的には①軽水炉提供の時期と、②BDA問題に端を発する北朝鮮への金融制裁、そして③無能力化をめぐる検証――査察とサンプリング――という三つの問題が米朝間のコミットメント問題に拍車をかけた。

上記の要因を通じて生じた失う不安を埋め合わせようと北朝鮮は弾道ミサイル実験に加え、核実験というこれまでになかった新次元の事象を出現させるに至った。このようなプロセスは六ヵ国協議が頓挫する中で米朝間の相互不信が増幅した点を示しているが、結果として二〇〇三－二〇〇九年においては、米朝双方あるいは一方が、相手国を差し迫った脅威であると認識しつつも先制攻撃誘因が観察されるまでには至らなかった点が特徴的である。

これらの問題の根底には、米朝それぞれの疑念の衝突がある。具体的には、米国は北朝鮮の動機に対して二つの疑念、すなわち第一に北朝鮮が9・19共同声明によって共有された非核化という目標を達成する意思がないのではないか、第二にテロリストを支援しているのではないか、を保持し、北朝鮮はブッシュ・ドクトリンによって表面化した米国の拡大的動機は依然維持されているのではないか、という疑念を保持していたといえるが、この各疑念が米朝間の誤認を助長したのであった。ただし、この双方の疑念は米国においてはテロとの戦いを前提とした自衛的動機に起因する一方で、北朝鮮の疑念も米国の拡大的動機が具現化された場合への備えという自衛的動機に基づいていた。

またこの双方の相手国の動機に対する疑念は、双方が相手国の行動に多極主義からの逸脱のサインの一つである合法性の欠如を認識したことにも起因したとも指摘しうる。北朝鮮からすれば国連決議を経ないまま米国がイラク戦争を遂行したことによりその合法性を疑問視して以来、米国は多極主義を排し、あからさまな一極主義に走っており拡大的行動に出る可能性は高く、逆に米国からすれば北朝鮮にテロリスト支援の疑惑が存在する上に、国際社会の非難が予想されたのにもかかわらず核実験を強行した事実によって、その行動の合法性を疑問視せざるをえなかった。同時に北朝鮮の核実験に関していえば、NPT体制への歴然たる挑戦でもあった。これらの相互認識の結果として、双方の信頼性は低下していったといえよう。

しかしながら、この二〇〇三-二〇〇九年においても米朝双方の拡大的動機を裏付ける事象は観察されなかった。特に北朝鮮が拡大的動機を保持していたのであれば、テロ行為あるいはテロリストを支援、とりわけ米国が最も懸念する核拡散を通じ支援することが可能であったろう。しかし、このような北朝鮮によるテロ支援行為は観察されなかった。それがゆえに、米国は二〇〇八年に北朝鮮がテロ支援国家ではないことを直接確認、テロ支援国家リストからの削除を発表することに踏み切れたといえる。このような事実は、この時期米朝間の緊張が北朝鮮の拡大的動機により形成されたという分析と整合しない。そして同時に、米国の拡大的動機の決定的な証左となる北朝鮮に向けた予防攻撃や体制転換もまた、同期間において観察されていないのである。

第六章　第三次朝鮮半島核危機（二〇〇九－二〇一三）

本章では、二〇〇九－二〇一三年においてオバマ－金正日・金正恩間に形成された第三次朝鮮半島核危機（以下、第三次核危機）について考察する。まず、この第三次核危機は前章で見た二〇〇三－二〇〇九年に生じた米朝間における不信が緊張形成の土台となっている。なぜならば、六ヵ国協議が実質的に頓挫して以来、六ヵ国協議に代わる米朝間の抱いていた相互不信を緩和する新たな安心供与の枠組みが確立されず、米朝間に緊張緩和局面が観察されないまま生じた危機だからである。

またこの第三次核実験に伴う核危機の性質は、先の四つの事例のそれとは一線を画す。なぜなら、北朝鮮の核兵器保有の意思にその能力が追いつきつつあったからである。第三次核危機は当該期間において北朝鮮による核兵器保有の認識が、核兵器開発に不可欠な核実験と金正恩政権の発足後まもない二〇一二年の憲法改正によって明らかになっただけでなく、その核保有に対する認識がＩＡＥＡによる直接的監視手段が存在しない中、三度目の核実験と人工衛星打ち上げ成功などによって物理的に裏付けられ始め、その核能力改善が国際的に共有されつつある状況下で生じた初めての危機であった。上記の二点――リアシュアランス・プロセスの欠如と核兵器開発の進展――を踏まえると、以後北朝鮮の核開発をめぐる米朝間の相互認識は、それは平和利用ではなく軍事利用のためであるという前提の下になされていく。いわば第三次核危機は、北朝鮮の脅威が通常兵器によるものから核兵器によるものへと段階的かつ確信的に変化していった過渡期に生じた初の核危機であったといえる。

第一節　第三次朝鮮半島核危機の形成プロセス

第一項　第三次朝鮮半島核危機の参照点と信念

二〇〇九－二〇一三年における米朝間の緊張形成の参照点であるが、ここでは六ヵ国協議の破綻に設定する。後述のように、この間成立した2・29合意を9・19合意の代替としてみなしうるものの、その履行プロセスが始まって間もなく頓挫した点を踏まえると、六ヵ国協議の破綻を依然第三次核危機形成の始点とみなすことが妥当であろう。

ここで問題は、なぜこのリアシュアランス・プロセス上の行き詰まりが二〇〇三－二〇〇九年で見た低レベルの緊張にとどまらず、危機へと発展したのか、である。当然、六ヵ国協議が実質的に破綻した時点で米朝間の信念は相手国への不信によって構成されていたと考えられるものの、危機不安定性を浮上させるほどではなかった。

前章でも見たように、9・19合意の履行をめぐり、米朝間にコミットメント問題が発生、その履行プロセスは二〇〇八年には実質的に破綻したのであったが、二〇〇九年以降米朝双方に六ヵ国協議に対する不信が噴出していく。

まず北朝鮮において六ヵ国協議への不信が顕わとなった。六ヵ国協議が実質的に頓挫する中、信頼醸成プロセスに参加するにあたっての方針を変更したのである。二〇〇九年七月一六日、金永南最高人民会議常任委員長は第一五次非同盟運動（NAM）頂上会談において、「主権と平等に対する尊重の原則を否定する場では対話はありえず、協商もありえない。〔筆者註：六者〕会談は……米国とそれに従う会談参加国中の多数がこの原則を放棄してしまったがゆえに永遠に終わった」[1]として、「このような状況では、〔筆者註：北朝鮮〕政府は核抑止力をさらに強化するための決定的な措置を取らざるをえない」[2]と表明した。

同月二七日には朝鮮外務省代弁人は「六ヵ国協議再開主張は百害無益、対話方式は他にある」という談話を発表する中で、「朝鮮半島の平和と安定を心より願う国家間の理解を深めるための六者会談がなぜ永遠なる終焉を告げることとなったのかについてもう一度明白にしたい」[3]と述べる。この中で、朝鮮外務省代弁人は二〇〇五年に六ヵ国協議において採択された9・19共同声明の最初に「相互尊重と平等の精神」が明記してある点を指摘しながら、二〇〇九年四月五日に実施された人工衛星実験に対する他の六ヵ国協議参加国の対応を非難した。具体的には「結局我々を武装解除し何もできなくした後に彼ら〔筆者註：他の六ヵ国協議参加国〕がくれる残りカスで延命していくようにするということが、まさに六者会談を通じて狙う他の参加国の本心であるということが明白になった」[4]と指摘したのであった。そうして、現状を解決しうる対話方式は他にあると締めくくる。

この他の対話方式とは何かは、翌年一月の朝鮮外務省声明にて明らかにされた。「朝米間に信頼を醸成するためには敵対関係の根源である戦争状態を終息させるための平和協定から締結しなければならない」としながら、「……朝鮮戦争勃発六〇周年となる今年に停戦協定を平和協定に変えるための会談を迅速に始めることを停戦協定当事国に丁重に提議」[5]したのである。

そしてこの会談方式については「9・19共同声明において指摘されたように別途に進行されうるし、その性格と意義からして現在進行中である朝米会談のような朝鮮半島非核化のための六者会談の枠組みの中で進行することもある」[6]とした。そうしながら信頼醸成プロセスの再開のためのポイントとして制裁の解除を挙げる。要するに北朝鮮の観点からは、9・19共同声明の履行すなわち朝鮮半島非核化を達成するためには、将来再開されるであろう会談の目的が平和協定締結を含むものでなければならなかったのである。

このように北朝鮮がこれまでの六ヵ国協議の性質に疑義を呈する一方で、米国においてもその有効性について疑問符がつき始めた。オバマ政権は二〇〇八年の大統領選最中においてすでに、ならず者国家との対話についても注意深く模索すると公言し、その就任後の演説でも「拳を開く意思がある場合、手を差し伸べる」[7]姿勢を示す。

しかしながら、六ヵ国協議が停滞中の二〇〇九年四月における北朝鮮のミサイル／ロケット発射実験、そして同年五月の第二次核実験実施を受けて、その方針を転換する。いわゆる「戦略的忍耐（Strategic Patience）」の採用であった。当時のH・クリントン米国務長官を牽引役とするこの方針は、いわば制裁などの圧力をかけつつ北朝鮮の出方を見ながら、対話オプションも放棄するものではないという外交姿勢の表れであった[8]。

この実質的な現状維持方針に則り、米国は以後北朝鮮による非核化措置が先に取られることを継続的に要求するとともに独自の経済制裁（表6－1参照）を科していくこととなったが、この「先に北朝鮮の

施行年月日	制裁の内容	根拠法規・命令
2010年8月30日	国家緊急事態の対象の拡大と、新たな制限内容を追加。	国際緊急事態経済権限法(IEEPA)／国際連合参加法(UNPA)／大統領令1-3551号
2010年11月4日	外国資産管理局(OFAC)が、以前の31 C.F.R.part 500に代わる、北朝鮮制裁規則(31 C.F.R.part 510: NKSR)を交付し、大統領令13466号および1-3551号を内容に追加。	北朝鮮制裁規則(31C.F.R. part 510：NKSR)
2011年4月18日	国際連合安全保障理事会決議(UNSCR) 1718号、1874号に基づく輸入制限措置および兵器輸出管理法が規定する輸出制限措置を追加。	国際緊急事態経済権限法(IEEPA)／国際連合参加法(UNPA)／大統領令1-3570号／兵器輸出管理法
2011年6月20日	北朝鮮制裁規則(31 C.F.R. part 510:NKSR)に大統領令13570号の内容を追加。	北朝鮮制裁規則(31C.F.R. part 510：NKSR)

(表6－1) 2009年以降における米国の対北朝鮮制裁

[出典] 日本貿易振興機構(2013年3月)「北朝鮮の核実験実施に対する主要国・機関の北朝鮮制裁」, 1-2頁から一部引用.

行動、後に米国の行動」という新たな原則はこれまで9・19共同声明の履行義務実施のために採られてきた第一段階、第二段階措置における「行動対行動」の原則と相反するものであり、米国における六者会談に対する不信感を表しているものといえよう。

その後、オバマ政権の米国は二〇一〇年四月に全文が発表された核態勢見直し（NPR）において、NPT加盟国であり非核兵器国である国家に対し核兵器を使用せず威嚇もしないことを宣言するなど、世界的な軍縮に向け一歩を踏み出しており、米朝間における核問題解決のための信頼醸成プロセスが進展しうる下地は整いつつあった。しかしこの一方で、H・クリントン前米国務長官が「完全非核化に向けて検証可能で不可逆的な措置を取るまで制裁は緩和しない」[9]と述べ、また当時米上院外交委員長であったJ・ケリー米国務長官が『LA Times』への「米国と北朝鮮」という寄稿において、六ヵ国協議の再開は困難であるという意見を明示したように、米国においても既存の六ヵ国協議の有効性に関する疑念が表面化している[10]。

ここで米朝間の六ヵ国協議への認識を比較すると、協議自体への疑念を表したことは共通しているものの、その信頼醸成が成せなかった要因については見解の相違があった。特にはこの認識のギャップをもたらした要因として、二〇〇九年四月五日のロケット／ミサイル実験と同年五月二五日に実施された第二次核実験が挙げられる。北朝鮮は六ヵ国協議において主権と平等の原則が放棄されたと見ており、その表象として自らの人工衛星発射に対する他の参加国の否定的対応を挙げる一方で、米国は北朝鮮の飛翔体実験を弾道ミサイルと同一視し、明確な脅威として認識した。この実験に対する認識のギャップ、さらに根本的には相手国の行動の動機に対する認識のギャップが、米朝間における信頼醸成の進展を阻害したのであった。ただしこれまで繰り返し述べてきたように、この北朝鮮による飛翔体発射実験は拡大的動機にその源泉があるとは断定できない点には留意が必要であろう。

また第二次核実験は北朝鮮としては六ヵ国協議の実質的破綻を受け、失う不安に駆られた「自衛的核抑止力を全面的に強化するための措置」[11]と認識しているものの、米国からは北朝鮮の核爆弾能力の発展および核拡散リスクの増大でしかなかった。

しかし、この六ヵ国協議への不信の増大から始まる北朝鮮による核抑止力の強化は、相互不信と誤認を深めたにせよ、即刻危機不安定性を浮上させるほどではなく、その後に形成される危機の決定的要因とはみなしがたかった。例えば、上記の北朝鮮によるミサイル／ロケット発射実験にせよ、一九九八年以来二〇〇六年を含め繰り返されてきた事象であり、また核実験も二〇〇六年にはすでに行われたものの、当時危機形成までには至らなかったという経緯を持つ。さらに二〇〇八年八月五日、クリントン元米大統領が米国人記者の解放のため訪朝するなど、水面下での米朝対話も進められていた。したがって、六ヵ国協議の頓挫に伴って生じた北朝鮮によるこれらの核兵器開発につながる措置は、米朝間の不信を深め六ヵ国協議の破綻を印象付けたにせよ、新たな危機を醸成した主要因とはみなしがたいのである。

第二項　緊張の再形成

㈠　ウラン濃縮と天安艦沈没事件

では六ヵ国協議の破綻という外交交渉上の行き詰まりは、いかにして危機へと発展したのであろうか。まず北朝鮮のウラン濃縮施設の稼働が明らかになったことで、米朝間の緊張がより先鋭化された。先に金永南最高人民会議常任委員長が公言したごとく、北朝鮮は六ヵ国協議はすでに終わったものという認識の下、さらなる核抑止力の強化に踏み切ったのであった。

その具体的な措置として、二〇〇九年四月、IAEAと米国の査察官らを追放後、同年九月、ウラン濃縮作業が最終段階に入ったことを書簡を通じ国連安保理に通告した。この低濃縮ウランを生成する作業が最終段階に入ったとする北朝鮮側の通告は、後にS・ヘッカー米スタンフォード大学教授の二〇一〇年一一月の訪朝によって確認されることとなる[12]。北朝鮮がウラン型核兵器の開発に成功すれば、その核兵器生産能力はプルトニウム型のみに依存する場合と比べ、飛躍的に向上する懸念があった。とりわけ、生産過程で原子力発電が必要なプルトニウムに対して、ウラン濃縮は生産過程での秘匿性に優れているとともに、プルトニウムのみ生産している場合に比べウラン濃縮が加わることで核物質を増産する上での生産性が格段に高まる。

このようなウラン濃縮に対する脅威認識が米国とその同盟国で増加する中、当時の韓国国防長官が増大する北朝鮮の核脅威に対処するための先制攻撃に言及する[13]。この発言に対し北朝鮮側は危機感を募らせ、二〇一〇年一月、先制攻撃発言を批判する声明を朝鮮人民軍総参謀部代弁人が発表、緊張のボルテージが確実に高まっていった[14]。

そしてこの朝鮮半島をめぐる緊張の高まりは、同年三月に天安艦沈没事件が生じ情報不完備が再度強まることで、決定的局面に突入することとなった。米韓合同軍事演習中である三月二六日、韓国哨戒船「天安」艦が北方限界線に近い白翎島（ペクニョンド）西南方の海域で沈没する事件が起きる。この原因については米朝間で埋めがたいほどの見解の相違があった。五月二〇日、韓米を中心とする合同調査団

（韓・英・米・豪・スウェーデン）は天安艦は北朝鮮による魚雷の攻撃を受けて沈没したと結論付ける調査結果を発表したのに続き、同月二四日、李明博韓国大統領（当時）は天安艦事件関連談話文を発表、その中で天安艦沈没の原因が北朝鮮の魚雷にあると断定した上で、その行為を大韓民国を攻撃した北朝鮮の軍事挑発と規定し、さらに①北朝鮮の武力挑発に対し厳重に対処すること、②北朝鮮船舶の韓国海域における航行の禁止、③南北間の交易断絶などを宣言した[15]。

これに対し、北朝鮮は天安艦沈没事件とは一切無関係である旨を発表した上で調査団派遣の許可を要請[16]、以後六月にはロシア調査団による調査も行われたものの天安艦沈没の原因についての両者の主張の是非を決定的に判断しうる証拠は見つからないまま現在に至っている。例えば、米国側は、五ヵ国が参加した民間・軍合同調査団による北朝鮮が発射した魚雷によって天安艦は沈没したという報告を結論としたが、一方でその米側の結論の根拠となった証拠に対し、同年五月三〇日から六月七日まで調査したロシア調査団は疑義を呈した[17]。

以上のような決定的証拠の欠如は天安艦沈没事件に際し、七月九日に発表された国連安保理において採択された議長声明が「安保理は、韓国主導の下、五ヵ国が参加した民間・軍合同調査団が北朝鮮に『天安』沈没の責任があると結論付けた調査結果に鑑み、深い懸念を表明する」、「安保理は、今回の事件と関連がないと主張する北朝鮮の反応、そしてその他関連国の反応に留意する」と南北の主張を併記した点からも明らかであろう[18]。

しかしながら、この議長声明後も米朝は双方の主張を曲げず、天安艦沈没を相手国の拡大的動機の具現化であるとみなすことで米朝間の緊張が再強化されていった。換言すれば、天安艦沈没事件が不透明であればあるほど、米朝間の情報不完備――相手国の動機に対する不確実性――に基づく疑念は膨れ上がらざるをえなかった。もし天安艦を北朝鮮海軍が攻撃したと証明できたとすれば、米国はその報復措置として武力行使を合法的に行うことも可能であった。

天安艦沈没事件により米朝間における危機不安定性が高まっていくのと並行して、オバマ政権も北朝鮮への核抑止力の強化に乗り出す。まず二〇一〇年四月六日、オバマ政権は核態勢見直し(NPR)を発表、その中で対北朝鮮抑止政策として①核抑止、②核拡散の防止、③テロ支援の防止を示した[19]。特にNPR2010の中でオバマ政権は北朝鮮との対話の意思を明らかにする一方で、北朝鮮とイランを除く非核兵器保有国への核不使用を発表したことは北朝鮮の失う不安を一層刺激することとなった。換言すれば、北朝鮮とイランには核兵器を先行使用しえるという公言であったのであるが、それには実際に朝鮮外務省は強く反発、四月九日、NPR2010に対し「これは我が国を核先制攻撃対象に指名し核威嚇を行ってきたブッシュ政権初期の対北朝鮮敵視政策と何ら変わったものがないことを見せてくれる」[20]という認識を公的に示した[21]。

さらに七、八月にそれぞれ行われた米韓合同軍事演習を契機として米朝双方の相手国への疑念は増幅されていく。そもそも天安艦沈没事件も米韓合同軍事演習中に生じたが、北朝鮮が米韓合同軍事演習に対し、金日成時代より一貫して米韓の拡大的動機の存在を示すものと強力に非難している点を踏まえると、この追加的な合同軍事演習によって米朝間の緊張がさらに高まることは自明の理であったといえよう[22]。

以上のように天安艦沈没を契機として米朝間の不信が増幅、米朝は抑止政策を強めたが、「天安問題」

についての対話も皆無ではなかった。米朝は七月二三日より板門店にて米朝大佐級会談を開催、以後討議が重ねられたものの、米朝間の主張は平行線をたどることになる。具体的には当会談中、米国は天安艦攻撃は朝鮮戦争停戦協定違反行為であると一貫して主張する一方、北朝鮮は「天安問題」解決のためには国防委員会が派遣する調査団受け入れが必要であると主張し続けた[23]。

こうして、米朝直接交渉においても天安艦沈没事件によって高まった緊張を緩和へと転換させる協調的解決策が見出されないまま、前述のように米国は追加の抑止措置として二〇一〇年七月日本海（東海）において米韓合同軍事演習を行った[24]。続く八月には一九九四年以来初めて黄海での米韓合同軍事演習の実施に踏み切り、かつ二〇一〇年一〇月当時のL・パネッタCIA長官が訪韓した際には、北朝鮮の侵略に対する即応態勢と、必要であれば核兵器の使用も辞さない旨が記された緊急対応計画が検討された[25]。

この一連の米国の核抑止力の強化に対し、北朝鮮はさらに米韓の行動は拡大的動機に根ざしているという認識を一層強める[26]。そしてこの脅威に対するカウンター・バランシングとして核抑止力による対処を表明するとともに、勢力均衡に基づき朝中同盟を強化していった。具体的には二〇一〇年一一月にS・ヘッカー米スタンフォード大学教授を再度招き、寧辺で行われている約二〇〇〇個の遠心分離器を含む低濃縮ウラン製造過程を公開、すでに先進的な濃縮ウラン技術・設備を保有し、稼働しているということを内外に証明することで米韓に対する抑止力を増強するとともに[27]、米韓主導の民間・軍合同調査団が調査結果を発表した同日に、勢力均衡に基づく同盟政策の一環として金正日国防委員会委員長が訪中する。金正日国防委員長は、さらに同年八月にも再訪中するに至った[28]。

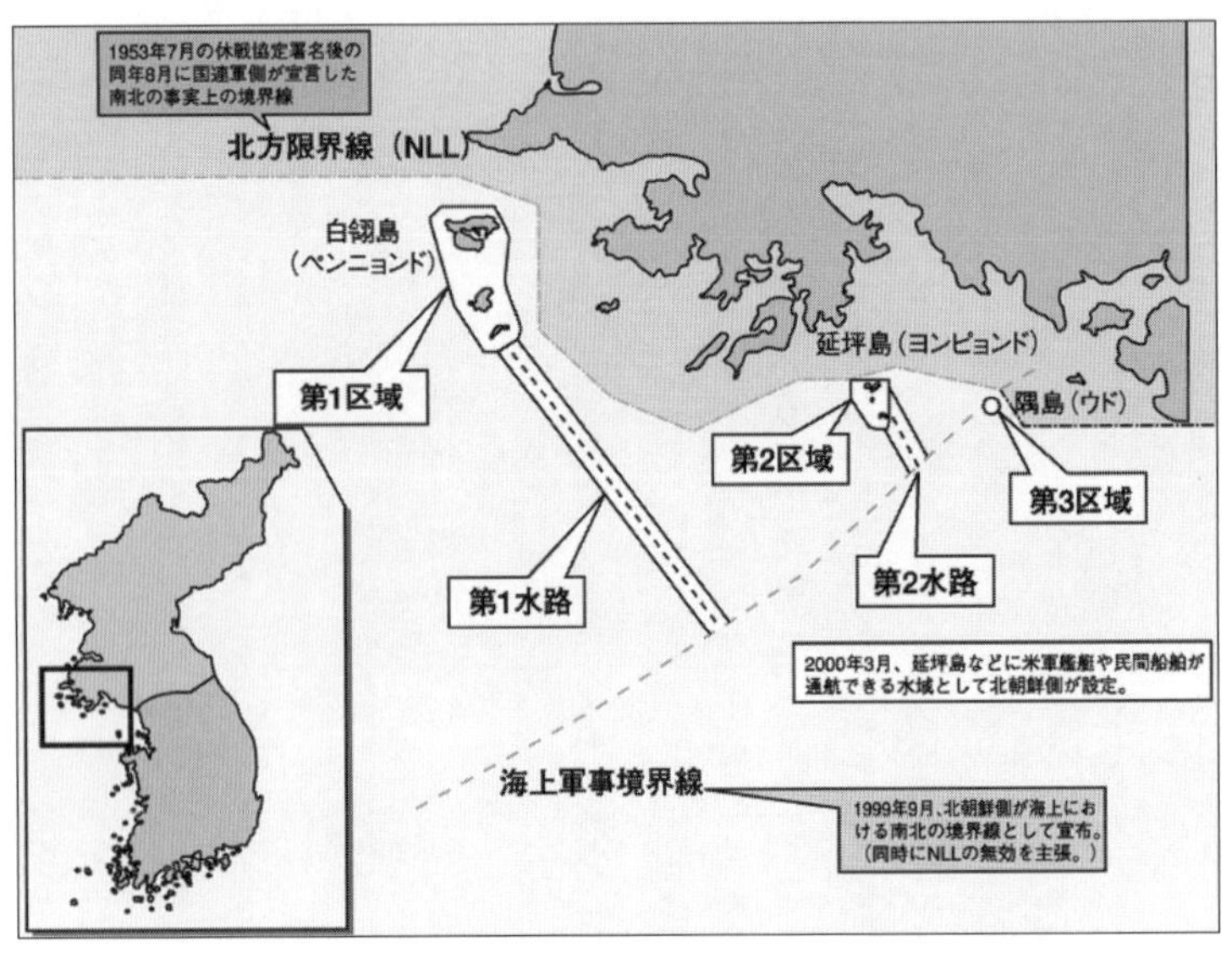

（図 6－1）NLL（北方限界線）と北朝鮮の主張する海上軍事境界線

［出典］日本防衛省 http://www.clearing.mod.go.jp/hakusho_data/2002/zuhyo/frame/az141010.htm, アクセス日：2015 年 4 月 26 日.

以後中国の仲介、J・カーター元米大統領訪朝などの試みによって、米朝間における極度の緊張は若干緩和されたものの、北朝鮮が延坪島砲撃を実施したことによって、緊張レベルが一段と高まっていく。

㈡　延坪島砲撃と2・29合意

二〇一〇年一一月二三日（一四時三四分頃）、北朝鮮は延坪島を砲撃した。この延坪島砲撃事件は冷戦体制崩壊以後北朝鮮の行動が米国の同盟国韓国に対して挑発レベルを超え、実際的な武力行使であると証明しうる初めての事例であった。ここには天安艦沈没で見られたあいまい性はない。いわば、これまでの核危機では危機不安定性が強まるだけで実際の武力行使が伴われなかったものの、第三次核危機においては北朝鮮における先制攻撃誘因の存在が実証されたといえる。

まず延坪島砲撃を行った北朝鮮側の主張を見てみよう。北朝鮮は当日行われる予定であった韓国軍の護国訓練に対し、韓国軍が計画する延坪島への砲撃が行われた場合予想できない打撃を二次、三次的に加えるという旨を明記した通知文を、南北将星級会談北側代表が韓国側に送るなどの警告を発したのにもかかわらず、韓国軍がそれを無視し自国領海内への射撃を行ったため、海上軍事境界線（図6－1参照）以北の自国領海を守るための正当な自衛的措置として、ロケット砲などを用い砲撃をしたと主張している[29]。

しかしながら、この朝鮮人民軍による延坪島への砲撃は領土不拡張の原則には反していないものの、白昼に行われた韓国領土内への攻撃であり国際法上先制攻撃と解釈されてもやむをえず、もし米国が北朝鮮に対して拡大的動機のみを有していたならば、延坪島砲撃は自衛権の行使の名の下その拡大的動機を具現化する正当な事由になりえた。国連総会決議3314や国際司法裁判所（International Court of Justice：ＩＣＪ）レポート1986に照らし合わせると、北朝鮮による延坪島砲撃は侵略の定義に当てはまる可能性があり、韓国および韓国と相互防衛条約を結んでいる米国は国連憲章五一条に基づき国連安全保障理事会が適切な措置をとるまでの間、暫定的に、必要な程度自衛権を行使しうるという解釈が成立しうる。実際に当時のＲ・ゲーツ米国防長官は当時を振り返り、李明博大統領を含む韓国政府は延坪島砲撃への正当かつ有力な報復措置として、北朝鮮への空爆を含むさらなる「猛烈な反撃」を計画していたと証言している[30]。

以上を踏まえると、結果的に危機への発展を危惧した米国の反対により、韓国軍による爆撃および砲撃が中止されこれ以上のエスカレートはなされなかったにせよ、北朝鮮の延坪島砲撃という選択は非合理的帰結——第二次朝鮮戦争——を招きえた低強度紛争であった。

ちなみに、この延坪島砲撃における米国の自制は米国の行動は拡大的動機のみによって構成されているという分析の限界を表している。この自制については、第一次・第二次核実験、そして前述のヘッカー教授へのウラン濃縮施設の公開というプロセスを経ているがゆえに、北朝鮮の核保有の確実性が増しており、これにより米国が抑止されたという議論も可能である。しかし、この時点で北朝鮮が①より確実に米国を抑止するのに必要な核融合技術を通じた核の小型化・軽量化・多種化に成功していなかった点、②米国本土を打撃可能な運搬手段を持っていなかった点、③再突入体技術を完全に保持していないと考えられた点から、その対米抑止力が完全に成立していたとは言いがたい点を踏まえると、〔筆者註：博士論文が提出された二〇一五年時点では〕この議論は実証がまだ不十分であった。

それよりも北朝鮮だけでなく韓国の現状変更行動を抑止し、いかに朝鮮半島における動乱を防ぎ、この現状を維持するかが米国の朝鮮半島戦略の目的であり、この目的に従い米国は韓国軍による北朝鮮爆撃にストップをかけたのではないか。

何にせよ、延坪島砲撃は北朝鮮側における合理性の変質による先制攻撃誘因の発生が直接的に証明されうるものであった。これ以前の核危機では米朝双方にこのような先制攻撃とみなされうる事象が実際に観察されなかった点を踏まえると、先の二度の核危機とは危機の性質と度合いにおいて明らかな差異があった。

また延坪島砲撃において重要なのは、米中がこれを契機として形成されたこれまでとは異なる緊張局面の出現を危惧し、自制的に対応することで迅速に一致、それを公表した点である[31]。これは米中両国が当時朝鮮半島の急激な不安定化、とりわけ朝鮮半島での核使用につながりうる緊張のエスカレーションを好まなかった点で一致していたことを示唆している。以後、米中はこの緊張緩和のために主導的役割を成していった。例えば、二〇一一年一月一九日には当時の胡錦濤国家主席が訪米、オバマ大統領との首脳会談後発表された共同声明の中で、米中が9・19共同声明に基づき緊張緩和のためのロードマップに合意した旨を公表した[32]。当初中国は緊張緩和のために六ヵ国協議の緊急会合を持つことを提案したが、最終的に米国案を容れ、南北対話を最初のステップとすることに合意したとされる[33]。つまり、米中は朝鮮半島情勢緩和のために、実質的に六ヵ国協議ではない新たな信頼醸成プロセスを発進させることに同意したのである。

同年三月のベルリンでの米朝非公式交渉を経て、この六ヵ国協議に代わる新たな緊張緩和のためのロードマップの最初のステップが七月二二日、ASEAN地域フォーラム（ASEAN Regional Forum：ARF）開催中における北朝鮮と韓国の六ヵ国協議首席代表による南北対話によって実現し、その二日後には当時のクリントン米国務長官が米朝会合を持つことを発表、同月二八日にはニューヨークにおける米朝直接交渉が行われるなど、緊張緩和プロセスは着実にステップアップしていった[34]。

この「南北対話をした後米朝対話に移行する」、という合意された公式に基づき以後三度の米朝交渉（二〇一一年一〇月二四日、二〇一一年一一月、二〇一一年一二月一五～一六日）を経て、翌年二〇一二年二月二九日、米朝双方がその合意（以下、2・29合意）内容を発表することとなった。この実質的な米朝直接交渉を通じた信頼醸成プロセスが、この間二〇一一年一二月一七日、金正日元国防委員会委員長の逝去という北朝鮮におけるきわめて大きな内的変化が生じたにもかかわらず継続され、二〇一二年二月二三〜二四日の第四次米朝会談を通じ2・29合意が作られた点は注目に値する[35]。

この2・29合意の基本枠組みは米朝双方が拡大的動機に基づく行動をしないことを保証し、信頼醸成のために相互に行動することであった。2・29合意では米国が9・19共同声明、朝鮮戦争停戦協定に基づき北朝鮮に対する拡大的動機を持たないこと、かつ自主権と平等の精神に則り二国間関係を改善する用意があると公言し、その信頼醸成措置として二四万トンの栄養食品支援、人的交流を進め、また制裁の部分的解除を示唆する。その一方で北朝鮮はウラン濃縮を含めた核開発とミサイルのモラトリアム、IAEA要員の復帰に合意した[36]。

しかしながら、2・29合意を生み出した米朝間の信頼醸成プロセスは一九九八年以後定期的に問題となってきた事象——ミサイル／人工衛星発射実験——の再浮上によって、中断することとなった。二〇一二年三月一六日、朝鮮宇宙空間技術委員会が同年四月一二日から一六日までの間、金日成主席生誕一〇〇周年を記念して人工衛星を打ち上げることを予告、三月一九日には国際海事機関（International Maritime Organization：IMO）を通じて打ち上げ日時と落下区域を関係諸国に事前通達する。そして北朝鮮は四月一三日予告通り人工衛星打ち上げを実施するものの、軌道投入には失敗した。

先の事例でも示されてきたように、この時も北朝鮮による飛翔体実験を通じて、米朝間に相手国の動機の認識に対するギャップが増加しているのが容易に察せられる。北朝鮮からすれば平和利用を目的とした人工衛星打ち上げのためのロケット発射であったが、米国からはICBM開発につながりうる技術開発であると映った[37]。米国の主張どおりICBM開発と認識すれば、自然攻撃・防御バランスが攻撃優位になりつつあると認識せざるをえない。この認識のギャップが相手国への疑念を増幅させ、信頼醸成プロセスを滞らせていった。

ここで注目されるのはE・リビア元米国務次官補代理が証言しているように、二〇一一年に始まった六ヵ国協議に代わる新たな信頼醸成プロセスが進展する中、北朝鮮が一貫して宇宙の平和利用の権利を主張し、米朝接触（二〇一一年一二月、二〇一二年四月）において人工衛星打ち上げを放棄しない旨をあらかじめ米国に告げていたという事実である[38]。米国がこの主張を容れたか否かに関しては諸説あるが、米国がこの北朝鮮の主張を知らなかったということはありえない。したがって、2・29合意はこの人工衛星打ち上げ問題を棚上げもしくは何らかの意思疎通が成立した上で形成されたと思われるが、米国は北朝鮮の飛翔体発射実験に対する非難を即時的かつ一方的に強めていった。

この四月一三日のロケット／ミサイル実験に対し、国連安保理は四月一六日議長声明を中国も含め全会一致で採択、国連決議1718および1874の深刻な違反であると非難した[39]。この議長声明に対し北朝鮮は翌日声明を発表、①国連安保理を非難し、②人工衛星打ち上げの権利をこれからも行使する意思を示し、③2・29合意にもはや拘束されないと指摘する。さらに北朝鮮は二〇一一年に始まった新たな信頼醸成プロセスの進展が不透明になる中、二〇一二年四月憲法を改正、その序文に自らを核保有国と明記することで核兵器をすでに保有したというシグナリングを発した。

この一連の相互認識作用は、これまでの北朝鮮の飛翔体打ち上げ実験に際して見られたそれの既視感（デジャビュ）であったといえる。こうして今回も不信のスパイラルは解消されることなく、二〇一一年以降に推進された六ヵ国協議に代わる新たな信頼醸成プロセス――2・29合意――もあえなく頓挫するに至った。

またこれらの北朝鮮の措置は、北朝鮮が冷戦体制崩壊後、枠組み合意や六ヵ国協議が米朝間の信頼の確立に失敗する中で策定された前述の二〇〇九年の方針、すなわち平和協定の必要性に立ち返ったことを示した。２・２９合意の破綻後米朝間の接触が続けられたものの[40]、上記の北朝鮮の方針を変えうる新たな信頼醸成の枠組みが作られないまま二〇一二年一二月一日、北朝鮮は一二月一〇日から二二日の間に再度人工衛星（光明星3号2号機）を打ち上げることを通達、その通達通り一二月一二日人工衛星を打ち上げ、今度は軌道投入に成功した[41]。

これに対し、二〇一三年一月二二日国連安保理が議長声明ではなく制裁の拡充・強化を含む決議２０８７を全会一致で採択した[42]。これを受け北朝鮮外務省は同月二三日決議２０８７を猛烈に非難しながら、引き続き自主的で合法的な平和的衛星発射の権利を行使していくこと、および米国の敵視政策が変化していないことが明白となった条件において、世界の非核化が実現される前には朝鮮半島非核化も不可能である、と最終結論を出したと宣言する[43]。

翌日には国防委員会が「国の自主権を守護するための全面対決戦に踏み切る」と題する声明を発表し[44]、翌二五日には朝鮮外務省が再び「自主権尊重と平等の原則に基づく六者会談９・１９共同声明は死滅し、朝鮮半島非核化は終わりと告げた。……朝鮮人民は世界最大の核保有国である米国が我々を食おうとしているがゆえに、それに対処すべく核を保有したのである。朝鮮の自衛的核抑止力は朝鮮半島における戦争を防ぎ平和と安定を頼もしく守護する万能の宝剣である」[45]と主張した。

この具体的な対抗措置として二〇一三年二月一二日に実施されたのが第三次核実験であった[46]。この第三次核実験に際し、北朝鮮は自衛的行動である旨を明確にしている。「核実験は我が共和国の合法的な平和的衛星発射の権利を乱暴に侵害した米国の極悪非道の敵対行為に対処し、国の安全と自主権を守護するための実際的対応措置の一環として進行された」[47]。

ちなみに、この前日に行われた朝鮮労働党中央委員会政治局会議においては、前述の全面対決戦論を繰り広げ国防力強化の新たな成果に言及しながら、人工衛星と長距離ロケットを引き続き発射することをすでに言明していた[48]。

この第三次核実験に対し米国は即日非難声明を出しつつ[49]、国連憲章第七章第四一条に則り対北朝鮮制裁を一層拡充・強化した国連決議２０９４の採択を主導[50]、また三～四月には北朝鮮の猛烈な反発の中B－2、B－52、F－22を投入した非常に強度の高い米韓合同軍事演習を強行する[51]。この米国の対応を受け、北朝鮮は核の先制攻撃と朝鮮戦争停戦協定の完全白紙化を宣言、三月二六日には朝鮮人民軍最高司令部による一号戦闘勤務態勢の発令、同月二九日には戦略ロケット部隊の作戦会議が開かれ、米国本土打撃を含む火力打撃計画が批准されることで緊張のスパイラルは最高潮を迎えることとなった[52]。さらに、北朝鮮は三月三一日に党中央委員会全員会議を開き、「経済と核武力建設並進路線」を採択、核兵器能力のさらなる高度化を目指す方針を明確に打ち出す。

以上の緊張形成プロセスにおいて特に米朝双方が核抑止力を強化・行使する状況下にあって、北朝鮮が先制攻撃に言及したことは、危機不安定性の再浮上を示しているといえよう。核危機の再来であった。

この一連の緊張形成プロセスで注目すべき点は、米朝ともに自らの措置を自衛的であり防御的であると強く自認しており、相手国との認識のギャップの拡大が観察される点である。例えば米国はB－2などを投入した米韓合同軍事演習について「防御的」であると言明し、北朝鮮もまた自らの核実験を「自衛的」、人工衛星打ち上げを「平和利用」であると断言していることを考慮すれば、この二〇〇九－二〇一三年における緊張形成では相手国の動機に対する認識のギャップは再び拡大したといえる[53]。そして米朝間に合理性の変質が生じたことで、損失回避のための先制攻撃が合理的な選択肢として浮上したのであった。

この緊張は二〇一三年四月一四日のJ・ケリー訪中に伴う米中協議と五月の崔竜海訪中以降、若干緩和されるものの、北朝鮮側に張成沢元国防委員会副委員長の粛清など内的要因における大幅な変化が生じたこともあり、六ヵ国協議の再開あるいは新たなリアシュアランス・プロセスが見出されないまま、小康状態が保たれていく[54]。

(三) 北朝鮮の核兵器能力向上とMD

この二〇〇九－二〇一三年においては北朝鮮の核開発は核の「武器化」に向け着実に進展した。韓国国防部が指摘するように「二〇一〇年までは開発・実験水準であったが、二〇一三年現在にはいつでも核を武器化し、実際に使用しうる実際の脅威に発展した」[55]のである。前述のように二〇〇九年一一月には先進的なウラン濃縮施設が稼働していることを示し、二〇一二年一二月の人工衛星打ち上げでは、米国本土に到達しうる核弾頭運搬手段の保有に近づいていることを示し、二〇一三年二月の第三次核実験ではその爆発力は約七～一二キロトン（kt）、つまりその威力は広島に投下された米国の原子爆弾のそれ（一五kt）にほぼ匹敵し、そして小型化、軽量化、多種化（ウラン型およびプルトニウム型）が進んだことを示した[56]。

あと核兵器の武器化に残された課題は、水爆保有を通じた核弾頭の小型化と再突入体技術の確立である。まず小型化成功基準は一〇ktといわれていることから一定の小型化はすでになされたと思われるが、S・ヘッカーによると核ミサイルに搭載可能にするほどの小型化には追加の核実験が必要であり、また再突入体の開発にも高度の技術と追加実験が不可欠であると指摘していることから、二〇一三年時点において北朝鮮が米国本土を直接打撃可能な核ミサイル（弾道ミサイル）を保有していた可能性は低いといえた[57]。ただ、二度の核実験で核保有国となったインドの例もあり、北朝鮮の小型化がすでになされていた可能性も排除できなかった点には留意が必要であろう[58]。

いずれにせよ、二〇一三年三月、党中央委員会全員会議で採択された並進路線の具体的措置として、二〇一三年四月の最高人民会議第一二期第七次大会において採択された法令で、核抑止力とともに「核報復打撃力の質量的強化」を目指す意思が明らかにされ[59]、かつ同大会では宇宙開発法も採択されたことを踏まえると、米朝間において新たなリアシュアランス・プロセスが機能しない限り、北朝鮮の核兵器開発が今後継続されていく可能性は極めて高かった。

実際に同月二日には、朝鮮原子力総局が並進路線の始まりに合わせウラン濃縮工場の再整備と六ヵ国協議の措置として稼働が凍結されていた、5メガワット黒鉛減速炉の再稼働を含む核施設における用途の調節変更に言及する[60]。事実二〇一三年九月から一〇月、北朝鮮において二〇〇七年以来閉鎖していた上記の原子炉を含む寧辺核施設の再稼働が、米国の衛星などにより捕捉されることとなった。

この米朝間の信頼醸成が停滞する中で着実に進展した北朝鮮の核兵器能力は、北朝鮮からすれば第二次核危機以来の米朝間の緊張緩和を目的として出帆した六ヵ国協議とそれに代わる信頼醸成プロセスが破綻する中で、第二次核危機に起因して公的に開始した核の武器化——「自主と平等」を固守するための自衛的措置——を加速させることは当然であると認識された。逆に、米国からすれば北朝鮮による核兵器保有は、安全保障・核不拡散・同盟管理のいずれの視点からも脅威の増大に他ならないと認識されていた。この北朝鮮の核開発における物理的能力の進展がもたらした相手国の動機に対する認識のギャップの拡大が、オバマ－金正日・金正恩政権間に生じた緊張形成の促進剤をなしている。

ただ、動機が不明な敵国のICBMの保有は攻撃防御バランス上は攻撃優位の状況を互いの敵対する主体に認識させるものの、第一に核兵器保有自体は攻撃防御バランスにおいては防御的と分類されうる事実、第二にこれまで歴史上核保有国間の紛争は生じていないという史実、最後に米ソ、印パが見せている相互確証破壊（MAD）に代表される相互核抑止の危機安定性を鑑みると、北朝鮮の核兵器能力が確立されれば安全保障的側面からは米朝間に危機不安定性が生じにくくなるともいえよう。

上記を踏まえると、北朝鮮による実質的な核保有が北朝鮮だけでなく、米国によって共有されつつあったことは注目すべき事実であった。北朝鮮は二〇一二年四月の憲法改正において自らを核保有国の地位にあると明記したが、三度の核実験以降この認識は二〇〇五年の時のような北朝鮮による一方的なものではなくなってきていた。

例えば、二〇一三年一月に行われた米上院公聴会でC・ヘーゲル米国防長官は「北朝鮮は脅威以上である。現実的な核パワー（a real nuclear power）であり、予想できない」[61]と述べ、二〇一三年九月にはF・ローズ米大統領副補佐官が「北朝鮮はすでに核兵器を持っている」[62]と発言した。そして二〇一三年四月に米下院公聴会において存在が明らかになり物議を醸した米国防省情報局（ＤＩＡ）のレポートやＪ・クラッパー米国家情報長官の「北朝鮮はまだ実験していないが、移動式ＩＣＢＭが初期実戦配備段階に入った」[63]という証言、米国防長官室が発行した「北朝鮮に関わる軍事・安全保障開発２０１３」の内容を踏まえるに、その関心は北朝鮮による核保有を前提とした上で、米国に対する直接的脅威となりうるか否かに移りはじめていた[64]。

一方、以上のように北朝鮮の核兵器保有が現実味を帯びる中で、米国主導によるＭＤ開発および東アジアの同盟国——日本・韓国——への配備が一層促進されていった。具体的にはこの間、米の地上配備型ミサイル防衛システム（Ground Based Interceptor：ＧＢＩ）導入推進とグアムへの終末高高度防衛システム（Terminal High Attitude Area Defense：ＴＨＡＡＤ）の配備、日米ＭＤの実戦配備・訓練と二基目の車載移動式Ｘバンドレーダー（ＡＮ／ＴＰＹ-2）の配備がなされ、また韓国へのＭＤ配備についての議論が再浮上していった。

また二〇一二年六月には日韓秘密情報保護協定（General Security of Military Information Agreement：ＧＳＯＭＩＡ）が締結の一歩手前で延期されるという動きが存在したが、これもＭＤと密接に関連している[65]。この日韓ＧＳＯＭＩＡの締結は、先に発効している日米ＧＳＯＭＩＡと韓米ＧＳＯＭＩＡをつなぎ、米国主導ですでに日本に導入されているＭＤとこれから韓国に構築されるであろうＭＤ開発および配備に向けて必要不可欠なものであった。なぜならば、これによって米国がより潤滑に日米韓にまたがるＭＤを運用することが可能となるからである。結局、この反故になった日韓ＧＳＯＭＩＡは米国を仲介する仕組みを新たに設け、かつ協定ではなく覚書という形態をとり、二〇一四年一二月に日米韓軍事情報包括覚書として成立することとなった。この上で、米国を介さない日韓二国間のＧＳＯＭＩＡも米国の強力な後押しにより二〇一六年一一月締結されるに至る。

先の事例でも述べてきたように、これら米国主導のＭＤ開発・導入というファクターは、北朝鮮の脅威に対する米国の合理的選択の賜物と考えられる。つまり北朝鮮の核の脅威によって米国は失うものばかりではなく、それが維持されることによって得られるものも存在した。それは、まさにＭＤを通じての潤滑な同盟管理および対中抑止の進展であった。この北朝鮮の脅威を前提としたＭＤ配備の深化に比例して、北朝鮮の米国に対する脅威認識もまた強まっていく[66]。

第二節　相互作用の検討

二〇〇九－二〇一三年の緊張形成プロセスの特徴は、情報不完備性の再強化にある。

第二次核危機における米朝間の緊張緩和のため六ヵ国協議が出帆したものの、二〇〇八年以後実質的に破綻し、また六ヵ国協議に代わるリアシュアランス・プロセスとして２・２９合意が米中主導でなされたものの、これもすぐに機能不全に陥った。この二度のリアシュアランス・プロセスの破綻に伴い米朝双方に生じたコミットメント問題による不信の増加は、相手国の動機に対する疑念を急速に再燃させるのに十分であった。

以後、情報不完備の再浮上、すなわち再び相手国の動機が不透明となったことにより、米朝双方は相手国の拡大的動機の具現化に対処することを優先する自衛的行動を実行していかざるをえなくなった。

特にこの第三次核危機における情報不完備性を決定的に高める契機となったのは、天安艦沈没事件であった。この天安艦沈没事件が生じた時点における米朝一国あるいは両国の拡大的動機を証明づけることのできなかった事象が、米朝間の情報不完備性を促進したことは、先の緊張形成の事例と比して特異な点である。

天安艦沈没事件以後、米朝双方が自衛のためと称し核抑止力の強化と行使を選択していった。その核を用いた抑止行動を双方が拡大的であると誤認していくことで緊張のスパイラルが形成されたが、この過程で米朝両国において先制攻撃誘因が発生したことは、北朝鮮による米国本土への核による先制攻撃計画公表と、当時のL・パネッタ元国防長官が明らかにした米国の核攻撃を含む攻撃計画策定およびこれまでにない強度の軍事演習の実施に顕著であった。換言すれば、誤認によって米朝双方の認識は損失のフレームに変化し、その損失回避のために自衛的核抑止力の行使および先制使用を合理的選択とみなす状況が発生、第三次核危機が形成されたといえる。

このように第三次核危機における米朝間の相互作用においては主に心理的誘因が作用したが、合理的誘因の作用が全くなかったとはいえない。まず先行事例と同様に依然米国の観点からは、同盟管理と中国を刺激しない形での対中抑止構築を促進できるという点において北朝鮮に対する強硬姿勢を保つことが合理的選択となりえた。また北朝鮮の観点からは、自国は核保有国であるという認識が三度の核実験と人工衛星打ち上げの成功によってある程度裏打ちされたことにより、リアシュアランス・プロセスが欠如している状態においては、自衛的な抑止力を高める強硬政策が一層合理的選択と映った可能性がある点にも留意が必要であろう。

これが延坪島砲撃という米国から先制攻撃とみなしうる事象の発生へとつながった可能性がある。本危機が北朝鮮の核実験を経て生じたものであり、北朝鮮側の核抑止力は当時未完成だったとはいえども、多かれ少なかれ米国も北朝鮮に核抑止力が存在する可能性を認識せざるをえない状況が醸成されており、北朝鮮側からすれば、報復能力には欠くものの、その核兵器能力とその使用の意思を合理的に示すことによって、逆に米朝間では核抑止力が強化され、核戦争へのエスカレーションを予防できるという計算が成立しえた。この意味で、延坪島砲撃は合理性の変質による産物であり超大国米国を向こうに回した第二次朝鮮戦争の勃発を招きえたものであったと同時に、核抑止力を背景とした核先制使用も含む先制攻撃のコミットメントの信頼性を高めるための合理的選択であったとも解釈可能である。そして、上記のような核兵器能力を背景とした米朝の合理的選択としての強硬姿勢による対立が確立されれば、一定の安定、あるいは均衡を生みだす状況――スタグハント――が形成される可能性があった。

これらを考慮すると、延坪島砲撃は天安艦沈没事件に際し北朝鮮側に生じた心理的重圧に起因し、また北朝鮮側における合理性の変質による先制攻撃誘因の発生が直接的に証明されたものであるとともに、南北間の地域紛争が全面戦争へと発展する可能性を低く見積もる合理的誘因も働いていた結果生じた事象であったとも推察しうる。そして、右記のように合理的誘因が作用したとすれば、米朝双方が核抑止力を用いて対峙する中で延坪島砲撃が起きたことは、米朝間に「安定-不安定のパラドックス（Stability-Instability Paradox）」[67]が生じつつある可能性が示唆されていたといえる。

最後に第三次核危機がリアシュアランス・プロセスが欠如し、かつ核兵器開発が進展した中で生じた危機である点を踏まえると、この緊張形成プロセスは北朝鮮の核開発は完全に軍事利用であるという点に議論の余地がなくなった状況下で進行した初めての危機であったが、このように北朝鮮の核開発がもはや外交上のレバレッジではなくなったことにより、米朝非核化交渉において妥協点を見出しうる幅が著しく狭くなっていくことになる。

第三節　小括

以上のように二〇〇九－二〇一三年における緊張形成の過程を鑑みると、既存の六ヵ国協議の破綻後、天安艦沈没事件という事象の浮上に端を発した緊張のスパイラルが強硬的シグナリングや自衛的抑止行動——軍事演習、延坪島砲撃、ミサイル／人工衛星打ち上げ、制裁、核実験——の浮上の連鎖によって加速したことが観察された。

この緊張のスパイラルの上昇を食い止めようと、米中が主導し六ヵ国協議に代わる新たな信頼醸成プロセスが出帆、2・29合意に達することとなった。この2・29合意において米朝が双方の自衛的動機を相互確認したことで、六ヵ国協議の実質的破綻以後続いた米朝間の動機に対する認識のギャップの拡大が止まり、緊張の緩和へと向かっていくかに見えたが、北朝鮮の人工衛星打ち上げをめぐり米朝間の認識のギャップは再び拡大、その拡大が進むにつれ緊張が再び強化されていった。

この第三次核危機形成プロセスを総じて見てみると、まず第一に米朝ともに自らの効用最大化のため制限がない拡大的動機を具現化させたという証拠は観察されない。唯一延坪島砲撃については議論の余地があると思われるものの、北朝鮮は延坪島砲撃はそれに先立ち行われた韓国軍による北方限界線以北への砲撃に対する自衛的措置であると認識しており、また結局のところ領土拡張などの現状変更は行われていないことを踏まえると、抑止のコミットメントの信頼性を上げるための強硬的シグナリングに分類可能である。

北朝鮮による核実験も相手国を害する制限なしの現状変更とはみなされない。核実験は米国も二〇〇九－二〇一三年の間に実施しており、かつ北朝鮮はＮＰＴから脱退している状況を踏まえるとその非合法性を一概に問うことはできないであろう。そして、北朝鮮は米国が最も懸念する核実験に伴い進展した核技術の拡散をもたらしたという証拠の提示もこれまでない。

これと関連して指摘しておきたいのは、当時米朝間に自制が観察されることである。北朝鮮でいえば、先制攻撃に言及した事実から抑止が効かない合理性の変質が生じたとも見られ、実際に延坪島砲撃に及んだものの、核拡散やテロ行為およびテロ支援といった実行しようと思えばいつでもできる状態にある拡大的行動を実行に移していない点を鑑みるに、米国の抑止力によって北朝鮮が抑止されたという単純な論理だけでは説明がつかない。

一方で、米国がもしパワー・マキシマイザーであったなら拡大的動機の具現化の絶好の機会であった延坪島砲撃事件を利用しないはずがなかった。しかしながら、現実には米国は韓国による北朝鮮への報復のための攻撃にストップをかけたのである。これらの事実は米朝が自制をとりうるアクターであることを示している。

また第三次核危機においては、とりわけ北朝鮮によるＩＣＢＭ獲得に近づきうる飛翔体発射実験が米朝間の相手国の動機に対するギャップを拡大させる重要な変数となったが、これもまた拡大的動機に基づいているとは簡単に断定できないものであった。北朝鮮にとってはロケットによる人工衛星打ち上げという行為は拡大的動機に基づかない現状変更であったが、米国からは拡大的動機に基づく現状変更と映ったことを直接的契機として、北朝鮮による第三次核実験と米側の国連制裁、非常に強度の高い軍事演習という自衛的措置——拡大的動機に基づかない抑止行動——の応酬がなされ、北朝鮮が先制攻撃に言及するまでに緊張レベルが高まることとなった。いわば、この一連の危機形成過程では、抑止モデルに基づく抑止政策が米朝間の誤認を一層助長したともいえる。

以上のように第三次核危機緊張形成プロセスにおいても、米朝間に①領土拡張などの現状変更が観察されず、②NPR（核態勢見直し）2010が指摘するような核拡散およびテロ行為、テロ支援行為が認められず、③抑止政策が誤認を助長し、かつ④2・29合意という協調政策によって米朝間に緊張緩和局面が出現した危機である点を踏まえると、第三次核危機の形成要因および経路は抑止モデルよりもスパイラル・モデルが主張する誤認に基づく説明が可能であると結論づけられる。ただし第三次核危機形成過程においては、その誤認をもたらした抑止行動は核兵器能力の向上を伴うものであった点には注意すべきであろう。そして第三次核危機以降、先の二度の核危機で見られたようなリアシュアランス・プロセスが確立されていないことを踏まえると、オバマ政権の間この火種は燻り続けていたと指摘できる。

【追補】

二〇一五年九月に提出した博士論文では二〇一三年までの緊張形成のみを取り扱ったので、本章では少し追記しておきたい。

二〇一九年以降、トランプ大統領はオバマ政権時代には北朝鮮に対する先制攻撃を検討していた、自分が当選していなかったら戦争が起こっていただろう、という旨の発言を繰り返している。これはオバマ政権末期の二〇一六年九月以降検討されたとされる寧辺にある核施設などへの予防攻撃プランを指す。B・ウッドワードによると、核融合技術を使用したとされる二〇一六年九月九日に第五次核実験の実施により北朝鮮の核爆弾能力における高度化がなされ、かつその四日前には三発の準中距離弾道ミサイル実験が観察された。それにより「戦略的忍耐」方針を堅持してきたオバマ大統領はJ・クラッパー国家情報長官などに命じて、北朝鮮のすべての核兵器と関連施設を除去することが可能なのかを調べるように指示、その結果、北朝鮮の核兵器関連施設を完全に除去することは難しいとの報告を得た（事前に把握されている核施設の約八五％は先制攻撃によって破壊可能）[68]。ただし地上軍を投入（a ground invasion）すればすべてを除去することが可能かもしれないという米国防省の報告もあったものの、その過程で北朝鮮による核兵器による反撃の可能性が高いとも見積もられた。加えて、北朝鮮の核兵器などによる約一〇〇〇万人が暮らす韓国ソウルへの報復攻撃により数万人単位の犠牲者が不可避的に生ずることが予想されたことから、オバマ政権はこの予防攻撃プランの実施をあきらめざるをえなかった[69]。ここで重要なのは、金正日・金正恩－オバマ間に生じた第三次核危機では、北朝鮮のさらなる核兵器能力の高度化を防ぐための予防的先制攻撃が策定され、真剣に模索されていたという点である。第三次核危機において生じた危機不安定性は、オバマ政権のあいだ燻り続けていたのであった。

いわば二〇一六年からは北朝鮮の核兵器が高度化する中、それと対峙するかたちで核危機が生じていくのであるが、これについては補論により詳しく記してあるのでご参照いただきたい。

終章　結論

　これまで本書においては、米朝間の緊張が一方の拡大的動機によって形成されてきたと主張する抑止モデルに依拠した分析に疑義を呈し、冷戦体制崩壊以後に生じた米朝間の緊張形成における五つの事例について、認知心理学的アプローチを採用したスパイラル・モデルの観点から検証を進めてきた。この検証過程では、主に米ソ冷戦崩壊以後に生じた米朝間の緊張形成において観察される誤認に起因して生ずる、相手国の動機に対するギャップに着目した。

　この事例検証の結果としては、冷戦体制崩壊以後から二〇一三年までにおける米朝間の緊張形成の事例中、

①米朝双方に現状変更を伴う拡大的動機の具現化といえる行動が観察されなかった点[1]、
②現状変更を伴う拡大的行動が可能な場合にも自制するケースが観察された点、
③これらの拡大的であるとはいえない行動に対する米朝間の誤認により、相手国の動機に対する認識のギャップが観察された点、
④米朝双方の抑止政策によって緊張レベルの強化が観察された反面、抑止行動の終わりと自衛的動機の相互確認を柱とする協調政策の遂行によって緊張緩和局面が現出した点、

⑤誤認によって軍拡および合理性の変質に基づく危機不安定性が生じている点、を踏まえると、冷戦体制崩壊以後における米朝間の緊張形成においてはセキュリティ・ディレンマの発生が認められるといえる。

したがって、冷戦体制崩壊以後における米朝間の緊張形成要因はスパイラル・モデルによって適切に説明可能であると結論づけられる。

具体的には、冷戦体制崩壊以後における米朝間の緊張形成を説明するにおいては、国家間の拡大的動機（DC〔自国は拡大、相手国は自制〕＞CC〔自他ともに自制〕）のみによるのではなく、自衛的動機（DD〔自他ともに拡大〕＞CD〔自国は自制、相手国は拡大〕）の存在を認めた相互認識作用（スタグハントおよび繰り返し囚人ディレンマ）および心理的誘因に基づき緊張形成を説明しうるスパイラル・モデルが、拡大的動機のみに焦点をあてた抑止モデルよりも優位であると考える。

加えて、スパイラル・モデルでは抑止モデルが十分に説明できない米朝間の緊張形成における非合理的行動について、緊張形成要因は誤認により米朝間に生じた相手国の動機に対する認識のギャップであり、それによって発生した失う不安を米朝双方が埋め合わせようと威嚇や軍拡、そして軍事力の動員を伴う抑止行動を連鎖的に実行する中、米朝双方あるいは一方において差し迫った脅威に対する心理的重圧に起因し合理性の変質が生じたことで、危機不安定性の浮上に至ったと説明することが可能である。

右記の結論をより端的にいえば、冷戦体制崩壊以後における米朝間の緊張は相互不信に基づく誤認によって形成されたということである。そして、またこの相互不信が緊張緩和局面においてもコミットメント問題を引き起こしてきた。要するに、北朝鮮の核開発をいかに見るかに関して米朝間に深い溝があり続けてきたことが緊張形成の根本を成している。とりわけ北朝鮮の核能力開発をめぐるせめぎあいの中で相互に認識のずれ（ギャップ）があり、米国は一極構造の維持と自国の安全保障のため北朝鮮の核能力がこれ以上進展しないよう努めてきた反面、北朝鮮は核開発をまずは平和利用のために、二〇〇三年以降は自衛のために、当然の権利として行っているという認識を保持してきたのであった。その過程で米朝は相互に相手国の腹の中に何か悪いもの――拡大的動機――があるのではないかという認識を捨てきれなかった結果、時に核戦争になりかねない一触即発の危機が醸成されてきたのである。

以上の結論を踏まえ、以下、事例上、理論上、政策上の含意を記す。

第一節　事例上の含意

第一項　三つの傾向による含意

これまでスパイラル・モデルの観点から冷戦崩壊以後における米朝間の緊張形成の五つの事例を見てきたが、その結果、米朝双方に侵略などの現状変更を企図するような拡大的動機の具現化は観察されなかった。これを踏まえ、まず一九九〇～二〇一三年の約二五年にわたる冷戦崩壊以後における米朝間の緊張形成の傾向を見出してみよう。

本書で設定した五つの事例を比較すると、次の傾向が観察された。

まず第一の傾向としては、冷戦崩壊以後における米朝間の緊張形成の事例の根源にはいずれも、北朝鮮の核開発に対する米朝間の認識のギャップが一貫して存在してきたという点である。換言すれば、北朝鮮の核開発に対する米朝間の視点の差が、相手国の動機に対する誤認の土台として歴然と作用してきたのである。

米国からすれば、一九四八年以来敵対関係にあり続けた北朝鮮が核開発をすること自体が北朝鮮の拡大的動機を疑わせる要因となるがゆえに、その核開発に疑心暗鬼となり、その進展をいかに検証・管理するかを継続的に追求せざるをえなかった。事例中、この米国の認識は一九九〇－一九九四年においてはＩＡＥＡ特別査察、一九九四－一九九九年においては金倉里地下核施設疑惑、二〇〇〇－二〇〇三年にはＨＥＵ疑惑、二〇〇三－二〇〇九年には9・19合意履行プロセスにおいて査察とサンプリングに代表される検証問題が、米国側より提起され、二〇〇九－二〇一三年においても2・29合意文中に査察問題が北朝鮮側の履行義務の一つとして明記された点に表れている。

一方で北朝鮮においては、自国の核開発は自主と平等の原則の下すべての国に付与されるべき権利であり、その行使は核開発が平和利用に限定されている限り干渉されるべきではないと認識されてきた。この自国の原子力の平和利用の権利の行使についての意思が、冷戦体制崩壊以降米国に対し継続的にシグナリングとして発信され、かつＩＡＥＡ通常査察を受け入れ、さらに枠組み合意および9・19合意においては核開発モラトリアム、米朝共同コミュニケにおいてはミサイル・モラトリアムに応じてきた点に通底している。しかしながら、前述のようにブッシュ政権が出帆し、テロとの戦い、イラク戦争、枠組み合意と六ヵ国協議の破綻などにより、米国の拡大的動機を疑わざるをえない状況が形成され、北朝鮮の核開発の性質は平和利用を目指すものから自衛のための核兵器能力の保有へと一大転換されたと解釈できる。

この核開発の転換においても、北朝鮮の観点からはNPTを脱退している特殊地位を踏まえると国際法に反しているとは一概にはいえない。またこれはブッシュ政権の核の脅威を用いた拡大的動機の具現化の蓋然性が高まったことに対する自衛的措置であるという認識にも、当時の北朝鮮をめぐる安全保障環境を鑑みると一定の説得力がある。そして、この北朝鮮の自衛的抑止力の強化が必要であるという認識は、枠組み合意、六ヵ国協議という信頼醸成プロセスがコミットメント問題などによって頓挫する過程でより一層強くならざるをえなかった。

この北朝鮮の核開発をめぐる米朝間の認識のギャップの表象として、事例中一貫して浮上してきたのが第一に軽水炉、そして第二にIAEA査察問題であった。北朝鮮は平和利用の権利を米国が保障する証明として隠匿が比較的難しい軽水炉を黒鉛減速炉の代わりに米国が提供すること、あるいは軽水炉の建設・保有を米国が容認することを枠組み合意交渉時より一貫して要求したが、米国は北朝鮮の核開発への疑念を拭い去るため軽水炉提供前でのIAEA査察を特別査察を含むあらゆる形態で要求し、それを受け入れない北朝鮮に対し批判を強めてきた。

こうして見ると、米朝間の核開発をめぐる認識のギャップはNPTの抱える根本的矛盾をそのまま反映していたことがわかる。米国からすれば、自らの優位な現状を維持するのに寄与する核なき世界が好ましいもののそれが実現しない限りは自らが核兵器を保有し同盟国に抑止力を提供しつつ、これ以上の核兵器拡散を防ぐことが世界の平和と安定のためである、もちろん北朝鮮の核兵器保有は好ましくなく適宜査察が必要である、と考えている。ここで米国が訴える自らの核兵器保有を前提とした核不拡散の権利は、NPT第二条および第三条に法的根拠がある。

この反面、北朝鮮の主張はいわば核兵器不拡散には同意するが、米国がすでに核兵器を保有しかつNPT第四条が制定されているから、自らもIAEA通常査察を受け入れれば原子力の平和利用が許されるはずだ、そして米国が核廃棄に踏み切らない限りは自らも核廃棄を選択する義務はない、というものであった。言わずもがな、ここで北朝鮮が認識している権利はNPT第四条に依拠した原子力の平和利用と第六条の核軍縮義務である。

そして、二〇〇三年に北朝鮮がNPTを脱退するまでは、米朝ともにNPT加盟国であったことを考慮すると、両国ともNPTの精神——核保有国と非核保有国の差を認める——には同意していたものの、米朝双方がNPTに依拠し自らの権利を一方的に行使しようとする時、対立が生じ相互不信が高まってしまうのであった。

ここで重要なのは、NPT自体が安全保障としての核兵器不拡散と商業的理由による原子力の平和利用の促進を、両立させようとしてそもそも矛盾をはらんでいた点である。つまり、NPTに明記されている核兵器不拡散と原子力の平和利用との間には設立当初から根本的矛盾が包含され、その根本的矛盾が冷戦崩壊以後における北朝鮮の核開発問題をめぐる米朝の不信を生んできたのである。そしてまた、米朝が上記のように核兵器不拡散と原子力の平和利用をNPTによって保障された権利とそれぞれ認識することで、それらに「不可分性」が発生、米朝間の緊張形成を助長することとなった。フィアロンが指摘するように不可分性が生じた事象をめぐって国家間に対立が生じた場合、緊張が高まりやすい。

ちなみに、この核開発の権利をめぐる米朝間の相互認識作用の構造と類似するのが、北朝鮮によるミサイル／ロケット発射実験をめぐる相互認識作用である。これは米国が指摘するように弾道ミサイルと表裏一体をなす技術開発であるものの、北朝鮮からすれば自主と平等の原則に基づき宇宙開発の権利は自らに当然付与されるべき権利であると認識してきた。たとえロケット発射を衛星爆弾開発やＩＣＢＭ開発につながる事実上の弾道ミサイルと捉えたとしても、米国がＩＣＢＭを保有し、現在（二〇一九年）もＩＣＢＭ実験を継続している状況下においては、北朝鮮はその米国の二重基準を指摘しうる。この二重基準に対し北朝鮮は自主権と平等の原則に違反しているという認識を持つがゆえに、一九九八年のテポドン／光明星発射以後、二〇〇〇年の人工衛星代理打ち上げ提案を経て、緊張が高まるおそれがあるのにもかかわらず、二〇〇六年、二〇〇九年、二〇一二年などとミサイル／ロケット発射実験を強行してきたのである。

またこの北朝鮮の飛翔体打ち上げがロケット発射実験だとしても、ＩＣＢＭなどの弾道ミサイルに転用可能なことを踏まえ、その抑止的効果を織り込んだ合理的行動であるといえるのではないかという指摘もあるが、それにしても北朝鮮の動機が拡大的であるという証拠にはなりえない。拡大的行動が観察されない限り、その思惑の立証は現状変更を伴う拡大的行動が観察されていないため困難を極めるのに加え、ロケット技術の弾道ミサイルへの転用可能性自体が拡大的動機を具現化しようとする意思の証左であるならば、現在日本を含むロケット技術を保有するすべての国は総じて拡大的動機の具現化の意思を有していることになってしまう。

ここで問題となりうるのは、これまでに行われた明確な弾道ミサイル実験に関してであるが、事例で見たように、北朝鮮は自衛を目的とした演習であるという認識を保持している点に加え、一九九三年のノドン発射実験より現在まで北朝鮮の弾道ミサイルによる米国とその同盟国への先制攻撃がなされていない点を考慮する必要があるだろう。すなわち、米国と同様に北朝鮮も弾道ミサイル能力を実験・保有する限りにおいて、それらの行動が拡大的であるとは断言できない。これに加え北朝鮮が二〇一五年時点まで弾頭小型化と再突入実験を十分に行っていないことから、その当時（事例検証を追加で行った二〇一五年まで）米国に対する直接的な脅威が確立されたとは言いがたかった点についても一考する必要がある。

次に冷戦崩壊以後における米朝間の緊張形成過程で、北朝鮮側からではなく米国側から浮上しその緊張形成に作用してきた代表的事象としては、米韓合同軍事演習がある。これに対し北朝鮮は一貫して拡大的動機の具現化——核侵略演習——とみなし、時に合理性の変質が生じ先制攻撃も辞さない、よりリスク受容型アクターとなってきた。

この反面、米国からは米韓合同軍事演習はあくまで防御的、すなわち北朝鮮の現状変更を伴う行動を抑止することを目的とした自衛的動機に基づいており、また経済・金融制裁も北朝鮮が核兵器を筆頭とする大量破壊兵器を保有することを阻止するために用いられていると認識している。いわば、米国からすれば自衛権の行使の範疇に過ぎないと見られているといえよう。しかしながら、北朝鮮としてはこれらを自衛権の行使とはみなしていない。そうして北朝鮮の反発する手段としては、一九九〇‐二〇〇五年までは核兵器能力開発を核実験を含むかたちで公式化していなかったこともあり、通常兵器による先制攻撃を示唆する強硬的レトリックが用いられたが、二〇〇六年の第一次核実験以後は実質的な武器化を伴う核抑止力の構築、二〇一三年の危機に際しては核による先制打撃というシグナリングが発せられるようになった。

次に第二の傾向としては、まず軍事力の動員を伴わない事象、例えばＩＡＥＡ査察問題や金融制裁という新情報に際し、米朝間に相手国の動機に対する認識のギャップが生じ、そのギャップによって発生した失う不安を埋め合わせようと実行された軍拡や軍事力を伴う自衛的抑止行動、すなわち核実験やミサイル／ロケット発射、米韓合同軍事演習などが、その目論見に反し、さらに認識のギャップを拡大させてきた点である。

ここで重要な含意は、上記のように北朝鮮の核開発をめぐる米朝間の誤認によって生じた抑止政策が十分に機能したとは言いがたい点であった。つまり、抑止政策の実行が米朝間の不信を払拭するのではなく、逆に増幅させてきたのである。

事例を見ると、とりわけ米国の対北朝鮮抑止政策の目標は十全に達成されていない。ペリーやカーターが述べたように、冷戦崩壊以後、米国が北朝鮮に対し抑止政策を遂行するにあたって、抑止目標は二つあった。一つは朝鮮半島における全面戦争の契機となりうる北朝鮮の拡大的行動を抑止すること、もう一つは核拡散の脅威となりうる北朝鮮の軍拡、特に核兵器保有を抑止することであった。いわば、この二つの抑止が成功している状況が、米国の抑止政策が目指した「現状」であったものの、この現状が維持されたとはいいがたい。非合理的帰結、すなわち全面戦争の回避という目標は達成されているものの、北朝鮮による核兵器保有という軍拡の抑止には成功していないのである。

これは二〇〇六年に北朝鮮が核実験に踏み切ったことに顕著であろう。実際にこの頃を境として、米国の北朝鮮の核保有を抑止し、朝鮮半島の非核化を維持するという目標は、既存の核兵器を廃棄することを目指す朝鮮半島の非核化へと変わってしまっている。これらを鑑みると、米国の目指した朝鮮半島における現状の維持は厳密には達成されていない（二〇一九年において北朝鮮の核兵器は高度化するに至っている)。

一方で、米ソ冷戦崩壊以後これまで続いていた米朝間の極端な非対称性を鑑みると、米国が北朝鮮に対し拡大的行動に出なかったのは、単純に北朝鮮に抑止されたからという説明だけでは不十分であると考える。そこには圧倒的軍事力を誇る米国の自制という要素が加味されなければ、説明しえない部分がある。

最後に第三の傾向としては、各事例における米朝間の相互認識作用を比較すると、心理的誘因、合理的誘因の比重が各緊張によって異なる点が観察された。冷戦崩壊直後、対話不足である状況においては情報不完備が生じたことは致し方なかったものの、拡大的動機がないことを相互確認し、リアシュアランスの提供を約した信頼醸成プロセスが欠如する期間(一九九〇-一九九四、二〇〇〇-二〇〇三、二〇〇九-二〇一三)には情報不完備の浮上が誤認を経て心理的重圧につながり、結果として米朝双方あるいは一方に合理性の変質を引き起こすことで、先制攻撃誘因が発生、緊張レベルが急激に高まる傾向にあった。

反対に、合理的誘因は米朝双方の自衛的動機が初めて確認された枠組み合意以後、その強弱の程度は異なるものの一貫して作用している。より具体的には枠組み合意、米朝共同コミュニケ、9・19合意等の信頼醸成プロセスが順調に進行している時にはその動機が確認済みであるがゆえに心理的誘因が極めて弱く作用する反面、合理的誘因もまた作用し続けてきた。これはリアシュアランス・プロセスの存在に加え、コミットメント問題が各リアシュアランス・プロセスにおいて観察されてきた点からも顕著であろう。

要するに五つの緊張形成プロセスを比較すると、心理的重圧が主に作用しているものに第一次核危機、第二次核危機、第三次核危機が挙げられるのに対し、合理性が機能し心理的重圧の浮上が比較的抑制されているものに一九九八‐一九九九年および二〇〇三‐二〇〇九年事例が挙げられる。このような緊張形成下における意思決定プロセスにおいての心理的誘因と合理的誘因の比重が変化することは、キィドの指摘とも符合する。

これと合わせ、第一次核危機、一九九八‐一九九九年の緊張形成[2]、第二次核危機、第三次核危機において緊張形成プロセスにおける先制攻撃誘因の明らかな顕在化——米朝双方あるいは一方の先制攻撃の意思の表面化——が観察されることを踏まえると、危機と呼ばれるまで緊張レベルが高まった事例には「情報不完備の再浮上、リアシュアランス・プロセスの欠如、先制攻撃の意思の表面化」という三つの要因が揃って作用した点を指摘しうる。ここから導き出される重要な示唆は、危機不安定性を防ぐためにいかに情報不完備性の浮上を抑制するための対話と、協調政策に基づいた枠組みを維持するか、という点が危機管理において最重要課題であるという点であろう。

第二項　第三次朝鮮半島核危機以降の含意

ただし、第三次核危機が形成されていく過程で北朝鮮は核保有国であるという認識を公式化し、かつその認識が技術的にもある程度裏打ちされ、さらにその認識が米国によって共有されつつあった。換言すれば、第三次核危機は①リアシュアランス・プロセスが欠如し、②核兵器開発が進展する中で形成された点を踏まえると、北朝鮮の核開発は平和利用であると認識する余地が非常に少なく、軍事利用であろうという認識のもと米朝間の相互認識作用がなされたといえる。

具体的には、米朝関係は極端な非対称的関係から相互核抑止による対称的関係へと移行する段階に入ったといえる。この点を勘案すると、以後の米朝間の緊張形成には心理的重圧による非合理的な先制攻撃の発生が抑制されていくであろうことが推察される。なぜなら核抑止においては核報復の可能性が確立された場合、危機安定性をもたらす可能性が高いからである。

このような危機安定性が確立された状況においては、国家間の誤認が生じる余地が少ないことから、情報不完備により相手国の動機が拡大的であるとのみ認識され、先制攻撃誘因が浮上するような事態が生じにくい。

また非対称的関係から対称的関係への移行と関連して、注目されるのは抑止レベルの変化である。冷戦体制崩壊以後一九九〇年代を通じて北朝鮮は核抑止力を有さず、対米抑止力は専ら通常兵力と兵器によるものであった。しかしながら、第二次核危機とイラク戦争を契機として、北朝鮮は通常兵器によっては米国を抑止できないと認識をあらためることで、核兵器能力を向上させ核抑止力を保有する方針に転換する。

以来、北朝鮮の核兵器能力は着実に前進してきたが、特に二〇〇六年の第一次核実験の実施を分水嶺として公式的に三度の核実験に踏み切り、二〇一二年一二月には人工衛星の打ち上げにも成功したことは、北朝鮮は核兵器保有国であるという認識を技術的にもある程度裏付けたといえよう。

米朝間に相互核抑止が成立するために残る技術的課題としては、北朝鮮による核兵器技術を用いた小型化と再突入体技術、そして第二打撃能力を有するために移動式ＩＣＢＭおよびＭＩＲＶ（一基の弾道ミサイルに複数の核弾頭を装備し、それぞれの弾頭を別々の目標に送達するシステム）の獲得、および核爆発に使用する核物質の多様化と増産である〔筆者註：博士論文が書かれた二〇一五年までの時点。またＳＬＢＭ（潜水艦発射弾道ミサイル）を保有したとしても第二打撃能力は確保されたとみなされるが、二〇一五年時点では、米国が北朝鮮は移動式ＩＣＢＭ技術を有しているかもしれないという可能性のみ認識した段階にあった〕〔3〕〔4〕。

こうした北朝鮮の核兵器能力の保有が事実上米朝間で共有されつつある移行期に生じた、初めての危機である第三次核危機プロセスを観察すると、抑止が機能しているレベルの逆転が観察される。北朝鮮が通常兵器による抑止にのみ頼っていた時には、戦略レベルにおける核抑止は機能していなかった反面、戦術レベルにおける抑止は一定程度機能していた。しかしながら、第三次核危機においては米朝双方が核抑止力を有することで、戦略レベルにおける安定が得られた反面、戦術レベルにおいては不安定となったと解釈しうる局面――延坪島砲撃――が表れている。

つまりは、前章で述べた安定‐不安定のパラドックス（Stability-Instability Paradox）が出現したと捉えうるのであったが、以降、米朝間においては相互抑止体制が確立するまでの間、全面戦争の危険性が低減する一方で小規模の地域衝突が発生しうることが懸念される。

第二節　理論上の含意

第一項　合理的選択の観点からの含意

次に冷戦崩壊以後における米朝間の緊張形成の事例が示す理論上の示唆は何であろうか。前節で述べたように、冷戦体制崩壊以後における米朝間の緊張形成の事例では、一九九〇‐二〇一三年の約二五年

（博士論文のまま：二〇二〇年まで含めれば三〇年間）にわたって米朝双方に侵略と定義しうる拡大的動機の具現化は観察されなかった。つまり米朝双方において現状変更を狙うパワー・マキシマイザーであると断言しうる事例が観察されなかったわけであるが、この点は被抑止側がパワー・マキシマイザーであることを緊張形成の前提として捉える抑止モデルの論理に矛盾するといえる。

これを踏まえ理論上の含意としては、まず合理的選択の観点からは冷戦崩壊以後における米朝間の緊張形成がDC（自国は拡大、相手国は自制）>CC（自他ともに自制）という拡大的動機よりも、DD（自他ともに拡大）>CD（自国は自制、相手国は拡大）という自衛的動機、換言すれば自国のみが損失を被る事態を回避したいという動機とそれに基づく行動が緊張形成に作用しているゲームであったと指摘しうる。つまり、DD>CDという選好を持つアクター間の相互認識作用であったと考察可能なのである。

この含意はまた米朝間が極端な非対称性を帯びていることを踏まえることによって、より信憑性が増す。北朝鮮からすれば、圧倒的軍事力を有する米国の抑止力は絶大であり、米国との戦争が勃発する可能性を高める拡大的行動は自制するほかなかったと考えられる。そして、これまで度々述べたように北朝鮮に米国の同盟国への先制攻撃という非合理的選択が浮上したのは、米国の先制攻撃が逼迫しているという心理的重圧から合理性の変質が生じたためであったといえるが、逆にいえば、米国が強硬的な抑止政策を北朝鮮が心理的圧迫を受けない程度にまで緩和すれば、北朝鮮は合理的自制を続ける状況に立ち戻りえた。例えば、米朝共同コミュニケ形成過程で金正日元国防委員会委員長がオルブライト元国務長官に対し、米国から安全保障を得られれば五〇〇㎞以上の飛距離を持つ弾道ミサイルの生産と配備を中止すると提案した事実は、この代表的な表象であるといえよう。

また冷戦体制崩壊以後、約二五年間にわたり北朝鮮による現状変更を伴う拡大的動機の具現化がなされてこなかった事実も、北朝鮮が合理的アクターであり、戦力格差に基づき米国の抑止力を正確に認識していた可能性を示唆している。そして北朝鮮からすれば米朝間の極端な非対称性を考慮すると、CC（自他ともに自制）＞DC（自国は拡大、相手国は自制）、つまり米国との協調関係の構築を通じた脅威の除去が最善の選択であったと認識していたことは、過去の事例において協調的シグナリングが繰り返されている点に顕著であった。

	米の協調	米の裏切り
北の協調	④、2	1、④
北の裏切り	3、1	②、③

（表７－１）

※米国の選好がデッドロック，北朝鮮の選好がスタグハントである場合の相互認識作用（１回ゲーム）：筆者作成.

註：数字の大きさは米朝各々の国益を表す.
◯囲みは選択する可能性が高い選択肢を表す.
但し，数字は仮のものとして筆者によって恣意的に付けられている.

一方で、米国は期待効用アプローチでいえば勝機に乗ずる戦争を遂行しうる立場にあったが、冷戦崩壊以降、朝鮮半島における現状変更を伴う拡大的行動に出ていない事実および自制的行動を勘案すると、米国もまた一概にパワー・マキシマイザーであるとは断定できない。ただし、北朝鮮に対する米国の圧倒的優位の立場を勘案すれば、北朝鮮ほどCC＞DCが明確ではなかった点は重要である。米国は一極構造の維持が最優先課題であり、北朝鮮と協調することが一極構造維持のためにどれほど貢献するかが明確ではなく、CCがDCと同等あるいはCCがDCを上回るという選好を持っているとは言いがたかった[5]。

したがって、米国の選好はDC＞CC＞DD＞CD（囚人のディレンマ型）、あるいはいかなる場合も強硬政策が協調政策より合理的選択（ＡＬＬ－Ｄ＝裏切るという選択が優先される選好順序を持つ）となるＤＣ＞ＤＤ＞ＣＣ＞ＣＤ（デッドロック型）であったと解釈可能である。この選好を前提とすれば、合理的選択理論の観点では、米朝の相互認識作用は結局ＤＤ（互いに裏切る）に行き着く（前頁の表７－１参照）。そして、米国においてＣＣ＞ＤＣという選好が明確化されるまではこの傾向が続くことが予見されるが、これを明確化しうる事象の一つとして北朝鮮の核兵器保有と高度化が挙げられる。具体的には北朝鮮の核保有とその高度化により、米朝間で損失回避の必要性が共有されれば、米国側のＣＣ＞ＤＣの利得が明確となり、それに伴い米朝間で協調関係が成立しやすい状況が現出しうると指摘可能である[6]。

またこれまで核兵器の戦時における使用がヒロシマ・ナガサキを除きなされておらず、またその先行使用は道徳的にも非難を受けることが不可避である点を踏まえると、核兵器は先行使用のインセンティブが働きうるものの、防御的であるという主張が成立する。この核兵器の性質を考慮すると、攻撃・防御バランスにおいて防御優位の状況が現出される点が理論的および実証的には予想される。さらにいえば、現在（二〇一五年においては）北朝鮮が移動式ＩＣＢＭを保有しつつある点をジャービスの理論と照らし合わせれば、これはセキュリティ・ディレンマが発生する余地があるものの、比較的安定することが予見される第二象限に該当すると指摘できる[7]。さらにＳＬＢＭ保有やＮＦＵ（核の先制不使用）に則し兵器体系における攻撃・防御区別性が確保されれば、米朝間の危機安定性が確立されていく可能性が高い。これらの措置によって米朝間の誤認の発生が防止され、危機不安定性の浮上が抑制される枠組みが確立されることは、米朝間の緊張形成を予防する一助となろう。

上記は一度限りの相互認識作用について考察した場合の理論的含意であるが、繰り返しゲームとなっても米朝間が協調しうる点も重要である。A・アクセルロッドが示したように、囚人のディレンマゲームが繰り返され、しっぺ返し（tit-for-tat）が採用される時、国家は将来継続されるであろうゲームの利得も合理的計算に入れるため、結果的にスタグハントと同じ利得表が形成されることとなり、対立するアクター間で協調関係が構築される傾向が観察されるのである。これは米国が過去に、核保有した中国、インド、パキスタンといった国家に対し、当初非難しながらも徐々に協力関係を築いていった歴史を鑑みても、まったくの机上の空論と一蹴することはできない。要するに、北朝鮮による核保有は米国のペイオフ（効用）を変更するゲーム・チェンジャーとなりうるのである。

加えて、北朝鮮の核兵器保有が朝鮮半島での戦争勃発の可能性を低下させることで、北朝鮮崩壊の可能性が低下すると思われることにより、米朝間のゲームが有限ではなく今後も継続されていくであろうという見込みが強まった。この点からも、この繰り返しゲームの含意は米朝間の核危機を分析するにおいても有用であると考える。

第二項　認知心理学の観点からの含意

次に認知心理学の観点からの含意について考えてみよう。

まず米朝間の極端な非対称性は、前述のような選好における差異に加え、参照点、ここでは「現状」の設定においても差異を生じさせている。米国においての現状は一極構造という余分の安全であり、一方で北朝鮮の観点からの現状は生存である。事例を参照するに米国はセキュリティ・パラドックスに陥り、同盟国という資産を失う不安に苛まれ、その損失に対し一貫して拒否の姿勢を示してきた反面、自らの生存——米国本土が壊滅的打撃を受けるような事態——は念頭になかったと考えられることを踏まえると、北朝鮮と比して心理的重圧がかかりにくい。それがゆえに、米国は対北朝鮮政策において、合理的選択理論でいうところのデッドロック型選好（ALL－D）をとりうるといえる。

この一方で、米国と対峙し生存がかかった北朝鮮にはこういった心理的な余裕はない。それがゆえに北朝鮮の参照点は生存と直結しているといえ、緊張形成下においては生存のフレームから死亡のフレームへのフレーミング効果が発生しやすかった。つまりは米国と比して、北朝鮮はリスク受容型となりやすい状況に置かれているのである。そもそも冷戦体制崩壊以後、圧倒的軍事力を誇る米国と対峙し続けてきた北朝鮮からすれば、極端な非対称性、つまり米国がいつでも攻撃しうる状況が目前に存在することのみによっても、攻撃優位の状況を認識せざるをえなかったといえよう。

そして北朝鮮の現状を失う不安が、米国の自衛的動機に基づく現状変更によって増幅され、そのフレームが現状維持から現状変更へと変化する時、合理性の変質を発生させてきた。

これに加え、米朝間には現状変更が迫っているというリスク認識が強まりやすい歴史的背景も存在する。米ソ冷戦崩壊以後における米朝間の緊張形成は、かつて実際に朝鮮戦争を戦い、かつ冷戦体制下を通してその敵対関係が維持された国家間に生じたものである。また朝鮮戦争はいまだ休戦状態にあるがゆえ、戦争の可能性が過去のものではないものとして意思決定者および政策立案者の記憶に存在する。いわば「朝鮮戦争バイアス」といえるような経験に基づく主観的見込みが意思決定プロセスに作用しやすいのであったが、これにより認知心理学における偏見による非合理的選択が米朝間では表れやすかった。事例を見ると、とりわけ確率ウェイト関数（Probability Weighting Function）から導き出される含意、すなわち発生する確率が小さいながら、大きな損失を産む事象の重要性を過大評価するという傾向がより如実に表れてきたといえよう。

最後に、認知心理学的知見によれば、いったん手にした核兵器の価値は手にする前よりも上がるため（授かり効果）、核保有の予防に比べその放棄には一層の困難を伴うことが予想される。これを参照すれば、米国が要求している核兵器の廃棄に北朝鮮は同意しにくいといえよう。これはまた、核廃棄が必要となるであろう北朝鮮によるＮＰＴ復帰にも困難が予想されることを意味する。

第三項　権利の衝突としての含意

最後に、権利の衝突として冷戦崩壊以後における米朝間の緊張形成を捉えた場合の理論上の含意を示したい。上記のように米朝は現状変更を欲していたとはいえないものの、現状維持のための自己防衛的行動が相互に誤認されることによって緊張が作り出されたといえるが、ここでの現状維持のための自己防衛的行動は米朝双方における権利の行使であるとも解釈可能である。つまりは、冷戦体制崩壊後における米朝の緊張形成は米朝が有する権利の衝突であったという論理が成立するが、その場合、まずA・センの提唱したリベラル・パラドックス（Liberal Paradox：以下、ＬＰ）からの含意が重要である。

第一章で記述したＬＰの議論を踏まえ、冷戦崩壊以後における米朝間の緊張形成への応用を試みると、まずＬＰが定理であることから、その普遍性から異なる権利を主張するアクター間の衝突を個人レベルの対立だけでなく、国家レベルのものに適用することは可能であろう。次に、チャタレイ夫人の恋人の喩えで見たA氏とB氏が有する権利は、条件U、条件L*を踏まえると国家レベルでは国家主権に置き換えることが可能であろう。

とりわけ本書の事例が核危機である点に鑑み、国際社会に認められた主権中「核開発をめぐる権利」および「生存を守るための自衛権」に注目する。核開発をめぐる権利はＮＰＴに定められている一方で、自国の生存を守るため武力を行使する権利である自衛権は、国連憲章第五一条で安全保障理事会が措置をとるまでの間認められている。換言すれば、米朝はこの二つの権利に関して決定権（Decisive）があるといえる。

そして、選好順序の異なるアクターが自らの権利を社会的に反映させるべく一方的に行使しようとする時、社会的に非合理的循環に至るというのは、国家関係においては例えば外交交渉上の対立による停滞と置き換えられる。冷戦体制崩壊以後における米朝交渉の事例でいえば、北朝鮮の核開発をめぐって主張が対立している状況になぞらえられるであろうか。

まずこの状況においては、核開発をめぐる権利に対する米朝の選好順序が異なると考えられる。

例えば、一九九〇－二〇〇三年までの事例を踏まえ、かつａが米国による核保有（核兵器も含む）、ｂが北朝鮮による核保有（原子力の平和利用／核の軍事利用）、ｃがこれ以上誰も核兵器を持たない（核兵器不拡散）という選択肢であると仮定すると、米国の選好順序はｃ＞ａ＞ｂと説明可能である。すなわち、核なき世界が好ましいもののそれが実現しない限りは自らが核兵器を保有し同盟国に抑止力を提供しつつ、これ以上の核兵器拡散を防ぐことが世界の平和と安定のためである、もちろん北朝鮮の核兵器保有は好ましくなく適宜査察が必要である、と考えている。ここで米国の権利とみなされるのは自らの核兵器保有を前提とした核不拡散（ｃ＞ａ）であり、これはＮＰＴ第二条および第三条に法的根拠がある。

この反面、北朝鮮の選好順序はa＞b＞cで構成される。いわば核兵器不拡散には同意するが、米国がすでに核兵器を保有しかつNPT第四条が制定されているのならば、自分もIAEA通常査察を受ければ原子力の平和利用が許されるはずだ、そして米国が核廃棄に踏み切らない限りは、自らも核廃棄を選択する義務はない、と考えている。ここで北朝鮮が認識している権利はb＞c、すなわちNPT第四条に依拠した原子力の平和利用であった。もちろんここにおける原子力の平和利用は、核の軍事利用と表裏一体をなしている。

そして、これらの米朝の双方の選好順序を照らし合わせると、a＞bにおいて選好が一致しており条件Pが満たされていることがわかる。換言すれば、米国は核兵器を持ち、北朝鮮は核兵器を持たないという暗黙の了解が成立しているのだが、これはNPTを貫く根本的な精神であり、二〇〇三年に北朝鮮がNPTから脱退するまでは米朝双方はこれに同意していた。しかしながら、このa＞bは、NPTを軸として米朝の権利に基づく主張が社会的に同時に反映されようとすると循環が発生する（c＞a＞b＞c）。実際にこのような循環は米朝間の北朝鮮の核開発をめぐる外交交渉において発生してきた。

こうして循環が生じたことで、米朝交渉は次第に行き詰まり、相互不信が募っていくこととなったが、ここで問題は、互いの権利を主張する中で行き着いた米朝関係における社会的決定を得られないという非合理が循環というかたちにとどまらなかった点である。事例で示されたように、循環の発生過程で生じた核開発をめぐる相互不信は外交上の対立を越えて核危機を醸成するまでに増大してきた。またこの相互不信は、元々一九九〇年代を通じて原子力の平和利用を唱え、二〇〇六年までその軍事利用に必要不可欠な措置である核実験に踏み切らなかった北朝鮮の権利である核保有の変質（原子力の平和利用→核の軍事利用）をもたらした。

ＬＰによる不信が増幅し、米朝関係がさらに非合理的帰結へ向かうプロセスにおいては、抑止行動を含む「自衛権」の行使がもたらす国家間の相互認識作用が肝要となる。これまで本書では認知心理学的アプローチに依拠し、合理的アクターである米朝が戦争可能性を高める非合理的選択である先制攻撃に次第に合理性が帯びていく過程を分析してきたが、この過程で合理性の変質を助長させてきた事象――米韓合同軍事演習、軍事計画の改定、ミサイル／ロケット発射実験、核実験を含む核開発など――は自衛権の範疇に分類しうる行動であろう。

ここで、米ソ冷戦崩壊以後における米朝の緊張形成を権利の衝突として捉えた場合の含意としては、第一に核開発をめぐり対立する国家間においては、権利の一方的な行使が循環を通じ相互不信を発生させるだけでなく、緊張を引き起こしやすいという点が示唆される。

たとえ平和利用目的の核開発であっても、核兵器開発に転用されうるという疑念からそれ自体が軍拡および潜在的脅威であると誤認される可能性が高いのに加え、核兵器の突出した威力がゆえに、関係する国家間の自衛権の一方的行使の応酬につながりやすいのである。よって、核開発をめぐる権利と自衛権という二つの権利の行使に関して同時に慎重を期すことが、危機の予防および回避のためには重要であるといえる。例えば、自衛的であったとしても米韓合同軍事演習は米朝間の誤認に直結する傾向にある（表7－2参照）。

第二の含意は、国民国家の主権の範囲を定める国際法における解釈の曖昧さが緊張形成に影響を及ぼすということである。

<table>
<tr><th>年 代</th><th colspan="3">米韓合同軍事演習
米国の認識：例年的・自衛的</th><th>北朝鮮の認識：
核侵略演習</th></tr>
<tr><td>1954</td><td></td><td></td><td>フォーカス・レンズ合同軍事演習</td><td>→平和的解決法案を論議する政治会議、破綻</td></tr>
<tr><td>1961</td><td></td><td rowspan="7">フォールイーグル合同軍事演習（1961～）</td><td></td><td></td></tr>
<tr><td>1969</td><td></td><td>ウルチ演習</td><td></td></tr>
<tr><td>1976</td><td>チームスピリット合同軍事演習（1976～1993）</td><td rowspan="7">ウルチ・フォーカス・レンズ合同軍事演習（1976～2007）</td><td>→7.4共同声明以後の対話プロセス、破綻</td></tr>
<tr><td>1984</td><td>チームスピリット拡大</td><td>→米朝平和協定と南北不可侵宣言採択のための三者会談、破綻</td></tr>
<tr><td>1992</td><td>チームスピリット中断</td><td rowspan="3">→第1次核危機</td></tr>
<tr><td>1993</td><td>チームスピリット再開</td></tr>
<tr><td>1994</td><td>チームスピリット中断。連合戦時増員演習（R-SOI）、開始</td></tr>
<tr><td>2002</td><td colspan="2">連合戦時増員演習とファールイーグルを統合（フリーダム・ベナー04と韓国総合訓練計画も同時実施）</td><td>→第2次核危機</td></tr>
<tr><td>2006</td><td colspan="2">RSOI &フォールイーグル</td><td>→第18次南北上級会談、破綻</td></tr>
<tr><td>2007</td><td>キーリゾルブへ改称</td><td></td><td rowspan="2">ウルチ・フリーダム・ガーディアンへの改称</td><td>→10.4南北首脳会談以後の対話プロセス、破綻</td></tr>
<tr><td>2013</td><td colspan="2">キーリゾルブ&フォールイーグル（B52、B2、F22、史上初動員）</td><td>→第3次核危機へ</td></tr>
<tr><td>2014</td><td colspan="3">キーリゾルブ&フォールイーグル、ウルチ・フリーダム・ガーディアン、双竜連合上陸訓練、マックスサンダー連合空中戦闘訓練、2014護国演習</td><td>→2月、南北首脳会談中止</td></tr>
</table>

（表7－2）米韓軍事演習の歴史と米朝双方の認識（2015年まで）

[出典] 以下の資料を参考に筆者作成。①조선중앙통신（2015년 2월 9일）「북남관계개선과 통일을 가로막는 미국의 흉악한 범죄적책동은 절대로 용납될수 없다」, http://www.kcna.kp/kcna.user.article.retrieveNewsViewInfoList.kcmsf;jsessionid=51A766C3AC1E0503ABE614171DC0418C, アクセス日：2015年3月8日。② Global Security.Org., “Exercises Pacific Command”, http://www.globalsecurity.org/ military/ops/ex-pacom.htm, アクセス日：2015年3月8日。

米朝における核開発をめぐる権利でいえば、ＬＰでいうところの条件ＰであるＮＰＴがそもそも核保有国と非核保有国との間にある不平等性の固定化を前提として制定されており、これに起因してＮＰＴ第二条および第三条（核不拡散）と第四条（原子力の平和利用）との間に矛盾が包含されている。この矛盾が米朝間の権利の衝突をもたらす火種－不信と誤認を生み出してきたと指摘しうる。

自衛権に関していえば、国連憲章第五一条で規定されているように個別の国家における自衛権の行使は認められているものの、何が自衛権の行使にあたるのか、あるいはあたらないのかが明確に規定されておらず、軍備拡張はもちろんのこと解釈次第では先制攻撃すらも国際法上認められうる[8]。この解釈の余地が弾道ミサイル実験や軍事演習という変数の浮上に際し米朝間の認識が分かれ、また緊張形成過程で米朝双方に先制攻撃誘因が高まる土台をなしてきた。

とりわけ、センの解法を参照にすると核開発をめぐる権利の衝突を引き起こしている条件Ｐ－ＮＰＴ体制の矛盾が改善されない限りは、第一次核危機のような事例が米朝関係に限らず生じていくであろうことが示唆されるが、核兵器開発と原子力の平和利用が技術的に表裏一体である点を鑑みると、この矛盾の根は深い。

加えて、北朝鮮が核実験を行い、米国からはその核開発が軍事利用としか認識されえない状況が現れている。この状況においては、米国は引き続きＮＰＴ体制の保全を不可分と認識し、北朝鮮に核廃棄を促す一方で、逆に北朝鮮においては自国の生存のためにＮＰＴ脱退を伴う核保有は必要であるという不可分性が帯びていることから、米朝間の協調関係は短期間では構築されにくいといえる。

最後に第三の含意は、センのＬＰに対する処方箋から得られる。センは、対立する二国間のうちの一国が他国の権利を侵害すると認識される選好の公表を控えれば、条件Pに起因する循環は回避されると証明した。

そのためには互いの選好を理解するためのホットラインを維持し対話を継続しつつ、合理性の変質の発生を極力抑制し、道徳的（客観的）合理性が失われない枠組みの構築が肝要であるといえる。このための方策としては、安心供与プロセスを通じた国交正常化や軍縮条約の締結、核の先制不使用（NFU）宣言政策を通じた先制攻撃放棄のシグナリングなど、互いの権利を尊重した社会的効用の最大化のための道徳的措置が重要となる。

しかしながら、事例で見たごとくKEDOプロセスや六ヵ国協議におけるコミットメント問題を鑑みるに、アナーキーが生む不確実性による不信は根深い。このリアシュアランス・プロセスの完遂の困難さが結局、緊張状態の中にある国家を敵対国を抑止する手段——核兵器を含む——の確保へと誘うといえる。

第三節　政策上の含意

最後に、スパイラル・モデルの観点から冷戦体制崩壊後における米朝間の緊張形成要因について事例検証を通して得た結論および事例上、理論上の含意に基づき、政策上の含意について検討したい〔筆者註：本節は、二〇一五年時点に書かれたものであることにご留意願いたい〕。

前述のように冷戦崩壊以後における緊張形成要因は、米朝間に生じた誤認による相手国の動機に対する認識のギャップが生じる過程で、相手国を差し迫った脅威と認識し、合理性の変質が発生する点にある。換言すれば、米朝間の緊張はそれぞれの行動が拡大的動機に基づくものであるとは言えないにもかかわらず、相手国がその行動に対し拡大的であるという誤認が生じるに至ったがゆえに形成されてきたのである。これらを踏まえると、米朝間の緊張が緩和へ、そして緩和から解消へと向かうためには相手国の動機に対する認識のギャップが極力生じない枠組みを確立し、誤認が発生する余地を極力縮小することでフレーミング効果による合理性の変質を予防することが効果的であると考える。

そのためにはまず、事例が示すように相手国の認識を顧みない一方的な抑止政策は米朝間の認識のギャップを拡大させるのみであった点を踏まえなければならないであろう。特に北朝鮮は米国の抑止政策を拡大的動機の表象と認識しており、その認識が継続する限り、唯一の対米抑止力である核保有への道を進み続けるであろうことが予見される。そしてまたこの北朝鮮による核兵器開発の進展が米国の観点からは拡大的であると認識されるならば、認識のギャップが拡大するだけでなく、ギャップの硬直化が懸念される。特に北朝鮮は第二次核危機とイラク戦争以降、通常兵器では米国は抑止できないという認識を強めたことで核兵器保有へと転換した経緯を踏まえると、北朝鮮を朝鮮半島の非核化へと再転換させることは容易ではないと考える。

さらに、一方的な抑止政策の応酬によって引き続き合理性の変質が起これば、米朝間の認識のギャップは拡がるばかりである。加えて、北朝鮮は朝鮮半島の非核化へ向けて真摯な行動を見せるならば、協調政策を採るという米国による実質的な現状維持政策――戦略的忍耐――に対しても、敵視政策の具現化であると認識し非難していることから、米国の一方的な抑止政策および現状維持政策が米朝間の認識のギャップを縮小させる見込みは少ないといえよう。換言すれば、米朝間の非対称性が解消されない間、協調政策以外に米朝間の認識のギャップを緩和しうる方策はないことが示唆される。

協調の枠組み設定にあたってはまず、米朝間の誤認を助長している事象、とりわけ不可分性が重複している事象について精査し対策を立てることが不可欠である。事例を見るに、米朝にとって不可分と認識され、かつ重複している変数としては、①北朝鮮の核開発に対する査察、②米韓合同軍事演習、③経済制裁、④核実験、⑤ミサイル／人工衛星発射、について米朝間のギャップが極力生じない枠組みが必要であるということが示唆される。①は④に密接に関連した変数であるが、これについては北朝鮮の原子力の平和利用の権利を認める範囲で核施設の凍結、および査察・監視体制を構築しなければならない。

ここで注意すべき点はこの査察問題において、平和利用すら認めないとなれば北朝鮮が自主権と平等という不可分の権利の侵害と認識し、査察を拒否する公算が高いということである。ゆえにそれを認めるシグナリングとして軽水炉の提供あるいは軽水炉建設の容認などが有効であろう。あるいは、軽水炉の代替となりうるＬＥＵの稼働を核兵器の増産につながらない範囲で認める必要があろう。これと引き換えに米国は最も懸念する核拡散を防ぐために必要不可欠な措置、すなわち北朝鮮のＩＡＥＡによる監視装置および査察官の復帰、そして通常査察についての同意を北朝鮮から得なければならない。この次段階の措置として、北朝鮮の包括的核実験禁止条約機関（ＣＴＢＴＯ）および原子力供給グループ（ＮＳＧ）加盟問題が検討されると思われる。上記においては、米印原子力協定および米・イラン枠組み合意（ＪＣＰＯＡ）が前例となる〔筆者註：二〇一五年時点。上記ＪＣＰＯＡは崩壊に向かっているように見えるが……〕。

しかしながら、北朝鮮のＮＰＴ復帰については、非常な困難を伴うであろう。まず北朝鮮は核実験を

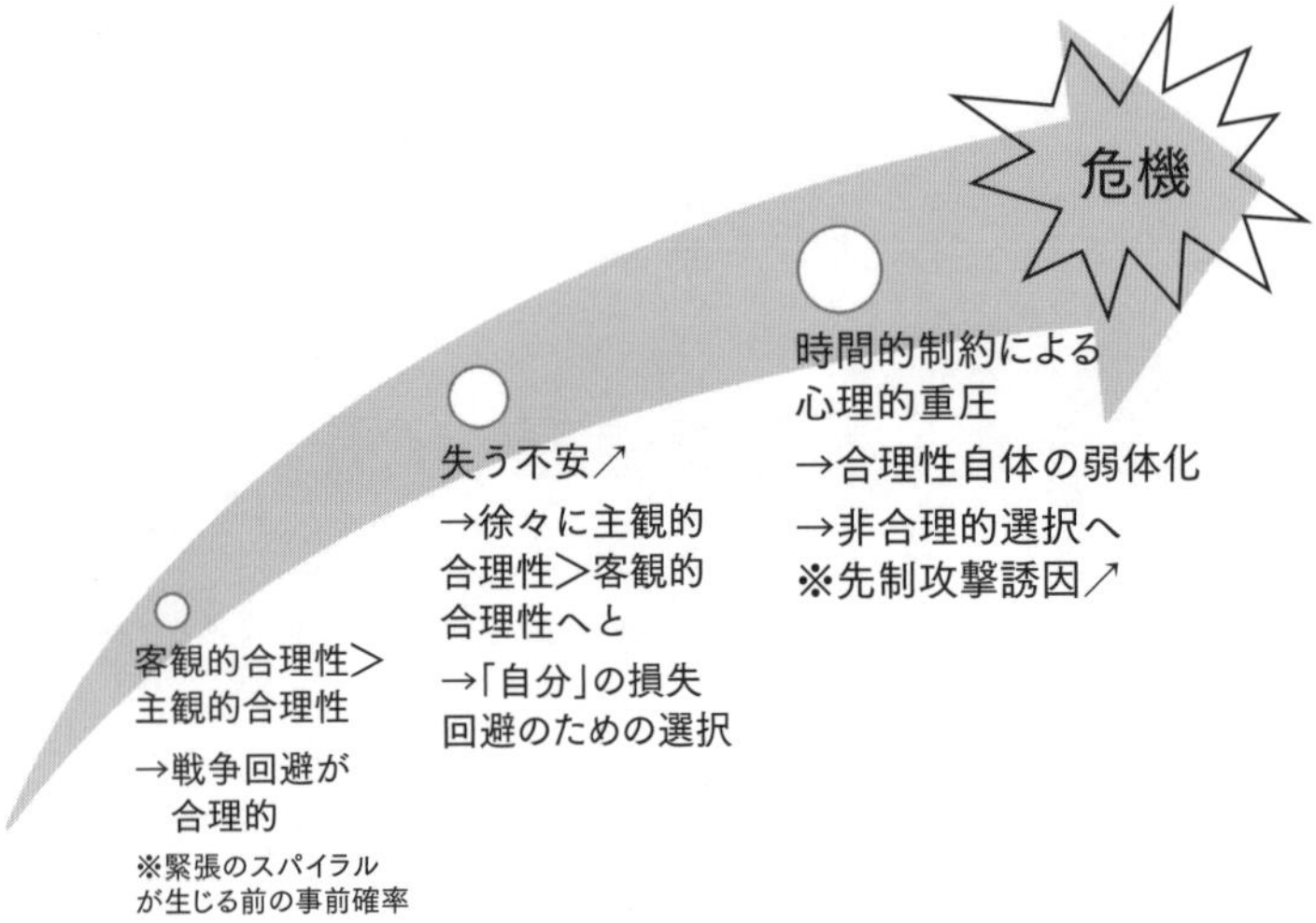

（図７－１）冷戦崩壊以後の米朝間の緊張形成における合理性の変質過程

［出典］筆者作成.

経た事実上の核保有国であることから、ＮＰＴに復帰するには、⑴北朝鮮による核兵器廃棄、あるいは⑵ＮＰＴの改定もしくは例外を設ける必要があるが、この両方の選択肢ともその実現の見通しは暗い。

②の米韓合同軍事演習については北朝鮮がそれ自体を拡大的動機の具現化と認識している点から、冷戦体制崩壊直後のように中止するか、あるいは防御的・自衛的であると北朝鮮が認識しうる範囲で行われなければならない（図７－１参照）。これにはまず第一に、米朝韓間における意思疎通手段の確保、第二に演習の時期と場所についての配慮が必要である。また、北朝鮮による核実験モラトリアムなどと米国が主導する米韓合同軍事演習の中止あるいは強度の低減とのバーターが有効であろう。

③の経済制裁についてはそれが米国の対北朝鮮抑止の一部であることを踏まえると、米朝間

の緊張緩和の中で解決しうる問題である。つまり平和条約の締結、米朝国交正常化、不可侵条約、核先制不使用宣言（NFU）などの進展によって必然的に解決されていく。このためには④の核実験と⑤のミサイル／人工衛星発射の問題解決が伴わなければならない。

まず④については朝鮮半島非核化に基づいた核実験モラトリアムの実行が必要不可欠であるが、そのためには米国の上記変数における譲歩とともに安全の保障が必要となってくる。次に⑤についてはこれまでの事例が示すように、北朝鮮が宇宙の平和利用の権利を自主権と平等に根ざす不可分のものとして捉えていることから、その権利を認めロケットによる人工衛星発射については容認する一方、まず再突入体に関する実験をしないという合意形成が必要であると考える（二〇一五年の博士論文のまま）[9]。加えて、ミサイル技術の拡散を防ぐ目的で米朝共同コミュニケの交渉過程において取り沙汰された、北朝鮮によるMTCR（ミサイル関連技術輸出規制）加盟も再度検討される必要がある。またこれらの措置に際し、北朝鮮側のミサイル・モラトリアムが実施された場合、米国側にはMDの縮小やINF条約〔筆者註：二〇一九年に崩壊してしまったが〕をモデルとした相互のミサイル戦力を制限する条約の締結が求められる。とりわけ核抑止においては損害限定を目的とする核防衛は攻撃優位状況を促進することを踏まえると、MD設置範囲を必要最小限にとどめることは重要であろう[10]。

また北朝鮮の核開発の自立性を踏まえると、リアシュアランスを提供し、④におけるモラトリアムを引き出すことが喫緊の課題であるといえる。そもそも北朝鮮による核兵器開発が格段の進展を遂げた事実は、米国の外科手術的オプションを持たない現状維持的政策の限界を示唆している。北朝鮮の核開発への対処方法には以下の三つの選択肢しかない。

ⓐ核施設へのピンポイント爆撃などの外科手術的オプションを伴う強硬政策
ⓑリアシュアランスを提供する代わりに自主的な核開発モラトリアムを引き出す協調政策
ⓒ上記のどちらも完遂せず、北朝鮮の脅威に対する現状維持的政策

以上であるが、これまでの事例で自制を見せてきた米国にとって、ⓐの選択肢は依然採用しにくいことには大きな変化はない[11]。かといって先述のように余分の安全（同盟管理、対中抑止）を合理的に確保する点を念頭に置くと、北朝鮮の脅威が消滅しうるリアシュアランス政策への転換も容易ではないばかりか、その脅威認識により朝中関係が堅固になりすぎるのも好ましくない。ここに米国における対北朝鮮政策のディレンマがある。

こうして現在米国はⓒの選択肢を苦心しながら実行しているのであるが、このⓒでは北朝鮮の核開発は止められない。なぜならば、北朝鮮は核開発を自立的に進められる条件を満たしているからである[12]。天然ウランが豊富であり、すでに黒鉛減速炉および遠心分離器を保有・稼働している点などから、北朝鮮は自立的核プログラムをすでに確立しているといえる。

プルトニウム型核開発でいえば、C・ファーガソンFAS（米国科学者協会）会長が指摘しているように現在建設中である三五メガワット実験用軽水炉が完工すれば、年間三〇～四〇kgのプルトニウムが製造可能であり、これは核兵器五～六発に相当する量である[13]。これに加え、S・ヘッカーの証言に基づけば現在ではウラン濃縮施設も完成している可能性が高い。

これらが事実とするならば、このまま時間だけが無為に過ぎれば北朝鮮の核兵器保有量は増加し続けることは間違いなく、いつの時点か北朝鮮の核兵器における米国の予防攻撃に対する脆弱性は解消され、対米最小抑止の確立、ひいてはMAD（相互確証破壊）を成立させる能力が獲得されるであろう[14]。すでにJ・ウィットやD・オルブライトは、中国や印パの核開発の事例を鑑みると、北朝鮮がプルトニウムだけでなく、ウラン濃縮を通じた核弾頭の開発に成功しているのならば、その核弾頭生産の速度は飛躍的に高まると見ており、その場合二〇二〇年までに二〇～一〇〇発の核兵器を製造可能であると指摘している[15]。また、中国の専門家らは北朝鮮が二〇一六年までに四〇発の核弾頭を保有する可能性に言及した[16]。

これらを踏まえると、現実的なオプションは、ⓑの生存と経済的繁栄を担保するリアシュアランスを提供する代わりに自主的な核開発モラトリアムを引き出す方法であると考える。今や北朝鮮の核兵器能力の完成が着実に迫っていることを考慮すれば（二〇一五年の博士論文のまま）、このリアシュアランス政策による核開発モラトリアムには、核実験モラトリアムも含まれることが朝鮮半島の非核化を達成するための現実的な行程であろう[17]。

そしてこの措置がまた核拡散の防止にもつながっていく[18]。特に現在の科学技術では核の小型化がスーツケースに収まるほどまでに進んでいることを踏まえると、第四次核実験によるさらなる核の小型化技術の確立を防ぐことが肝要であると思われる。これと並行して、再突入体技術の進展を防ぐためのミサイル・モラトリアムも依然追求されなければならないであろう（二〇一五年の博士論文のまま）。

次に、心理的重圧による合理性の変質の発生を防止する手段の構築について考察する。このためには情報不完備の再浮上を防ぐ枠組みが構築されなければならない。これまでコミットメント問題による信頼醸成プロセスの破綻が情報不完備の再浮上を助長してきたことから、信頼醸成プロセスの常設化が求められる。特には、米朝国交正常化に加え北朝鮮側が常に懸念している自主権と平等、そして安全の保障を担保しうる多国間枠組み、例えば平和条約を討議するための四ヵ国協議の枠組みの中で常に米朝双方の動機が相互に確認されうる場の確保が肝心であろう。そうでなければ、枠組み合意、六ヵ国協議、2・29合意の破綻を経て信頼醸成プロセス自体への疑念を強め核開発に邁進している北朝鮮は対話の場には出てこないと思われる。ましてや、米国が主張するような一方的な朝鮮半島非核化という性質を帯びるものならばなおさらであろう。

この一方、合理的誘因の発生を防止する手段としては、コミットメント問題を超えて協調政策を完遂させうる強いインセンティブをもたらすゲームチェンジャーの出現が必要となる。これまでの事例で観察してきたように、米国側の観点からは対北朝鮮協調政策がもたらす利得が強硬政策のもたらす利得を上回るということが明確ではない。特に北朝鮮の脅威は冷戦崩壊以後、米国が安全保障・核不拡散・同盟管理の三つの点の均衡を保つ上で非常に有益であった。そしてこの均衡の維持に結果として貢献してきたのが、MDである。この反面、対北朝鮮協調政策によって北朝鮮の脅威が消滅すればこの三つの点の均衡が崩れる恐れがあることを考えると、米国の合理的選択が強硬から協調へと移行することは現状のままでは難しい。

これを可能とするには、米朝が陥っているディレンマ状態の変更をもたらしうる新たな事象の浮上が必要となる。換言すれば、失う不安を解消するために採る強硬政策によってもたらされる利得よりも、協調政策によってもたらされる利得が明確に上回ると米国が認識しなければならない。これに関して、損失回避の必要性が国家間で共有された時に協力が起こるという、J・スティンの主張は示唆に富んでいる。極端な非対称性を帯びる米朝間で、損失回避の必要性が共有されうるケースとしては北朝鮮の核兵器保有による米朝間の核不均衡の是正（最小抑止→MAD構築）が挙げられる。つまり核戦争によって互いが致命的ダメージを不可避的に受けるという認識が共有された場合にいびつではあるが、協力関係に向かわんとするインセンティブが生まれる可能性があるものの、これについてはさらなる観察・分析が求められる。

ただ北朝鮮の核保有が確立されるにつれ、米朝双方において拡大的動機の具現化がますます困難になっていくことが予見される中、リアシュアランスではなく抑止政策の追求が継続された場合、かつての米ソのような軍拡競争が到来する可能性が高いと思われる。具体的には事例で見たように、米朝間で弾道ミサイルと弾道ミサイル防衛間における軍拡競争が継続していく。現在（二〇一五年の博士論文執筆時点）、韓国国内で議論が過熱しているTHAAD問題も、この一端を示しているといえる。

また合理的選択理論の観点からは、相手国の不可分な選好に対する尊重が、ある一方のアクターによって履行された時、非合理的帰結は回避できるとされるが、これを踏まえると米側には北朝鮮の生存と自主権の尊重、北朝鮮側には米国の安全と余分の安全を尊重する行動の検討が必要となる。ただ、米朝間には核開発問題以外に領土問題などの不可分性を帯びた問題が見当たらないことは、緊張形成の根本解決の可能性を感じさせる。

しかしながら、米朝間にMADが確立されたとしてもそれは消極的平和の達成であり、朝鮮半島における緊張形成の根本的原因の除去にはならない点には留意が必要であろう。冷戦体制崩壊以後における米朝間の緊張の再発を防止するためには、誤認とそれに伴う合理性の変質の発生を予防する協調政策の完遂が必要となる。そうするとやはり、米朝間における平和協定と米朝国交正常化の締結、そして北東アジアにおける経済協力の深化と並行して地域安全保障体制の構築がなされることが不可欠であると考える。

補　論　金正恩政権における核兵器高度化と米朝間の緊張形成への影響

はじめに――繰り返される核危機と三つのポイント

二〇一七年、朝鮮半島が再び核危機に揺れた。

核実験と弾道ミサイル実験を繰り返す朝鮮民主主義人民共和国（以下、北朝鮮）と、さらなる核開発の進展を防がんと軍事的・経済的圧力を強める米国との間に緊張が形成されたのである[1]。これまで見てきたように、米朝間の核危機が訪れたのはこれが初めてではない。米ソ冷戦崩壊後この約三〇年の間に、少なくとも四度にわたり朝鮮半島核危機が発生してきた。

第一に金日成・金正日－B・クリントン間で生じた第一次核危機、第二に金正日－ブッシュJr.間で形成された第二次核危機、第三に金正日・金正恩－B・オバマ間で形成された第三次核危機、そして今回四度目の緊張が、金正恩－D・トランプ間に生じたわけである。

前章までで見たように、冷戦体制崩壊以後における米朝間の緊張を考える上で重要なポイントは、以下の三つが挙げられる。

①米朝間における極端な非対称性
②米朝間における現状維持傾向
③米朝間における対北朝鮮脅威認識の変化

まず、四度の緊張形成過程に共通する特徴の一つは、米朝間の軍事力に極端な非対称性が観察される点である。ソ連亡き後、唯一の超大国となった米国の軍事力は他国と比して群を抜いていた。例えば、一九八九年一二月、上院予算委員会に招請されたR・マクナマラ元国防長官とL・コーブ元国防次官補は「軍事支出を五年間で半減しても安全である」と発言し、かつ一九九〇年四月に発表された「東アジア戦略構想Ⅰ」において北朝鮮とロシアという冷戦型脅威が残存していると指摘しながらも、東アジアに前方展開する米軍を三段階に分けて削減するという案とともに、恒常的な基地なしでも緊急展開能力を維持しうるという実質的な基地削減案が提示された。

上記の事実が示すのは、冷戦崩壊直後米国は「敵」が見つけにくいほど圧倒的な軍事力を誇っていたということである。これは対北朝鮮においても例外ではなく、米朝間の軍事力格差は非常に大きかった。ましてや当時北朝鮮はソ連という後ろ盾を失い、かつ中国との関係も悪化していて四面楚歌の状況にあり、米朝間で戦争が起きれば、米国の勝利は間違いないものであったといえる。

この点を鑑みれば、米朝が合理的アクターであると想定した場合、米国は勝機に乗じる戦争を遂行するという選択が可能であった。つまり、勝つ公算が極めて高いがゆえに、合理的に戦争というカードを切りえた。一方、北朝鮮からすれば米国との戦争は即滅亡を意味するがゆえに合理的選択とは言いがたい[2]。

しかし結果的に冷戦体制崩壊以後、米朝間の緊張形成は紛争には発展せず、朝鮮半島における現状変更はもたらされてこなかった。これが二つ目のポイントである。

より正確を期せば、対北朝鮮に対し圧倒的軍事力を誇る米国が、北朝鮮に侵攻するというオプションを選択してこなかったのである。北朝鮮が極めて弱体化した「苦難の行軍」時代でさえ、米国の選択は「自制」であった。逆に、西側メディアで取りざたされてきたような追い詰められた北朝鮮による暴発も約三〇年間観察されてこなかった。

この約三〇年という年月にわたって米朝間に紛争が発生しなかった事実を鑑みるに、米朝双方に合理性が働いてきたことが十分に察せられる[3]。北朝鮮が暴発を選択しなかった合理的理由は明白である。極端な軍事力格差のゆえに米国やその同盟国に先制攻撃でもしようものなら即時滅亡の危機に瀕することになるからである。

この反面、圧倒的に優位に立つ米国が北朝鮮への軍事力行使というオプションをこれまで選ばなかった合理的理由は、北朝鮮ほどシンプルではない。その理由は二つの要因から複合的に形成されていると考えられる。第一の要因は、北朝鮮への攻撃が第二次朝鮮戦争に発展した場合、自身の同盟国である韓国と日本における人的・物的被害が甚大となりうると予想されたことである。北朝鮮が核兵器を保有している可能性をほとんど排除できた第一次核危機でさえも、米国はシミュレーションがはじき出したその被害を甘受しがたいと判断した。

いわば核兵器を持たず通常戦力でも米国に劣る北朝鮮に、米国が実質的に抑止されたという説明であるが、現在主流をなしているこの説明には一理あるものの、これが圧倒的な軍事力を誇っていた米国に自制という選択をもたらした唯一の要因であるという主張にはいささか疑問符が付く。なぜならば、米国はイスラエルという日韓よりも優先される同盟国が大量破壊兵器による攻撃を受ける可能性を認識しながらも、湾岸戦争やイラク戦争に踏み切った事例があるからである。

これを補足する第二の要因として、米国は北朝鮮の脅威を必要としたという説明も可能である。これは唯一の超大国ならではの悩みともいえるもので、ソ連という脅威を失った後、米国を脅かしうる実質的脅威がなくなったという状況に起因する。歴史上、脅威がなくなれば軍事力とそれに付随する軍需産業の維持・発展は難しく、また同盟は弱体化する傾向にあるが[4]、冷戦体制崩壊後米国は北朝鮮を北東アジアにおける地域的脅威とする新たな東アジア戦略を策定することで、一極体制下においても軍事力の維持・拡大、そして同盟の強化を成し遂げてきた（もちろん構成主義からの説明も可能ではあるが）。

また北朝鮮の脅威は、上記の過程でロシア・中国といった大国を牽制する上で生じる摩擦を最小化することができるという利点もあった。例えば、米国は北朝鮮の脅威を錦の御旗として、対ロ・対中にもなりうるミサイル防衛システムを日本と韓国に配備することに成功している。

これまでこのような説明を直接裏付ける資料は発見されてこなかったが、これに資する第一級資料がウィキリークスから提供された。二〇一三年六月、米大統領選を目指すため国務長官を約四ヵ月前に辞めたばかりのH・クリントンが、ゴールドマンサックスで行ったスピーチ原稿が公表されたのである。彼女はこのスピーチ中、「北朝鮮がこのまま核爆弾を搭載可能なICBMを持つようなことは受け入れられないと〔筆者註：中国に〕伝えてきた。なぜなら同盟国である日本と韓国のみならず、理論的にはハワイと西海岸にダメージを与えうるからである」と指摘し、「そうなれば〔筆者註：米国は〕中国をミサイル防衛で取り囲むだろう」と明言し、その上で中国に対し、北朝鮮をコントロールするよう要求した。

以上が示すのは、冷戦体制崩壊以後米国の意思決定者および政策立案者たちは、北朝鮮の脅威を対中交渉におけるレバレッジとして利用してきた、ということである。そして何より、このH・クリントンが述べたアイディアは、冷戦体制崩壊からこれまでの約三〇年間にわたって採られてきた朝鮮半島をめぐる米国の行動と結果に概ね合致する。もう一つ、ここで興味深い点は、米国は北朝鮮がICBMを保有することに非常に敏感だということである。ICBMは米国がこれまで維持してきたシステム（東アジアにおける米国中心の核抑止体制）を根本的に崩しうるからであった。

上記のような視点に立つと、冷戦体制崩壊以後、米国、北朝鮮ともに現状維持的傾向にあるという分析が成り立つ。過去約三〇年間米国の圧倒的軍事力を認識し、かつ時に米国との関係正常化のために自らの軍備拡張を著しく制限する措置（例：五〇〇km以上の射程を持つ弾道ミサイル保有しない、人工衛星打ち上げは米国に委託する等）[5]にも、北朝鮮が同意した史実も存在し、北朝鮮の行動の源泉は米国の国益を脅かすなどではなく、ただ自国の生存である可能性が高く、そうであれば自らの滅亡に直結する米国とその同盟国への軍事行動を極力控えてきたことは当然の帰結であろう。

反面、米朝関係において自らの生存の危機を感じることのなかった米国からすれば、自らを頂点とする米一極体制を維持・運営することが主たる行動の源泉といえ、そのためには冷戦体制を通じて確立、維持されてきたシステムの保持が一番合理的であった。したがって、米国から北朝鮮の脅威が消滅する恐れのある現状変更を伴う行動——先制攻撃や国交正常化——を採る可能性は希薄であったといえる。

ゲーム理論では、上記の米国のように相手国がいかなる行動をしようとも――たとえwin–winであっても――自らの利益の最大化のために「非協調」を優先する選好順序を持つアクターをデッドロック型と呼ぶ。対するアクター――ここでは北朝鮮――がいかなる選択（強硬か協調）をしようが、常に反応は変わらない。生かさず、殺さずである。

理論上、このような強力な現状維持バイアスがかかった状況を北朝鮮が変えるには、道は一つしかない。ゲームの盤自体をひっくり返すことである。そのためには、米国の選好順序を変えうるゲームチェンジャーが必要であった。

次に③の点――米朝間における対北朝鮮脅威認識の変化――について考察していくが、そのためにまず、米国の認識の変化をもたらしうる核兵器とその影響について簡単に触れておきたい。

核兵器とは、核爆弾とその運搬手段からなる。そして核兵器の及ぼす影響の一つが、抑止である。つまり、核保有国は圧倒的な破壊力を持つ核兵器を使用した場合に伴う致命的なダメージを敵対国に想起させることで、その軍事行動を思いとどまらせることができる。しかしこのためには、「どこでも」任意に核爆発を起こせるという核爆弾の運搬能力と、「いつでも」――たとえ先に核攻撃をされたとしても――核兵器で反撃できるという報復力の確立が必要となる。そして敵対国同士が上記のような核兵器能力を相互に確立し、互いに抑止される状況を相互核抑止、そして質量ともに核均衡が構築され、かつ軍拡が抑制されている相互核抑止の状態を相互確証破壊（Mutual Assured Destruction：以下、ＭＡＤ）と呼ぶ。

北朝鮮は冷戦体制崩壊以後常に苛まれてきた米朝間における極端な非対称性を是正し、米国の選好を変えるべく、核兵器を高度化するという選択肢を選び、その実行に邁進してきた。

ゲームチェンジャーの追求——並進路線と核兵器開発の現状

北朝鮮の核開発問題は冷戦体制崩壊前後から継続的に提起されてきた。二〇〇三年のイラク戦争を契機として、金正日政権が核兵器開発・保有の意思を公式的に明らかにしてきたという経緯が観察されるものの、この動きが決定的に加速したのは金正恩政権発足以後である。

核兵器高度化を実行に移す上において、金正恩政権においてはどのような意思決定プロセスを経たのであろうか。まず二〇一二年四月、第四回党代表者会議を経て開催された第一二期最高人民会議第五回会議で憲法改正が行われる。これにより憲法の序文に核保有国であることがはじめて明記されることとなった[6]。

続いて、金正恩政権は翌年三月朝鮮労働党中央委員会全員会議において、核兵器開発と経済発展を並行して遂行するという「経済建設と核武力建設並進路線」(以下、並進路線)を採択、このあくる日には最高人民会議において「自衛的核保有国の地位をさらに強固にすることについて」という法令を発し、実質的な核ドクトリンを定めた。そして、この方針は朝鮮労働党第七次大会、二〇一七年の新年辞、そして党中央委員会第七期第二次全員会議においても繰り返し確認されてきた。

では、この並進路線に基づき金正恩政権において核兵器開発はいかに進展してきたのであろうか。質的分析におけるターニングポイントは、二〇一二年四月の憲法改正が行われたその日にすでに観察される。銀河3号ロケットを用い、光明星3号の打ち上げを試みたのである。この四月の発射実験は失敗に終わったが、同年一二月に光明星3号の2号機の衛星投入にあらためて成功することとなる。

ここでのポイントは、はじめて衛星を東倉里から真南に打ち上げ、かつ第三段で軌道を修正し太陽同期軌道に乗せた点であった。これにより、北朝鮮は核爆発が米国本土や上空で発生しうる可能性を米国に見せただけでなく、南軌道を使用することで米国の早期警戒レーダーをかいくぐりうる能力を誇示した。歴史的にソ連が衛星軌道を使うことで米国の早期警戒レーダーを回避する核攻撃方法（ＦＯＢＳ）を考案し、米国の脅威として認識された事実を踏まえると、この衛星打ち上げの成功こそが、米国における北朝鮮の脅威化の始まりであったと指摘しうる。いわば、金正恩政権は並進路線の烽火（のろし）を上げたのであった。

ましてや北朝鮮はこの時すでに二度の核実験を行っており、原爆を用いた核爆発が米本土あるいは上空および同盟国内で起こりうるという恐怖の芽が、米国の中でわずかながら生じたといえる。特に光明星3号の2号機の成功は、精密な再突入技術と誘導技術を必要としない高高度核爆発による電磁パルス攻撃（以下、ＥＭＰ攻撃）が米国および同盟国内で起こりうるというリスクを米国に認識させることとなった[7]。また衛星爆弾によるＥＭＰ攻撃により、米国の衛星にダメージを与えられる可能性も提起されることとなった。

次のステップは、核弾頭関連技術の高度化である。先の衛星打ち上げのみでは核弾頭の小型化をしないまま米本土に届くのかという疑問、そしていざ届いたとしても核爆発を正常に起こせるのかという疑問が残る。この疑問の解消のためにはさらに核実験を行い、小型化を含む核弾頭技術を向上させる必要があった。

この問題に対処すべく、北朝鮮は翌二〇一三年二月第三次核実験を行い、核の小型化と核爆弾の性能向上というカードを一つ推し進める。実験後、北朝鮮が核の「小型化・軽量化・多種化」[8]を成し遂げたと公表し、またその爆発力が約一〇ktと推定されたことで、衛星軌道を利用しEMP攻撃を起こす技術の信頼性が理論上高まったといえる。

しかし衛星軌道を用いた高高度核爆発は、それだけをもって米国と相互抑止関係を構築するには脆弱であるといえた。核融合技術による小型化がなされていない核弾頭を運ぶロケットなどの運搬手段は大型とならざるをえないがゆえに、準備が大掛かりとなり早期警戒衛星などから発見されやすい。加えて液体燃料を使用する場合、燃料注入に時間がかかり、さらに早期警戒衛星から赤外線探知されやすくもなる。

これらを勘案すると、いざ衛星軌道を使用して米国本土でEMPを起こそうとするケースでは、それを察知した米国の攻撃により、飛翔体が放たれる前に破壊される公算が大きかった。それは米国も承知していて、北朝鮮を自らの生存を脅かしうる実際の脅威として捉える認識は希薄であったといえる。

このような米国の脅威認識を変え、対米核抑止力を構築すべく金正恩政権はさらに核兵器の高度化に取り組んでいく。まず北朝鮮はさらなる核爆弾能力の向上のため、水素爆弾技術の開発に着手する。

核分裂を用いる原爆ではなく、核融合を利用して原爆をしのぐ破壊力を生み出す水爆技術を持ってこそ、米国により大きく確実な恐怖を与えることができるからである。また水爆技術を利用することで、重量が重いウラン・プルトニウムの使用量を抑えられ、弾頭の小型化を一層進めることも可能となる。

北朝鮮はこの水爆技術を二〇一六年に実施された第四次・第五次核実験を通じて向上させたと見られ

ている。実際に北朝鮮は第四次核実験後水爆実験を行ったとの声明を発表、米国や韓国などの専門家が完全な多段階型の水爆実験ではなかったにせよ、初期段階（ブースト型）の水爆技術を使用した可能性が十分にあると指摘している[9]。さらに二〇一六年時点で過去最高のマグニチュードを記録した第五次核実験後、北朝鮮の核兵器研究所は爆発力の増加を伴う核弾頭爆発実験であったと明らかにし、核弾頭の「小型化・規格化・標準化」[10]に至ったという認識を公式的に示した。

次に北朝鮮が対米核抑止力を確立するために取り組んできたのが、運搬能力の向上である。ここではとりわけ①弾道ミサイルの完成に必要な再突入技術、および②より生存力（survivability）の高い運搬手段を獲得するか否かがその鍵であった。

再突入技術とは、弾道ミサイルで米国本土あるいはその同盟国を攻撃する場合、核弾頭を推進体から分離し宇宙空間から再突入させる必要があるが、その際生じる高熱から核弾頭内部を保護する技術である。

次により生存力の高い運搬手段とは、敵対国の核攻撃に対し非脆弱な運搬手段を指す。つまり米朝間で考えられる事例においては、米国から核先制攻撃を受けたとしても残存し、かつ反撃しうる核ミサイル・ロケットがそれにあたる。

北朝鮮は上記課題の克服のため、一貫して運搬手段の開発に精力を傾けているが、具体的にこの開発は三トラックに分類できる。すなわち⑴衛星爆弾系、⑵大陸間弾道ミサイル（以下、ＩＣＢＭ）系、⑶潜水艦発射弾頭ミサイル（以下、ＳＬＢＭ）系の開発を同時並行的に推進し、そしてその成果を戦略的に段階を追いながら示してきた。

まず第一に、金正恩政権はさらなる衛星爆弾技術の開発のため、第四次核実験の約一カ月後である二〇一六年二月七日、光明星3号の後継機である光明星4号を打ち上げた。具体的には、運搬ロケット光明星号を九時に打ち上げ、九分四六秒後に地球観測衛星を自称する光明星4号の軌道投入に成功、光明星3号の2号機と同じ九七・四度軌道傾斜角で、高度約四九〇－五〇〇㎞の大気圏内で回っている。第四次核実験を経て行われたこの光明星4号の打ち上げ成功により、前述の衛星軌道を使用したEMP攻撃技術の確度が上がったといえる。

第二に、北朝鮮はSLBM系運搬手段である北極星1・2号発射実験を通じ、運搬能力の多様化と生存力の強化に努めてきた。まず二〇一六年八月二四日の北極星1号発射実験では、ほとんど九〇度に発射されながらも約五〇〇㎞の飛翔が観察されたばかりでなく、核ミサイルの生存力向上に欠かせない二つの技術が確認された。すなわち液体燃料ではなく固体燃料が用いられ、かつホットローンチではなくコールドローンチ方式（高圧ガスによりサイロかキャニスターから射出後、エンジンを起動する発射方式）が採用されたのである。

これにより、事前に燃料を充填した弾道ミサイルを固定式ではない発射台に継続して載せることが可能となり、生存力が向上しただけでなく、液体燃料と違って燃料注入の時間が必要なく弾道ミサイル発射までの時間が短縮されるため、MDに必要な早期警戒衛星による探知が困難となった。また固体燃料を用いた弾道ミサイルは、液体燃料のそれに比べ構造がシンプルで不具合が生じにくいメリットもある。この過程で北朝鮮はあと潜水艦さえ確保すれば、極めて高い隠密性を発揮しうる海中で核ミサイルシステムを運用しうる条件が整いつつあることを知らしめた[11]。

続く二〇一七年五月二一日の北極星2号発射実験では、北極星1号で確立したノウハウを活用したMRBM（中距離ミサイル）を陸上の移動式発射台から打ち上げることに成功した[12]。その上、この発射では後述する火星12号の打ち上げでは観察されなかった推進体と弾頭分離が成功裏に行われ、かつ公開された映像から、宇宙空間から再突入する前に最適な姿勢を維持するための操作が成功したことが判明している。以後、金正恩政権は全てのミサイル・ロケットを固体燃料に変換すべく邁進することとなった。

このような移動式発射台、固体燃料、コールドローンチのセットによる弾道ミサイルの発射が、すでに北朝鮮が有している地下施設・道路とあいまって可能となれば、その生存力はさらに高まらざるをえない[13]。

最後にＩＣＢＭ系運搬手段の開発について見てみよう。これについては二〇一七年に入り、開発上の躍進が観察される。その代表的な例が火星12号と14号の発射実験成功である。

まず火星12号が二〇一七年五月一四日発射され、高度約二一〇〇㎞まで上昇した後、約七〇〇㎞飛行、その飛行時間は約三〇分を記録した。推進体を一段のみ使用しＩＣＢＭとも判別しうる飛行を記録したことに目を奪われがちであるが、ここで重要なのは飛距離とともに最高高度である[14]。この再突入の際、生じたスピードはマッハ一五以上マッハ二四未満と推定されるが、ＩＣＢＭの再突入速度に明白に近づくものであった。

そして、七月四日の米独立記念日、北朝鮮は火星14号――ＩＣＢＭ――の発射実験についに踏み切る。朝鮮国防科学院の発表によると、火星14号は同日午前九時に発射され、最大到達高度二八〇二㎞、飛距離九三三㎞、飛行時間三九分間を記録したという。火星12号の技術を土台とした二段式であった。

飛行距離については未だ意見の相違はあるものの、六〇〇〇km以上であるという見立てが優勢である。そうすると、戦略兵器制限交渉において五五〇〇km以上の飛距離を持つ弾道ミサイルはＩＣＢＭと分類されているので[15]、火星14号はＩＣＢＭとみなしうるのだが、実質的にどこまで飛ぶのかについての分析には幅が存在する。

これについて考察を加える場合、鍵となるのは北朝鮮の発表の中にある「大型重量核弾頭装着」という部分であろう。弾道ミサイルの飛距離は、弾道の重量に反比例するからである。弾頭が重ければ重いほど、飛距離は落ちる。逆にいえば弾頭の重量が軽ければ軽いほど、射程は延びうるのである。

これを勘案したチャンヨングン韓国航空大学教授の分析によると、大型の弾頭九〇〇kgを搭載した場合、火星14号の飛距離は約六二〇〇km、六〇〇kgの場合は約八一〇〇km、四五〇kgの場合は約九〇〇〇km、そして二五〇kgまで軽量化された弾頭を搭載する場合、火星14号の飛距離は一万kmを超えるという[16]。一万km以上となれば、火星14号は理論上ワシントンDCを含む米国東海岸に届くことになる。

さらに、朝鮮国防科学院は火星14号発射実験の主目的は、再突入技術の再確認であったと公表した。具体的には、弾頭内の温度が二四~四五度の間で維持されたというデータを示しながら、火星14号のテレメトリーが再突入区間を含め一貫して正常に機能したと主張している[17]。

以上のような北朝鮮側の主張は、七月二八日に実施されパフォーマンスの改良が見られた火星14号第二次発射実験でほぼ実証されつつあり、兵器としての信頼性は高まったといっていい。とりわけ、火星14号第二次発射実験では、その弾頭部と思われる物体が閃光を発しながら北海道から約一七〇km離れた沖合にほぼ垂直に着水するかのような様子が複数のカメラに捉えられた[18]。これが再突入した弾頭部であったとすれば、北朝鮮は北海道に着弾するリスクもある中で正確に一七〇km離れた海域に着水させつつあったということになり、その誘導技術にも相当の自信を持っているということになる。

なおこの実験後、北朝鮮は再突入後の核弾頭爆発操縦装置の正常動作などが確認されたという公式発表を行い、再突入技術を確保したという認識を示した[19]。これについては現在様々な意見が存在するが、二度の火星14号発射実験の結果を総合的に踏まえると、その再突入技術は完全ではないものので相当の水準に至っているとする分析が妥当であろう[20]。また、これまでICBM保有国のうち再突入技術の獲得に失敗した国はない。

一方でこの間、北朝鮮が各種弾道ミサイル発射訓練を通じ、核兵器の実戦配備と効果的な運用を目指す段階にあることを示した点にも留意が必要である。二〇一六年九月と二〇一七年三月に行われた複数の弾道ミサイルを同時に発射する実験は、飽和攻撃（相手の処理能力を上回る攻撃をかけること）を通じMDを突破しうる能力を誇示したものであり、また二〇一六年三月に続き二〇一七年四月二九日には、設定された高度（約七二km）で核爆発を起こす訓練が行われた。

五月二九日に発射された弾道ミサイル（地対地、地対艦兼用）実験ではパーシングIIのようにレーダーで目標物を識別し、四枚のフィンで軌道を修正、弾頭部を誘導することで正確に目標物を打撃する能力が観察され、加えて北極星2号発射実験の成功後には、その実戦配備と量産体制の構築が言及された。さらに火星14号の第二次発射実験が深夜に行われ、かつその発射が誰も予想していなかった慈江道舞坪里から奇襲的に実施されたこと、八月二九日に続き九月一五日に実施された火星12号発射実験において、火星12号が移動式発射台より直接発射され、かつグアムを射程に収める三七〇〇kmの飛行が観察された

	米国地質調査所（USGS）	CTBTO	ノルウェー地震研究所	UC バークレー地震研究所	コロンビア大学	38 North	日本政府
推定地震規模	M6.3	M6.1	M6.1 *1	None	M6.3	M6.1 *1	M6.1 *1
推定爆発力	293kt *2	250kt	250kt	300kt	250kt	250kt	160kt *3

（表）第６次核実験についての推定地震規模と推定爆発力

（*1）CTBTO〔包括的核実験禁止条約機関〕の地震規模を参照して爆発力を推定.

（*2）M=4.45+0.75*Log(Y)からの算出.

（*3）上記の方程式から算出したものと思われる.

［出典］筆者作成.

こともこれと軌を一にする［21］。

こうした中、九月以降北朝鮮の核高度化において二つの決定的な事象が観察されることとなった。第一に、九月三日金正恩政権はさらなる核爆発能力の高度化のため、第六次核実験実施に踏み切った。その後に発表された核兵器研究所の声明によると、これはＩＣＢＭの弾頭部分に装着可能な二段階水爆実験であったとされる［22］。第六次核実験が多段階水爆実験であったか、ブースト型核爆弾の実験であったかについては議論の余地があるものの、今回の核実験が実施される前に公開された多段階水爆に用いられるひょうたん型容器（実物あるいは模型）の写真、およびこの実験によって発生した地震の規模がＭ六・一〜Ｍ六・三を記録しその威力が約二五〇kt〜三〇〇ktと推定される点（表参照）、核融合反応を起こすのに必要な原爆とリチウム加工技術を保有している点、そして国内に豊富なウラン埋蔵量を有する点から、ブースト型というよりも多段階水爆実験であった公算が大きい。また第六次核実験を通じ、北朝鮮は初めて核兵器によってＥＭＰ攻撃が可能であるという旨を公式的に言及した［23］。これにより、北朝鮮が実際に核ミサイルを運用する上においては、その念頭にＥＭＰ攻撃が選択肢としてあるということが確認されることとなった。

第二に、金正恩政権は一一月二九日新型ＩＣＢＭ火星15号の発射実験にロフテッド軌道を用い成功する。火星15号は事前に燃料注入可能な液体燃料を用い、九軸一八輪のＴＥＬ（Transporter Erector Launcher：輸送起点発射機）から発射されたが、一三〇〇〇㎞級のＩＣＢＭと同等の飛翔を見せた。飛距離が一三〇〇〇㎞となるとワシントンＤＣ、ニューヨークといった米国東海岸を含めた米国本土全域が射程に入ることとなる。また二つの主エンジンを備えることで、全長約二二ｍと大型化したことで大型核弾頭を搭載可能になった可能性がある。類似するＳＳ－19では三三五五kgのペイロード（積載能力）を誇ることから、火星15号は多弾頭化の可能性を示唆するものでもあった。また、ＭＤで迎撃することが困難であるロフテッド軌道を用いたことで、アジア太平洋地域に配備されているＭＤを突破する能力も証明したといえる。

以上が弾道ミサイルの高度化過程であるが、この間金正恩政権は通常兵器による抑止力の向上を怠らなかった点も重要である。二〇一二年、二〇一六年にはソウルを射程に入れた新型ロケット砲（ＫＮ－09）を用いた演習を実施した。トランプ政権で戦略担当補佐官を務めＮＳＣ（国家安全保障会議）にも一時入っていたＳ・バノンはこの通常の戦術兵器であるロケット砲によって、戦争勃発後三〇分以内にソウルの一〇〇〇万人が死亡すると述べている。また、後にＶ・プーチン露大統領は、二〇〇一年金正日元国防委員会国防委員長がこのロケット砲によって核爆弾をソウルに運べると述べていたと証言したが、この証言は二〇一九年に行われた四種類の通常および核弾頭搭載可能なものを含む短距離ミサイル・ロケット実験（イスカンデル型、ＡＴＡＣＭＳ型、新ロケット砲＋α）で実証されたといえる[24]。

次に量的分析の観点から、金正恩政権の核兵器高度化について考察を加えてみよう。まず運搬手段開発で見れば、二〇一二年一月から二〇一九年一二月現在までに金正恩政権期におけるミサイル発射実験（衛星打ち上げも含む）は総計一〇九回行われた[25]。これは金正日政権[26]と比して、約七倍に相当する値である。金正恩政権においては、このミサイル発射実験回数の増加に伴い、以下三つの特徴を指摘することができる。

第一に、実験場所の多様化である。金正日政権時にはキッテリョンと東海衛星発射場からのみ発射実験が行われたものの、金正恩政権においては上記の発射場に加え、クソン、ムピョンリ、プクチャン、ナンポ、シンポ、平壌国際空港などの非常に様々な場所からミサイル・ロケット実験を実施している。これは前述の質的分析において観察された、金正恩政権における運搬手段の非脆弱性の確保のための開発努力にも一致するものである。すなわち、移動式発射台および潜水艦型発射台の開発が相当進んでいることが示されているといえよう。また二〇一九年に行われた平壌近郊での弾道ミサイル発射実験は、平壌を横切るかたちでのミサイル発射実験であり、その信頼性に相当な自信を持っている証左とも捉えうる。

第二に、テストされたミサイルの種類の多様化である。金正日政権において実験されたミサイル・ロケットはスカッドC、ノドン、テポドン[27]、銀河ロケットの四種類であったが、金正恩政権においてはスカッドだけでもER／B／BMaRV／C／CMaRVと五種類がテストされたと推定され、かつ火星12号／14号／15号、ムスダン、北極星1号／2号、銀河3号などの弾道ミサイル・ロケットの発射実験が多岐にわたって実施された。また、前述のごとく、二〇一九年には固体燃料でロケットモーターを動かし、マッハ五以上の速度で飛翔し、かつ低軌道を描きながらも軌道が複雑に変化する短距離ミサイル・ロケット実験が成功裡に行われた。

ここから金正恩政権は①生存力の強化のためのミサイル技術開発、ならびに②実戦で想定される運用を踏まえMaRVなどのMDをかいくぐるためのミサイル技術の開発に注力していることが察せられる。最後に、金正恩政権では中・長距離弾道ミサイル開発が積極的に推進されてきた点が挙げられる。ここでは金正日政権ではその存在が公的に確認されなかったSLBM開発もさることながら、やはりICBM開発が肝要であった。そして金正恩政権におけるICBM開発が可能となった主要因の一つが八〇tf(トンフォース)を誇る三・一八革命エンジンの開発の成功であることに議論の余地はない[28]。

次に核爆発力の観点からは、金正恩政権においてはすでに約一七年に及んだ金正日政権期の倍となる四度の核実験を実施してきた。またその核爆発力の規模も顕著な増加傾向にある。例えば、金正日政権における第二次核実験の爆発力が一kt[29]であったとすると、第六次核実験ではその推定爆発力が約一五〇～三〇〇倍にまで増大している[30]。そしてこの爆発力の急増は、前述のように核融合技術を利用した水素爆弾によりもたらされた可能性が高い。北朝鮮が二五〇ktの核弾頭を保有したとするとその爆発力は、一九四五年八月に投下され、その年のうちに一四万人を殺害した広島型原爆のおよそ一七倍に及ぶこととなる。

以上の質的・量的分析を鑑みるに、度重なる経済制裁にもかかわらず金正恩政権の核保有高度化は現時点で、①核爆発能力においては核融合技術を利用した核爆発を保有している公算が大きいばかりでなく、多段階水爆開発の成功がほぼ確実視されるレベルまでに、②核運搬手段においてはロケット砲(長射程砲)、核弾頭搭載可能で生存力が高い短・中距離ミサイル保有が確実視され、かつ米国本土に届きうるＩＣＢＭ保有の可能性が北朝鮮だけではなく米国からも認識されるに至っている。

ただしここで指摘しておきたいのは、ＩＣＢＭである火星15号の発射実験以前に、北朝鮮の対米核抑止力はもうすでに機能する水準に達していたという点である。

そもそも、北朝鮮は一連の核実験と弾道ミサイル実験を通じて、衛星軌道を利用した核攻撃だけでなく、短・中距離核ミサイルを用いて北東アジアにおける米国の主要同盟国である日本と韓国、そしてその中に位置する主要な米軍基地を核兵器によって打撃する能力を示していた。そして冷戦時代における欧州を舞台とした米ソ対立の事例を踏まえれば、核弾頭搭載可能なＳＲＢＭ(短距離弾道ミサイル)、ＩＲＢＭ(中距離弾道ミサイル)能力の存在は核抑止力として機能する。ましてや現時点では、北朝鮮による短・中距離核ミサイルのみを使用した攻撃が行われたケースでも、日本や韓国における被害が甚大となる可能性が非常に高い[31]。

また、仮に北朝鮮が保有するＩＣＢＭが精密誘導に欠け、都市攻撃を遂行できない状態にあるとしても、北朝鮮はすでに先制攻撃に非脆弱な弾道ミサイルやロケットを含む様々な手段によって、米国の同盟国だけでなく米国でＥＭＰ攻撃を起こしうる能力を保有している。

万一、米日韓に対するＥＭＰ攻撃が行われれば、原発や証券市場などの主要インフラを含むありとあらゆる電子機器を使用したシステム、衛星に依拠した軍事システムが麻痺すること――ブラックアウト――となり、米国が過去七〇年にわたり積み上げてきた戦略的資産とハード・ソフトパワーは一気に落ち込むであろうことが予想される（この傾向は、電子機器への依存度がより高まる5G・AI時代にはことさら強くなるだろう）。

そしてこのような状況が現出する中で、MADが完全に構築されたとはいえない現時点においてさえ、政策立案および意思決定をする米政府高官の認識は明らかに「北朝鮮はすでに核兵器を保有し、米本土あるいは同盟国領土・領空、あるいは上空で核爆発を起こしうる」という方向にシフトした。

例えば第六次核実験に対し、J・ハイテン米戦略軍司令官は「われわれが目撃した（爆発の）規模は、水爆であることを示している」と述べたとされる[32]。またICBMに関していえば、D・トランプ米大統領、M・ポンペオ米国務長官、G・ハスペルCIA長官、P・セルバ米統合参謀本部副議長などが北朝鮮のICBMは完璧ではないものの、米国本土への脅威となりうるという認識をこぞって示した[33]。とりわけポンペオ国務長官（当時CIA長官）は二〇一八年一月の時点で、北朝鮮は数ヵ月以内に米国を核攻撃できる能力を完成させるとBBCのインタビューに答えている点を踏まえると、北朝鮮のICBMは米国本土に対する完全に証明された脅威ではないものの、ワシントンDCを含めた米国本土を核攻撃しうる可能性を見せたといえる[34]。

そして、上記のような北朝鮮に対する米国の脅威認識の変化は、すでにトランプ政権の行動の変化として表れている。これは、トランプ政権が二〇一七年五月三〇日に米国史上初となるICBM迎撃実験を行った点から明らかであろう。また同年七月二一日には米ハワイ州の緊急事態管理局が、北朝鮮のICBM発射を想定した対応マニュアルを策定し、避難訓練を一一月から実施することを決定したが、米国領土内に北朝鮮の弾道ミサイルが届くかもしれないという認識の高まりなくして、このような決定は

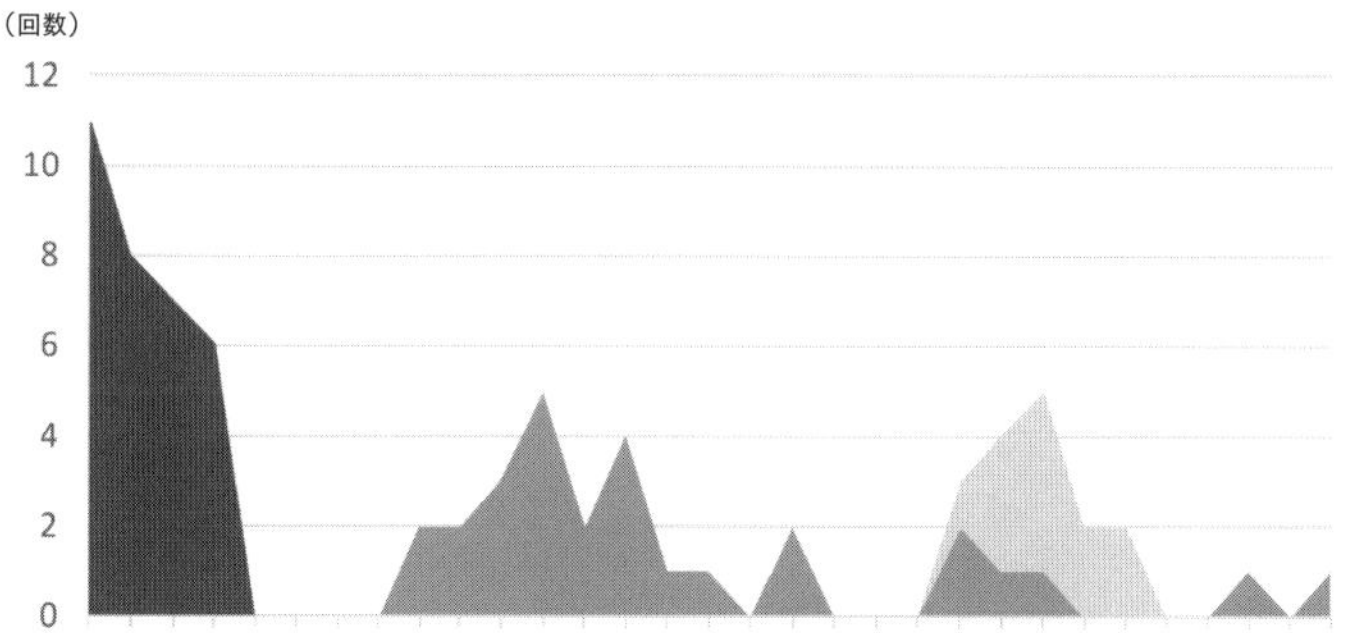

※米国は大気圏核実験を1945〜1963年の間に215回実施している．

（図）アメリカの核実験

［参考］長崎大学核兵器廃絶研究センター（RECNA）「米国がこれまでに実施したZマシン核実験と未臨界実験」，https://www.recna.nagasaki-u.ac.jp/recna/database/condensation/nuclea-rtest/z-machine、アクセス日：2019年8月19日，ATOMICA「核実験回数1970−1996年」，https://atomica.jaea.go.jp/data/pict/09/09010104/02.gif，アクセス日：2018年1月23日．

［出典］著者作成．

なされない。さらには、北朝鮮から核実験およびＩＣＢＭ実験モラトリアムを引き出すためフォール・イーグル、キーリゾルブなど毎年行われてきた米韓合同軍事演習を廃止、名前を変えその規模を縮小するかたちで継続するに至っている。

こうしたトランプ政権における北朝鮮の核兵器能力に対する認識の変化後、米朝間の直接交渉が始まり、その間文在寅韓国大統領の仲介も受けつつ、最終的には史上初となる米朝首脳会談が開催される運びとなった。そこでは新たな米朝関係・平和体制構築・非核化・米兵遺骨返還の四つの柱からなるシンガポール共同声明に米朝首脳が署名をしたのであるが、この結果、トランプ大統領の発言やツイッター、ポンペオ国務長官の発言などに示されるように、トランプ政権の対北朝鮮認識は、強硬マインドから協調マインドへと転換されている。そしてこの米国の認識の変化は二〇一九年に入っても継続していた。

一方、この過程で北朝鮮側においても認識の変化が観察される。火星15号の発射実験成功後、核武力建設の完遂を宣言、二〇一八年四月の全員会議において、並進路線の勝利と社会主義経済建設に総力を注ぐ新しい戦略的路線を採択した。いわば北朝鮮は現在、自国の核兵器は米国を抑止するに十分な水準——「最小抑止」——に達したという自己認識を持つに至り、かつその認識を共有している米国との直接交渉が開始されたことで、それまでの並進路線下で堅持していた米国との核均衡構築を目指すという戦略を転換したのであった。

おわりに——米朝間の緊張形成への影響

かつて、核抑止論の礎を築いたB・ブローディは核革命を前提とした世界では核報復力の確保が重要であると説きながら、以下のように述べた。

> この報復の脅威は一〇〇%確実なものでなくともよい。これはその〔筆者註：核報復の〕チャンスがあるということで十分である。もっとも、そのチャンスは証明されなければならないが。その〔筆者註：報復の可能性がありえるという〕認識は事実よりもより重要である[35]。

これまでの分析を見ると、金正恩政権はB・ブローディが示した以上の要件を満たしたといえる。

こうした北朝鮮における核兵器高度化が及ぼすであろう米朝間の緊張形成上の影響は三点ある。

第一に、金正恩政権の生存可能性が高まったということである。まず北朝鮮は核兵器高度化の過程で米国に対する最小抑止力を確立した。北朝鮮はロケット砲による韓国への通常・核攻撃および短・中距離弾道ミサイルによる日本への核攻撃に加え、一連の核実験および運搬手段の実験により金正恩政権は、ワシントンDCやニューヨークを含めた米国本土に水爆を用いて核攻撃を行いうるという認識を米国側に持たせるに至った。

また金正恩政権はロケット砲だけでなく、固体燃料や事前に充塡可能な液体燃料を使用したICBMを含めた弾道ミサイルを、地下施設・道路を利用し移動できるTELおよび潜水艦から発射する能力を証明した。これにより米国による完全なる予防攻撃が難しくなったといえる。

よって、核抑止論の観点からは北朝鮮の核兵器能力は、米朝間の非対称性を活かし米国を抑止しうる段階に達したといえる。

加えて、米朝首脳間の対話によってその生存可能性は高まっている。要するに、米朝間の対話が持続している間は、米国の予防攻撃が実行される可能性が低下する。また現在の米朝交渉は実質的には、核兵器の非核化を目指す軍縮・軍備管理交渉とみなすことができる。このような核兵器の制限、削減に関する交渉は、過去のSALTや南アフリカ、ウクライナの事例から長期化する傾向にある。上記二点から対話の開始もまた金正恩政権の生存力の強化を示している。

第二に、米国の北東アジアにおける同盟関係に影響をもたらしうる。かつてH・キッシンジャーは米国の都市と引き換えに、同盟国を守るための核戦争に突入はしないと断言したように、米国の意思決定層が北朝鮮は米国本土で核爆発を起こしうると認識した今、第二次世界大戦以後これまで米国がその同盟国に提供し続けてきた拡大抑止力の信頼性が大きく揺らぐ可能性が生じる。

ここでは核ドミノが北東アジアで発生することへの憂慮が生まれることが予想されるものの、日韓の貿易依存度の高さ、IAEAの監視体制の強固さ、国内での核保有への反発などを鑑みるに、日韓による米国の核の傘への依存は根強く残ると考えられる。その中で限定核戦争の可能性が高まる公算が大きいが、この新たな形態の緊張形成を防ぐには新たな軍備管理の枠組みが必要となろう。

第三は、米朝間における危機不安定性からの脱却である。冷戦体制崩壊以後、米朝間には多かれ少なかれアクターに先制攻撃誘因が働きやすい環境——危機不安定性——が観察されてきたが、米国による完璧な第一撃が困難となった現状においては、北朝鮮側においても合理性の変質が発生しやすいタイムプレッシャーが生じにくくなる。したがって、米朝は冷戦体制崩壊後、常に苛まれてきた危機不安定性から脱却したと分析しうる。

さらに米朝首脳間による直接対話およびホットラインは、相互に誤認が生じにくい状況を現出させた。このような誤認抑制のメカニズムが構築されたことにより、誤認を原因とする米朝双方あるいは一方における先制攻撃誘因の発生も抑制されることから、米朝間の危機安定性が強化されたといえる。

上記のような状況では、過去約七〇年もの間固定化を余儀なくされてきた朝鮮半島をめぐるゲームは新たな段階に入らざるをえない。今後は、本論部分で分析した一九九〇－二〇一三年米朝関係とは全く次元の違うゲームとなる。

その新たな段階の中で、朝鮮半島を含むアジア太平洋の和解と平和を促進する協調政策が完遂されることを祈るばかりだが、考えられる米朝間の協調政策の中で最優先されるのは、米国本土の安全と北朝鮮の安全のバーターであろう。この脈絡では、米国は自らの安全の確保のために北朝鮮の核放棄・凍結を飛び越え、限定的核保有を認める軍縮・軍備管理交渉に応じる可能性がある。もうすでに、このような声は米国の意思決定者や政策立案者らの一部から出てきていることは注目に値する。

しかしながら、他方スタグハントではたとえ米朝ともに協調的選考を有したとしても、アナーキーが持つ不確実性がゆえに相手国への疑念がそう簡単に消えないことも示唆されている。そして、米朝関係を含む多くの事例がこの理論の有用性を示してきた。つまり、協調政策が完遂されるのも容易ではないのである。協調政策が完遂されないという歴史が繰り返されれば、その先にはこれまでの事例が示すようにさらなる軍拡と緊張形成が再び起こるであろうことは想像に難くない。

以上を踏まえると、現時点で懸念されるのは、少ない可能性ではあるものの誤認によって米朝双方あるいは一方に合理性の変質が生じ、偶発的核戦争が勃発してしまうリスクである。この中でも北朝鮮と韓国、あるいは北朝鮮と日本との間での低強度紛争が知らず知らずのうちに米朝間への核戦争へとエスカレートするというシナリオに注意が必要であろう（この予防という意味で、二〇一八年九月一九日に南北間で結ばれた9・19南北軍事合意は非常に有用である）。このようなlose–loseな非合理的帰結とならないためにも、米朝間のホットラインの維持などの予防策による軍備管理が急務であると考える。

「核戦争となる第三次世界大戦は起こさない」、これは人類共通の目標であり利益である。その核戦争防止のための対話に条件がついてはならない。

（二〇一九年一二月二五日脱稿）

かつ軌道を変更可能でありMDをかいくぐる可能性が高くなる。速度がマッハ5を超えることで、発射から着弾までの時間が短くなる。その上、命中精度が格段に向上した。ミサイル開発の歴史を鑑みるに、このようなAdvanced MaRVの中・長距離ミサイルへの長射程化は避けられない。

[25] 以下のデータベースを基に算出。The James Martin for Nonproliferation Studies,"The CNS North Korea Missile Test Database", http://www.nti.org/analysis/articles/cns-north-korea-missile-test-database/、アクセス日:2019年12月31日。

[26] 本論では1994年7月～2011年12月の約17年間とする。

[27] 北朝鮮当局は光明星1号打ち上げのための「白頭山1号」ロケットの発射であったと主張している。

[28] 3・18革命エンジンを束ねれば、静止軌道に衛星を打ち上げることも可能である。北朝鮮は3・18革命エンジン実験に先立つ2016年9月に、静止軌道打ち上げ用ロケット実験を行った。

[29] M4.5から推定される最小の爆発力である。

[30] CTBTOおよびNORSARのデータを参照し算出した。

[31] M. J. ザクレックJr. によると、北朝鮮が東京とソウルに25個の核ミサイルで攻撃したと仮定して、この着弾率が20%、核弾頭の爆発力が250ktである場合、ソウルで約120万人の死者と約550万人の負傷者、東京で約87万人の死者と約700万人の負傷者が出ると推定される。M. J. Zagurek Jr.(Oct. 4. 2017),"A Hypothetical Nuclear Attack on Seoul and Tokyo: The Human Cost of War on the Korean Peninsula", 38north, http://www.38north.org/2017/10/mzagurek100417/、アクセス日:2017年10月6日。

[32] 時事通信(2017年9月15日)「北朝鮮の実験は水爆=核ICBM保有「時間の問題」—米軍高官」、https://headlines.yahoo.co.jp/hl?a=20170915-00000081-jij-n_ame、アクセス日:2017年9月16日。

[33] EMPであれば再突入技術は必要ない。

[34] The Japan Times (Jan. 31. 2018), "North Korea may perfect ICBM within months, U.S. general says", https://www.japantimes.co.jp/news/2018/01/31/asia-pacific/not-yet-north-korea-soon-perfect-icbm-knows-spy-satellites-pass-u-s-general/#.W97XrO-6zIU、アクセス日:2018年11月4日。2019年に入って北朝鮮はすでに米本土を攻撃可能なICBMを保有しているという認識は強まっている。例えば4月にリリースされた米国防省報告書でこのような旨が明記され、米空軍司令官のT. オショーネシー将軍は公聴会の場で北朝鮮のICBMおよび水爆技術が確立された旨を明かした上で、その配備が近いと指摘した。

[35] Brodie, B., "Implications for Military Policy," in B. Brodie, ed., *The Absolute Weapon: Atomic Power and World Order*, New York: Harcourt, Brace, 1946, p. 60.

탄도로케트《화성-14》형 시험발사 성공」(2017年7月5日)、http://www.kcn-a.kp/kcna.user.special.getArticlePage.kcmsf ; jsessionid=39AAD642C770F0EE8-B8D8380B39E8EA6、アクセス日：2017年7月6日。

[18] NHKニュース(2017年7月29日)「NHKの複数カメラにせん光のような映像」、http://www3.nhk.or.jp/news/html/20170729/k10011079571000.html、アクセス日：2017年7月31日。

[19] 조선중앙통신「조선로동당의 전략적핵무력의 일대 시위 – 대륙간탄도로케트《화성 – 14》형 2차 시험발사에서 또다시 성공」(2017年7月29日)、http://www.kcna.kp/kcna.user.special.getArticlePage.kcmsf ; jsessionid=8E10469572BE5-2492871E7B923BD825F、アクセス日：2017年7月30日。

[20] 米CIAが7月28日の火星14号の再突入は高角度に発射したので失敗したが、通常の軌道であれば成功しえたと評価しているという報道もある。Ankit Panda (Aug. 12th, 2017) "US Intelligence: North Korea's ICBM Reentry Vehicles Are Likely Good Enough to Hit the Continental US", *The Diplomat*, http://thediplomat.com/2017/08/us-intelligence-north-koreas-icbm-reentry-vehicles-are-likely-good- enough-to-hit-the-continental-us/、アクセス日：2017年8月20日。

[21] 8月29日に発射された火星12号について北朝鮮が「新しく装備された(새로 장비한)」という形容詞をつけている点、また公開された写真における軌道が実際描かれた軌道とほぼ一致している点から、何らかの新技術を実験した可能性がある。今回2700kmと飛翔距離が短かったことを勘案すると、弾頭重量の増加を伴う技術、例えば①弾道ミサイルの精度を高め、かつ②多弾頭化やデコイ(偽装)装備に向けて必要なPBV(小型ロケット)の動作を試したのかもしれない。しかしながら、これについてはもう少し分析に時間を要する。9月15日の火星12号発射実験後、北朝鮮当局はこの目的が報復能力(반공격작전수행능력)を強化し核弾頭取扱順序(핵탄두취급질서)を確認することにあったと明かしながら、この成功により火星12号の戦力化がなされたと公表した。この発射実験の模様は後に映像で公開されたが、この中で移動式発射台から直接発射される様子が確認され、その報復能力の確立に必要な生存力の強化がなされたことが見て取れる。また戦力化についても、火星12号はすでに実戦配備されている可能性があると見られる。존중앙통신(2017年9月16日)「경애하는 최고령도자 김정은동지께서 중장거리전략탄도로케트《화성 – 12》형발사훈련을 또다시 지도하시였다」、http://www.kcna.kp/kcna.user.special.getArticlePage.kcmsf ; jsessionid=D3F46-3ABF4FE5DC8574D3022ABB34D8A、アクセス日：2017年9月18日。

[22] 존중앙통신(2017年9月3日)「조선민주주의인민공화국 핵무기연구소 성명」、http://www.kcna.kp/kcna.user.article.retrieveNewsViewInfoList.kcmsf ; jsessionid=7D7CFFEED4B6E633AB93B2CDCEC7AC72、アクセス日：2017年9月11日。

[23] 존중앙통신(2017年9月3日)「경애하는 최고령도자 김정은동지께서 핵무기병기화사업을 지도하시였다」、http://www.kcna.kp/kcna.user.special.getArticlePage.kcmsf、アクセス日：2017年9月11日。

[24] この4種の短距離ミサイル・ロケットシステムは低高度(40～50km)を飛翔、

00AKR20160108066700009.HTML、アクセス日：2017年10月8日、同「北 중폭 핵분열 기술, 저순도 플루토늄도 무기화 가능케 해」(2016年1月19日)、http://www.yonhapnews.co.kr/northkorea/2016/01/19/1801000000AKR20160119111300009.HTML、アクセス日：2017年10月8日。

[10] 조선중앙통신（2016年9月9日）「조선민주주의인민공화국 핵무기연구소성명」、http://www.kcna.kp/kcna.user.article.retrieveNewsViewInfoList.kcmsf ; jsessionid=FDA1566E7007F0420D39B1EBADCE6FD0、アクセス日：2016年12月3日。

[11] 北朝鮮はSLBM射出実験を2017年に入って少なくとも3度行っていると伝えられている。そのうち2回が7月に行われた。연합뉴스（2017年7月27日）"CNN'北, 25일 신포서 미사일 사출시험'"、http://www.yonhapnews.co.kr/nk/2017/07/27/4807080000AKR20170727048800009.HTML、アクセス日：2017年7月28日。SLBM搭載可能なシンポ級潜水艦建設も観察されている。J. Bermudez, Jr.（Jul. 20. 2017）"Sinpo South Shipyard: Prepa- rations for a New SLBM Test？", 38North, http://www.38north.org/2017/07/sinpo072017/、アクセス日：2017年7月21日。また2019年7月には、3～4発のSLBMを発射可能な新型潜水艦がお披露目された。

[12] この5月の発射実験では北極星2号は高度約550kmまで上昇し、約500km飛行した。これは去る同年2月13日の発射実験の時とほとんど同じ数値である。また北極星2号についてはMRBMに区分することも可能である。

[13] 地下通路にある弾道ミサイルの移動発射台の写真が、火星14号の祝賀宴の報道で初めて公開された。とりわけ、移動式発射台＋固体燃料／液体燃料（UDMH）＋地下トンネルという組み合わせで生存力が強化される。UDMH（非対称ジメチルヒドラジン）についてはM. Fisher（Sep. 27. 2017）"Remote Textile Plant May Secretly Fuel North Koreas Weapons", *The New York Times*, https://www.nytimes.com/2017/09/27/world/asia/north-korea-missiles-fuel.html？ref=collection%2Ftimestopic%2FNorth%20Korea&action=click&contentCollection=world®ion=stream&module=stream_unit&version=latest&contentPlacement=4&pgtype=collection&_r=0、アクセス日：2017年10月8日。

[14] 北朝鮮は火星12号も射程6400kmを超すICBMであると公表している。려명희（2017年7月23日）"위력한 핵공격수단 대륙간탄도로케트", 로동신문, http://rodong.rep.kp/ko/index.php？strPageID=SF01_02_01 &newsID=2017-07-23-0033, アクセス日：2017年7月24日。またこの実験では同年3月18日に地上噴出実験がなされ「3.18革命」とも称賛されたエンジンが使用されている可能性が高い。

[15] 他方、6400km（4000マイル）以上の射程を持つ弾道ミサイルをICBMとして定義するものもある。

[16] 연합뉴스（2017年7月12日）「"北'ICBM' 사거리 6천200km …성공까지 2～3년 걸려"」、http://www.yonhapnews.co.kr/nk/2017/07/12/4807080000AKR20170712052200014.HTML、アクセス日：2017年10月11日。

[17] 조선중앙통신「반제반미대결전에서 이룩한 주체조선의 위대한 승리－대륙간

した朝中の接近を食い止めることも難しい。

[18] S.Hecker（Oct. 17. 2013),“North Korea Reactor restart sets back denuclearization”, Bulletin of the Atomic Scientists.

補　論

［1］ V. ブルックス前在韓米軍司令官は2017年秋緊張の高まりによって、非戦闘員退避作戦も検討されたという。北朝鮮の誤認を招きうるとして採用が却下された。朝日新聞デジタル（2020年1月19日)、「米、日韓の米市民の退避検討　北朝鮮情勢緊迫の17年秋」、https://headlines.yahoo.co.jp/hl？a=20200119-00000-003-asahi-int、アクセス日：2020年1月20日。

［2］ 少ない可能性ながら、自らの体制崩壊をもたらす米国による先制攻撃が明らかとなったと北朝鮮が認識した場合には、北朝鮮が弱者の一撃として米国に先んじて先制攻撃を行うという非合理的選択――いわゆる暴発――も起こりえた。

［3］ 金日成、金正日といった過去のリーダーはともかく現在の金正恩が合理的かはわからないという議論があるが、約7年の月日を経てトランプ政権内から彼は合理的判断が可能であるという意見が出てきている。例えばD. コーツ米情報長官（当時）は2019年7月NBCとのインタビューで、「彼はとても特異なタイプだけれども、狂ってはいない。……彼の行動を後押しする一部理性的要因がある。すなわち生存、政権の生存、国家の生存」とコメントしている。

［4］ 瓶のふた論の点から分析できるように、日米同盟には日本封じ込めの意味合いもある。

［5］ これはオルブライト訪朝で米朝が合意した項目である。林東源（2008：波佐場清訳）『南北首脳会談への道』、岩波書店、296-298頁。これについてはW. ペリーも同様の発言をしている。

［6］ この第4回党代表者会議において金正恩は第一書記に推戴され、中央軍事委員会委員長にも就いた。

［7］ 本論で用いるEMP攻撃は、核兵器を高高度で爆発させることで電気・電子システムを麻痺・破壊する核攻撃の一形態と定義する。EMP攻撃については、US Government, DoD and 4more(May. 9th 2017), 21st Century Complete Guide to Electromagnetic Pulse-Nuclear Weapon Effects(NWE)and the Threat to the Electric Grid and Critical Infrastructure HEMP, EMI, Microwave Devices-, independently published、を参照。なお低い爆発力の核爆弾しか保有していないとしてもEMP攻撃は可能である。また1958～1962年に米ソが行った核実験によってEMPは確認され、かつそれに関するデータはすでに蓄積されている。

［8］ 조선중앙통신（2013年2月12日）「조선중앙통신사 보도 제 3 차 지하핵시험을 성공적으로 진행（朝鮮中央通信社報道　第3次地下核実験を成功裡に進行)」、http://www.kcna.co.jp/calendar/2013/02/02-12/2013-0212-016.html、アクセス日：2014年2月18日。ちなみに核実験当日はオバマ大統領の第2期目の一般教書演説の日にあたっていた。

［9］ 연합뉴스「북핵 전문가 헤커“북 핵실험 최대 우려는 기술 향상·소형화”」(2016年1月8日)、http://www.yonhapnews.co.kr/northkorea/2016/01/08/18010000-

は自制、相手国は拡大〕）を有しているということでは共通している点に留意が必要である。

［6］ J. スティンは国家間で損失回避の必要性が共有された時、国家間協力が起こると指摘している。土山（2004）、前掲書、155-156 頁。

［7］ Jervis（1978）, *op cit.*, pp. 211-213.

［8］ イラク戦争の例を見れば、国際法を無視するかたちで自衛権を行使したとしても国際的に罰せられない場合も存在することがわかる。

［9］ 2016 年以降のミサイル発射実験によって、北朝鮮の再突入技術は完成の段階にあるか、すでに完成した可能性が高い。

［10］ S. ボストル・MIT 教授と J. ルイス・コーネル大教授は、韓国に THAAD が配備された場合、そのシステムは①北朝鮮だけでなく中国のミサイルを探知可能である、②北朝鮮ミサイルの迎撃は難しい、③軍拡競争を招く点を指摘している。ハンギョレ新聞（2015 年 6 月 1 日）「THAAD、中国発ミサイル 3000 キロ以上探知…中国に脅威」、http://headlines.yahoo.co.jp/hl？a=20150601-00020855-hankyoreh-kr、アクセス日：2015 年 6 月 3 日。後にこの評価は F. コイル元国防総省兵器運用・試験・評価局長による同意を得た。ハンギョレ新聞（2015 年 7 月 6 日）「米国防総省元高官、「THAAD で北朝鮮のミサイル迎撃は困難」との分析に同意」、http://headlines.yahoo.co.jp/hl？a=20150706-00021230-hankyoreh-kr、アクセス日：2015 年 7 月 7 日。

［11］ 北朝鮮が従来のロケット砲および短距離、準中距離弾道ミサイルに加え、MaRV（機動式弾頭）の短距離および中距離弾道ミサイル、そして大陸間弾道ミサイルを保有した現在においては、予防攻撃オプションはなおさら取りにくくなった。

［12］ この自立的核プログラムに対する北朝鮮の認識については조선중앙통신（2003 年 1 月 21 日）、前掲記事を参照。

［13］ 연합뉴스（2014 年 7 月 7 日）「美과학자협회장 "北경수로 완공하면 매년 5 ～ 6 개 핵폭탄 제조"」、http://www.yonhapnews.co.kr/international/2014/07/07/0619000000AKR20140707002600071.HTML、アクセス日：2014 年 7 月 7 日。

［14］ かつての米ソ間の MAD を構築するためには北朝鮮側の経済的繁栄が必要となるとも考えられるが、核兵器の性質および中国・インド・パキスタンの事例を踏まえると、米ソレベルの経済規模が MAD 構築の前提条件にはならない可能性もある。

［15］ ウィットとオルブライトは北朝鮮はすでに核弾頭の小型化に成功しており、また 2020 年までに 20 ～ 100 発の核兵器開発に成功するだろうと分析している。J. Wit & D. Albright（Mar. 15. 2015），"The Last Word", http://38north.org/2015/03/witalbright031915/、アクセス日：2015 年 3 月 23 日。

［16］ J. Page & J. Solomon（2015），"China Warns North Korean Nuclear Threat Is Rising"（Apr. 22. 2015），The Wall Street Journal，http://www.wsj.com/articles/china-warns-north-korean-nuclear-threat-is- rising-1429745706、アクセス日：2015 年 4 月 26 日。

［17］ また北朝鮮の経済的孤立の維持を含む現状維持政策では、経済協力をてこと

燃料を使用した11000km以上の射程距離を持つICBMを保有した時、北朝鮮は米国の直接的脅威として定着化すると思われる。米国の直接的脅威となるICBMについてはThe Voice of Russia（2014年10月11日）「新型ミサイルで国防力を強化する中国」、http://japanese.ruvr.ru/2014_10_11/278534960/、アクセス日：2014年10月12日、を参照。

[65] ちなみに、中国はこの日韓GSOMIAに反対した。日韓GSOMIA調印1時間前に中国が韓国に反対の意を表したことにより、韓国は調印をキャンセルしたといわれる。

[66] MDに対する北朝鮮の脅威認識については、조선중앙통신（2012年5月21日）「로동신문 미국의 신형요격미싸일시험발사놀음 규탄（労働新聞 新型迎撃ミサイル試験発射遊びを糾弾）」、http://www.kcna.co.jp/calendar/2012/05/05-21-/2012-0521-009.html、アクセス日：2014年2月18日、연합뉴스（2014年2月9日）「北 美 MD 체계 추진은 군비경쟁 몰아오는 범죄（北 米MD体系推進は軍備競争をもたらす犯罪）」、http://www.yonhapnews.co.kr/northkorea/2014/02/08/-1-801000000AKR20140208045500014.HTML、アクセス日：2014年2月18日。

[67] 相互核抑止の確立により、戦略レベルでの全面戦争が発生しにくくなる反面、戦術レベルにおける紛争が起こりやすくなるという理論。

[68] B. Woodward（2018）, *Fear*（*Kindle Ver.*）, Simon & Schuster.

[69] Ibid.

終　章

[1] 現状変更を伴う拡大的動機の具現化といえる行動の最たる例が領土拡張を目指す侵攻である。

[2] 1998−1999年の緊張形成には、北朝鮮で発生した大規模な食糧不足が持つ合理性の変更による先制攻撃誘因の発生への影響を加味しなければならないが、これについては今後の研究課題とする。

[3] 2015年に入り、北朝鮮は小型化技術を持つ可能性が高いと考える傾向が米国内で強くなってきている。연합뉴스（2015年4月8日）「미군 북부사령관 "북, 이동식 ICBM 배치・핵무기 소형화"」、http://www.yonhapnews.co.kr/international/2015/04/08/0601080000AKR20150408012000071.HTML、アクセス日：2015年4月8日。しかし再突入技術については獲得していないという見方もある。연합뉴스（2015年4月16日）「북한 ICBM 미국 본토 타격 가능성 낮아」、http://www.yonhapnews.co.kr/northkorea/2015/04/16/1801000000AKR20150416050900014.HTML、アクセス日：2015年4月16日。

[4] 北朝鮮はすでにSLBMの開発に着手し、ダミー弾の発射実験を行った段階にある。조선중앙통신（2015年5月9日）「선군조선의 무진막강한 위력의 힘있는 과시, 전략잠수함 탄도탄수중시험발사에서 완전성공 경애하는 김정은동지께서 시험발사를 보시였다」、http://www.kcna.kp/kcna.user.special.getArticlePage.kcmsf;jsessionid=C7DCB322913D51FA153A2C35C992A85F、アクセス日：2015年5月13日。

[5] ただし、北朝鮮と同様に米国も自衛的動機（DD〔自他ともに拡大〕>CD〔自国

鮮に非核化を条件とする不可侵条約締結の意思があることを明示したが、北朝鮮はこれを拒否した。

[55] 연합뉴스（2014 年 2 月 9 日）「北 3 차핵실험 1 년…무기화 능력 보유 추정（北 3 次核実験 1 年…武器化能力保有推定）」、http://www.yonhapnews.co,kr/politics/2014/02/07/0505000000AKR20140207168300043.HTML、アクセス日：2014 年 2 月 18 日。

[56] 第 3 次核実験の爆発力について韓国国防省は 6.7kt 水準、ロシアは 7kt、中国科学技術大学は 12.2kt という分析を発表している。聯合ニュース（2013 年 6 月 20 日）「中国科技大、北朝鮮 3 次核実験　地点、威力確定」、http://www.yonhapnews.co.kr/international/2013/06/20/0601400100AKR20130620087700097.HTML、アクセス日：2014 年 2 月 18 日、アジアプレス・ネットワーク（2013 年 6 月 24 日）「第 3 次北核実験、広島原爆に匹敵」、http://www.asiapress.org/apn/archives/2013/06/24113342.php、アクセス日：2014 年 2 月 18 日。

[57] Bulletin of the Atomic Scientists（Apr. 5. 2013）, *op cit*. を参照。再突入体実験については 2012 年 12 月の飛翔体発射の際、弾頭実験を行っていたという情報もある。中央日報（2013 年 4 月 18 日）「北朝鮮、昨年のロケット発射当時に核弾頭実験（1）」、http://headlines.yahoo.co.jp/hl？a=20130417-00000006-cnippou-kr、アクセス日：2014 年 4 月 18 日。

[58] 백성원（2014 年 4 月 24 日）「전문가"북한 핵무기 소형화기술 이미 보유"」、VOA、http://www. voakorea.com/content/article/1899777.html、アクセス日：2014 年 5 月 6 日。

[59] 조선중앙통신（2013 年 4 月 1 日）「자위적핵보유국의 지위를 더욱 공고히 할데 대한 법 채택（自衛的核保有の地位をより強固にするための法採択）」、http://www.kcna.co.jp/calendar/2013/04/04-01/2013-0401-030.html、アクセス日：2014 年 2 月 14 日。核報復打撃の強化には、移動式 ICBM の開発、多弾頭化などが含まれると思われる。

[60] 조선중앙통신（2013 年 4 月 2 日）「조선원자력총국 현존 핵시설들의 용도 조절변경 언급（朝鮮原子力総局　現存核施設の用途調節変更言及）」、http://www.kcna.co.jp/calendar/2013/04/04-02/2013-0402-020.html、アクセス日：2014 年 2 月 18 日。

[61] P. Weiss（Feb. 2. 2013）, "Full transcript of Chuck Hagel hearing before Senate Armed Services Committee", http://mondoweiss.net/2013/02/transcript-services-committee.html、アクセス日：2014 年 4 月 22 日。

[62] 朝鮮日報日本語版（2013 年 9 月 25 日）、「『北は核兵器を保有』　米大統領副補佐官の発言が問題に」、http://headlines.yahoo.co.jp/hl？a=20130925-00000960-chosun-kr、アクセス日：2014 年 4 月 26 日。

[63] NY Times（Apr. 11. 2013）, "Pentagon Finds Nuclear Strides by North Korea", http://www.nytimes.com/2013/04/12/world/asia/north-korea-may-have-nuclear-missile-capability-us-agency-says.html？pagewanted=all&_r=0、アクセス日：2014 年 4 月 11 日。

[64] 複数弾頭（MIRV）を装着可能な核弾頭開発の成功に加え、移動式かつ固体

[48]　조선중앙통신（2013 年 2 月 12 日）「조선로동당 중앙위원회정치국회의（朝鮮労働党　中央委員会　政治局会議）」、http://www.kcna.co.jp/calendar/2013/02/02-12/2013-0212-008.html、アクセス日：2014 年 2 月 18 日。

[49]　The Whitehouse Office of the Press Secretary（Feb. 12. 2013），"Statement by the President on North Korean announcement of nuclear test", https://www.whitehouse.gov/the-press-office/2013/02/12/statement-president-north-korean-announcement-nuclear-test、アクセス日：2015 年 5 月 13 日。

[50]　日本外務省（2013 年 3 月 19 日）「国際連合安全保障理事会決議第 2094 号　和訳（外務省告示第 83 号）」、http://www.mofa.go.jp/mofaj/area/n_korea/anpori2094.html、アクセス日：2014 年 2 月 18 日。

[51]　フォール・イーグルにおける B52、B2、F22 投入の詳細については、(1). 中央日報（2013 年 4 月 2 日）「韓国、米軍戦力 B52・B2・F22 で北朝鮮との心理戦圧倒（1）」、http://headlines.yahoo.co.jp/hl？a=20130402-00000009-cnippou-kr、アクセス日：2014 年 2 月 18 日、(2). 中央日報（2013 年 4 月 2 日）「韓国、米軍戦力 B52・B2・F22 で北朝鮮との心理戦圧倒（2）」、http://headlines.yahoo.co.jp/hl ？ a=20130402-00000010-cnippou-kr、アクセス日：2014 年 2 月 18 日。

[52]　停戦協定白紙化に関しては조선중앙통신（2013 年 3 月 5 日）「조선인민군 최고사령부 조선정전협정을 완전히 백지화（朝鮮人民軍最高司令部　朝鮮停戦協定を完全に白紙化）」、http://www.kcna.co.jp/calendar/2013/03/03-05/2013-0305-021.html、アクセス日：2014 年 2 月 18 日、同（2013 年 3 月 7 日）「조선외무성 핵선제타격권리 행사하게 될것이다（朝鮮外務省　核先制打撃権利行使するようになる）」、http://www.kcna.co.jp/calendar/2013/03/03-07/2013-0307-025.html、アクセス日：2014 年 2 月 18 日、同（2013 年 3 月 29 日）「김정은최고사령관 화력타격계획을 비준（金正恩最高司令官火力打撃計画を批准）」、http://www.kcna.co.jp/calendar/2013/03/03-29/2013-0329-012.html、アクセス日：2014 年 2 月 18 日。

[53]　例えば、연합뉴스（2013 年 3 月 29 日）「米国 B-2 爆撃機　韓半島訓練は防御用」、http://www:yonhapnews:co:kr/international/2013/03/29/0601080100AKR20130329006700071.HTML、アクセス日：2014 年 2 月 18 日。これに B2、B52、F22 投入に関する北朝鮮の認識については、조선중앙통신（2013 年 4 月 4 日）「조선인민군 총참모부 미국의 핵타격수단 전개책동 비난（朝鮮人民軍　総参謀部　米国の核打撃手段展開策動非難）」、http://www.kcna.co.jp/calendar/2013/04/04-04/2013-0404-001.html、アクセス日：2014 年 2 月 18 日。北朝鮮の自衛的に対する認識は上記조선중앙통신（2013 年 3 月 5 日、2013 年 3 月 7 日）を参照。

[54]　ケリー米国務長官は訪中時、北の脅威がなくなれば MD が縮小可能であると言明した。연합뉴스（2013 年 4 月 26 日）「미국 "북한 위협 없으면 괌 미사일 방어망 재조정"（米国　北脅威なければグアムミサイル防衛網再調整）」、http://www.yonhapnews.co.HTML、アクセス日：2014 年 2 月 18 日。また崔竜海訪中時に、北朝鮮は日本海側に配備していたノドンとスカッドの計 7 基を撤去している。朝日デジタル（2013 年 5 月 24 日）「北朝鮮、ミサイル 7 基も撤去　日米韓との緊張緩和模索か」、http://headlines.yahoo.co.jp/hl？a=20130524-00000003-asahi-int、アクセス日：2014 年 2 月 14 日。またケリー米国務長官は 2013 年 10 月には北朝

鮮中央通信声明の中で「我々は米国側に彼らが提起した憂慮事項を考慮し、我々は2.29合意の拘束から脱したものの、実際の行動は自制しているということを数週間前に通知した」と明らかにしている。聯合ニュース（2012年5月23日）「북미 접촉 유지. 美관리 지난달 극비방북（米朝接触維持、米官吏先月極秘訪朝)」、http://www.yonhapnews.co.kr/international /2012/05/23/0619000000AKR20120523033700071.HTML、アクセス日：2014年2月18日。また米国特使の平壌極秘訪問は、李英浩解任（2012年7月15日)、張成沢訪中（同年8月13～18日）後の8月17～20日に再度行われた。

[41] 朝日デジタル（2012年12月12日）「北朝鮮ミサイル発射　米NORAD、衛星の軌道進入確認」、http://www.asahi.com/special/08001/TKY201212120290.html、アクセス日：2014年2月18日。ただし、ロケット打ち上げ技術がICBMに転用可能であり、北朝鮮が核実験を行っている点を踏まえると、当時の人工衛星の打ち上げも米国側からは核兵器開発の一環であると認識されたであろう。

[42] 日本外務省（2014年1月29日）「国際連合安全保障理事会決議第2087号　和訳」、http://www.mofa.go.jp/mofaj/area/n_korea/missile_12_2/anpori_2087_jp.html、アクセス日：2014年2月18日。

[43] 조선중앙통신（2013年1月23日）「조선외무성 유엔안전보장리사회《결의》비난（朝鮮外務省　国連安全保障理事会《決議》非難)」、http://www.kcna.co.jp/calendar/2013/01/01-23/2013-0123-012.html、アクセス日：2014年2月18日。

[44] 조선중앙통신（2013年1月24日）「조선국방위 나라의 자주권을 수호하기 위한 전면대결전에 나설것（朝鮮国防委　国の自主権を守護するための全面対決戦に踏み切る)」、http://www.kcna.co.jp/calendar/ 2013/01/01-24/2013-0124-010.html、アクセス日：2014年2月18日。

[45] 조선중앙통신（2014年1月25日）「미국의 대조선적대시정책으로 종말을 고한 조선반도비핵화（米国の対朝鮮敵視政策によって終わりを告げた朝鮮半島非核化)」、http://www.kcna.co.jp/calendar/2013/01/01-25/2013-0125-023.html、アクセス日：2014年2月18日。

[46] これについての詳細は、조선중앙통신（2013年2月12日）「조선중앙통신사 보도 제3차 지하핵시험을성공적으로 진행（朝鮮中央通信社報道　第3次地下核実験を成功裡に進行)」、http://www.kcna.co.jp/calendar/2013/02/02-12/2013-0212-016.html、アクセス日：2014年2月18日、また조선중앙통신（2013年2月12日）「조선외무성 핵시험은 최대한의 자제력 발휘한 1차대응조치（朝鮮外務省核実験は最大限の自制力を発揮した1次対応措置)」、http://www.kcna.co.jp/calendar/ 2013/02/02-12/2013-0212-019.html、アクセス日：2014年2月18日。また백학순（2013)「북한의 제3차핵실험 배경, 이슈, 대응」、세종연구소、정세와 정책2013년3월호、pp. 5-9。ちなみに核実験当日はオバマ大統領の第2期目の一般教書演説の日にあたった。

[47] 조선중앙통신（2013年2月12日）「조선중앙통신사 보도 제3차 지하핵시험을성공적으로 진행（朝鮮中央通信社報道　第3次地下核実験を成功裡に進行)」、http://www.kcna.co.jp/calendar/2013/02/02-12/2013-0212-016.html、アクセス日：2014年2月18日。

0100AKR20130404168300080.HTML、アクセス日：2014年2月18日。

[35]　2.29合意の基本的な部分は金正日元国防委員会委員長の逝去の前日に行われた2011年12月15～16日の米朝会談ですでに合意されていた。時事通信(2011年12月21日)「金総書記死去前に大きな進展＝北朝鮮との大筋合意を示唆－駐韓米大使」、http://headlines.yahoo.co.jp/hl？a=20111221-00000161-jij-int、アクセス切れ：2014年5月6日。また、この間注目すべき国際環境の変化があった。2011年9月のリビア・カダフィ政権崩壊である。米国は人道的介入を錦の御旗として、リビア・カダフィ政権打倒のためNATOによる軍事介入を主導しその崩壊をもたらしたが、これによって北朝鮮の米国の動機に対する認識が変化していく。北朝鮮外務省代弁人が「これまで米国が騒ぎ立てていたリビア核放棄方式とは、まさに安全担保と関係改善という飴によって相手をだまし武装解除させた後に軍事的に追い打ちをかける侵略方式であるということが世界に晒された。地球上に強権と専横が存在する限り、自己の力があればこそ平和を守護できるという歴史の真理が再び証明された。我々が選択した先軍の道が千万回正当であり、この道で備わった自衛的国防力は朝鮮半島における戦争を防ぎ平和と安定を守護するこれ以上ない大切な抑止力となっている」と述べたように、リビア・カダフィ政権の崩壊は北朝鮮に核放棄の非合理性を認識させ、核保有の合理性への確信をより強める結果をもたらしたといえる。

[36]　2.29合意の詳細については米側発表：US Department of State (Feb. 29. 2012), "U.S.-DPRK Bilateral Discussions", http://www.state.gov/r/pa/prs/ps/2012/02/184869.htm、アクセス日：2014年2月14日、北側発表：조선중앙통신(2012年2月29日)「조선외무성 조미회담에 대한 합의사항 언급（朝鮮外務省朝米会談における合意事項言及)」、http://www.kcna.co.jp/calendar/2012/02/02-29/2012-0229-039.html、アクセス日：2014年2月14日。

[37]　US Department of State (Mar. 16. 2012), "North Korean Announcement of Missile Launch", http://www.state.gov/r/pa/prs/ps/2012/03/185910.htm、アクセス日：2014年2月18日。

[38]　朝日デジタル（2012年4月8日）「「北朝鮮側、昨夏から打ち上げ主張」元米高官が証言」、http://www.asahi.com/special/08001/TKY201204070649.html、アクセス日：2014年2月18日、読売オンライン（2012年3月25日）「北発射計画、金総書記が決定？…死去直前に伝達」、http://www.yomiuri.co.jp/world/news/20120324-OYT1T00585.htm、アクセス日：2014年2月18日、asahi.com（2012月4月7日）「北朝鮮、米側に「対抗措置」明言　核実験を示唆」、http://www.asahi.com/special/08001/TKY201204070181.html、アクセス日：2014年2月14日。また米国特使は4月13日の飛翔体発射実験に先立ち、4月7日に北朝鮮に極秘訪問している。

[39]　UNSC (Apr. 16. 2012), "U.N. Security Council Presidential Statement on North Korea", http://iipdigital.usembassy.gov/st/english/texttrans/2012/04/20120416393 5.html#axzz2tvwCN0rt、アクセス日：2014年2月18日。

[40]　NYチャンネルなどを通じ米朝間は交渉を継続しており、その過程で北朝鮮は第3次核実験の留保を伝えたとされる。これと関連して北朝鮮は5月22日の朝

7月24日)「국방위원회 성명 군사연습에《핵억제력에 기초한 보복성전》(国防委員会声明　軍事演習に核抑止力に基づく報復聖戦)」、http://www.kcna.co.jp/calendar/2010/07/07-24/2010-0724-004.html、アクセス日：2014年2月18日。また同(2010年8月15日)「총참모부 담화 합동군사연습에 무자비한 철추를 내리게 될것(総参謀部談話　合同軍事演習に無慈悲な鉄槌を下すこととなるだろう)」、http://www.kcna.co.jp/calendar/2010/08/08-15/2010-0815-024.html、アクセス日：2014年2月18日。

[27]　Hecker (Nov. 20. 2010), *op cit*. を参照。S. ヘッカー教授は帰国後、米国務省幹部に宛てたメールで、新設のウラン濃縮施設と建設中の実験用軽水炉に案内され、「ぞっとした」と説明している。このメールは後にクリントン米国務長官に転送され、その内容に衝撃を受けたクリントン氏はヘッカー氏と面会、説明を受けた。共同通信(2016年2月27日)「北の核技術　『ぞっとした…』」。産経ニュース(2016年2月27日)、「北の核技術「ぞっとした」　訪朝の米研究者、クリントン氏に報告　公開メールで判明」、https://www.sankei.com/world/news/160227/wor1602270033-n1.html、アクセス日：2019年12月18日。

[28]　この金正日元国防委員会委員長の2度の訪中の間、朝中は7月8日に合営投資指導局が合営投資委員会に改編される旨が最高人民会議常任委員会政令において発表され、7月29日に経済技術協力に関する協定に調印、8月11日には訪朝した中国公安部代表団が北朝鮮の人民保安部の代表と会談している。また8月19日には武大偉中国朝鮮問題特使が訪朝している。

[29]　聯合ニュース(2010年12月17日)「北、延坪島　射撃訓練強行時、2次、3次打撃」、http://www.yonhapnews.co.kr/politics/2010/12/17/0511000000AKR20101217202600014.HTML、アクセス日：2014年2月18日。

[30]　Gates (2014), *op cit*., p. 497. 人民日報電子版(1月17日)「ゲーツ元国防長官が回顧録で「韓国は北朝鮮を空爆するつもりだった」、韓国側は「ノーコメント」—中国メディア」、http://headlines.yahoo.co.jp/hl?a=20140117-00000021-xinhua-cn、アクセス日：2014年2月14日。

[31]　日テレNews24(2010年11月24日)「北の砲撃「自制した対応取る」で一致－米中」、http://www.news24.jp/articles/2010/11/24/10171145.html、アクセス日：2014年2月14日。

[32]　The White House Office of the Press Secretary (Jan. 19. 2014), "U.S-China Joint Statement", http://www.whitehouse.gov/the-press-office/2011/01/19/us-china-joint-statement、アクセス日：2014年2月14日。

[33]　寺林(2012)、前掲論文、21頁。

[34]　ただ米朝間の非公式チャンネルはこの間も動いている。2010年11月には米国民間代表団が平壌で、2011年3月にはベルリンで非公式接触をしていることには注目すべきであろう。この中で北朝鮮外務省の官僚が寧辺核施設の使用済み燃料棒を米国に引き渡す代わりに経済支援を含む保障を要求していたが、オバマ政権はその提案を受け入れなかった。聯合ニュース(2013年4月5日)「북한, 영변핵시설 폐쇄－경제지원 맞교환 시도했다(北、寧辺核施設　閉鎖－経済支援バーター試みた)」、http://www.yonhapnews.co.kr/international/2013/04/04/060110-

⑥安保理は、今回の事件と関連がないと主張する北朝鮮の反応、そしてその他関連国の反応に留意する。

⑦従って、安保理は「天安」沈没を招いた攻撃を非難する。

⑧安保理は今後、韓国または域内への攻撃や敵対行為を防止する重要性を強調する。

⑨安保理は韓国が示した抑制を歓迎し、朝鮮半島や北東アジア全体で平和と安定を維持する重要性を強調する。

⑩安保理は朝鮮戦争休戦協定の完全な順守を促し、紛争の回避と状況悪化の防止を目的に、適切なルートを通じ直接対話と交渉を可能な限り速やかに再開するため、平和的手段として朝鮮半島の懸案解決を奨励する。

⑪安保理はすべての国連加盟国が国連憲章の目的と原則を支持する重要性を再確認する。

[19]　US Department of Defense（Apr. 6. 2010）, "Nuclear Posture Review", http://www.defense.gov/npr/docs/2010%20nuclear%20posture%20review%20report.pdf、アクセス日：2014 年 9 月 28 日。また矢野義昭（2010）「NPR（『核態勢見直し報告』）に見るオバマ政権の核政策と核戦略」、http://www.ssrc. goy-uren.jp/SSRC/yano/yano-2-NPR.pdf、アクセス日：2014 年 9 月 28 日。

[20]　조선중앙통신（2010 年 4 月 9 日）「조선외무성 미국《핵태세검토보고서》를 배격（朝鮮外務省　米国《核態勢検討報告書》を排撃）」、http://www.kcna.co.jp/calendar/2010/04/04-09/2010-0409-013. html、アクセス日：2014 年 9 月 18 日。

[21]　2010 年 5 月に北朝鮮が秘密裏に核実験をした可能性があるという米、独、スウェーデン、中の研究者らの見立てもある。それが事実であれば、明らかに天安艦沈没事件をめぐって生じた失う不安を埋め合わせるための対抗措置であったといえよう。연합뉴스（2015 年 2 月 14 日）「미 핵과학자회보 "2010 년 5 월 북한 핵실험 있었다"」、http://www.yonhapnews.co.kr/northkorea/2015/02/14/1801000000AKR20150214003900071.HTML、アクセス日：2015 年 2 月 15 日。

[22]　조선중앙통신（2010 年 7 月 24 日）「조선외무성 조선은 대화와 전쟁에 다 준비되여있다（朝鮮外務省　朝鮮は対話と戦争のすべてに備えている）」、http://www.kcna.co.jp/calendar/2010/07/07-24/2010-0724-013.html、同（2010 年 8 月 15 日）「총참모부 담화 합동군사연습에 무자비한 철추를 내리게 될것（総参謀部談話合同軍事演習に無慈悲な鉄槌を下すこととなるだろう）」、http://www.kcna.co.jp/calendar/2010/08/08-15/2010-0815-024.html、アクセス日：2014 年 2 月 18 日。

[23]　停戦協定違反に関する北朝鮮の認識については、조선중앙통신（2010 年 7 月 6 日）「조선외무성《천안》사건은《정전협정위반행위》주장을 비난（朝鮮外務省天安事件は停戦協定違反行為主張を非難）」、http://www.kcna.co.jp/calendar/2010/07/07-06/2010-0706-014.html、アクセス日：2014 年 2 月 18 日。

[24]　合同軍事演習は「4 年ごとの国防計画見直し 2010（QDR2010）」において唱えられた「テーラード抑止」の一環である。つまり前方展開している同盟国および友好国とのアーキテクチャーの強化を通じた抑止政策にあたる。

[25]　L. Panetta（2014）, *Worthy Fights*, Penguin Press.

[26]　米韓合同軍事演習に対する北朝鮮の認識については、조선중앙통신（2010 年

[15]　民間・軍合同調査団は沈没海域から回収された決定的証拠物と船体の変形形態、関連者らの陳述内容、死体検視結果、地震波および空中音波分析結果、水中爆発のシミュレーション結果、ペクリョン島近海の潮流分析結果、収集した魚雷部品らの分析結果に対する国内外専門家たちの意見を総合してみれば、天安艦は魚雷による水中爆発で発生した衝撃波とバブル効果によって切断されて沈没し、爆発位置はガスタービン室中央から左舷 3m、水深 6 〜 9m 程度、武器体系は北朝鮮で製造した高性能爆薬 250kg 規模の魚雷と確認されたと結論付けている。

[16]　北朝鮮側の主張は以下の通り。① 130t ヨノ級、保持せず、②魚雷関連兵器取扱書を配布せず、③「番」とは使わず、「号」と機械で刻印、④約 250kg 相当の爆薬量であれば、魚雷推進体後部の温度は 325 〜 1000℃に達するから、インクは残らない、⑤魚雷による攻撃であれば、タービンがなくなっているはずだ（筆者註：韓国側が保管。公開せず）、⑥調査団構成の不平等性、⑦魚雷の材質にアルミニウムは使わない、⑧魚雷推進体から爆薬成分が検出されなかった、⑨暗礁の存在から、座礁の可能性高い。

[17]　ロシア調査団の結論としては、天安艦は①座礁（スクリュー）、②非接触による外部の水中爆発（機雷。ただし航行への疑問あり：右側スクリューで発見された魚獲用網）によって沈没したとされている。また 2 回事故にあった可能性を指摘し、魚雷とは確定できない点に言及しながら、不可解な点として①韓国政府が公式に発表した爆発時間（21 時 21 分 58 秒）と CCTV の映像が切れた時間（21 時 17 分 3 秒）のギャップが存在する点、②爆発が生じる前に海底面に接触して左右のスクリューが損傷していたと考えられる点、③魚雷の表記が朝鮮人民軍のものと一致しないのに加え、魚雷の破片が 6 ヵ月以上海中にあったと考えられる点、などを挙げている。한겨레（2010 年 7 月 27 日）「원문 러시아 해군 전문가 그룹의 '천안함' 검토 결과 자료」、http://www.hani.co.kr/arti/politics/defense/4322-24.html、アクセス日：2015 年 4 月 26 日。

[18]　議長声明の全文は、연합뉴스（2010 年 7 月 9 日）「国連安全保障理事会議長声明の全文」、http://japanese.yonhapnews.co.kr/headline/2010/07/10/0200000000AJP20100710000100882.HTML、アクセス日：2014 年 2 月 18 日。

①国連安全保障理事会は2010年6月4日付の韓国国連大使名義の安保理議長あての書簡（S/2010/281）および 2010 年 6 月 8 日付の北朝鮮国連大使名義の安保理議長あての書簡（S/2010/294）に留意する。

②安保理は 2010 年 3 月 26 日に韓国海軍哨戒艦「天安」の沈没と、これに伴う悲劇的な 46 人の人命損失を招いた攻撃を非難する。

③安保理はこのような事件が地域の平和と安全を脅かすと規定する。

④安保理は人命損失と負傷を非難し、犠牲者と遺族、そして韓国の国民と政府に対し深い慰労と哀悼を表し、国連憲章およびその他すべての国際法関連規定に基づき、この問題の平和的解決に向け、今回の事件の責任者に対し適切で平和的な措置が取られるよう促す。

⑤安保理は、韓国主導の下、5 ヵ国が参加した「民間・軍合同調査団」が北朝鮮に「天安」沈没の責任があると結論付けた調査結果に鑑み、深い懸念を表明する。

3800072.HTML、アクセス日：2014年2月18日。

［2］　同上。

［3］　조선중앙통신（2009年7月27日）「조선외무성 6 자회담재개주장은 백해무익，대화방식은 따로 있다（朝鮮外務省代弁人　6者会談再開主張は百害無益、対話方式は他にある）」、http://www.kcna.co.jp/calendar/2009/07/07-27/2009-0727-003. html、アクセス日：2014年2月18日。

［4］　同上。

［5］　조선중앙통신（2010年1月10日）「조선외무성 대변인 평화협정체결제안 받아들이도록 계속 노력（朝鮮外務省代弁人　平和協定締結提案受け入れるように引き続き努力）」、http://www.kcna.co.jp/calendar/2010/01/01-18/2010-0118-011.h-tml、アクセス日：2014年2月18日、同（2010年1月11日）「조선외무성성명 평화협회담을 제의（朝鮮外務省　平和協定会談を提議）」、http://www.kcn-a.co.jp/calendar/2010/01/01-11/2010-0111-004.html、アクセス日：2014年2月18日。

［6］　同上。

［7］　読売オンライン（2013年5月14日）「COME ON ギモン：北朝鮮に対するオバマ政権の戦略的忍耐とは、どういう政策ですか」、http://www.yomiuri.co.jp-/job/biz/qaworld/20130514-OYT8T00922.htm、アクセス日：2014年2月18日。

［8］　寺林祐介（2012年7月）、「ポスト金正日体制と北朝鮮をめぐる国際社会の動向——2.29米朝合意と弾道ミサイル発射」、『立法と調査』No.330、中山俊宏「分析レポート：オバマ外交と北朝鮮」（2013）、平成24年度研究プロジェクト：2012年の北朝鮮分析レポート、http://www2.jiia.or.jp/pdf/research_pj/h24rpj06/rep-ort-nakayama-20130325.pdf、CFR（2010），"US Policy toward the Korean Penin-sula", Independent Task Force Report No. 64（Jun.）, Council on Foreign Rela-tions、アクセス日：2014年2月14日。

［9］　宇佐美正行（2010年9月）「試練に立つオバマ政権の外交・安全保障政策」、『立法と調査』No.308、49頁。

［10］　J. Kerry（Jun. 2011），"US and North Korea: the land of lousy options", *LA Times*,　http://articles.latimes.com/2011/jun/26/opinion/la-oe-kerry-north-korea-20110626、アクセス日：2014年2月18日。

［11］　조선중앙통신（2009年5月25日）「지하핵시험을 성과적으로 신행」、ht-tp://www.kcna.co.jp/ calendar/2009/05/05-25/2009-0525-012.html、アクセス日：2014年11月8日。

［12］　S. Hecker（Nov. 20. 2010），"A Return Trip to North Korea's Yongbyon Nuclear Complex", http://iis-db.stanford.edu/pubs/23035/HeckerYongbyon.pdf、アクセス日：2014年2月18日。

［13］　중앙일보（2010年1月21日）「김태영 국방 "전작권 전환，대통령도 우리도 고민"」、アクセス日：2015年4月26日。

［14］　조선중앙통신（2010年1月24日）「총참모부 성명《선제타격》발언은 로골적인 선전포고（総参謀部声明　《先制打撃》発言は露骨的な宣戦布告）」、http://www.kcna.co.jp/calendar/2010/01/01-24/2010-0124-005.html、アクセス日：2014年2月18日。

(Mar. 2014), "Annual Report to Congress: Military and Security Developments Involving the Democratic People's Republic of Korea", pp. 10-11。ただし当時のR. ゲーツ米国防長官が2009年時点で指摘していたように、北朝鮮は第1次核実験によって核爆発技術をある程度は確立した可能性は高い。R. ゲーツ（2009年）「複雑な紛争に即した戦略を——伝統的戦力と新しい戦力整備のバランスを」、『フォーリン・アフェアーズ日本語版』2009年1月号、CFR、http://www.foreignaffairsj.co.jp/essay/200901/gates.htm、アクセス日：2015年5月27日。

[45]　日本外務省（2006年11月6日）「国際連合安全保障理事会決議第1718号和訳」、http://www.mofa. go.jp/mofaj/area/n_korea/anpo1718.html、アクセス日：2014年3月8日。

[46]　조선중앙통신（2009年4月14日）「조선외무성 성명《6자회담은 필요없게 되였다》—안보리 의장성명（朝鮮外務省声明　6ヵ国協議は必要なくなった—安保理議長声明）」、http://www.kcna. co.jp/calendar/2009/04/04-14/2009-0414-016.html、アクセス日：2014年3月8日。

[47]　⑴. 金田秀昭（2008）『BMDがわかる』、イカロス出版、pp. 126-129、⑵. 久古聡美（2009）「日本のミサイル防衛政策の現況」、調査と情報643号、国立国会図書館、http://www.ndl.go.jp/jp/data/publication/issue/0643.pdf、5頁。アクセス日：2013年11月8日。

[48]　⑴. 金田（2008）、前掲書、160頁、⑵. 久古（2009）、前掲論文、4頁。ちなみに米国では2006年8月にじつに10年ぶりに改定された国家宇宙政策が発効した。藤岡惇（2007）「宇宙基本法の狙いと問題点」、世界4月号、岩波書店、http://www.peaceful.biz/contents/4-5.html、アクセス日：2015年2月18日。

[49]　北朝鮮のMDに対する認識については조선중앙통신（1998年6月12日）「위험한 일미 < 전역미싸일 방위구상 >／민주조선 론평（民主朝鮮　危険な日米〈全域ミサイル防衛構想〉）」、http://www.kcna.co.jp/ item2/1998/9806/news06/12.htm、アクセス：2013年11月8日、同（2013年12月24日）「미싸일요격체계 수립하려는 미국의《북조선위협론》（ミサイル迎撃体系樹立しようとする《米国の北朝鮮脅威論》）、http://www.kcna.co.jp/calendar/2013/12/12-24/2013-1224-016.html、アクセス日:2013年11月8日、を参照。先述したように（第4章［註65］参照）2003年の声明では米国がMD導入のために北朝鮮の脅威を大義として利用しているという認識を示している。またMDは①自らのカウンター・バランシングを余儀なくするものであり、かつ②米国による強硬政策のコミットメントの信頼性の向上、すなわち協調政策の信頼性の低下をもたらすと指摘した。

[50]　MDの東アジアにおける開発・配備問題と北朝鮮の脅威の相互作用については、本書第3、4章でも述べてきた。

[51]　ちなみに2006年に米国は2度未臨界核実験〔爆発を伴わない核実験〕を実施した（2月23日に米英共同実験「クラタカウ」、8月30日に「ユニコーン」）。

第6章

［1］　연합뉴스（2009年7月17日）、「北　金永南『6者会談永遠に終わった』」、http://www.yonhapnews.co.kr/ bulletin/2009/07/16/0200000000AKR2009071600-

[35]　この報告書によると、北朝鮮当局は38.5kg生産し、そのうち31kgを再処理した。再処理されたプルトニウムは約26kgを核兵器に、約2kgを核実験に、残る約2kgを廃棄したとしている。

[36]　조선중앙통신（2008年8月26日）「조선외무성 성명 핵시설무력화작업을 즉시 중단（朝鮮外務省声明　核施設無力化作業を即時中断）」、http://www.kcna.co.jp/calendar/2008/08/08-27/2008-0826-012.html、アクセス日：2013年11月8日。

[37]　一方で、米国務省は1995年に指定された対テロ非協力国のリストからは北朝鮮を削除しなかった。また、経済制裁は国際非常経済権限法に依拠した行政命令（13466号）が発令されることによって、維持された。これは現在に至るまで継続されている。

[38]　US Department of State (2008), "Fact Sheet", http://2001-2009.state.gov/r/pa/prs/ps/2008/oct/110 924.htm、アクセス日：2013年11月8日。

[39]　조선중앙통신（2008年11月12日）「조선외무성 경제보상지체는 6자회담전망의 예측을 힘들게 한다(朝鮮外務省　経済補償遅滞は6ヵ国協議展望の予測を難しくする)」、http://www.kcna.co.jp/ calendar/2008/11/11-13/2008-1112-018.html、アクセス日：2013年11月8日。

[40]　道下（2013）、前掲書、137-141頁。

[41]　The Whitehouse Office of the Press Secretary（May. 25. 2009),"Remarks by the President on North Korea", https://www.whitehouse.gov/the-press-office/remarks-president-north-korea、アクセス日：2015年5月13日。

[42]　조선중앙통신（2009年6月13日）「조선외무성성명 플루토니움전량무기화, 우라니움농축작업 착수（朝鮮外務省声明　プルトニウム全量兵器化、ウラン濃縮着手)」、http://www.kcna.co.jp/calendar/2009/06/06-13/2009-0613-009.html、アクセス日：2013年11月8日。以後北朝鮮は、9月4日にウラン濃縮作業が最終段階に入ったことを書簡を通じ国連安保理に通告（조선중앙통신〔2009年9月4日〕)、2010年には訪朝したS.ヘッカー・スタンフォード大学教授に寧辺のウラン濃縮施設を公開する。

[43]　これは1998年5月においてパキスタンが北朝鮮の代理核実験を行ったのではないかという推測からも裏づけられる。NY Times（Feb. 27. 2004), "Pakistan May Have Aided North Korea A-Test", http://www. nytimes.com/2004/02/27/international/asia/27NUKE.html？ ex=1078462800&en=6ac34c60c5e5d2b9&ei=5062&partner=GOOGLE&pagewanted=all、アクセス日：2013年11月8日、NHK（2012年5月17日）「北朝鮮核実験強行の可能性とその戦略―NHK特集まるごと」、http://www.nhk.or.jp/worldwave/marugoto/ 2012/05/ 0517m.html、アクセス日：2013年11月8日。これが事実でないならば、北朝鮮は2006年まで核実験を実施しておらず、前述のとおりその転機は2003年以後に生じた。一方でこれが事実ならば、核実験に必要なプルトニウムを保有しているにもかかわらず、国内での実験ではなく代理での実験を選択したところに北朝鮮の核実験に対する慎重な姿勢が表れている。

[44]　S.ヘッカーの見解についてはBulletin of the Atomic Scientists（Apr. 5. 2013), *op cit*. を参照。国防総省の見解についてはOffice of the Secretary of Defense

[27]　The White House Office of the Press Secretary（Jul. 4. 2006）, "Statement on North Korea Missile Launches", http://georgewbush-whitehouse.archives.gov/news/releases/2006/07/20060704-2.html、アクセス日：2015 年 5 月 13 日。

[28]　The White House Office of the Press Secretary（Oct. 3. 2006）, "Statement on North Korean Nuclear Test", http://georgewbush-whitehouse.archives.gov/news/releases/2006/10/20061003-10.html、アクセス日：2015 年 5 月 13 日。

[29]　China Radio International（2005 年 6 月 20 日）「한국관원, 김정일 조미간수교가능하다면 중장거리 미사일 소각 용의 있다고 표시」、http://korean.cri.cn/1/2005/06/20/1@41323.htm、アクセス日：2014 年 2 月 14 日。

[30]　日本外務省（2007 年 2 月 13 日）「共同声明の実施のための初期段階の措置（仮訳）」、http://www.mofa.go.jp/mofaj/area/n_korea/6kaigo/6kaigo5_3ks.html、アクセス日：2015 年 4 月 26 日。初期措置では北朝鮮側の履行義務として、①IAEA と朝鮮民主主義人民共和国との間の合意に従いすべての必要な監視及び検証を行うために、IAEA 要員の復帰、②共同声明に言うすべての核計画（使用済燃料棒から抽出されたプルトニウムを含む）の一覧表について、五者と協議する。米国側の履行義務としては、①北朝鮮のテロ支援国家指定を解除する作業を開始するとともに、対敵通商法の適用を終了する作業を進める、②5 万トンの重油に相当する緊急エネルギー支援を行う、ということが定められた。

[31]　日本外務省（2007 年 10 月 3 日）「共同声明の実施のための第二段階の措置（仮訳）」、http://www.mofa.go.jp/mofaj/area/n_korea/6kaigo/6kaigo6_2kjs.html、アクセス日：2015 年 4 月 26 日。第二段階の措置では、北朝鮮側が 9.19 共同声明及び 2007 年 2 月 13 日の成果文書の下で放棄される対象となるすべての既存の核施設を無能力化することに合意し、①同年 12 月 31 日までに寧辺の 5MW（メガワット）実験炉、寧辺の再処理工場（放射化学研究所）及び寧辺の核燃料棒製造施設の無能力化の完了、②すべての核計画の完全かつ正確な申告を行う。米国側は、①テロ支援国家指定を解除する作業を開始し、対敵通商法の適用を終了する作業を進めること、②北朝鮮に対し 100 万トンの重油（既に供給された 10 万トンを含む）に相当する規模を限度とする経済、エネルギー及び人道支援を提供する旨が予定された。

[32]　金桂官は訪米中、キッシンジャーとの会合の席で米中関係改善に対し関心を示しながら、「朝鮮半島は清から日本にいたるまで外勢の侵略の対象であった。米国との戦略的関係は北朝鮮に一助となり、地域を安定させる」という主旨の発言をしたとされる。また金桂官は討論会の席において中国の北朝鮮への影響力についての過大評価を諌める発言をした。윤덕민（2007 年 12 月）「한반도문제를 유럽식으로 해결하려는 미국, 미국에만 의존하는 한국」, 한국논단 12 월호。同年 3 月 5 日には金桂官は HEU 疑惑の解明の用意を示したとされる。Daily NK（2007 年 3 月 7 日）「北　金桂官　核疑惑解明の用意」、http://japan.dailynk.com/japanese/read.php？cataId=nk00600&num=326、アクセス日：2014 年 2 月 18 日。

[33]　これらの資料については、中川（2008）、前掲論文に詳しい。

[34]　米国は対敵国通商法から北朝鮮を適用除外したものの、ほぼ同時に国家非常事態を宣言することによって北朝鮮を敵国と規定し続けた。

http://www.kcna.co.jp/calendar/2003/01/01-06/2003-01-06-002.htm、アクセス日：2013年11月8日、同（2003年4月6日）「저선외무성 대변인성명 조선반도핵문제를 유엔안보리에서 취급하는 자체가 전쟁전주곡（朝鮮外務省代弁人声明　朝鮮半島の核問題を国連安保理で取り扱うこと自体が戦争の前奏曲）」、http://www.kcna.co.jp/calendar/2003/04/04-07/2003-04-07-002.html、アクセス日：2013年11月8日、同（2003年6月9日）「우리의 핵억제력은 결코 위협수단이 아니다（我々の核抑制力は決して威嚇手段ではない）」、http://www.kcna.co.jp/calendar/2003/06/06-10/200306-10-003.tml、アクセス日：2013年11月8日を参照。ただし朝鮮政府声明がその目的を「平和利用」に限定すると強調しているように、その核利用の目的の転換について北朝鮮は非常に慎重であった。イラク戦争への非難、そして2005年に核保有宣言がなされていることを鑑みると、この時期から事態の悪化に備え徐々に転換していったと考えられる。

[21]　核情報（2004年−）「北朝鮮核問題年表」、http://kakujoho.net/susp/nk_chrono.html、アクセス日：2013年11月8日。

[22]　船橋（2006）、前掲書、186頁。

[23]　後にカーン博士は北朝鮮とパキスタンとの核開発協力を否定している。The Independent（May 10. 2013）, "Pakistan's nuclear weapons mastermind AQ Khan denies advising North Korea and Iran", http://www.independent.co.uk/news/world/asia/pakistans-nuclear-weapons-mastermind-aq-khan- denies-advising-north-korea-and-iran-8611270.html、アクセス日：2013年11月8日。また2009年に北朝鮮が自ら認めるまで北朝鮮がEUPに着手していたという決定的な証拠は、現在まで提示されていない。

[24]　조선중앙통신（2006年6月1日）「조선외무성 6자회담 미국측단장의 평양방문을 초청（朝鮮外務省　6者会談米国側団長の平壌訪問を招請）」、http://www.kcna.co.jp/calendar/2006/06/06-02/2006-0601-006. html、アクセス日：2013年11月8日。

[25]　このミサイル実験に対する北朝鮮政府の認識については、조선중앙통신（2006年7月7日）「외무성대변인 미싸일발사는 정상 군사훈련의 일환（外務省代弁人　ミサイル発射は正常軍事訓練の一環）」、http://www. kcna.co.jp/calendar/2006/07/07-07/2006-0706-016.html、アクセス日：2014年7月7日。この中で北朝鮮は① MTCRに加盟していない点、② 1999年9月の米朝ミサイル・モラトリアムは効力を発していない点、③日本が日朝平壌宣言を履行しておらず、そのミサイル・モラトリアムにも制約を受けない点を主張している。ちなみに米国時間では独立記念日である7月4日にあたる。

[26]　核実験を予告した外務省声明ではこの核実験は米国の敵視政策の産物であると前置きしつつ、依然非核化の意思を有している旨を示しながら、核実験は9.19共同声明と矛盾せずその履行のための積極的措置であると位置づけている。具体的には、조선중앙통신（2006年10月3日）「조선외무성성명 자위적전쟁억제력 새 조치, 앞으로 핵시험을 하게 된다（朝鮮外務省声明　自衛的戦争抑制力の新たな措置、今後核実験をすることになる）」、http://www.kcna.co.jp/calendar/2006/10/10-04/2006-1003-013.html、アクセス日：2013年11月8日、を参照。

2013年11月8日。

［4］ 同上。

［5］ 同上。

［6］ 同上。

［7］ 同上。

［8］ 船橋（2006)、前掲書、615頁。

［9］ 조선중앙통신 (2005年9月20日）「조선외무성대변인 경수로 제공 즉시 NPT 복귀(朝鮮外務省代弁人　軽水炉提供即時NPT復帰)」、http://www.kcna.co.jp/calendar/2005/09/09-20/2005-0920-005.html、アクセス日：2013年11月8日。

［10］ 同上。

［11］ ホワイトハウス報道官室（2001年9月24日）「ブッシュ米大統領がテロリスト資産を凍結－大統領令に関するブッシュ大統領、オニール財務長官、パウエル国務長官の発言」、駐日米国大使館ウェブサイト、http://japan2.usembassy.gov/j/p/tpj-jp0029.html、アクセス日：2013年11月8日。

［12］ 同上。

［13］ 保井俊之（2011年1月27日）「9・11の衝撃：資金洗浄との戦いからテロとの戦いへ」、朝日DIGITAL、http://judiciary.asahi.com/fukabori/2011012600010-.html、アクセス日：2013年11月8日。

［14］ ⑴. 船橋（2006)、前掲書、pp. 649-651、⑵. 共同通信（2005年8月23日）「北朝鮮製？　米に偽札密輸　おとり捜査などで87人起訴」、http://www.47news.jp/CN/200508/CN2005082301000888.html 、アクセス日：2013年11月8日。

［15］ ⑴. 연합뉴스（2007年6月25日）「BDAの北朝鮮資金、北朝鮮の銀行への入金が完了」、 http://japanese.yonhapnews.co.kr/northkorea/2007/06/25/0300000000AJP20070625002500882.HTML、アクセス日：2013年11月8日、⑵. 조선중앙통신 (2007年6月26日）「외무성대변인 2.13 합의 리행에 들어가게 될것이라고 강조（外務省代弁人　2.13合意履行に入ることを強調)」、http://www.kcna.co.jp/calendar/2007/06/06-26/2007-0625-010.html、アクセス日：2013年11月8日。⑶. 中川雅彦（2007)「ゆっくりと進む対米関係改善　2007年の朝鮮民主主義人民共和国」、http://d-arch.ide.go.jp/browse/html/2007/102/2007102TPC.html.standalone.html、アクセス日：2014年7月7日。

［16］ 船橋（2006)、前掲書、648頁。

［17］ 同上、647頁。

［18］ 日本外務省（2007年3月）「第6回六者会合第1セッション（3月19日～22日)、http://www.mofa.go.jp/mofa j/area/n_korea/6kaigo/6kaigo6_g.html、アクセス日：2013年11月8日。

［19］ 船橋（2006)、前掲書、647頁。

［20］ 조선중앙통신（2003年1月10日）「조선정부성명 핵무기전파방지조약에서 탈퇴（朝鮮政府声明　NPTから脱退)」、http://www.kcna.co.jp/calendar/2003-/01/01-11/2003-01-11-001.htm、アクセス日：2013年11月8日。また核開発の目的の転換については他に조선중앙통신（2003年1月4日）「로동신문 핵동결 해제 조치의 책임은 미국에 있다（労働新聞核凍結解除措置の責任は米国にある)」、

ATTACK ON NORTH KOREA", NY Times, http://www.nytimes.com/2002/02/20/world/bush-says- the-us-plans-no-attack-on-north-korea.html、アクセス日：2014年9月16日；(Oct. 22. 2002), "Bush Sees Korean Nuclear Effort as Different From Iraq's", *NY Times*, http://www. nytimes.com/2002/10/22/world/bush-sees-korean- nuclear-effort-as-different-from-iraqs.html、アクセス日：2014年9月16日。

[56] Ramesh, R., "The two faces of Rumsfeld", *The Guardian* (May 9, 2003), https://www.theguardian.com/world/2003/may/09/nuclear.northkorea、アクセス日：2018年8月19日；Greber, J., "Rumsfeld was on ABB board during deal with North Korea", *Swissinfo*, https://www.swissinfo.ch/eng/rumsfeld-was-on-abb-board-during-deal-with-north-korea/3176922、アクセス日：2018年8月19日。

[57] ブッシュ政権におけるネオコンと目されたほとんどの人物は、レーガン政権時代に要職を担っていた。

[58] Right Web (2007), "The Rumsfeld Space Commission", pp. vii-viii, http://rightweb.irc-online.org/profile/Rumsfeld_Space_Commission (last updated Nov. 1. 2007)、アクセス日：2012年10月28日。

[59] U.S.Department of Defense (May 2001), "Secretary Rumsfeld Announces Major National Security Space Management and Organizational Initiative", vii-viii http://www.defense.gov/releases/release.aspx？releaseid=2908、アクセス日：2014年5月22日。

[60] Cha (2002), *op cit.*, pp. 73-74.

[61] M. グリーン（1997：神保謙訳）『TMDの導入と中国との戦略的関係』、日米同盟プロジェクト論文集（8）、http://www1.r3.rosenet.jp/nb3hoshu/tmdchinamik.html、アクセス日：2014年7月7日。

[62] ブッシュ政権におけるABM条約破棄については、豊下・古関（2014）、前掲書、70-73頁。

[63] 조선중앙통신(2000년 7월 19일)「조로공동선언」、http://www.kcna.co.jp/munkon/m-2000-07-19.htm、アクセス日：2014年10月18日。これは2001年8月に出された朝露モスクワ宣言においても踏襲されている。

[64] 同上。

[65] 조선중앙통신（2003年1月7日）「조선중앙통신론평 미국의 무모한 ＜미싸일방위＞체계수립책동（米国の無謀な〈ミサイル防衛〉体系樹立策動）」、http://www.kcna.co.jp/calendar/2003/01/01-07/2003-01- 07 -001.htm、アクセス日：2014年7月7日。

第5章

[1] 本書においては、2003年1月の北朝鮮によるNPT脱退宣言をもって枠組み合意の完全なる破綻とみなしている。

[2] 先述の北朝鮮への軽水炉提供の契約事業者であるABBグループは、3ヵ国協議後の2003年5月19日には2000年の合意を確認する了解書を取り交わした。

[3] 日本外務省（2005年9月19日）「第4回六者会合に関する共同声明（仮訳）」、http://www.mofa.go.jp/ mofaj/area/n_korea/6kaigo/ks_050919.html、アクセス日：

hi-msn.co.jp/kokusai /asia/news/20070224k0000e030023000c.html、アクセス日：2014 年 2 月 18 日時点でリンク切れ。

[41] 読売新聞（2002 年 10 月 23 日）「北朝鮮の核、97 年ごろ開発着手」、http://kakujoho.net/susp/north_u.html、アクセス日：2012 年 10 月 28 日。

[42] IAEA (2011), "Application of Safeguards in the Democratic People's Republic of Korea（GOV/2011/53-GC(55)/24)", http://www.iaea.org/About/Policy/GC/GC55/GC55Documents/English/gc55-24_en.pdf, 4-8、アクセス日：2014 年 7 月 7 日。

[43] B. クリントン（2004：楡井浩一訳）、『マイライフ　クリントンの回想　下』、朝日新聞社、247 頁。

[44] 船橋（2006）、前掲書、190 頁。

[45] 後に ISIS は北朝鮮による HEUP の存在を指摘した NIE2002 の信頼性の欠如を指摘し、NIE2002 の情報不足はヒル元米国務次官補も認めているところである。和田浩明（2007 年 2 月 24 日）、前掲記事。

[46] Kim Ji Yong, *op cit*（*Jan. 22. 2003*）..

[47] Pollack（2003), *op cit*., pp. 28-32. 60kg の HEU を生産するのに、1300 台の遠心分離器を絶え間なく 3 年以上稼動させる必要があるとされる。

[48] カートマン元 KEDO 事務総長は枠組み合意に合意した北朝鮮の目的は軽水炉を入手することよりも、米国との関係正常化にあったと証言している。자유아시아방송(2005 年 3 月 18 日)、"북, 제네바 합의 경수로보다 북미 수교 목적 KEDO 사무총장"、http://www.rfa.org/korean/news/kedo-20050318.html、アクセス日：2012 年 10 月 28 日。

[49] D. Gregg & D. Oberdorfer（June 22, 2005), "A Moment to Seize with North Korea", *Washington Post*, http://www.washingtonpost.com/wp-dyn/content/article/2005/06/21/AR2005062101362.html、アクセス日：2014 年 7 月 7 日。

[50] 菱木（2006）、前掲論文、61 頁。

[51] ジャービスが設定した危機不安定性の度合いを表す 4 つの事象でいえば、ブッシュ政権の強硬関与アプローチによって、朝鮮半島をめぐる危機不安定性は第 2 事象から第 1 事象へと移行した。つまり危機不安定性のレベルが高まったのである。Jervis（1978), *op cit*., p. 211.

[52] 조선중앙통신（2003 年 4 月 18 日）「조선외무성대변인 조미회담이 열리게 되는것과 관련한 문제에 언급（朝鮮外務省代弁人　朝米会談が開かれることと関連した問題に言及)」、 http://www.kcna.co.jp/calendar/2003/04/04-19/2003-04-19-001.html、アクセス日：2014 年 7 月 7 日。

[53] 조선중앙통신（2003 年 8 月 30 日）「朝鮮外務省代弁人　6 者会談にはいかなる興味や期待も持てない（조선외무성대변인 6 자회담에 더는 그 어떤 흥미나 기대로 가 질 수 없 다)」、 http://www.kcna.co.jp/calendar/2003/09/09-01/2003-09-01-001.html、アクセス日：2014 年 2 月 14 日。

[54] 조선중앙통신（2003 年 9 月 4 日）「最高人民会議第 11 期第 1 次会議　進行（최고인민회의 제 11 기 제 1 차회의 진행)」http://www.kcna.co.jp/calendar/2003/09/09-04/2003-09-04-003.html、アクセス日：2014 年 2 月 18 日。

[55] Elisabeth Bumiller（Feb. 20. 2002), "BUSH SAYS THE U.S. PLANS NO

[23]　船橋洋一（2006）『ザ・ペニンシュラ・クエスチョン』、朝日新聞社、166 頁。

[24]　同上、259 頁。

[25]　KEDO 供給協定においては軽水炉の大部分の定義に関連して、第 4 附属書第 5 項で、軽水炉第 1 号機建設へのタービンとモーターなどの非核部品の引渡し作業が実質的な建設作業の始まりと定められている。本書 142 頁参照。

[26]　菱木（2006）、前掲論文、61 頁。

[27]　S. Hecker (2012), "Can the North Korea Nuclear Crisis be Resolved ? ", *CISAC* (Mar.), p. 8.

[28]　例えば、1996年から2008年までの間に日本各地の研究用原子炉から約580kg の HEU が米国に移送されたことが判明している。共同通信（2008 年 12 月 27 日）「米、高濃縮ウラン 580kg 搬出　日本から核兵器 20 発分」、http://www.47news.jp/CN/200812/CN2008122701000423.html、アクセス日：2012 年 10 月 28 日。

[29]　さらに厳密にいえば、北朝鮮が EUP を通じて HEU ではなく、LEU を製造しているという主張に対しても反駁しうる確固たる証拠が提示されなければならない。

[30]　オーバードーファー（2007）、前掲書、300-318 頁。

[31]　船橋（2006）、前掲書、188 頁。

[32]　同上、125 頁。

[33]　同上、186 頁。

[34]　同上、184-185 頁。

[35]　同上、190-191 頁。また菱木（2006）、前掲論文、57 頁。一方でネオコンの代表格であるボルトン国務次官（軍備管理・国際安全保障担当）は 2002 年 8 月の訪韓時、「北朝鮮が 97 年から推進してきた HEU 開発が憂慮すべき水準に至った」と述べ、HEU の開始時期が 97 年であったとしている。しかしながら、北朝鮮の HEU 開発が憂慮すべきレベルに至ったという証拠は提示されていない。林（2008）、前掲書、382 頁。

[36]　ISIS（科学国際安全保障研究所）によれば、北朝鮮のウラン濃縮技術の取得はイランと同様に、中国経由で行われたとされている。D. Albright & C. Walrond (2012), "North Korea's Estimated Stocks of Plutonium and Weapon-Grade Uranium," ***ISIS***（Aug.), 2012, p. 14.

[37]　林（2008）、前掲書、396-397 頁、船橋（2006）、前掲書、190 頁。

[38]　林（2008）、前掲書、396-400 頁。

[39]　中川雅彦（2008）「アメリカからテロ支援国指定の解除を獲得　2008 年の朝鮮民主主義人民共和国」、アジア経済研究所、http://d-arch.ide.go.jp/browse/html/2008/102/2008102TPC.html.standalone.html、アクセス日：2014 年 7 月 7 日。

[40]　(1). Bulletin of the Atomic Scientists (2013), "Interview with Siegfried Hecker : North Korea complicates the long-term picture"（Apr. 5), http://thebulletin.org/interview-siegfried-hecker-north-korea-complicates-long-term-picture、アクセス日：2014 年 7 月 7 日。(2). 和田浩明（2007 年 2 月 24 日）「北朝鮮：ウラン濃縮の CIA 分析、米シンクタンクが異論／毎日新聞」、毎日新聞、http://www.mainic-

Nuclear Program", http://2001-2009.state.gov/r/pa/prs/ps/2002/14432.htm、アクセス日：2014年9月16日。

[13] ブッシュ政権の強硬政策の詳細については、中川雅彦（2002）「価格・賃金改革に踏み切る　2002年の朝鮮民主主義人民共和国」、アジア経済研究所、http://d-arch.ide.go.jp/browse/html/2002/102/2002102.TPC.html.standalone.html、アクセス日：2014年7月7日。

[14] KEDOの重油供給停止決定に関する声明についてはKEDO's Exective Board (Nov. 14. 2002), "KEDO's Exective Board Statement", http://www.kedo.org/news_detail.asp？NewsID=23、アクセス日：2014年7月7日。これに対する朝鮮外務省の批難声明については、조선중앙통신（2002年11月22日）「미국의 중유제공중단결정은 조미기본합의문 위반／조선외무성 대변인 담화（米国の重油提供中断決定は朝米基本合意文違反／朝鮮外務省代弁人談話）」、http://www.kcna.co.jp/calendar/2002/11/11-22/2002-11-22-001.htm、アクセス日：2014年7月7日。2002年11月14日に開催されたKEDO執行委員会への米国の関与に関しては中川（2002）、前掲論文を参照。

[15] 조선중앙통신（2002年12月12日）「조선외무성 대변인＜핵시설들의 가동과 건설을 즉시 재개＞（朝鮮外務省代弁人〈核施設の稼働と建設を即時再開〉）」、http://www.kcna.co.jp/calendar/2002/12/12-13/2002-12-13-002.htm、アクセス日：2014年7月7日。

[16] 조선중앙통신（2002年12月22日）「조선중앙통신사 보도 핵시설봉인과 감시카메라제거작업을 즉시개시（朝鮮中央通信社報道　核施設封印と監視カメラ除去作業を即時開始）」、http://www.kcna.co.jp/calendar/2002/12/12-23/2002-12-23-001.htm、アクセス日：2014年7月7日。これに際し、IAEA査察官の追放もなされた。これに関しては中川雅彦（2002）、前掲論文を参照。

[17] 조선중앙통신（2003年1月10日）「조선정부성명 핵무기전파방지조약에서 탈퇴（朝鮮政府声明　核武器伝播防止条約から脱退）」、http://www.kcna.co.jp/calendar/2003/01/01-11/2003-01-11-001.htm、アクセス日：2014年3月8日。このNPT脱退声明の中で、北朝鮮はブッシュ政権の悪の枢軸発言に始まる敵視政策と米国主導のIAEAによる策動によって、「国家の最高利益が極度に脅かされている厳重なる状態」にあるという認識を明確に示す。NPT第10条にあるように、NPT加盟国は自国の至高の利益を危うくすると認められる場合脱退できる。ただしNPTから脱退する際には、3ヵ月前に事前通告をする必要がある。北朝鮮はNPT脱退の初めてのケースとなった。

[18] 日本防衛省防衛研究所、「東アジア戦略外観2004」、p. 9、http://www.nids.go.jp/publication/east-asian/j2004.html、アクセス日：2014年12月18日。

[19] Cha & Kang（2003), *op cit.*, p. 156.

[20] J. Kelly（July. 15. 2004), "Statement to the Senate Foreign Relations Committee", http://web.archive.org/web/20040803191741/http://www.state.gov/p/eap/rls/rm/2004/34395.htm, accessed on Feb. 20. 2015.

[21] 林（2008）、前掲書、394-396頁。

[22] 菱木（2006）、前掲論文、56頁。

①毎年3個の人工衛星の代理打ち上げ

②一定期間における相当量の食糧などの支援、である。

まず、これらは先の米朝共同コミュニケを確認するものであることが容易に察せられる。また米朝共同コミュニケと照らし合わせるとオルブライト訪朝によって、米国は米朝共同コミュニケにおいて定められた自らの義務を1つ履行したことがわかる。つまり、オルブライト訪朝によって、米朝共同コミュニケは実質的に相互主義に基づく履行段階に入ったのである。この米朝共同コミュニケの米国側の義務履行に対し、北朝鮮側はミサイル・モラトリアムの履行で応えた。北朝鮮は米国の最大の懸念であったミサイル・モラトリアムに関しては、2006年に弾道ミサイル／人工衛星発射実験を再開するまで遵守している。

[3] 林（2008）、前掲書、296-298頁。

[4] 조선중앙통신（2003年3月21日）「조선외무성 대변인 이라크에 대한 미국의 무력공격은 엄중한 주권침해행위（朝鮮外務省代弁人　イラクに対する米国の武力攻撃は厳重なる主権侵害行為）」、http://www.kcna.co.jp/calendar/2003/03/03-22/2003-03-22-001.html、アクセス日：2014年7月7日。

[5] 山本吉宣（2006）『「帝国」の国際政治学――冷戦後の国際システムとアメリカ』、東信堂、91-93頁。山本（2006）が指摘するようにネオコンの定義には諸説あるが、本書においては以下の分類による。K. Lasn（2004）, "Why won't anyone say the are Jewish ？", (March/April), *Adbusters Magazine*.

[6] Statement by The President（Jun. 6. 2001）, http://reliefweb.int/report/democratic-peoples-republic- korea/bush-statement-undertaking-talks-north-kore-a、アクセス日：2012年10月28日。

[7] 中川雅彦（2001）「再び悪化した対米関係　2001年の朝鮮民主主義人民共和国」、アジア経済研究所、http://d-arch.ide.go.jp/browse/html/2001/102/2001102-TPC. html.standalone.html、アクセス日：2014年7月7日。

[8] Cha（2002）, *op cit.*, pp. 76-78. または菱木（2006）、前掲論文、45-49頁。

[9] 조선중앙통신（2001年6月18日）「朝鮮外務省代弁人声明　米行政府の対話再開提案に対する共和国の立場」、http://www.kcna.co.jp/item2/2001/200106/news06/18.htm#4、アクセス日：2014年7月7日。これに先立ち、北朝鮮は5月3日に①金正日訪韓は米国の態度如何であること、②2003年までミサイル・モラトリアムに応ずる用意があること、②ミサイル問題で米国と交渉する用意があること、を表明している。中川雅彦（2001）、前掲論文。

[10] White House of the Press Secretary（Jan. 29. 2002）,"President Delivers State of the Union Address", http://georgewbush-whitehouse.archives.gov/news/releases/2002/01/20020129-11.html、アクセス日：2014年9月16日。

[11] W. Arkin（Mar. 10. 2002）, "Secret Plan Outlines the Unthinkable", *LA Times*, http://web.archive.org/web/20020315070751/,http://www.latimes.com/news/opinion/la-op-arkinmar10.story、アクセス日：2014年10月10日。当時のラムズフェルド国防長官が署名したNPR2002前文は以下を参照。http://www. defense.gov/new-s/jan2002/d20020109npr.pdf、アクセス日：2014年10月18日。

[12] US Departmnt of State of the Press Secretary（Oct. 16. 2002）, "North Korean

朝鮮の経済とエネルギー需給動向」、http://eneken.ieej.or.jp/data/pdf/1087.pdf、アクセス日：2015年4月26日。また北朝鮮は兵器類を動かすための重油を全面的輸入に頼っていたが、ソ連亡き後、重油の輸入は激減した（同上、4頁)。ナチオス（2002)、前掲書、44頁、五味洋治（2010)『中国は北朝鮮を止められるか』、晩聲社、86-97頁。

[70]　ベニー・ミハルソン（1999)「湾岸戦争とイスラエルのミサイル防衛」、防衛研究所戦史研究年報（2)、http://www.nids.go.jp/publication/senshi/pdf/199903-/10.pdf、アクセス日：2013年5月17日。

[71]　オーバードーファー（2007)、前掲書、365頁。

[72]　1995年以降に北朝鮮で生じた食糧危機を人道的に支援することは、米国の北朝鮮政策に4つの点（①戦争防止、②安定的平和の創造、③北朝鮮の変化促進、④核脅威の低減）で合致しているとの米国務省のレポートもある。R.Wampler, "State Department Bureau of Intelligence and Research Intelligence Assessment, Roundtable on North Korean Food Crisis, July 3, 1997", https://nsarchive.gwu.edu/briefing-book/korea-nuclear-vault/2019-02-26/united-states-north-korea-nuclear-threat、アクセス日：2020年1月31日。

[73]　CIAレポート（1998年1月21日）は、現状（Status-quo）を脅かす主要因として、北朝鮮経済の退廃（degradation）を最初に挙げている。また同レポートからは、米国の現状維持傾向も窺い知れる。米国の現状維持傾向については、1999年10月12日、ペリー北朝鮮問題特使がとりまとめた米国務省発行の"Review of United States Policy Toward North Korea: Findings and Recommendations"の7ページにも明記されている。R.Wampler, "CIA Intelligence Report, Exploring the Implications of Alternative North Korean Endgames: Results for a Discussion Panel on Continuing Coexistence Between North and South Korea, January 21, 1998[FOIA Release](pages after 20-36 excised)", https://nsarchive.gwu.edu/briefing-book/korea-nuclear-vault/2019-02-26/united-states-north-korea-nuclear-threat、アクセス日：2020年1月31日。

第4章

[1]　米朝共同コミュニケでは、①双方は他方に対し敵対的な意図を持たないこと、②両国関係は相互の国家主権の尊重と内政不干渉の原則に基づくべきであることを確認し、信頼醸成措置として平和条約やミサイル・モラトリアムなど双方が履行すべきことが明記された。

[2]　そのために、オルブライト訪朝で米朝が合意した内容を検証してみよう。
北朝鮮側の履行義務としては：
①射程距離500km以上のミサイルの開発と生産の中止
②すでに保有しているミサイルに関しては猶予を設けて廃棄
③短距離ミサイルに関してはMTCR（ミサイル関連技術輸出規制）を遵守、準中長距離ミサイルに関しては関連技術・部品を含めて輸出を中止、することが挙げられている 。
一方で、米国側の履行義務は：

も認識されている。朝鮮新報（2013 年 2 月 22 日）、「核対決の発端は米国の威嚇―朝鮮半島非核化の終焉／第 3 次核実験に至る歴史的経緯―」、https://choson-sinbo.com/jp/2013/02/kaku/、アクセス日：2019 年 12 月 8 日。

[58]　ナチオス（2002）、前掲書、53 頁。

[59]　先述した 1996 年 1 月 1 日の『労働新聞』共同社説から始まり、2000 年 1 月 1 日の労働新聞共同社説で終わりを宣言した。韓国統計庁の統計によるとこの間の餓死者数は 33 万人ともいわれる。중앙일보（2010 年 11 月 23 日）「북한 '고난의 행군' 5 년 동안 주민 33 만명 굶어 준어（北朝鮮　「苦難の行軍」5 年間で住民 33 万人餓死か）」、http://article.joins.com/news/article/article.asp？total_id=46-95274&cloc=olink、アクセス日 2014 年 2 月 14 日。このような急速な経済状況の悪化の主要因の 1 つは、経済制裁などによって海外口座へのアクセスが著しく制限されたことがある。

[60]　苦難の行軍当時の北朝鮮国内の食料難については、蓮池薫（2015）、前掲書、77-96 頁。

[61]　1995年にはロンドン口座を管理していたといわれる崔世雄が韓国亡命、1996 年には成恵琅が英国に、1997 年には黄長燁が韓国に、1998 年には張承吉や高英淑が米国に亡命している。

[62]　林（2008）、前掲書、202 頁。このようないわゆる早期崩壊論は今なお米国で見られる。例えば V. チャの北朝鮮崩壊論については、V. Cha（2012），"The Impossible State: North Korea, Past and Future"を参照。

[63]　G. Kessler（2005），"South Korea Offers to Supply Energy If North Gives Up Arms", *Washintong Post*（Jul. 13), http://www.washingtonpost.com/wp-dyn/content/article/2005/07/12/AR2005071200220.html、アクセス日：2012 年 10 月 3 日。

[64]　김용현（1997）「김영삼정부의 대북정책 평가」、현장에서미래를（8 월호）、한국노동이론정책연구소、 http://kilsp.jinbo.net/maynews/readview.php？table=organ2&item=3&no=409、アクセス日：2014 年 7 月 7 日。

[65]　중앙일보(2005 年 11 月 9 日)「YS, 북한 공격 계획수립」、http://nk.joins.com/news/view.asp？aid=2640241、アクセス日：2014 年 2 月 14 日。

[66]　W. Perry (Oct. 1999) , "Review of United States Policy Toward North Korea: Findings and Recomm-endations", p. 6.

[67]　中川雅彦（1999）「効率化を目指して経済組織を再編　1999 年の朝鮮民主主義人民共和国」、アジア経済研究所、http://d-arch.ide.go.jp/browse/html/1999/1-02/1999102TPC.html.standalone.html、アクセス日：2014 年 7 月 7 日。この米国の緊張緩和措置を受け、北朝鮮も 1999 年 9 月 24 日にミサイル・モラトリアムを公表する。この米朝間の緊張緩和によって、KEDO－韓国電力間の軽水炉本工事契約が結ばれ、2007 年 11 月と 2008 年 11 月にそれぞれ 1 号機と 2 号機が建設される見通しとなった。

[68]　채널 A（2013 年 11 月 4 日）「강명도 교수, 김영삼 절호의 통일의 기회 놓쳤다（姜明道教授、金泳三　絶好の機会逃した）」、http://www.ilbe.com/2583233770、アクセス日：2014 年 2 月 14 日。

[69]　北朝鮮における石油を含むエネルギー不足については、張継偉（2005）「北

シャーク（2008：徳川家広訳）『中国　危うい超大国』、日本放送出版協会、406-410頁。

［48］ 同上、152-153頁。

［49］ 例えば唐家璇元外相は米国の北朝鮮の脅威を口実としたMDの標的が、中国であるということを示唆する発言をしている。林（2008）、前掲書、245頁。

［50］ 同上、228-229頁。

［51］ 豊下楢彦・古関彰一（2014）『集団的自衛権と安全保障』、岩波書店、71-72頁。

［52］ 佐藤史郎（2009）「ミサイル防衛の論理——抑止／逆抑止、理性／非理性」、アフラシア研究No.8、11頁。

［53］ Wowkorea（2020年1月18日）、「米「北朝鮮、地球上で最も迅速に武器ミサイルを開発中」」、https://headlines.yahoo.co.jp/hl?a=20200118-00249586-wow-int、アクセス日：2020年1月19日。J. ハイテン米統合参謀本部副議長（米空軍将軍）は、「MDに攻撃部分統合必要」と公式に言及した。

［54］ 北朝鮮のMDに対する認識については、조선중앙통신（1998年6月12日）「일본의 위험한 군사대국화 책동／조선중앙통신 론평」;「위험한 일미 < 전역미싸일 방위구상 >／민주조선 론평(民主朝鮮　危険な日米〈全域ミサイル防衛構想〉)」、http://www.kcna.co.jp/item2/1998/9806/news06/12.htm、アクセス日:2013年11月8日、조선중앙통신（1998年9月4日）「미싸일위협의 장본인은 미국／로동신문」、http://www.kcna.co.jp/index-k.htm、アクセス日:2015年8月19日、 조선중앙통신（1998年9月8日）「일본의 최대규모의 군사예산책정 규탄／로동신문」、http://www.kcna.co.jp/index-k.htm、アクセス日：2015年8月19日。

［55］ 高橋杉雄（2002）「米国のミサイル防衛構想とポストMADの国際安全保障」、国際安全保障、第29巻4号、9頁。

［56］ Fearon（1995）, *op cit.*, p. 381.

［57］ 北朝鮮は米国による意図的な遅延について再三にわたって疑念を示している。조선중앙통신（1998年6月22日）「미국의 조건부적제재완화립장 비난／교부대변인 담화(外務省代弁人　条件付き制裁緩和立場　非難)」、http://www.kcna.co.jp/item2/1998/9806/news06/22.htm#3、アクセス日：2014年7月7日。早期崩壊論認識については조선중앙통신（2003年1月21日）「조선중앙통신사 상보 핵무기전파방지조약 탈퇴는 정정당당한 자위적조치（朝鮮中央通信社　詳報 NPT脱退は正々堂々たる自衛的措置)」、http://www.kcna.co.jp/calendar/2003/01/01-22/2003-01-22-001.htm、アクセス日：2014年7月7日。また、シン・ヨンソン朝鮮電気石炭工業省副相（当時）は2003年1月に「1994年に米国は朝鮮に対し軽水炉2基を建設し、重油を提供することを約束した。しかしこの約束は朝鮮の早期崩壊を予想する中で、作られたものに違いなかった」と朝鮮新報とのインタビューに答えている。Kim Ji Yong, "DPRK Will Re-Operate Nuclear Facilities Within A Few Weeks to Produce Electricity", *Korea-np*（*Jan. 22. 2003*）, https://web.archive.org/web/20090909024331/http://www1.korea-np.co.jp/pk/188th_issue/2003012701.htm、アクセス日：2019年12月8日。加えて北朝鮮側からは、作戦計画5027に1994年より北朝鮮崩壊を想定する内容が追加された、と

[28]　⑴. S. Hecker (2013), "A more in-depth, technical Q&A from Siegfried Hecker on North Korea" (Apr.), CISAC of Stanford University: ⑵. Office of the Secretary of Defense (2014), "Annual Report to Congress: Military and Security Developments Involving the Democratic People's Republic of Korea" (Mar.), pp. 10-11.

[29]　조선중앙통신（1999年9月21日）「미국이 조선에 대한 경제제재해제조치를 발표」、http://www.kcna.co.jp/index-k.htm、アクセス日：2014年8月19日、同（1999年9月24日）「조미회담진행기간에는 미싸일발사를 하지 않을것이다 / 외무성대변인」、http://www.kcna.co.jp/index-k.htm、アクセス日：2014年8月19日。

[30]　オーバードーファー（2007）、前掲書、480頁。

[31]　S. Climbala (1996), *Clinton and Post-Cold War Defense*, Praeger, pp. 61-62.

[32]　*Ibid*., p. 59.

[33]　リトワク（2002：佐々木洋訳）『アメリカ「ならず者国家」戦略』、窓社、73-74頁。当時共和党は96年大統領選挙において2003年までのMD開発を訴えていた。

[34]　TMDは射程約3500kmまでの短･中距離弾道ミサイル迎撃を目的とする一方で、NMDは長距離弾道ミサイルも含めた脅威からの米国本土防衛を目的としている。

[35]　TMDとABM条約の関係については、森本敏編（2002）『ミサイル防衛』、日本国際問題研究所、69-70頁、小川伸一（2001）「ミサイル防衛と抑止」、防衛研究所紀要、第4巻2号、13-18頁、に詳しい。

[36]　森本（2002）、前掲書、112頁。

[37]　当時の米国中心のMDは、ならず者国家が保有する数発のICBMから米国本土を防衛することにその主眼があった。

[38]　M. グリーン・P. クローニン編（1999：川上高司監訳）『日米同盟　米国の戦略』、勁草書房、177頁。

[39]　オーバードーファー（2007）、前掲書、479-480頁。またクリントン政権においては93年10月にL. アスピン元国務長官が訪日の際、初めてTMDへの参加を要請した。グリーン・クローニン（1999）、前掲書、178頁。

[40]　神保謙（2002）「弾道ミサイル防衛（BMD）と日米同盟」、日本国際問題研究所、7-8頁、http://www.jiia.or.jp/pdf/asia_centre/jimbo_bmd.pdf、アクセス日：2012年11月8日。

[41]　山内敏弘（1999）『日米新ガイドラインと周辺事態法』、法律文化社。

[42]　グリーン・クローニン（1999）、前掲書、191-192頁。

[43]　日本の核保有論については日下公人・伊藤貫（2011）『自主防衛を急げ！』、李白社。実際に2006年以降北朝鮮は、公式的に3度の核実験を行ったが、それらを機に日本へのMD開発および導入が推進された反面、日本の核保有の論議は表面化しなかった。

[44]　森本（2002）、前掲書、109頁。

[45]　同上、170頁。

[46]　小川（2001）、前掲論文、29頁。

[47]　じつは中国側は台湾の独立的志向を促すTMDをより懸念していた。S.

[17]　ラムズフェルド報告については林（2008)、前掲書、224-225頁。

[18]　当時米国は、テポドン1号を中距離ミサイルとして分類する傾向にあった。また多段階分離（multiple stage separation）にも成功した点が脅威の進展と米国から捉えられた。R.Wampler,“Robert D. Walpole, National Intelligence Officer for Strategic and Nuclear Programs, North Korea's Taepo Dong Launch and Some Implications on the Ballistic Missile Threat to the United States, December 8, 1998”, https://nsarchive.gwu.edu/briefing-book/korea-nuclear-vault/2019-02-26-/unitedsta-tes-north-korea-nuclear-threat、アクセス日：2020年1月31日。

[19]　ペリー（他6名：1999)、前掲書、62-63頁。

[20]　同上、63頁。当時ペリーは、「米国とその同盟国は、枠組み合意を傷つけず、「まだ可能であれば（if possible)」、直接の紛争を回避する他のステップをとらなければならない」と指摘している。R.Wampler,“William J.Perry, Review of United States Policy Toward North Korea: Findings and Recommendations, October 12, 1999”, https://nsarchive.gwu.edu/briefing-book/korea-nuclear-v-ault/2019-02-26/united-states-north-korea-nuclear-threat、アクセス日：2020年1月31日。

[21]　A. Carter & W. Perry (2006),“If Necessary, Strike and Destroy”, *Washington Post* (Jun. 22). ペリーのBMD導入の賛成についてはペリー（他6名：1999)、前掲書、24頁。

[22]　北朝鮮はこの飛翔体が米国に対するカウンター・バランシングの一環であると公式的には説明していない。しかしこの飛翔体発射がNYで行われた米朝協議の最中に実施された点を踏まえると対米メッセージであることは否めない。

[23]　Oplan 5027-98のリークについては、Global Security,“OPLAN 5027 Major Th-eater War”, http://www:globalsecurity:org/military/ops/oplan-5027:htm、アクセス日：2014年1月29日。

[24]　조선중앙통신（1998年12月2日）「미침략군의 도전에 섬멸적인 타격으로 대답／조선인민군 총참모부 대변인 성명（米侵略軍の挑戦には殲滅的な打撃で応答／朝鮮人民軍総参謀部代弁人声明)」、http://www.kcna.co.jp/item2/1998/9812-/news12/02.htm#1、アクセス日：2014年3月8日。

[25]　조선중앙통신（1998年11月16日),“미국 조선반도평화회담 전담특사일행 도착”, http://www.kcna. co.jp/item 2/1998/9811/news11/16.htm#4、アクセス日：2015年1月16日。また北朝鮮の金倉里地下核施設への査察に対する北朝鮮の反発については조선중앙통신（1998年11月24日）“지하핵시설 의혹설은 사실무근거로 일축, 외무성대변인”, http://www.kcna.co.jp/item2/1998/9811/news 11/2-4.htm#1、アクセス日：2015年1月16日。

[26]　Arms Control Association (1999),“U.S. Says N. Korea Site Nuclear Free; Perry Visits Pyongyang”, https://www.armscontrol.org/act/1999_04-05/nkam99、アクセス日：2015年4月26日。The Acronym Institute (1999),“US Verdict on North Korean Facility”, Disarmament Diplomacy No. 38 (Jun.)、アクセス日：2015年4月26日。この金倉里査察の見返りとして、米議会は重油供給予算を承認した。

[27]　光明星1号は人工衛星名、ロケット名は白頭山（銀河）1号。

tp://www.mofa.go.jp/mofaj/ gaiko/kaku/kedo/index.html、アクセス日：2012 年 11 月 8 日。KEDO 執行委員会は 2003 年 11 月 21 日の声明で軽水炉提供の停止を正式に発表した。KEDO's Exective Board（Nov. 21. 2003）, "KEDO's Exective Board Statement", http://www.kedo.org/news_detail.asp？NewsID=25、アクセス日：2014 年 7 月 7 日。

［6］ 朝鮮語：상당부분、英語：Significant Portion of the LWR Project.

［7］ 実際に北朝鮮代表は枠組み合意後、履行確認作業の過程でこの点を指摘している。K. キノネス（2003：伊豆見元監修、山岡邦彦・山口瑞彦訳）『北朝鮮II』、中央公論新社、412-415 頁。

［8］ 조선중앙통신（2002 年 12 月 27 日）「조선정부 국제원자력기구 사찰원들을 내보내기로 결정」、http://www.kcna.co.jp/calendar/2002/12/12-28/2002-12-28-002.htm、アクセス日：2015 年 4 月 8 日。1996 年 5 月の米国務省文書によると、当時米国は、北朝鮮が IAEA 査察に大方よく協力しているという評価をしている。R.Wampler, "State Department Briefing Paper, Subject: US-Japan-Korea Trilaterals, ca. May 1996", https://nsarchive.gwu.edu/briefing-book/korea-nuclear-vault/2019-02-26/united-states-north-korea-nuclear-threat、アクセス日：2020 年 1 月 31 日。

［9］ この KEDO 履行プロセスをめぐる北朝鮮の認識については、조선중앙통신（2002 年 10 月 25 日）「조미사이의 불가침조약체결이 핵문제해결의 합리적이고 현실적인 방도／조선외무성 대변인（朝米間の不可侵条約が核問題解決の合理的で現実的な方途／朝鮮外務省代弁人）」、http://www.kcna.co.jp/item2/2002/200210/news10/25.htm#2、アクセス日：2014 年 7 月 7 日、を参照。

［10］ 高濃縮ウランはウラン 235 の濃縮度を 20%以上まで高めたウランである。20%以下のものを低濃縮ウランと呼ぶが、軽水炉で使用される核燃料棒はウラン 235 を約 5%まで濃縮したものである。20%からさらに濃縮をすすめ、85%以上となったものを兵器級とするが、実際にはそれ以下の濃縮度のウランでも核分裂反応によって多大な爆発を引き起こしうる。D. オルブライトによると、20%のものが核兵器 1 発を作るために 125 ～ 250kg必要という。

［11］ The US Department of State（Oct. 17. 2002）, "Daily Press Briefing", http://2001-2009.state.gov/r/pa/prs/dpb/2002/14464.htm、アクセス日：2014 年 12 月 28 日。

［12］「ない」ということを証明せよというのは、いわゆる悪魔の証明であって、不可能な要求とみなされる点には留意が必要である。

［13］ オーバードーファー（2007）、前掲書、300-318 頁。

［14］ 仮に広島型原爆 1 発分（60kg）の HEU を生産しようとすると、1300 台の遠心分離器を絶え間なく 3 年以上稼動させる必要がある。J. Pollack（2003）, "The United States, North Korea, and the End of the Agreed Framework", Naval War College Review, pp. 28-32.

［15］ ペリー（ほか 6 名：1999）、前掲書、12 頁。

［16］ オーバードーファー（2007）、前掲書、478-483 頁、また林東源（2008：波佐場清訳）『南北首脳会談への道』、岩波書店、224-230 頁。

における北朝鮮の重油輸入減については蓮池薫（2015）『拉致と決断』、新潮社にも詳しい。

[45] 채널 A（2013 年 11 月 4 日）「강명도 교수, 김영삼 절호의 통일의 기회 놓쳤다」、http://www.ilbe. com/2583233770、アクセス日：2014 年 2 月 14 日。

[46] オーバードーファー（2007）、前掲書、366-368 頁。

[47] The White House Office of the Press Secretary（Jul. 11. 1993）, "Remarks By The President In Question And Answer Session", http://fas.org/spp/starwars/offdocs/w930711.htm、アクセス日：2014 年 9 月 16 日。

[48] Interview with M. Albright by J. Lehrer（Oct. 30. 2000）, http://www.pbs.org/newshour/bb/international/july-dec00/albright_10-30.html、アクセス日：2013 年 5 月 26 日。、また安倍（2006）、前掲書、59 頁。

[49] キッシンジャー（1979）、前掲書、265 頁。

[50] 期待効用仮説における危険回避については、筒井・山根（2012）、前掲書、84-85 頁を参照。

[51] 後にこれに MD による損害限定効果が加わっていく。

[52] Carter and Perry（2002）*op cit*..

[53] 倉田秀也（2011）「米韓同盟と「戦時」作戦統制権返還問題――冷戦終結後の原型と変則的展開」、外務省国際問題調査研究・提言事業報告書『日米関係の今後の展開と日本の外交』、78-80 頁。

[54] 秋山昌廣（2002）『日米の戦略対話が始まった――安保再定義の舞台裏』、亜紀書房、36-46 頁、50-55 頁。

[55] 貪欲国家（greedy state）と安全追求国家（security seeker）については、Glaser（1997）, *op cit*, p. 171-201、および Glaser（2010）, *op cit*, No.497、を参照。

第 3 章

[1] 枠組み合意とその履行義務については伊豆見元（1999）「北朝鮮にとっての平和と安全の保障」、小此木政夫編（1999）『金正日時代の北朝鮮』、日本国際問題研究所、130-160 頁。

[2] W. ペリー（他 6 名：1999）『北朝鮮とペリー報告』読売ぶっくれっと No.17、読売新聞社、11 頁。

[3] Adam Ereli, Deputy Spokesman of US Department of State（Nov. 20. 2003）, "Daiy Press Briefing for Nov. 20 -- Transcript", http://2001-2009.state.gov/r/pa/prs/dpb/2003/26502.htm、アクセス日：2014 年 9 月 16 日。ちなみに同年 11 月 5 日の時点ですでに軽水炉の未来はないとの発言をエレリ氏はしていた。

[4] KEDO 供給協定の全文は、KEDO, "AGREEMENT ON SUPPLY OF A LIGHT-WATER REACTOR PROJECT TO THE DEMOCRATIC PEOPLE'S REPUBLIC OF KOREA BETWEEN THE KOREAN PENINSULA ENERGY DEVELOPMENT ORGANIZATION AND THE GOVERNMENT OF THE DEMOCRATIC PEOPLE'S REPUBLIC OF KOREA", http://www.kedo.org/pdfs/SupplyAgreement.pdf、アクセス日：2014 年 9 月 16 日。

[5] 日本外務省（2008 年 6 月）「朝鮮半島エネルギー開発機構（KEDO）」、ht-

Clinton Address To The National Assembly Of The Republic Of Korea", http://fa-s.org/spp/starwars/offdocs/w930710.htm、アクセス日：2014 年 9 月 10 日。

［35］ Berry, Jr.（1995）, *op cit.*, p. 14.

［36］ W. Clinton（1994）"Remarks on the Nuclear Agreement With North Korea（Oct. 18)," Online by Gerhard Peters and John T. Woolley, The American Presidency Project. http://www.presidency.ucsb.edu/ws/？pid=49319、アクセス日：2014 年 9 月 10 日。

［37］ Carter and Perry（2002）, *op cit.*.

［38］ *Ibid*,. パク・チェソによると、米韓情報機関は、92 年 6 月に北朝鮮は 2 個の核弾頭開発に成功したという情報を得ていた。米外交公電（1994 年 4 月 21 日）の中にも、ペリー米国防長官（当時）との会合の中で、当時の韓国国防長官が「1 ～ 2 発の核爆弾を北朝鮮がすでに保有しているとある者(some)は信じている」と資料に書かれていることに驚いていたという記述がある。これが事実だとすれば、現在から振り返ると、第 1 次核危機当時、米国は北朝鮮の核開発能力を過大評価していた可能性がある。R.Wampler, "Cable, Seoul 0331 to Secretary of State, Subject: SECDEF Meeting with ROK Minister of Defense Rhee, April 21, 1994 (Secret)", https://nsarchive.gwu.edu/briefing-book/korea-nuclear-vault/2019-02-26/united-states-north-korea-nuclear-threat、アクセス日：2020 年 1 月 31 日。

［39］ オーバードーファー（2007)、前掲書、358-359 頁。

［40］ ⑴. D. Albright & P. Brannan（2007), "The North Korean Plutonium Stock, February 2007", http://www.isis-online.org/publications/dprk/DPRKplutoniumFEB.pdf、アクセス日：2013 年 9 月 26 日。⑵. S. Hecker（2012), "Can the North Korean Nuclear Crisis be Resolved", http://iis-db.stanford.edu/pubs/23661/Hecker_March_21.pdf、アクセス日：2013 年 9 月 26 日。

［41］ 後に、この寧辺の黒鉛炉をめぐる運転停止問題は、① CIA が 110 日という数字を割り出した「放射性廃棄物分析法」には欠陥があったと公表したのに加え、②米エネルギー省傘下の国立研究所で行われた精密な分析によって、北朝鮮が示した 60 日間の短い運転停止がずっと正しい数字であったことがわかっている。D. オーバードーファー・R. カーリン（菱木一美監訳）『二つのコリア（第 3 版)』、Kindle 版、共同通信社、2016 年。

［42］ A. Lake（1994),"Confronting Backlash States", *Foreign Affairs*, Vol.73, No.2, pp. 45-55.

［43］ Cha and Kang（2003), *op cit.*, pp. 16-34; Cha（2012), *op cit.*, pp. 234-237. 汚い爆弾（Dirty Bomb）のような放射性物質をまきちらす形での核使用は可能であった。

［44］ A. ナチオス（2002：古森義久監訳）『北朝鮮：飢餓の真実』、扶桑社、44 頁。また北朝鮮における石油を含むエネルギー不足については、張継偉（2005）「北朝鮮の経済とエネルギー需給動向」、http://eneken.ieej.or.jp/data/pdf/.10-87.pdf、アクセス日：2015 年 4 月 26 日。ちなみに北朝鮮は現在産油国ではないため、重油を全面的に輸入に頼っている。ただしソ連亡き後も、中国からの重油の輸入は基本的に 30 ～ 100 万トン規模で推移している。張（2005)、8-10 頁。1990 年代

[21]　当時の米朝の軍事演習についての認識については、オーバードーファー（2007）、前掲書、321-322頁を参照。

[22]　準戦時状態はチームスピリットに対抗する措置であり、朝鮮人民軍最高司令官命令として1993年3月8日に宣布された（ちなみに同月24日に準戦時状態は解除）。韓国統一部・北朝鮮情報（1993）「朝鮮人民軍　最高司令官命令（0034号）」、주간북한동향제 115 호（3月8日）http://nkinfo.unikorea. go.kr/nkp/ trend/view-Trend.do？diaryId＝1342&trendMenuId＝MRYFRISS、アクセス日：2013年3月8日。

[23]　신정화（2003）「북한 정부성명의 대외정책적 함의―― 1990 년대 이후 대미일 정부성명을 중심으로」, pp. 190-192.

[24]　同上。この北朝鮮の認識については1993年3月12日に発表された政府声明の中に明確に示されている。この中で北朝鮮は特別査察と米韓合同軍事演習についての疑念を明らかにしている。

[25]　오마이뉴스（2003 년 1 월 26 일）「94 년 '서울 불바다' 발언의 진실은？」、http://www.ohmynews.com/NWS_Web/view/at_pg.aspx？ CNTN_CD＝A0000104429、アクセス日：2015年5月27日。

[26]　US Department of State Bureau of Intelligence and Research（1994）, "DPRK: Hoping for Best, Bracing for Worst", http://www.gwu.edu/˜nsarchiv/NSAEBB/NSAEBB421/docs/19940329.pdf、アクセス日：2013年5月26日。

[27]　オーバードーファー（2007）、前掲書、360-362頁。

[28]　W. Berry, Jr.（1995）, "North Korea's Nuclear Program: The Clinton Administration's Response", *INSS Occasional Paper 3*（Mar.）, p. 14.

[29]　US Department of Defense, "Nuclear Posture Review", http://fas.org/nuke/guide/usa/doctrine/dod/95_npr.htm、アクセス日：2014年10月28日。

[30]　OPlan5027と当時の米国の軍事シフトの変化については、オーバードーファー（2007）、前掲書、365-366頁を参照。

[31]　Global Security, "North Korea Nuclear Crisis February 1993－June 1994", http://www.globalsecurity.org/military/ops/dprk_nuke.htm、アクセス日：2014年9月10日。

[32]　A. Carter & W. Perry（Oct. 20. 2002）, "Nuclear over North Korea: Back to the Brink", *Washington Post*. のちにペリーは約3万人の米軍の増派をクリントン大統領に提案したと証言している。その時想定していた被害規模はおおよそ最初の90日で米軍の被害が5万2千人で、韓国軍が49万人であったことにも同意している。佐藤武嗣、宮地ゆう「94年北朝鮮危機、日本に伝えた開戦準備　米元長官語る」、朝日新聞（2017年11月30日）、https://www.asahi.com/articles/ASKCS7QSWKCSULZU011.html？ jumpUrl=http%253A%252F%252Fdigital.asahi.com%252Farticles%252FASKCS7QSWKCSULZU011.html%253F_requesturl%253Darticles%252FASKCS7QSWKCSULZU011.html%2526amp%253Brm%253D3418、アクセス日：2019年7月7日。

[33]　オーバードーファー（2007）、前掲書、358頁。

[34]　The White House Office of the Press Secretary（Jul. 10. 1993）, "President

［13］ 菱木一美（2000）「米国の対北朝鮮政策における「威圧」と「関与」」、修道法学22巻、1・2号、94頁。また中川雅彦（1994）「「偉大な首領」の死去 1994年の朝鮮民主主義人民共和国」、アジア経済研究所、http://d-arch.ide.go.jp/browse/html/1994/102/1994102TPC.html.standalone.html、アクセス日：2014年7月7日。

［14］ オーバードーファー（2007）、前掲書、309-314頁。

［15］ この間の経緯は、『二つのコリア』に詳しい（オーバードーファー〔2007〕、前掲書、296-329頁参照）。この時、寧辺核施設を写した米衛星写真が、CIA主導でIAEAに提示されたのであるが、この後実現した寧辺核施設へのIAEA査察では、再処理工場と思われた施設（放射化学研究所）では核爆弾を製造しうる量（約3.6kg～7.2kg）のプルトニウムを抽出できないと結論づけられている。このIAEAの見立てはCIAの主張「北朝鮮当局が核兵器能力を持つ日は近い、いやとても近いと思う（当時のR. ゲイツCIA局長）」とのギャップがある。また北朝鮮は自ら申告した90グラムのプルトニウムについて、1990年に国産の5メガワット原子炉から少数の欠陥燃料棒を取り出した際、実験用処理施設で抽出したものと報告している。この抽出量については米朝間で意見の相違が存在する。オーバードーファー（2007）、前掲書、316‐329頁参照。ちなみにJ. ポラックの分析によると、この国産原子炉は1986年頃建てられたと思われる。J. Pollack, "What sort of deal does North Korea expect？", *Armscontrolwonk.com*（*Jul. 18. 2019*）, https://www.armscontrolwonk.com/archive/1207784/what-sort-of-deal-does-north-korea-expect/、アクセス日：2019年8月19日。

［16］ 日本政治・国際関係データベース 東京大学東洋文化研究所・田中明彦研究室、「核拡散防止条約（NPT）脱退朝鮮政府声明」、http://www.ioc.u-tokyo.ac.jp/˜worldjpn/documents/texts/JPKR/19930312.O1J.html、アクセス日：2014年3月12日。

［17］ 中川雅彦（1993）「目標未達成で終了した第3次7カ年計画 1993年の朝鮮民主主義人民共和国」、アジア経済研究所、http://d-arch.ide.go.jp/browse/html/1993/102/1993102TPC.html.standalone.html、アクセス日：2014年7月7日。

［18］ これはすなわち、一種のパレート最適の状態にあったとも解釈可能である。

［19］ 日本政治・国際関係データベース 東京大学東洋文化研究所・田中明彦研究室、「核拡散防止条約（NPT）脱退朝鮮政府声明」、http://www.ioc.u-tokyo.ac.jp/˜worldjpn/documents/texts/JPKR/19930312.O1J.html、アクセス日：2014年3月12日。

［20］ 1993年の米韓合同軍事演習の再開について従来、オーバードーファーなどが主張していたように、韓国側からの要請により、中止されていた米韓合同軍事演習が再開されるに至ったとされていた。しかしながら、当時のD. グレッグ駐韓米国大使はその回顧録の中で、当時のD. チェイニー国防長官が彼と相談もなく再開させたと主張している。パク・ヒョン「グレッグ元駐韓米大使 米国の対北外交失敗の原因は指導者の"悪魔化"」、『ハンギョレ新聞』（2014年9月23日）、http://headlines.yahoo.co.jp/hl？a=20140922-00018320-hankyoreh-kr、アクセス日：2014年9月23日。

권리 행사하게 될것이다（朝鮮外務省　核先制打撃権利　行使するようになる)」、http://www.kcna.co.jp/calendar/2013/03/03-07/2013-0307-025.html、アクセス日：2014年2月18日、조선중앙통신（2013年3月29日）「김정은최고사령관 화력타격계획을 비준（金正恩最高司令官　火力打撃計画を批准)」、http://www.kcna.co.jp/calendar/2013/03/03-29/2013-0329-012.html、アクセス日：2014年2月18日。

第2章

［1］ 川上高司（2004）『米軍の前方展開と日米同盟』、同文舘出版、75-80頁。

［2］ 同上、77頁。

［3］ 同上、84頁。

［4］ 1993年9月のボトムアップレビュー（BUP）において、大量破壊兵器（WMD）拡散が第1の脅威として規定される。この流れの中で、クリントン政権のレイク安保担当補佐官が、北朝鮮を反抗的国家として名指しするに至る。またA. レイク演説では同時に封じ込めから拡大戦略への転換の必要性が唱えられた。

［5］ ここでは現状と同義。

［6］ 当時、米国国防省傘下のDIA（国防情報局）は自らが北朝鮮に侵攻した場合、中国は介入してくるという認識を持っていた。R. Wampler (2013), "Will Chinese Troops Cross the Yalu？," *Foreign Policy*, http://www.foreignpolicy.com/articles/2013/04/11/will_chinese_troops_cross_the_yalu、アクセス日：2014年7月7日。

［7］ 例えば北朝鮮は韓ソ国交正常化に際し、1990年9月19日に民主朝鮮、同年10月5日には労働新聞紙上で厳しく非難した。玉城素（1990）「厳しい「孤立化・経済困難」脱出作戦　1990年の朝鮮民主主義人民共和国」、アジア経済研究所、http://d-arch.ide.go.jp/browse/html/1990/102/1990102TPC.html.standalone.html、アクセス日：2014年7月7日。

［8］ 통일부（1998）「주간북한동향＋1991」、http://nkinfo.unikorea.go.kr/nkp/argument/viewArgumen- t.do#、アクセス日：2015年5月27日。

［9］ 岩田修一郎（1999）「核抑止理論から見た危機管理――冷戦期と冷戦後の比較」、日本公共政策学会年報、12頁。

［10］ R. Jervis (2006), "The Remaking of a Unipolar World", *The Washington Quarterly*, 29 (3), p. 11.

［11］ ここで興味深いのは、朝鮮中央通信の報道によると、米国がこの米兵遺骨返還のための協議を当初軍事停戦委員会の所管に置くことを主張していた点である。ここから当時米国は北朝鮮に対する不信が依然根強く、米朝直接交渉に非積極的であったことが容易に察せられる。小牧輝夫、中川雅彦（1991）「対外政策転換で突破口を模索　1991年の朝鮮民主主義人民共和国」、アジア経済研究所、http://d-arch.ide.go.jp/browse/html/1991/102/1991102TPC.html.standalone.html、アクセス日：2014年7月7日。

［12］ オーバードーファー（2007）、前掲書、311-314頁、358-359頁、中川雅彦（1992）「軍を中心とした後継体制強化　1992年の朝鮮民主主義人民共和国」、アジア経済研究所、http://d-arch.ide.go.jp/browse/html/1992/ 102/1992102TPC.html.standalone.html、アクセス日：2014年7月7日。

[119] Kahneman (2003), *op cit.*, p. 1467 ; M. Finucane, A. Alhakami, P. Slovic, and S. Johnson (2000), "The Affect Heuristic in Judgement of Risks and Benefits", *Journal of Behavioral Decision Making, 13(1)*, pp. 1-17.

[120] ベイズルールが想定される場合の意思決定においては、事前確率が無視あるいは矮小化される傾向にあるというのがカーネマンとトヴァルスキーの結論である。友野（2006)、前掲書、No.441。また事前確率の矮小化については、Jervis (2004), *op cit.*, pp. 169-170。

[121] Kydd (1997), *op cit.*, pp. 393-394.

[122] E. モリス、『フォッグ・オブ・ウォー　マクナマラ元米国防長官の告白』、R. マクナマラ、2004 年（日本公開)、ソニー・ピクチャーズ。カストロ議長はまた、キューバ核危機当時、162 発の核ミサイルがすでに実戦配備されていたとも証言したという。この事実にマクナマラも驚愕していたことから、このような事実は当時 CIA などの米国情報機関も把握していなかったと思われる。つまり、米国はキューバに核ミサイルがないという間違った想定をもってキューバ危機のなか行動していたということである。もしキューバには核ミサイルがないという前提の下、米国が武力行使に踏み切っていれば、キューバは反撃過程において核先制使用を選択した可能性は高かった。ちなみに、この R. マクナマラが相互確証破壊を提唱し、それに則り米国の核戦略と兵器体系を整備した。

[123] この過程では、個人効用の最大化を追求するにせよ、結果として個人効用の最大化には至らない点には注意が必要である。

[124] 土山（2004)、前掲書、154 頁。

[125] V. Cha (2002), Hawk Engagement and Preventive Defense on the Korean Peninsula", *International Security* 27(1 : Summer), pp. 76-78. または菱木一美（2006)「「第 2 の北朝鮮核危機」と米外交」、修道法学 29 巻 1 号、45-49 頁。

[126] H. Morgenthau (1985), *Politics Among Nations: The Struggle for Power and Peace (6th ed.)*, Knopf, p. 227.

[127] R. Jervis (2003), "Understanding the Bush Doctrine," *Political Science Quarerly*, 118 (3) (Fall), p. 381. 岡垣知子（2006)「先制と予防の間――ブッシュ政権の国家安全保障戦略」、防衛研究所紀要、第 9 巻 1 号、16-17 頁。

[128] ロックの財産の私有については J. ロック（2011：角田安正訳)『市民政府論』、光文社、第 5 章を参照。

[129] セキュリティ・パラドックスについては、土山（2004)、前掲書、88 頁。

[130] 現状維持バイアスの国際危機研究への応用については以下を参照。Levy (1992), *op cit.*, pp. 283-310 ; Jervis (2004), *op cit.*, pp. 165-167.

[131] Glaser (1992), *op cit.*, pp. 501-502.

[132] W. Perry (2006), "Proliferation on the Peninsula: Five North Korean Nuclear Crises", *Annals of the American Academy of Political and Social Science*, Vol. 607 no. 1 (Sep.), p. 79 ; Cha (2012), *op cit.*, pp. 251- 274.

[133] Office of the Secretary of Defense (2014), "Annual Report to Congress: Military and Security Developments Involving the Democratic People's Republic of Korea" (Mar.), p. 8, 조선중앙통신（2013 年 3 月 7 日）「조선외무성 핵선제타격

依拠しうる」と認めつつ、弱い形での合理性との両立可能性を指摘している。J. Ferejohn & D. Satz (1995), "Unification, Universalism, and Rationa Choice Theory", *Critical Review*, p. 80。レヴィにおけるプロスペクト理論の国際関係への応用については、J. Levy(1992), "Prospect Theory and International Relations: Theoretical Applications and Analytical Problems", *Political Psychology, 13(2)*, pp. 283-310。

[101] A. セン（2000：志田基与師監訳）『集合的選択と社会的厚生』、勁草書房、第6章、A. セン（1989：大庭健・川本隆史訳）『合理的な愚か者』、勁草書房。

[102] 社会的選択関数においては、個人が持つ論理的に可能な、いかなる選好順位も含むものでなければならない。

[103] 社会的選択関数においては、個人が選択したペア（x, y）についての決定は社会的決定とならなければならない。

[104] セン（1989)、前掲書、107頁。

[105] 同上、99頁。

[106] セン（2000)、前掲書、99-100頁。

[107] セン（1989)、前掲書、30-31頁。この点に関しては富山慶典も『集合的選択と社会的厚生』における訳者解説で詳述している。セン（2000)、前掲書、246-250頁。囚人のディレンマゲームについては、パウンドストーン（1995)、前掲書を参照のこと。

[108] セン（1989)、前掲書、29-30頁。

[109] 同上、23頁。選好順序を不等式で表せばCC＞CD＞DC＞DD。

[110] 同上、24-25頁。ちなみにセンの保証ゲーム（CC＞DC＞DD＞CD）は、鹿狩りゲームとも呼ばれる。

[111] R. ケネディ（2014：毎日新聞社外信部訳)、前掲書、107頁。

[112] 同上、106-107頁。

[113] 土山（2004)、前掲書、110頁。

[114] ドイツはこれに抗議するがロシアは総動員解除に応じなかったため、8月2日にロシアへ宣戦布告する。

[115] 前出のKahneman and Tversky（1979), *op cit*. に加え、Levy（1997), *op cit*., pp. 87-93を参照。

[116] ジャービスは双方が現状維持のために損失回避（Loss Aversion）に動く時にこそ、緊張が高まるとしている。R. Jervis （1992), "Political Implications of Loss Aversion," *Political Psychology*, vol.13, no.2（Jun.), pp. 187-204, p. 192.

[117] 土山（2004)、前掲書、146頁。

[118] 「二重プロセス理論」に基づけば、人間は2種類の情報処理システムを持つ。System I は主に直観（Intuition）に基づく情報処理システムである。これには直感的、連想的、迅速的、自動的、感情的、並列処理、労力がかからないなどが含まれる。これに対しSystem IIは理性に基づくものである。分析的、統制的、直列処理、規則支配的、労力を要するなどの要素によって構成される。D. Kahneman(2003), "Maps of Bounded Rationality: Psychology for Behavioral Econo-mics", *The American Economic Review*, 93(5), pp. 1450-1452、友野(2006)、前掲書、No.925。

思を確認することで拡大的行動が誘発されるという意であるという点である。抑止モデルでは、あくまで相手国は拡大的動機に基づき誤認を起こすのであって、相手国の自衛的動機に基づく行動を誤認するという想定には立っていない。

[86] Kydd（1997）, *op cit.*, p. 393.

[87] 認識のギャップと緊張形成についてのディフェンシブ・リアリズムにおける見解については、土山（2004）、前掲書、152頁。抑止モデルとスパイラル・モデルの差異についてはGlaser（1997）, *op cit.*, p. 193。

[88] 鈴木（2000）、前掲書、74-75頁。

[89] プロスペクト理論と失う恐怖については、Kahneman and Tversky（1979）, *op cit.*, pp. 263-291や土山（2004）、前掲書、第5章を参照。プロスペクト理論によれば、価値を獲得する意思決定よりも、価値を失う状況における意思決定の方が、リスクを享受する傾向がある。

[90] 友野（2006）、前掲書、No.1270-1400。

[91] 友野（2006）、前掲書、No.1419。数式にすれば、$V = w(p)v(k) + w(q)v(y)$となる。

[92] R. Jervis（2004）, "The Implications of Prospect Theory for Human Nature and Values", *Political Psychology*, Vol. 25（2）, pp. 171-172、久保田徳仁（2005）、「人間と人間集団の意思決定——失敗の政治心理学」、『アクセス安全保障論』（2005：山本・河野編）、52-54頁、友野（2006）、前掲書、No.1802-1863。

[93] この傾向はアジアの病気問題としてトヴァルスキーとカーネマンが端的に示している。

[94] 損失回避についてはJervis（2004）, *op cit.*, pp. 165-167にも詳しい。

[95] Jervis（2004）, *op cit.*, p. 174. しかしながらこの傾向は価値関数と確率加重関数を踏まえると、この確実性効果は確率が中～高では成立するが、確率が小さい場合には利得を認識した時にリスク追求的、損失を認識した時にリスク回避的となる。友野（2006）、前掲書、No.1192。

[96] Jervis（2004）, *op cit.*, p. 170.

[97] ちなみにここでの誘因は主因以外の原因、つまり副因と定義する。例えばガソリンに火を近づけると爆発する。この時ガソリンの爆発するという性質が主因であり、火はその主因を駆り立てた誘因であり、爆発は結果である。本書では緊張の形成が結果であり、その主因として動機に対する認識のギャップに着目し、その認識のギャップを緊張形成へと駆り立てる副次的な要因——誘因——として心理的誘因、合理的誘因という認識作用を設定している。

[98] J. Fearon（1995）, "Rationalist Explanations for War", International Organization, 49（3）, pp. 379-414. また、C. Glaser（2010）, *Rational Theory of International Politics: logic of Competition and Cooperation*, Princeton University Press（2010）。本書における合理性についての議論は、戦争が非合理的であるという認識を前提として展開されている。

[99] J. Levy（1997）, "Prospect Theory, Rational Choice, and International Relations", *International Studies Quarterly*, Vol. 41, No. 1（Mar.）, p. 92.

[100] *Ibid.*, p. 93. また、Ferejohn & Satzは「選択は選好に拠るが、選好は状況に

ビスはプロスペクト理論による信念の更新について肯定しつつも（R. Jervis (2004), *op cit.*, pp. 169-170)、一方では米国の2大政党間の偏見（The Partisan Bias）の相違により、ベイジアン・ゲームにおける信念の更新の適用には懐疑的である。R. Jervis, "Understading Beliefs", Political Psychology, Vol. 27(5), 2006, p. 651. しかしながら、その疑義の源泉である2大政党間の偏見の相違が、対北朝鮮における脅威認識にはあまり見られない。例えば、北朝鮮の核開発やロケット／ミサイル発射実験という新たな情報に接したケースにおいて共和党、民主党政権ともに脅威と認識している。いうまでもないが、北朝鮮には2大政党間の偏見の相違はない。上記を踏まえ、本書の分析枠組みにおいてはベイジアン・ゲームにおける相互認識作用を土台としながら、合理的誘因および心理的誘因の作用を考察していく。

[72] 鈴木（2000)、前掲書、74-75頁。

[73] R. ケネディ（2014：毎日新聞社外信部訳)、『13日間――キューバ危機回顧録』、中央公論新社、2014年。

[74] 対称的な米ソ間の核危機の事例を、そのまま非対称的関係にある米朝の事例に単純にあてはめることが難しい点には留意が必要である。

[75] 逆にいえば、攻撃・防御バランスが攻撃優位ではなく、かつ軍事力の攻撃・防御区別性が確保されている状況においてはアナーキーによる不確実性を克服し、セキュリティ・ディレンマを回避し、社会にとって効用が最大化された合理的帰結へと達しうることを示唆しているともいえる。

[76] 抑止モデルとスパイラル・モデルの定義については、R. Jervis (1976), Perception and Misperception in International Politics, Princeton University Press, pp. 58-113。また S. Van Evera (2009), "THE SPIRAL MODEL vs. THE DETERRENCE MODEL", http://ocw.mit.edu/courses/political-science/17-42-causes-and-prevention-of-war-spring-2009/lecture-notes/MIT17_42S09_spiral4.pdf、アクセス日：2014年9月5日。

[77] ただし、相手国の視点からはこの抑止と被抑止の関係性が逆転する点には留意が必要である。ちなみにオフェンシブ・リアリズムと古典的リアリズムとの違いは、拡大的動機が権力欲（will to power）などの内的要因によって生じたとするのか、アナーキーという国際体系から生じたとするのかにある。

[78] DC＞CCとなるのは囚人のディレンマでも同じである。

[79] Cha and Kang (2003), *op cit.*, pp. 14-15.

[80] R. Jervis (1978), "Cooperation under the Security Dilemma", World Politics, 30 (2): pp. 167-214, p. 169.

[81] 行動の主体が判然としない事象が誤認を起こす場合もある。

[82] 鈴木（2000)、前掲書、76頁。

[83] Glaser (1997), *op cit.*, pp. 171-201.

[84] Jervis (1976), *op cit.*, pp. 58-113.

[85] R. Jervis (1985), "Perceiving and Coping with Threat"(Ch. 3 of *Psychology & Deterrence*), The Johns Hopkins University Press, p. 33. ここで留意が必要なのは抑止モデルでも誤認は起こると考えうるものの、それは、被抑止側が抑止側の意

本書においては後者の認知心理学的アプローチを主としているがゆえに偏見合理性がより正確な表現であるともいえるが、現在カーネマン自身が限定合理性と呼んでいる点および後述のキィドの主張を考慮し、その呼称に倣うこととする。G. Campitelli & F. Gobet（2010）, "Herbert Simon's Decision-Making Approach: Investigation of Cognitive Processes in Experts", *Review of General Psychology*, 14（4）, pp. 454-464.

[61]　T. シェリング（2008：河野勝監訳）『紛争の戦略――ゲーム理論のエッセンス』、勁草書房、102-105 頁。

[62]　ここでの C は自衛（協調：Cooperate）、D は拡大（非協調：Defect）を表す。DC は自国は拡大し、相手国は自制、CC は自他ともに自制、DD は自他ともに拡大、CD は自国は自制し、相手国は拡大するケースを表す。チキンゲームにおいては国益の最大化される期待効用としては DC であり、最小化されるのは DD である一方で、囚人のディレンマおよびスタグハントでは国益が最大化される期待効用としては DC であり、最小化されるのは CD である。よって DC＞CC は協調よりも自国の国益のみが最大化される動機の配列、より端的にいえば自分だけが得をすることを優先されうるという推測を表し、DD＞CD は戦争にいたるよりも自国の国益が最小化を回避したいという動機の配列、すなわち自分だけが損をしたくないという推測を表す。

[63]　チキンゲームのケースについては、パウンドストーン（2006）、前掲書、259-260 頁。チキンゲームにおいては、国家行動の源泉として攻撃的誘因（本書においては拡大的動機）のみが認識されている。拡大的動機とともに自衛的動機の混在が想定されている囚人のディレンマのケースにおいても、相手国の動機を拡大的と認識した場合、チキンゲームと同様に緊張が高まっていく。

[64]　チキンゲーム、囚人のディレンマ、スタグハントの関係性については、鈴木・岡田（2013）、前掲書、183-199 頁を参照。また、囚人のディレンマは繰り返されることで回避されうる。ゲームが繰り返される中で DC＞CC が CC＞DC となりスタグハントの利得表へと変化しうる。山本宣吉・河野勝編（2005）『アクセス安全保障論』、日本経済評論社、17-39 頁。

[65]　鈴木基史（2000）『国際関係』、東京大学出版会、57-91 頁。

[66]　同上、77 頁。

[67]　当事国しか知りえない情報。私的情報については山本・河野編（2005）、前掲書、24-25 頁、に詳しい。

[68]　林光・山本吉宣（2005）、「合理的国家と安全保障」、『アクセス安全保障論』（2005：山本・河野編）、24-25 頁。

[69]　すなわち、信念の更新とは初期信念（Prior Beliefs）から事後信念（Posterior Beliefs）へと変化することを指す。

[70]　鈴木（2000）、前掲書、84 頁。

[71]　ベイジアン・ゲームに則した信念の更新についての考察については、C. Glaser（1997）, "The Security Dilemma Revisited", World Politics, 50（1）, pp. 171-201、Glaser（1992）, *op cit.*, pp. 497-538、A. Kydd（1997）, "Game Theory and the Spiral Model", World Politics, Vol. 49（3）（Apr.）, pp. 382-384。ちなみにジャー

止」、海幹校戦略研究（12月）、101-120頁。

[51] 心理的要因、特には損失回避が国家間の相互認識作用に影響を与えることで、国家間関係の性質が変化するというスタンスを採用する現実主義学派をディフェンシブ・リアリズムという。よって同じネオリアリストであり、時にディフェンシブ・リアリストに数えられるK. ウォルツは心理的要因よりもいわゆる第3イメージ、国際システム（構造）による国家間の相互認識への作用を重視するがゆえに、厳密にいえばディフェンシブ・リアリストではなく、構造的リアリストに分類される。構造的リアリズムについては、信夫隆司（2014）「ウォルツは国際政治理論の世界に何を残したのか」、国際政治第178号、146-155頁。そして、構造的リアリズムとディフェンシブ・リアリズムの分離過程については土山（2004）、前掲書、182頁。

[52] リアリズムが説く国際関係におけるアナーキーの作用については、土山（2004）、前掲書、第2章、K. ウォルツ（2010：河野勝、岡垣知子訳）『国際政治の理論』、勁草書房、K. Oye（ed.）（1986）, *Cooperation under Anarchy*, Princeton University Press。

[53] この相手国の動機に対する認識は、ベイジアン・ゲーム（bayesian game：他のプレーヤーの特性に関する情報が不完備なゲーム）でいうところの信念と同義である。

[54] 囚人のディレンマゲームにおいては、DCは相手の利得が最小化し、自らの利得が最大化するという期待効用、CCは自分も相手も利得が最小化されず、自分は次善の量の利得を得られる期待効用、CDは相手国の利得が最大化し、自分の利得は最小化する期待効用、DDは自分も相手も最低の利得となる期待効用、を示す。

[55] 鈴木基史・岡田章編（2013）『国際紛争と協調のゲーム』、有斐閣、184-185頁。

[56] 利得の変化による協調可能性については、R. ジャービスがすでに指摘している。Oye（1986）, *op cit.*, pp. 64-73. 繰り返しゲームについてはR. Axelrod（1984）, *The Evolution of Cooperation*, Basic Books を参照。

[57] 囚人のディレンマにおいて裏切りを誘う2つの誘因については、W. パウンドストーン（2006：松浦俊輔他訳）、『囚人のディレンマ——フォン・ノイマンとゲームの理論』、青土社、280頁を参照。

[58] 友野典男（2006）『行動経済学』（Kindle版）、光文社、No. 106。

[59] 同上、No. 1807-1825。

[60] 経験則（発見法：Heuristics）に基づく合理性は、①完全合理性（Perfect Rationality）を否定し、かつ②環境の変化にしたがい認識が変化する。これをH. サイモンは「限定合理性（Bounded Rationality）」と表現し、D. カンネマンも現在は同語を使用しているものの、元来サイモンはその認識の変化の基準を「満足度（Satisfice）」に置いているのに対し、トヴァスキー&カンネマンは意思決定における偏見（Bias）の影響に注目、意思決定がベイズの定理に沿って行われているかを実験したことからはじまり、ある種の主観的見込みが合理性のゆがみを生じさせること（フレーミング効果）を実証した点でその着眼点が異なるといえる。

[34]　*Ibid*.（2003), p. 16.

[35]　D. Kahneman and A. Tversky（1979), "Prospect Theory: An Analysis of Decision under Risk", *Ecoometrica*, 47(2), pp. 263-291.

[36]　強硬的な抑止政策が誤認されることで、緊張レベルが高まると考えるのがスパイラル・モデルである。この詳細については本章第2節を参照。またチャは以上の矛盾を察しているがゆえに強硬関与政策を打ち出したと思われる。しかし、強硬関与政策も北朝鮮からは拡大的動機の具現化と認識され、その軍拡を喚起してきた。

[37]　これには強要という訳語もあてられるが、本書においては強制という訳語を使用する。強制の詳細についてはT. シェリング（2008：河野勝監訳）『紛争の戦略』、勁草書房、123-166頁を参照。

[38]　道下徳成（2013）『北朝鮮　瀬戸際外交の歴史――1966～2012』、ミネルヴァ書房。

[39]　Cha and Kang（2003), *op cit*., p. 72.

[40]　筒井・山根（2012）、前掲書、84-85頁。

[41]　道下（2013）、前掲書、158-161頁。

[42]　柿原国治（2003）「朝鮮半島問題の地政学的分析と我が国の対応――北朝鮮の核・弾道ミサイルの脅威へ如何に対処するか」、IIPS Policy Paper（Mar.)、世界平和研究所、http://www.iips.org/research/data/bp296.j.pdf、アクセス日：2015年5月27日。

[43]　理論的にはR. Keohane（1984), After Hegemony, Princeton University Pressを参照。事例的にはSigal（1998), *op cit*.;(2002), *op cit*., pp. 8-12、カミングス（2004)、前掲書、김（2005), 전게논문、pp. 197-218。

[44]　R. Gates（2014), *Duty-Memories of a Secretary at War-*, Alfred A. Knopf, p. 497.

[45]　J. Mearsheimer（2001), The Tragedy of Great Power Politics, W. W. Norton, p. 169 ; G. Snyder（2002), "Mearsheimer's World-Offensive Realism and Struggle for Security-", *International Security*, Vol. 27, No. 1（Summer), pp. 149-173.

[46]　H. キッシンジャー（1979：斎藤弥三郎ほか訳）『キッシンジャー秘録①　ワシントンの苦悩』、小学館、265頁。

[47]　Interview with M. Albright by J. Lehrer（Oct. 30. 2000), http://www.pbs.org/-newshour/bb/international/july-dec00/albright_10-30.html、アクセス日：2013年5月26日、また安倍晋三（2006）『美しい国へ』、文藝春秋、59頁。

[48]　土山實男（2004）『安全保障の国際政治学（初版）』、有斐閣、179頁。

[49]　抑止モデルおよびスパイラル・モデルの比較については、C. Glaser(1992), "Political Consequences of Military Strategy-Expanding and Refining the Spiral and Deterrence models-", *World Politics*, Vol. 44. No.4（Jul.), pp. 497-538、また、スパイラル・モデルに依拠し米朝関係を説明した先行研究には、D. Kang(2003a), "International Relations Theory and the Second Korean War", *International Studies Quarterly*, Vol. 47, No. 3 ; (2003b), "The Avoidable Crisis in North Korea", Orbis, Vol. 47, No. 3、がある。

[50]　八木直人（2012）「抑止概念の再考――新たな脅威様相と「テーラード」抑

氏訪中、随行員の大半は経済専門家」、http://headlines.yahoo.co.jp/hl？a=20-120815-00000717-chosun-kr、アクセス日：2014年7月7日、연합뉴스（2012年8月17日）「北 장성택,후진타오・원자바오 면담(北　張成沢、胡錦濤・温家宝面談)」、http://www.yonhapnews.co.kr/international/2012/08/17/0619000000AK-R20120817058452083.HTML、アクセス日：2014年7月7日。

[26]　大韓貿易投資振興公社（KOTRA）によると、中国の税関統計においては2014年第1四半期（1～3月）、中国から北朝鮮への原油輸出はゼロとされている。ただ援助目的の重油供給は税関統計に入らないという主張もある。東洋経済オンライン（2014年6月17日）「中国が北朝鮮向け原油を止めていない理由」、http://newsbiz.yahoo.co.jp/detail？a=20140617-00040230-toyo-nb、アクセス日：2014年7月7日。

[27]　聯合ニュース（2014年7月4日）「韓中首脳　北朝鮮の核開発反対を確認＝共同声明」、http://headlines.yahoo.co.jp/hl？a=20140703-00000055-yonh-kr、アクセス日：2014年7月7日、朝鮮日報日本語版（2014年7月2日）「習主席来韓：北朝鮮軍部「中国は千年の敵」」、http://headlines.yahoo.co.jp/hl？a=2014-0702-00001540-chosun-kr、アクセス日：2014年7月7日。ただし金正恩委員長が2018年～2019年4月時点で4度の訪中を行ったことは、中朝関係の改善を示しているものの、完全に依存することには拒否感があると見られる。毎日新聞（2019年4月20日）「北朝鮮　経済発展戦略の全容判明「脱中国依存」露と関係強化」、https://mainichi.jp/articles/20190420/k00/00m/030/197000c、アクセス日：2019年4月22日。

[28]　これは張成沢粛清以後、軍主導の経済発展を明言したことや金正恩第1書記の現地指導が軍あるいは軍関連施設に集中している点から顕著といえる。연합뉴스（2014年2月1日）「北 김정은, 올1월 공개활동 2/3가 軍（北　金正恩、今年1月の公開活動2/3が軍)」、http://www.yonhapnews.co.kr/north korea/2014/01/29/1801000000AKR20140129214000014.html、アクセス日：2014年7月7日。

[29]　北朝鮮は2014年2月13～14日に行われた離散家族対面のための協議で、軍事演習問題を譲歩した。またこれに先立ち連日、朝鮮中央通信、労働新聞などのメディア、国連大使や各国大使が会見を開き南北関係改善を訴え続けていた点を勘案すると、北朝鮮は南北関係の改善に本気で取り組んでいた。

[30]　D. オーバードーファー（2007：菱木一美訳）『二つのコリア：国際政治の中の朝鮮半島』、共同通信社、を参照。特に348-351、364、370-391頁。

[31]　改革派と強硬派という要素でいえば、その対立軸だけでなく、他の事象も考慮されなければならない。例えば、いわゆるロイヤルファミリーという構成要素も北朝鮮の政策決定に作用すると考えうる。

[32]　日テレニュース24（2010年9月17日）「北朝鮮はブラックボックス」、http://www.news24.jp/articles/2010/09/17/10166934.html、アクセス日：2012年6月18日。

[33]　Cha and Kang（2003), *op cit.*, pp. 16-34 ; Cha（2012), *op cit.*, pp. 234-237 ; and V. Cha（2000), "Engaging North Korea Credibility", *Survival*, Vol. 42, No. 2, pp. 142-145.

Making on the Nuclear Issue Under Kim Il Sung and in the Kim Il Sung Era", Nautilus Institute Report (Jul. 26), and S. Harrison (2002), *Korean Endgame: A Strategy for Reunification and U.S. Disengagement*, Princeton University Press.

[18] 윤덕민 (2009)「주제발표 북핵문제와 한반도정세 그랜드바겐의 모색」, 경남대극동문제연구소, 통일전략포럼 보고서 44 권、pp. 5-10. Kyung-Ae Park (1997), "Explaining North Korea's Negotiated Cooperation with the U.S.," *Asian Survey*, Vol. 37, No. 7 (Jul.), pp. 623-636.

[19] S. Snyder (1997), "North Korea's Nuclear Problem: The Role of Incentive in Preventing Deadly Conflict", in D. Cortright, *The Price of Peace: Incentives and International Conflict Prevention ; (1999) Negotiating on the Edge: North Korean Negotiating Behavior*, United States Institute of Peace Press.

[20] 2010年9月の党代表者会議において改正された党規約第49条では、朝鮮人民軍総政治局を党中央委員会部署と同じ権能を持つ組織と明記した。この第49条の改正は、それまで軍に対する党の指導を管轄していた組織指導部の影響力の相対的低下を意味すると解釈しうる。

[21] 김진하 (2011)「북한조선노동당규약개정의 정치동학」、통일연구원 Online Series、http://www.kinu.or.kr/2011/0208/co11-08.pdf、アクセス日:2014年7月7日。

[22] 伊豆見元 (2011)「朝鮮半島の今後の動向と日本の対応」、外交 Vol. 3、http://www.mofa.go.jp/mofaj/press/pr/gaikou/vol3/pdfs/gaikou_vol3_16.pdf、アクセス日:2014年5月8日。また1980年党規約第21条によれば党大会は5年に1度開催されると規定されていたが、実際には党大会は1980年6次大会以降開催されていなかった。加えて、同第24条では党中央委員会全員会議は6ヵ月に1度開催されると定められていたものの1993年12月の第6期第21次党中央委員会全員会議以来招集されておらず、また欠員の補充も行われていなかった点を踏まえると党の指導機関の形骸化は顕著である。この反面、1992年の憲法改正以来国防委員会の権限の強化は2010年党規約改正まで継続的になされてきた。임재천 (2011)「조선노동당 제 3 차대표자회의 당규약개정 규약의 배경과 의도 및 특징을 중심으로」、국가안보전략연구소、북한 의 노동당규약개정과 3 대권력세습 (2 월)、pp. 3-17.

[23] 이기동 (2011)「권력구조적측면에서 본 북한노동당신규약」、국가안보전략연구소、북한의 노동당 규약개정과 3 대권력세습 (2 월)、p. 50.

[24] 2009年の憲法改正では1998年憲法104条における国防政策の決定・命令を出すという条項を決定・指示を出すと改め、命令権限を国防委員会委員長にのみ付するようになった。2009年以後国防委員会の増員もなされたが、新たに加わった人物は張成沢元国防委員会副委員長をはじめとして後に粛清または表舞台から消えていく。김영희 (2009)「북한 헌법개정의 주요내용과 시사점」、산은경제연구소、글로벌경제 이슈、pp. 169-177.

[25] 中央日報日本語版 (2012年8月15日)「北朝鮮と中国、羅先への市場経済導入に合意」、http://headlines.yahoo.co.jp/hl ? a=20120815-00000015-cnippou-kr、アクセス日:2014年8月15日、朝鮮日報日本語版 (2012年8月15日)「張成沢

[6] 조선중앙통신 (2013 년 2 월 12 일)「조선중앙통신사 보도 제 3 차 지하핵시험을 성공적으로 진행」、http //www.kcna.co.jp/calendar/2013/02/02-12/2013-0212-016.html、アクセス日：2014 年 12 月 28 日。

[7] B. カミングス（2004：杉田米行監訳）『北朝鮮とアメリカ　確執の半世紀』、明石書店、Cha and Kang（2003）, *op cit*. ; D. Gregg（2014）, *Pot Shards : Fragments of a Life in CIA*, the White House, and the Two Koreas, Vellum ; L. Sigal（1998）, *Disarming Strangers: Nuclear Diplomacy with North Korea*, Princeton University Press ; and（2002）, "North Korea is No Iraq: Pyongyang's Negotiating Strategy", *Arms Control Today*, Vol. 32, No. 10（Dec.）, pp. 8-12, 김근식 (2005)「북한의 핵프로그램: 논리와 의도 및 선군시대」、통일문제연구 (2005 년하반기、통산 제 44 호)、pp. 197-218.

[8] これについては「侵略の定義に関する決議」、国連総会決議 3314（XXIX）、1974 年 12 月 14 日採択や Case Concerning Military ad Paramilitary Activities in and against Nicaragua, ICJ Reports 1986, p. 101, para 191 を参照。

[9] 土山實男（2014）『安全保障の国際政治学（第 2 版）』、有斐閣、172 頁。

[10] 不完備情報ともいうが、本書においては情報不完備ゲームからそのまま情報不完備という呼称を用いることとする。

[11] 筒井義郎・山根承子（2012）『行動経済学』、ナツメ社、84-85 頁。

[12] これはウォルツ以降のリアリズムにおける理論的展開に著しい。

[13] ウォルツの還元主義批判については、K. ウォルツ（2010：河野勝、岡垣知子訳）『国際政治の理論』、勁草書房、を参照。ここで踏まえておきたいのは、リアリズムに対する社会構成主義の批判である。社会構成主義は A. ヴェントのネオ・リアリズムへの批判、具体的には構造的リアリズムにおけるアナーキーによる自助体系構築に対する批判から確立されたが、冷戦体制崩壊以後、構造的リアリズムが説明できない NATO 拡大を理論的に説明可能であることから脚光を浴びることとなる。具体的には、構成主義の立場からは米国の持つ自由と民主主義の拡大という規範を源泉とする行動として説明が可能であった。このように規範やアイデンティティといった内的要因が国家間関係に影響を与えることが明白であるがゆえに、構成主義のアプローチは有益である場合があることは否定できない。

[14] オフェンシブ・リアリズムの代表的論者としては J. ミアシャイマーがいる。J. Mearsheimer（2001）, *The Tragedy of Great Power Politics*, W. W. Norton。ディフェンシブ・リアリズムの代表的な論者である R. ジャービスらについての詳細は本章第 2 節を参照。ただし、ディフェンシブ・リアリストに多々分類される K. ウォルツは、厳密にいえば構造的リアリストであることに留意されたい（註 52 を参照）。

[15] R. ジャービス（2008：荒木義修他 6 名訳）『複雑性と国際政治――相互連関と意図されざる結果』、ブレーン出版、11 頁。

[16] 宮本悟（2012）「朝鮮民主主義人民共和国における国防政策の目的――朝鮮労働党の軍事路線の成立経緯」、国際安全保障、第 40 巻第 1 号、1-18 頁。

[17] A. Mansourov（1994）, "North Korean Decision-Making Process Regarding the Nuclear Issue", *Nautilus Institute Special Report*（May）; "Comparison of Decesion-

億ドル（約1580兆円）から40年には47兆3980億ドル（約4890兆円）へと3倍以上に増加しそうだという」、朝鮮日報（2014年2月1月）「北東アジア経済統合、実現すれば世界最大規模に」、http://headlines.yahoo.co.jp/hl？ a=20140201-00000151-chosun-kr、アクセス日：2014年2月18日、(2).「南北が統合されれば、北朝鮮と中国の東北部3省（遼寧省・吉林省・黒竜江省）、ロシアの沿海州、日本の西部を結ぶ全長5000キロという世界最大の産業・経済のベルト地帯が誕生するものとみられている。韓半島（朝鮮半島）を中心とするこの「北東ベルト地帯」は資本・技術・資源・労働力の全てがそろっている上、ユーラシア大陸鉄道や北極航路の出発点というメリットもあり、北東アジアの物流・産業の中核となるものと期待されている」、朝鮮日報（2014年2月1日）「北東アジア経済統合、実現すれば世界最大規模に」、http://headlines.yahoo.co.jp/hl ？ a=20140201-00000-152-chosun-kr、アクセス日：2014年2月18日、(3).「英領バージン諸島に本部を置くSRE Minerals社は、「世界最大のレアアース鉱床が北朝鮮にある」と話す。同社はこれらの資源開発に向けて、すでに北朝鮮との合弁会社を設立した。地質調査報告によると、北朝鮮にはスマートフォンやハイビジョンテレビなどの電子機器に利用できるレアアースが約2億1600万トン存在する。この数字が事実だと証明されれば、北朝鮮のレアアース資源は全世界で確認されているレアアース埋蔵量の2倍以上、中国のレアアース埋蔵量の6倍以上に相当する」、Record China（2014年1月20日）「北朝鮮のレアアース資源が国際市場を変える、世界最大鉱床の推定価値は数兆ドルに―米メディア」、http://headlines.yahoo.co.jp/hl？a=20140120-00000038-rcdc-cn、アクセス日：2014年2月18日。

[6] 北朝鮮の対米国における対外行動の源泉について、1990–2010年のスパンで体系的に分析した先行研究には、Kyun Ae Park (2010), "North Korean Strategies in the Asymmetric Nuclear Conflict with the U.S.," Asian Perspective, Vol. 34, No. 1 (Spring), pp. 11-47やV. Cha (2012), *The impossible State: North Korea, Past and Future*, HarperCollinsPublishers、がある．また冷戦体制崩壊以前の1966年から2012年までの米朝関係をバーゲニング理論の観点から研究しその傾向性を指摘しているものに、道下徳成（2013）『北朝鮮　瀬戸際外交の歴史――1966～2012』、ミネルヴァ書房、がある。

第1章

[1] White House of the Press Secretary (Jan. 29. 2002), "President Delivers State of the Union Address", http://georgewbush-whitehouse.archives.gov/news/releases/2002/01/20020129-11. html、アクセス日：2014年9月16日。

[2] V. Cha and D. Kang (2003), *Nuclear North Korea: a debate on engagement strategies*, Columbia University Press, pp. 14-15.

[3] チャの誤認による緊張形成に対する否定については*Ibid*, p. 16、抑止政策を完全に排した協調政策についての批判については*Ibid*, pp. 81-87。

[4] V. Cha (2012), *The impossible State: North Korea, Past and Future* (*Kindle Ver.*), HarperCollins Publishers, No. 223, 229, 244.

[5] *Ibid*., No. 214-215.

註

序　章

［1］　ビクター・チャ（Victor D. Cha）はジョージタウン大学教授、米戦略国際問題センター（CSIS）朝鮮半島問題担当部長である韓国系米国人の学者。ブッシュ（子）政権時にはNSC朝鮮問題担当官、6ヵ国協議米国次席代表を務めた。北朝鮮の核開発問題に関しての代表的な著作としてはD. Kangとの共著*Nuclear North Korea: A Debate on Engagement*, Columbia University Press, 2003, The Impossible State: North Korea, Past and Future, HarperCollinsPublishers, 2012などがあるが、それらの著書では一貫して冷戦体制崩壊以後における米朝間の緊張形成の主要因を北朝鮮の拡大的動機に求める。そして、対北朝鮮協調政策を北朝鮮の拡大的動機を助長する宥和であると批判し、それよりも北朝鮮による弱者の先制攻撃を含む侵略という拡大的行動を抑止するためには、強硬的政策が必要であると主張する。実際に、ブッシュ(子)政権時代には「強硬関与」概念に基づく実質的抑止政策を唱え、北朝鮮に対しCVID(完全かつ検証可能かつ後戻りできない核を含めたWMD〔大量破壊兵器〕の放棄:Complete, Verifiable, Irreversible Dismantlement)を要求した。この点を踏まえ、本書においてはチャを抑止モデルの典型的論者と捉えることとする。

［2］　本書においては、拡大的動機の定義を①動機の不可測性から行動の主体の動機だけではなく、認識側から見た行動の主体の動機であり、②その中で現状変更を含む行動に対し、認識側がその行動を敵対的であり、それによって不信が生じ自国の生存あるいは国益が損なわれる現状変更と認識した場合、その行動の動機は拡大的である、とする。逆に自衛的動機は①行動の認識側がその行動を敵対的ではなく、その行動によって不信が減ずるとともに自国の生存および国益が損なわれない、あるいは増進されると認識した場合、その行動の動機は自衛的であると定義する。なお、スパイラル・モデルでは行動の主体は緊張形成過程で自衛的動機を持ちうるアクターであると考えるがゆえに、行動の主体の動機と行動の認識側が捉える動機間のギャップが存在しうる反面、抑止モデルでは行動の主体の実際の動機と認識側が認識する動機は拡大的で一致するといえる。

［3］　朝鮮労働党機関紙『労働新聞が』1996年1月1日の共同社説で使用した、飢饉による困難を乗り越えるためのスローガン。当時の北朝鮮はそれほどの経済的危機状況にあった。

［4］　本書ではパワー・マキシマイザーを「自らの効用の最大化を、他のアクターの効用の変化を考慮せずに、常に優先的に試みるアクター」と定義する。よって、パワーマキシマイザーの行動は結果として現状変更を目指すものとなる。

［5］　⑴. 例えば、「……北東アジア経済圏が世界経済で占める割合（GDP）は、2012年には北米経済圏（NAFTA＝北米自由貿易協定）、欧州経済圏（EU＝欧州連合）に次いで22.5%だったが、40年にはこれが28.7%にまで一気に拡大し、世界最大の経済圏となる見通しだ。実際のGDP総額で見ると12年の15兆2750

あとがき

二〇一九年一二月一九日、トランプ政権の元安全保障担当大統領補佐官J・ボルトンは米公共ラジオNPRとのインタビューで以下のように語った。

「北朝鮮やイランのような国家の象徴的なことは、運搬可能な核兵器保有を追求するならず者国家ということだけではなく、テロ支援国家であるということだと考える。加えて、(彼らは)国民を抑圧する。要するに、このような彼らの特徴は、彼らの行動方式の多くを我々に語っていると考える。」

彼によると、北朝鮮がならず者国家であり、テロ支援国家であり、国民を抑圧する体制という特徴によって、北朝鮮の国家行動が作られる、というものだが、これは本書で見てきた北朝鮮が「悪」であるがゆえに緊張が形成されるという抑止モデル信奉者の典型的な主張である。

このボルトンの発言でもわかるように、本書で取り扱った抑止モデルとスパイラル・モデルとの対立は今も歴然と継続している論点なのである。そしてこの理論的対立の構図は未来にもなくなることはないだろう。

同じ頃ボルトンはツイッターでトランプ政権は北朝鮮政策の失敗を認めるべきだとの趣旨のツイート

をしている。トランプ大統領に首を切られた彼であるが、その腹いせに弾劾裁判にかけられたトランプ大統領をここぞとばかりに責めている感も否めない。しかし、彼の主張は彼の信念——米国は善であり、勝者でなければならない——から生じているものでもあるのだろう。そして、このような抑止モデルに依拠した安全保障政策がこれまで米国において主流であったし、多くの人々によって支持されてきた。

とりわけ、ソ連亡き後、米国がしばらく謳歌した米一極構造下では、米国はその理想や規範を国際化の潮流の中でその圧倒的な力をもって硬軟織り交ぜ伝播しながら、自国が唯一の覇権国である状況をできる限り長く維持しようと行動してきた。それを具現化する政策は、基本的には主観的な脅威認識に立脚し、相手の立場を顧みない抑止モデルに依拠せざるをえなかったともいえる。

忘れている方も多くおられるだろうが、ボルトンはブッシュJr.政権で国務次官そして国連大使を務めた。そしてネオコンの一人として、米一極構造の下、ブッシュドクトリンを策定、実行した。その時も今と同じ政治思想に基づき北朝鮮に対する強硬発言をよく発し、いわゆるCVIDを最終目標に定めた北朝鮮政策を推進したが、結局彼の強硬的北朝鮮政策は北朝鮮の核兵器保有と高度化を止めることはできなかった。要するにブッシュJr.政権時、彼の唱えた対北朝鮮政策は、失敗したのである。

孫子、B・ブローディ、T・シェリング、H・キッシンジャー……、名だたる戦略家の金言には共通点がある。戦略とは、「相手がある」ということだ。己を見るだけでなく、他を観なければならない。相手を知ろうという努力をしないまま、自らの都合に基づく主観のみを頼りに作られるものは、よい戦略ではなく、長い目で見れば必然的に破たんする。

本書は二〇一五年に書かれた博士論文を基にし、J・ボルトンやV・チャの支持する抑止モデルを批判しながら、その代替策としてスパイラル・モデルの観点から米ソ冷戦崩壊以後における米朝間の緊張形成要因について説明したものであるが、そこから約四年が過ぎた二〇一九年暮れに至っても、彼の上記のような発言を見ると、まだまだ本書は色褪せていない、と感じる。

四年が経ち、抑止モデルに基づく米国の政策によっては止められなかった、北朝鮮の核兵器保有とそのさらなる核兵器高度化は、米国の意思決定者、政策立案者を含む権力層によって認識されるに至っている。その影響については現在研究を鋭意進め、核抑止論の観点から二本の論文にまとめているので興味のある方は是非ご一読いただければと思う。この研究もゆくゆくは一冊の本にまとめるつもりである。

北朝鮮の核問題だけでなく、二〇一九年に入り核兵器をめぐる世界的な安全保障環境は質的に変化した。ABM条約に続きINF条約が反故となり、二〇二一年にはSTARTも更新期限を迎える。こうした中、米国、ロシア、中国はICBM、IRBM、SLBMなどの弾道ミサイル実験を繰り返し、米国に至っては二〇二〇年に核の現代化のため二度の核実験を実施する予定である（予算をすでに計上済み）。またMDの信頼性が低下している中、米国は中距離ミサイルの日本と韓国への配備を公言してはばからない。

米ソ冷戦が終わり、核の時代も去るかのように見えたが、核の時代は終わらなかったし、これからも続いていく。核兵器を無効化するよう技術革新が起こるまで……。

何にせよこのような状況の中で、世界は確実に核戦争に近づいている。北朝鮮の第六次核実験はおおよそ二五〇kt規模の爆発力を記録したが、これは広島型原爆（一九四五年一二月末までで約一四万人、これまで延べ約三〇万人の方々がお亡くなりになった）の約一七倍の爆発力である。北朝鮮は戦争となれば上記のような核兵器を、米国本土とその同盟国であり米軍基地がある日本と韓国に対し躊躇なく使用するであろう。そして朝鮮半島をめぐる核戦争はさらに第三次世界大戦へとエスカレートしていく可能性が高い。……水爆を搭載した核兵器の打ち合いとなれば、地球は壊れる（核の秋・冬を参照）。

ちなみに二〇二〇年に入り生じた米・イラン間の緊張形成では、イランが防空圏に入ってきたウクライナの航空機を敵機と誤って撃墜する事件が生じたが、もし撃墜された航空機にアメリカ人が一人でも乗っていたならば、事態は急激にエスカレートしていただろう。この時、じつはイラン政府によって飛行禁止区域が設定されておらず、多くの航空機が行き交う中、アメリカ人が乗っている航空機が撃墜されなかったのは運がよかったからに過ぎない。これこそが本書で説明したスパイラル・モデルにおける合理性の変質が起こりうるという新しい証左であり、そしてこのような合理性の変質によって生じる偶発的事象こそが、人類を核戦争へと追いやっていくであろうものである。

かつてキッシンジャーは核兵器を神の火、そして女神ネメシスに例えたが、現在核兵器が人類へのネメシスが与えた罰となるか否か、の岐路にある。「核戦争は起こさない」という人類の英知は、これまでのように守られるのであろうか。これが守られるよう微力ながら貢献するために本書は出版された。いささか大げさなような気もするが、これが本書に対する私の志の率直なるところだ。

加えて本書は、私という存在の根っこの一つである朝鮮半島において、二一世紀には米ソ冷戦の残滓――分断と対立――が払拭されることを切に願い記されたものであるという点も、書き留めておく。

本書は私一人の力で書き上げられたものではない。多くの方々に支えられながら、完成したものである。

修士課程の時代からお世話になっている中戸祐夫立命館大学国際関係学部教授、文京洙立命館大学国際関係学部特任教授および日本・アジア研究機構副機構長、中逵啓示立命館大学国際関係学部特任教授には博士論文執筆時のみならず、立命館アジア・日本研究機構専門研究員となった今でも引き続きご指導・ご鞭撻を賜っている。この場をお借りしてお礼申し上げたい。

また博士論文の審査をしてただいた李鍾元早稲田大学大学院アジア太平洋研究科教授、日本国際政治学会や現代韓国朝鮮学会などで度々有益なコメントを頂戴した道下徳成政策研究大学院大学教授、立命館大学主催シンポジウム、ワークショップを通じてお世話になっている高有煥東国大学校北韓学科教授、金榕炫東国大学校北韓学科教授、張慧智吉林大学東北アジア研究院教授、ご講演とインタビューを通じ新しい視座を多く与えてくださったJ・ルイスミドルベリー大学院モントレー校教授、英語論文の執筆過程で多くの素晴らしい助言をいただいている小杉泰立命館大学アジア・日本研究所所長、A・ブリュ一ワー立命館大学客員教授などアジア・日本研究所の諸先生方、いつも温かく小生の研究を見守ってくださる勝村誠立命館大学コリア研究センター長を筆頭とするコリア研究センターの諸先生方など、この研究過程でお世話になった方々には枚挙に暇がない。その他いつも傍で明るく支えてくれる同僚と立命館大学リサーチオフィススタッフにもお礼申し上げる。

本書は立命館大学学術図書出版推進プログラムによる出版助成およびコリア・ファウンデーションによる研究支援により出版することが出来た点を強調しておきたい。私のような若手研究者を一人前にするため支援しようという温かい研究助成がなければ、本書を出版することは叶わなかったであろう。これについてもまた感謝が尽きない。

またこの度の出版は、校正作業などで私のわがままに最後までお付き合いいただいた図書出版クレインの文弘樹氏を抜きに語ることはできない。改めてお礼申し上げる次第である。

最後に私に連なるすべての命と縁に感謝をしたい。とりわけ私を生んでしっかりと育ててくれただけでなく人生の師である父と母、戦争（植民地）の時代を懸命に生き抜き命をつないでくれた祖父母、そしていつもにこにこと笑顔を絶やさずに信じてついてきてくれる妻と子供たちに本書を捧げる。ありがとう。

二〇二〇年一月一五日　大阪にて

崔正勲

U.S. Department of Defense　http://www.defense.gov/
U.S. Department of State　http://www.state.gov/
U.S. Missile Defense Agency　http://www.mda.mil/
Voice of America　http://www.voanews.com/
Washington Post　http://www.washingtonpost.com/
38 North　http://38north.org/

■韓国・朝鮮語
조선중앙통신　http://www.kcna.co.jp/
노동신문　http://www.rodong.rep.kp/ko/
대한민국 국방부　http://www.mnd.go.kr/
대한민국 청와대　http://www.president.go.kr/
대한민국 외교부　http://www.mofa.go.kr/
대한민국 통일부　http://www.unikorea.go.kr/
조선일보　http://chosun.com/
중앙일보　http://joongang.joins.com/
연합뉴스　http://www.yonhapnews.co.kr/
한겨레신문　http://www.hani.co.kr/

이기동（2011）「권력구조적측면에서 본 북한노동당신규약」，국가안보전략연구소，북한의 노동당규약개정과 3 대권력세습（2 월），pp. 39-53.
이성우（2013）「한반도신뢰프로세스의 본질，현상，그리고 전망 게임이론을 통해 본 북한 핵문제」，제주평화연구원정책포럼.
이영학（2013）「북한의 세차례 핵실험과 중국의 대북한정책변화분석」，한국국제정치 학회，국제정치논총 제 53 집 4 호，pp. 191-223.
임재천（2011）「조선노동당제 3 차대표자회의 당규약개정 규약의 배경과 의도 및 특징을 중심으로」，국가안보전략연구소，북한의 노동당규약개정과 3 대권력세습（2011.2），pp. 3-17.
정성임（2009）「1998-2007 로동신문에서 본 북한의 선군정치논리」，평화문제연구소，통일문제연구 제 21 권 2 호，pp. 245-290.
통일연구원（2011）「북한조선노동당규약개정의 정치동학」，통일연구원 Online Series, http:// www.kinu.or.kr/2011/0208/co11-08.pdf、アクセス日：2014 年 7 月 7 日。
차재훈（2011）「북한협상 20 년 연구쟁점과 과제」，한국국제정치학회，국제정치논총 제 51 집 3 호，pp. 135-151.

［**ウェブサイト**］

■日本語

朝日デジタル　http://www.asahi.com/
アジア経済研究所　http://www.ide.go.jp/Japanese/
アジアプレス　http://www.asiapress.org/
NHK Online　http://www.nhk.or.jp/
核情報　http://kakujoho.net/
共同ニュース　http://www.47news.jp/news/
人民日報電子版　http://j.people.com.cn/
朝鮮新報　https://chosonsinbo.com/jp/
日テレニュース 24　http://www.news24.jp/
日本外務省　http://www.mofa.go.jp/mofaj/
日本経済産業省　http://www.meti.go.jp/
日本防衛省　http://www.mod.go.jp/
ハンギョレ新聞　http://japan.hani.co.kr/
YOMIURI ONLINE　http://www.yomiuri.co.jp/

■英語

IAEA　https://www.iaea.org/
LA Times　http://www.latimes.com/
NY Times　http://www.nytimes.com/
The Independent　http://www.independent.co.uk/
The White House　http://www.whitehouse.gov/
UN Security Council　http://www.un.org/en/sc/documents/resolutions/index.sht-ml

Programs, North Korea's Taepo Dong Launch and Some Implications on the Ballistic Missile Threat to the United States, December 8, 1998", https://nsarchive.gwu.edu/briefing-book/korea-nuclear-vault/2019-02-26/united-states-north-korea-nuclear-threat、アクセス日：2020年1月31日。

——— "State Department Briefing Paper, Subject: US-Japan-Korea Trilaterals, ca. May 1996", https://nsarchive.gwu.edu/briefing-book/korea-nuclear-vault/2019-02-26/united-states-north-korea-nuclear-threat、アクセス日：2020年1月31日。

——— "State Department Bureau of Intelligence and Research Intelligence Assessment, Roundtable on North Korean Food Crisis, July 3, 1997", https://nsarchive.gwu.edu/briefing-book/korea-nuclear-vault/2019-02-26/united-states-north-korea-nuclear-threat、アクセス日：2020年1月31日。

——— "Will Chinese Troops Cross the Yalu?," *Foreign Policy*, 2013, http://www.foreignpolicy.com/articles/2013/04/11/will_chinese_troops_cross_the_yalu、アクセス日：2014年7月7日。

———"William J.Perry, Review of United States Policy Toward North Korea: Findings and Recommendations, October 12, 1999", https://nsarchive.gwu.edu/briefing-book/korea-nuclear-vault/2019-02-26/united-states-north-korea-nuclear-threat、アクセス日：2020年1月31日。

Wit, J., D. Poneman and R. Gallucci, *Going Critical*, The Brooking Institution, 2005.

[韓国・朝鮮語文献]

김근식（2005）「북한의 핵프로그램:논리와 의도 및 선군시대」, 통일문제연구（2005年하반기, 통산제 44 호）, pp. 197-218.
김영희（2009）「북한 헌법개정의 주요내용과 시사점」, 산은경제연구소, 현글로벌 경제이슈, pp. 169-177.
김용현（1997）「김영삼정부의 대북정책 평가」, 한국노동이론정책연구소, 현장에서 미래를 1997 년 8 월호, http://kilsp.jinbo.net/maynews/readview.php?table=organ2&item=3&no=409、アクセス日：2014年7月7日。
김일성（1996）『김일성저작집』제 43 관, 조선로동당출판사.
김태현（2007）「21 세기 미국, 동북아, 그리고 한반도 북한핵문제를 중심으로」, 동아연구 제 53 집, pp. 47-79.
백학순（2013）「북한의 제 3 차핵실험 배경, 이슈, 대응」, 세종연구소, 정세와 정책 2013 년 3 월호, pp. 5-9.
신정화（2003）「북한 정부성명의 대외정책적 함의—— 1990 년대 이후 대미일 정부성명을 중심으로」, pp. 190-192.
안경모（2013）「선군노선과 북한식급진주의 이데올로기, 조직, 정책을 중심으로」, 북한연구학회, 북한연구학회보, 17 권, 2 호, pp. 1-28.
윤덕민（2007）「한반도문제를 유럽식으로 해결하려는 미국, 미국에만 의존하는 한국」, 한국논단 12 월호.
——（2009）「주제발표 북핵문제와 한반도정세 그랜드바겐의 모색」, 경남대극동문제연구소, 통일전략포럼 보고서 44 권, pp. 5-10.

Perry, W., "Proliferation on the Peninsula: Five North Korean Nuclear Crises", *Annals of the American Academy of Political and Social Science*, Vol. 607 no.1, September 2006, pp. 78-86.

——— "Review of United States Policy Toward North Korea: Findings and Recommendations", Oct. 1999, http://belfercenter.ksg.harvard.edu/publication/2017-/review _of_united_states_policy_toward_north_korea.html、アクセス日：2014 年 7 月 7 日。

Pollack, J., "The United States, North Korea, and the End of the Agreed Framework", 2003, https://www.usnwc.edu/getattachment/d65ed211-2e16-4ef3-828d-53082-48ab652/United-States, -North-Korea, -and-the-End-of-the-Agr.aspx、アクセス日：2014 年 7 月 7 日。

Rauchhaus, R., "Evaluating the Nuclear Peace hypothesis A Quantitative approach" (2009), The Belfer Center of Harvard University, http://belfercenter.hks.harvard.edu/files/uploads/Rauchhaus_Evaluating_the_Nuclear_Peace.pdf、アクセス日：2014 年 7 月 7 日。

Rose, G., "Neoclassical Realism and Theories of Foreign Policy", *World Politics*, 51, 1998, pp. 144-172.

Sagan, S. and K. Waltz, *The Spread of Nuclear Weapons: a debate renewed ; with new sections on India and Pakistan, terrorism, and missile defense*, W.W. Norton and company, 2002.

Schweller, R. *Unanswered Threats: Political Constraints on the Balance of Power*, Princeton University Press, 2006.

Sigal, L., *Disarming Strangers: Nuclear Diplomacy with North Korea*, Princeton University Press, 1998.

——— "North Korea is No Iraq: Pyongyang's Negotiating Strategy", *Arms Control Today*, Vol.32, No.10, Dec. 2002, http://www.ssrc.org/workspace/images/crm/new_publication_3/%7B22fad349-ce4e-de11-afac-001cc477ec70%7D.pd、アクセス日：2014 年 7 月 14 日。

Snyder, S., "North Korea's Nuclear Problem: The Role of Incentive in Preventing Deadly Conflict", in D. Cortright, The Price of Peace: *Incentives and International Conflict Prevention*, 1997.

——— *Negotiating on the Edge: North Korean Negotiating Behavior*, United States Institute of Peace Press, 1999.

Walt, S., "Alliances in a Unipolar World," *World Politics*, 61 (1), 2009, pp. 86-120.

Wampler, R., "CIA Intelligence Report, Exploring the Implications of Alternative North Korean Endgames: Results for a Discussion Panel on Continuing Coexistence Between North and South Korea, January 21, 1998 [FOIA Release] (pages after 20-36 excised)", https://nsarchiv-e.gwu.edu/briefing-book/korea-nuclear-vault/2019-02-26/united-states-north-korea-nuclear-threat、アクセス日：2020 年 1 月 31 日。

——— "Robert D. Walpole, National Intelligence Officer for Strategic and Nuclear

vol. 13, no. 2, Jun. 1992, pp. 187-204.
——— R. Jervis (2004),“The Implications of Prospect Theory for Human Nature and Values”, *Political Psychology*, Vol. 25 (2), pp. 163-176.
——— “The Remaking of a Unipolar World”, *The Washington Quarterly*, 29 (3), 2006, pp. 7-19.
——— “Understading Beliefs”, Political Psychology, Vol. 27 (5), 2006, pp. 641-663.
Jervis, R., R. Lebow, J. G. Stein, *Psychology & Deterrence*, The John Hopkins University Press,1989.
Kang, D.,“International Relations Theory and the Second Korean War”, I*nternational Studies Quarterly*, Vol. 47, No. 3, 2003a, pp. 301-324.
——— “The Avoidable Crisis in North Korea”, *Orbis*, Voi. 47, No. 3, 2003b, p. 495.
Keohane, R., *After Hegemony*, Princeton University Press, 1984.
Kahneman, D., “Maps of Bounded Rationality: Psychology for Behavioral Economics”, *The American Economic Review*, 93 (5), 2003, pp. 1449-1475.
Kahneman, D. & A. Tversky, “Prospect Theory: An Analysis of Decision under Risk”, *Ecoometrica*, 47 (2), 1979, pp. 263-291.
Krepon, M., “The Stability-Instability Paradox, Misperception, and Escalation Control in South Asia”(May. 2003), The Henry Stimson Center, http://www.stimson.org/images/uploads/research-pdfs/ESCCONTROLCHAPTER1.pdf、アクセス日：2014年7月7日。
Kydd, A.,“Game Theory and the Spiral Model”, *World Politics*, Vol. 49(3), Apr. 1997, pp. 371-400.
Lake, A.,“Confronting Backlash States”, *Foreign Affairs*, Vol. 73, No. 2, 1994, pp. 45-55.
———, *6 Nightmares*, little, Brown and Company, 2002.
Levy, J., “Prospect Theory, Rational Choice, and International Relations”, *International Studies Quarterly*, Vol. 41, No. 1 (Mar. 1997), pp. 87-112.
Mansourov, A., “North Korean Decision-Making Process Regarding the Nuclear Issue”, *Nautilus Institute Special Report* (May. 1994), http://nautilus.org/publications/books/dprkbb/negotiating/dprk-briefing-book-nuclear-decision-making-processes/#axzz37EeSj6ES、アクセス日 2014年7月7日。
——— “Comparison of Decision-Making on the Nuclear Issue Under Kim Il Sung and in the Kim Il Sung Era”, *Nautilus Institute Report* (July 26, 1994).
Mearsheimer, J., *The Tragedy of Great Power Politics*, W. W. Norton & Company, 2001.
Morgan, P., *Deterrence Now*, Cambridge University Press, 2003.
Morgenthau, H., *Politics Among Nations: The Struggle for Power and Peace* (6th ed.), 1985.
Oye, K. (Ed.), Cooperation under Anarchy, Princeton University Press, 1986.
Panetta, L., *Worthy Fights*, Penguin Press, 2014.
Park, K., “Explaining North Korea’s Negotiated Cooperation with the U.S.,” *Asian Survey*, Vol. 37, No. 7 (Jul. 1997), pp. 623-636.

CFR, "US Policy toward the Korean Peninsula", Independent Task Force Report No64, Council on Foreign Relations（CFR）, Jun. 2010.

Cha, V., "What Do They Really Want ?" *The Washington Quarterly*, Oct. 2009, pp. 119-138.

Cha, V.,（2002）, "Hawk Engagement and Preventive Defense on the Korean Peninsula", International Security 27（1）, Summer 2002, pp. 40-78.

Cha, V. & D. Kang, *Nuclear North Korea*, Columbia University Press, 2003.

Climbala, S., *Clinton and Post-Cold War Defense*, Praeger, 1996.

Fearon, J., "Rationalist Explanations for War," *International Organization*, 49（3）, 1995, pp. 379-414.

Freedman, L., *Deterrence*, Polity Press, 2004.

Gates, R., *Duty -Memories of a Secretary at War-*, Alfred A. Knopf, 2014.

Glaser, C., *Rational Theory of International Politics: logic of Competition and Cooperation*, Princeton University Press, 2010.

Grunau, S.,"Neotiating Survival: The Problem of Commitment in U.S.-North Korean Relations", *Journal of Public and International Affairs*, Vol. 15（Spring 2004）, http://www.princeton.edu/jpia/past-issues-1/2004/6.pdf、アクセス日：2014年7月7日。

Hosoya, C., "Miscalculations in Deterrent Policy: Japanese-U.S. Relations, 1938-1941"., Hitotsubashi Journal of Law and Politics, 1986, pp. 29-47.

Harrison, S., *Korean Endgame: A Strategy for Reunification and U.S. Disengagement*, Princeton University Press, 2002.

Hecker, S., "Can the North Korean Nuclear Crisis be Resolved"（Mar. 21. 2012）, http://iis-db.stanford.edu/pubs/23661/Hecker_March_21.pdf、アクセス日：2014年7月7日。

——— "A more in-depth, technical Q&A from Siegfried Hecker on North Korea"（Apr. 2013）, CISAC of Stanford University, http://iis-db.stanford.edu/pubs/24045/Updated_Long_Q%26A_Hecker-Hansen-Klug.pdf、アクセス日：2014年7月7日。

——— "Interview with Siegfried Hecker: North Korea complicates the long-term picture", *Bulletin of the Atomic Scientists*（Apr. 5. 2013）, http://thebulletin.org/interview-siegfried-hecker-north-korea-complicates-long-term-picture、アクセス日：2014年7月7日。

Herz, J., *Political realism and political idealism: a study in theories and realities*, Univ. of Chicago Press, 1951.

IAEA, "Application of Safeguards in the Democratic People's Republic of Korea（GOV/2011/53-GC（55）/24）", 2011.

Jervis, R.,"Cooperation under the Security Dilemma", *World Politics*, 30（2）, 1978, pp. 167-214.

———*Perception and Misperception n International Politics*, Princeton University Press, 1976.

——— R. Jervis（1992）,"Political Implications of Loss Aversion," *Political Psychology*,

鮮への追加制裁」、『立法と調査』No.339、63頁。

友野典男（2006）『行動経済学（Kindle版）』、光文社。

豊下楢彦・古関彰一（2014）『集団的自衛権と安全保障』、岩波書店。

ナチオス、A.（2002：古森義久監訳）『北朝鮮：飢餓の真実』、扶桑社。

ナイ、J.（1988：土山實男訳）『核戦略と倫理』、同文館出版。

蓮池薫（2015年）『拉致と決断』、新潮社。

菱木一美（2000）「米国の対北朝鮮政策における「威圧」と「関与」」、修道法学22巻1・2号、94頁。

———（2006）「「第2の北朝鮮核危機」と米外交」、修道法学29巻1号、45-49頁。

フクヤマ、F.（2005：渡部昇一訳）『歴史の終わり〈上・下〉』、三笠書房。

船橋洋一（2006）『ザ・ペニンシュラ・クエスチョン』、朝日新聞社。

ブル、H.（2000：臼杵英一訳）『国際社会論 ： アナーキカル・ソサイエティ』、岩波書店。

ブレジンスキー、Z.（2003：山岡洋一訳）、『地政学で世界を読む』、日経経済新聞社。

パウンドストーン、W.（1995：松浦俊輔他訳）『囚人のジレンマ——フォン・ノイマンとゲームの理論』、青土社。

ペリー、W. 他（1999）『北朝鮮とペリー報告』、読売ぶっくれっとNo.17。

ポラック、J.（2012）「北朝鮮と核兵器」、日本国際問題研究所。

ミハルソン、B.（1999）「湾岸戦争とイスラエルのミサイル防衛」、防衛研究所戦史研究年報（2）。

道下徳成（2013）『北朝鮮　瀬戸際外交の歴史』、ミネルヴァ書房。

宮本悟（2012）「朝鮮民主主義人民共和国における国防政策の目的——朝鮮労働党の軍事路線の成立経緯」、国際安全保障、第40巻第1号。

森本敏編（2002）『ミサイル防衛』、日本国際問題研究所。

山内敏弘（1999）『日米新ガイドラインと周辺事態法』、法律文化社。

山本吉宣（2006）『「帝国」の国際政治学』、東信堂。

山本吉宣・河野勝編（2005）『アクセス安全保障論』、日本経済評論社。

吉田康彦（2006）『「北朝鮮核実験」に続くもの』、第三書館。

リトワク、R.（2002：佐々木洋訳）『アメリカ「ならず者国家」戦略』、窓社。

林東源（2008：波佐場清訳）『南北首脳会談への道』、岩波書店。

ロック、J.（2011：角田安正訳）『市民政府論』、光文社。

［**英語文献**］

Albright, D. & P. Brannan, "The North Korean Plutonium Stock" (Feb. 2007), http://www.isis-online.org/publications/dprk/DPRKplutoniumFEB.pdf、アクセス日：2014年7月7日。
Carter, A. & W. Perry, *Preventive Defense: a new security strategy for America*, Brookings Institution Press, 1999.
Carter, A. & W. Perry, "If Necessary, Strike and Destroy," *Washington Post*, Jun. 22. 2006.

会図書館。

日下公人・伊藤貫（2011）『自主防衛を急げ！』、李白社。

倉田秀也（2011）「米韓同盟と「戦時」作戦統制権返還問題――冷戦終結後の原型と変則的展開」、外務省国際問題調査研究・提言事業報告書『日米関係の今後の展開と日本の外交』。

クリントン、B.（2004：楡井浩一訳）『マイライフ　クリントンの回想　上・下』、朝日新聞社。

グリーン、M.（1997：神保謙訳）『TMD の導入と中国との戦略的関係』、日米同盟プロジェクト論文集（8）。

グリーン、M. & クローニン、P.（1999：川上高司監訳）『日米同盟　米国の戦略』、勁草書房。

クレイグ、G. & A. ジョージ（1998：木村修三ほか 4 人訳）『軍事力と現代外交』、有斐閣。

久保文明編（2003）『G. W. ブッシュ政権とアメリカの保守勢力』、日本国際問題研究所。

ケナン、G.（1947）『ソビエト対外行動の源泉（X 論文）』、フォーリン・アフェアーズ・クラシックス。

ケネディ、R.（2014：毎日新聞社外信部訳）『13 日間――キューバ危機回顧録』、中央公論新社。

五味洋治（2010）『中国は北朝鮮を止められるか』、晩聲社。

近藤重克・梅本哲也編（2002）『ブッシュ政権の国防政策』、日本国際問題研究所。

佐藤史郎（2009）「ミサイル防衛の論理――抑止／逆抑止、理性／非理性」、アフラシア研究 No.8、11 頁。

シャーク、S.（2008：徳川家広訳）『中国　危うい超大国』、日本放送出版協会。

シェリング、T.（2008：河野勝監訳）『紛争の戦略――ゲーム理論のエッセンス』、勁草書房。

ジャービス、R.（2008：荒木義修他 6 名）『複雑性と国際政治――相互連関と意図されざる結果』、ブレーン出版。

神保謙（2002）「弾道ミサイル防衛（BMD）と日米同盟」、日本国際問題研究所、7-8 頁。

鈴木基史・岡田章編（2013）『国際紛争と協調のゲーム』、有斐閣。

鈴木基史（2000）『国際関係』、東京大学出版会。

セン、A.（2000：志田基与師監訳）『集合的選択と社会的厚生』、勁草書房。

―――（1989：大庭健・川本隆史訳）『合理的な愚か者』、勁草書房。

高橋杉雄（2002）「米国のミサイル防衛構想とポスト MAD の国際安全保障」、国際安全保障、第 29 巻 4 号、9 頁。

土山實男（2004）『安全保障の国際政治学：焦りと傲り（初版）』、有斐閣。

―――（2014）『安全保障の国際政治学：焦りと傲り（第 2 版）』、有斐閣。

筒井義郎・山根承子（2012）『行動経済学』、ナツメ社。

寺林祐介（2012）「ポスト金正日体制と北朝鮮をめぐる国際社会の動向―― 2.29 米朝合意と弾道ミサイル発射」、『立法と調査』No.330。

―――（2013）「北朝鮮の核実験と国連安保理決議 2094――挑発行動を続ける北朝

参考文献

［日本語文献］

秋山昌廣（2002）『日米の戦略対話が始まった――安保再定義の舞台裏』、亜紀書房。

安倍晋三（2006）『美しい国へ』、文藝春秋。

アマコスト、M.（1996）『友か敵か』、読売新聞社。

伊豆見元（2011）「朝鮮半島の今後の動向と日本の対応」、外交 Vol.3、http://www.mofa.go.jp/mofaj/press/pr/gaikou/vol3/pdfs/gaikou_vol3_16.pdf、アクセス日：2014年5月8日。

岩田修一郎（1999）「核抑止理論から見た危機管理――冷戦期と冷戦後の比較」、日本公共政策学会年報。

ウォルツ、K.（2010：河野勝、岡垣知子訳）『国際政治の理論』、勁草書房。

宇佐美正行（2010）「試練に立つオバマ政権の外交・安全保障政策」、『立法と調査』No.308、49頁。

太田文雄（2009）『同盟国としての米国』、芙蓉書房出版。

岡垣知子（2006）「先制と予防の間――ブッシュ政権の国家安全保障戦略」、防衛研究所紀要、第9巻1号、16-17頁。

小川伸一（2001）「ミサイル防衛と抑止」、防衛研究所紀要、第4巻2号。

小此木政夫編（1999）『金正日時代の北朝鮮』、日本国際問題研究所。

―――編（1994）『ポスト冷戦の朝鮮半島』、日本国際問題研究所。

オーバードーファー、D.（2007：菱木一美訳）『二つのコリア：国際政治の中の朝鮮半島（特別最新版・2刷）』、共同通信社。

オーバードーファー、D.&カーリン、R.（2016：菱木一美監訳）『二つのコリア：国際政治の中の朝鮮半島（第3版）』、Kindle版、共同通信社。

柿原国治（2003）「朝鮮半島問題の地政学的分析と我が国の対応――北朝鮮の核・弾道ミサイルの脅威へ如何に対処するか」、IIPS Policy Paper（Mar.）、世界平和研究所。

綛田芳憲（2011）「北朝鮮による核兵器開発の要因」、『コリア研究』第2号、立命館コリア研究センター。

金田秀昭（2008）『BMDがわかる』、イカロス出版。

カミングス、B.（2004：杉田米行監訳）『北朝鮮とアメリカ　確執の半世紀』、明石書店。

川上高司（2004）『米軍の前方展開と日米同盟』、同文舘出版。

キッシンジャー、H.（1994：森田隆光訳）『核兵器と外交政策』、駿河台出版社。

―――（1979：斎藤弥三郎ほか訳）『キッシンジャー秘録』、小学館。

キノネス、K.（2003：伊豆見元監修、山岡邦彦・山口瑞彦訳）『北朝鮮II』、中央公論新社。

久古聡美（2009）「日本のミサイル防衛政策の現況」、『調査と情報643号』、国立国

【著者紹介】

崔　正勲（チェ・ジョンフン）

1979年，京都府生まれ．

立命館大学大学院博士前期課程（GDP）および英国ヨーク大学修士課程（PPE）修了後，立命館大学国際関係研究科博士後期課程にて博士（国際関係学）取得．

現在，立命館大学アジア・日本研究機構専門研究員，アジア・日本研究所プロジェクト「北朝鮮問題についての総合的研究——北朝鮮問題の長期化と国際化の観点からの再構築」メンバー（統括コーディネーター），コリア研究センター研究員，学習院大学東洋文化研究所客員研究員（東アジア学共創プロジェクト）．

専攻は国際関係学（国際政治学，国際関係理論），安全保障学（核戦略），地域研究（朝鮮半島）など．


なぜ朝鮮半島「核」危機は繰り返されてきたのか

2020年 3月15日　第1刷発行

著　者◉崔　正勲
発行者◉文　弘樹
発行所◉クレイン
〒180-0004
東京都武蔵野市吉祥寺本町 1-32-9
TEL 0422-28-7780
FAX 0422-28-7781
http://www.cranebook.net

印刷所◉創栄図書印刷

Printed in Japan
ISBN978-4-906681-56-3

協　力◉渡辺康弘　牛島和音